대인관계 게슈탈트 사례와 심리치료

경계선 자기애성 그리고 분열성 성격 적응 중심으로

Elinor Greenberg 저 | 윤인 · 류경숙 · 원용희 공역

BORDERLINE, NARCISSISTIC, AND SCHIZOID ADAPTATIONS

The Pursuit of Love, Admiration, and Safety

학지사

역자 서문

이 책의 저자인 그린버그 박사는 뉴욕 게슈탈트 연구소 시니어 전문가로 대상관계 접근의 성격장애 연구를 20년 이상 해 오면서 두 이론 간의 통합을 시도해 왔다. 이 책은 저자의 그런 노력이 반영되어 쓰여진 1980년대 후반에서 2010년대 초반까지 발표된 여러 논문을 수정하고 편집하여 출간된 책이다. 저자는 이 책에서 종래의 성격장애(또는 인격장애)라는 용어 대신 게슈탈트치료의 성장 지향적인 관점에서 성격 적응이라는 용어를 새롭게 도입하여 성격의 문제로 고통받고 있는 이들을 통전적으로 이해하고 있다. 또한 이 책의 주제인 3개 패턴의 성격적응 내담자를 대인관계 게슈탈트(Interpersonal Gestalt: IG)라는 개념을 새롭게 적용하여 초보 치료자와 치료전문가 그리고 일반인까지도 서로 다른 성격 패턴을 쉽게 이해할 수 있도록 돕고 있다. 또한 독자들의 이해를 돕기 위해 저자는 내담자의 증상이나 치료 원리를 설명한 후에 바로 이어서 자신이 경험한 현장 사례들을 소개하여, 내담자의 내면에서 일어나는 현상들을 쉽게 이해하고 경험할 수 있도록 돕고 있다. 그 결과 내담자의 독특한 이미지가 쉽게 독자들의 마음에 스케치되듯 각인되도록 그려내고 있는 점이 공역자들에게도 도움이 되었다.

오랫동안 성격적인 문제를 보여 온 내담자는 심리치료를 통해 증상이 호전되지 않는다고 알려져 왔다. 실제 치료 현장에서도 이런 내담자들에게 어떤 도움을 주어야 할지 난감한 경우가 적지 않다는 것은 치료자뿐 아니라 일반인들에게도 잘 알려진 사실이다. 그런데 게슈탈트 창시자인 프리츠 펄스(Fritz Perls)는 게슈탈트치료는 심각한 정신병리나 성격장애 내담자를 위한 치료접근이 아니라고 말한 바 있다. 반면에 게슈탈트치료는 내담자를 어떤 진단적 범주로 묶어 버림으로써 지금 여기에서 생생하게 만나지 못하게 되는 것을 용납하기 어려운 치료접근이다. 따라서 게슈탈트 수련 과정에서 정신병리에 대해 깊이 이해할 수 있는 문헌이나 자료를 접하기 어려운 것이 현실이었다. 그린버그 박사가 대상관계 연구를 통해 이런 문제를 해결해 보려고 했던 것도 바로 이런 이유에서였다. 그는 이 책을 출판하게 된 이유를 다음과 같이 설명해 주었다.

> 내가 성격적응에 관해 알고 싶었던 이유는 내담자들 가운데 행동을 예측하기가 어렵고 불안해하는 이들을 이해하고 싶었기 때문이었다. 비록 많은 내담자가 나의 게슈탈트 치료 방식으로 도움을 잘 받고 있었지만, 때로는 엄청난 실패를 경험하기도 했다. 이런 내담자들은 문제를 직접적으로 드러내는 이들이다. 나에게 욕을 하면서 내 치료실을 박차고 나가 버리는 경우도 있었다. 그래서 나는 이런 내담자들 마음속에서 도대체 무슨 일이 일어나고 있는 것인지 몹시 알고 싶었고, 또 내가 뭘 어떻게 다르게 치료해야 하는지도 알고 싶었다.
>
> 당시 나의 슈퍼바이저였던 엘리자베스 민츠(Elizabeth Mintz)는 나에게 정신분석 쪽을 공부해 보는 게 어떻겠냐고 안내해 주었고 성격장애와 자아 심리학(Ego psychology) 관련 책들을 읽어 보라고 권했다. 그 후로 나는 대상관계 이론 세계를 알게 되었다. 그러나 대학원을 마치던 1970년대에 게슈탈트 치료자로 수련받고 있던 나는 프로이트 이후 달라진 후기 정신분석의 적잖은 변화들을 이해할 준비가 전혀 되어 있지 않았……(이상 이 책 제15장 서두에서 발췌).

그린버그 박사가 1970년대에 경험했던 비슷한 좌절감을 역자들도 경험하게 되었고, 이 책을 2018년 가을 한국 게슈탈트 상담심리학회 주최 국제 학술대회를 통해 우연히 접하게 되면서 이와 같이 번역과 출판으로 이어지게 된 것을 감사하게 생각한다.

미국의 경우 경계선 내담자들이 1990년대부터 급속하게 늘어갔고 한국에서도 최근 10년간 성격장애를 포함하여 정신병리적인 문제로 고통을 받고 있는 내담자의 수가 급격하게 증가하고 있는 추세다. 반면에 수련생들 대부분이 정신병리나 성격

장애에 대한 이해가 전혀 없거나 또는 명확하지 못해 내담자 이해에 실패하는 것을 자주 경험해 왔다. 예를 들면, 경계선 성격 패턴을 보이는 내담자를 단순하게 우울이나 불안 등의 신경증적인 기분장애를 지닌 내담자로 이해하는 경우를 비교적 자주 보았다.

이 책에서 저자는 진단의 필요성을 다음과 같이 말하고 있다. 진단은 내담자에 대한 이해를 위한 출발이며, 더 큰 패턴을 입체적으로 볼 수 있는 사전지식이다. 즉, 진단은 사람이 아닌 패턴에 관한 것이라는 말이다. 그린버그 박사는 앞에서 언급했던 자신의 개인적인 경험을 바탕으로 게슈탈트 치료를 기반으로 하지만 대상관계 접근의 다양한 측면도 활용하여 자신만의 독특한 접근법을 개발하게 된 것이다.

자신만의 치료 방법을 독자들과 함께 나누는 것을 주저하지 않는 그녀의 태도는 독자들에게 큰 감동을 선사하기에 충분할 것으로 보인다. 또한 "그 누구도 성격장애가 아니다."라고 말하는 저자의 사람에 대한 따뜻한 시선과 내담자의 고통을 담아내는 포용력은 치료자가 갖추어야 할 자세로 기억된다.

이 책의 제1~4장은 대인관계 게슈탈트 관점에서 이해하는 경계선, 자기애성, 분열성 성격적응에 관해 소개하고 있다(원서의 제3장이 내용이 좀 길고 방대한 편이라 독자들의 편의를 위해 이 책에서는 제3장과 제4장으로 분리하였다). 제5장에서는 성격적응 내담자가 타인과 환경에 미치는 영향을 스플래쉬(splash, 첨벙)라는 현상으로 흥미로우면서도 독특한 방법으로 소개하고 있다. 제6~8장은 경계선 내담자 그리고 제9~13장은 자기애성 내담자의 증상과, 원인, 치료적 접근 방법에 관해, 그리고 제14장에서는 분열성 내담자의 꿈 분석을 중심으로 설명하고 있다. 마지막 제15장 용어 정리에서는 비슷한 듯 다른 심리학적 용어들을 그린버그 자신의 시각으로 이해하여 설명했다. 이 책을 쉽게 읽기 위해서는 제15장 용어집을 먼저 숙지하고 본문을 읽으면 좀 더 이해가 용이할 것이라고 생각한다.

이 책의 장점은 실제 사례를 바탕으로 증상과 원인을 설명하고 있어서 독자들이 임상적인 관점에서 내담자를 쉽게 이해할 수 있고, 저자가 제시한 방법을 손쉽게 적용해 볼 수 있을 것이다. 저자의 자유로운 표현과 창의적인 비유를 알기 쉽게 번역하기 위해 여러 번 검토하고 수정하는 과정을 거쳤으나 간혹 미흡한 부분들도 있음을 밝히며, 독자들에게 미국의 상담 현장에서 이루어지는 성격적응 사례들을 접할 수 있는 기회가 되기를 바란다. 동시에 한국 문화라는 맥락에서 고려할 점은 무엇인지 고민해 보는 계기가 되어 이를 통해 국내 게슈탈트치료의 활성화에 도움이 되기를 감히 기대해 본다.

마지막으로 이 책을 접하면서 가장 여운이 남았던 저자의 한마디를 나누며 이 서문을 마치려고 한다. "내담자의 고통을 품위 있게 대하라(Endow your client's suffering with dignity)."

2023년 8월
역자 일동

감사의 글

자신의 힘으로 무엇인가를 온전하게 하고 싶다면 우주 창조로부터 시작해야 한다는 글을 읽은 적이 있다. 내 능력이 많이 모자라기 때문에, 이 책이 나오기까지 지지와 안내자 역할을 해 주었던 몇 분들에게 이 지면을 빌려 감사를 전하고자 한다. 지면상의 제약으로 인해, 게슈탈트 치료 그리고 경계선, 자기애성과 분열성 적응에 관한 나의 생각들을 다 전달하지 못하고 또 내 인생에서 중요한 역할을 해 주었던 많은 분에게 일일이 다 감사의 말을 전하지 못함을 양해해 주시기 바란다.

먼저, 내가 성격 적응에 관한 글을 쓰고, 연구하고, 강의를 듣고, 워크숍을 할 동안, 많은 시간을 끈기 있게 함께해 준 남편 알란 짐머만(Alan Zimmermann)에게 감사한다. 알란은 글쓰기에 필요한 컴퓨터 사용법을 가르쳐 주면서 많은 시간을 내 곁에서 보냈다. 또한 이 책의 출판을 위해 매니저 역할을 해 주었고, 이 원고를 준비할 수 있도록 많은 시간을 내주었다. 그의 지원 덕분에 출판이 가능했다.

내 딸 카렌 알럭(Karen Arluck)은 내가 임상가의 관점을 유지할 수 있도록 도왔다. 이제는 게슈탈트 치료사가 된 카렌은, 진단에 관한 토론을 어렸을 때부터 나와 함께해 왔으며, 내가 쓸 논문 주제들을 제안해 주기도 했다. 또한 이 책의 장들로 편집된 워크숍들을 운영하는 과정에도 그녀의 도움이 컸다. 글을 쓸 때면, 카렌의 다음과 같은 매우 실용성 있는 목소리들이 내 머릿속에 자주 떠오르곤 한다. "치료 과정에서 그런 아이디어들을 어떻게 활용하면 좋을지에 관해 더 많은 임상 사례들을 제공해 주면 좋겠어요. 좀 더 구체적인 내용들을 설명해 주세요!"

이 책의 여러 장이 게슈탈트 치료 학회에서 발표한 논문에서 출발했다. 몇 논문들은 후에 게슈탈트 치료 저널에 발표되었는데, 그 과정에서 도움을 주었던 조 위송(Joe Wysong)에게 감사를 전한다. 그는 나의 첫 중요한 논문이었던, 「경계선 치유하기(Healing the Borderline)」를 1989년 『게슈탈트 저널(Gestalt Journal)』에 출판하도록 도왔고 '게슈탈트 학술 대회(Gestalt Journal conferences)'를 통해 발표하도록 초대해 주었다. 또한 케네스 마이어(Kenneth Myer)와 '롱아일랜드 게슈탈트 센터(Gestalt Center of Long Island)'의 설립자로 이제는 고인이 된 제롬 골드(Jerome Gold)에게도 감사한다. 이들의 따뜻한 지지로 나는 새로운 아이디어들을 탐색하고 1990년대 연차 대회를 통해 논문을 발표할 수 있었다. 이런 연차 대회 가운데 게슈탈트 치료 발전 협회(Association for the Advancement of Gestalt Therapy: AAGT)를 언급하지 않을 수 없을 것이다. AAGT 콘퍼런스는 나에게 영감을 주었고, 게슈탈트 치료 관련 정보들을 제공해 주었고, 전 세계 동료들에게 내 작업들을 소개할 기회를 주었다. 이런 연차대회들이 가능하도록 뒤에서 수고해 온 AAGT의 많은 회원에게 감사를 전한다.

게슈탈트 치료사로서 내 인생에 지속적으로 영향을 주었던 일이 하나 있다면 뉴욕 게슈탈트 치료 연구소(New York Institute for Gestalt Therapy)의 회원으로 참여한 것이었다. 내가 쓴 모든 논문과 유인물은 예외 없이 나 자신에게 했던 다음과 같은 질문들을 거쳐 살아남은 것들이다. "이런 게슈탈트 치료는 어떨까?" "내가 지금 생각하고 있는 것에 관해 게슈탈트 관점에서는 어떻게 설명을 할 수 있을까? 또 내 생각과 어떤 연관이 있을까?"

나는 또한 『게슈탈트 리뷰(Gestalt Review)』의 편집자인 수잔(Susan L. Fischer)에게 감사한다. 내 글에 대한 그녀의 마음 넉넉한 지지와 더 많은 글을 쓰고 출판할 수 있도록 격려해 준 것을 감사한다. 수잔은 나에게 처음에는 자신의 동료 검토자, 다음에는 행정 편집자 그리고 그 후에는 게슈탈트 리뷰의 부 편집자가 될 기회를 주었다. 그 결과 나는 어떻게 하면 명료하고 짜임새 있는 논문들을 쓸 수 있는지 비판적인 사고를 확장하는 데 도움을 받았다. 이 책의 마지막 수정 단계에서, 또한 그녀의 민감하고 빈틈없고 전문적인 편집 능력에 도움을 받았다. 언제나 그랬듯이 수잔은 나의 기대를 훨씬 뛰어넘었다. 그녀는 자신의 시간과 지식을 기꺼이 내 주었고, 그런 과정을 통해 우리는 가까운 친구가 되었다.

　나는 또한 『영국 게슈탈트 저널(British Gestalt Journal)』의 편집자인 크리스틴 스티븐스(Christine Stevens)와 그 저널의 창립 편집자인 말콤 파렛트(Malcolm Parlett), 이 두 사람이 나의 성격 적응에 관한 글에 지속적인 관심을 보여 준 것에 감사한다. 특히 크리스틴의 제안들과 친절한 지원에 대한 특별한 감사를 전한다.

　특별히 이 책의 표지를 디자인한 매우 재능 있는 로버트 M. 플레이스(Robert M. Place) 덕분에 성격 적응을 상징하는 나의 아이디어들을 아름답게 구체화할 수 있었다. 그는 경계선을 빨간색 하트(red heart)로, 자기애성을 황금스타(gold star)로, 그리고 분열성을 골동품 열쇠(antique key)로 표현해 주었다.

　나의 모든 내담자에게 감사를 전하지 않고는 이글을 마칠 수가 없을 것이다. 심리치료에 관한 글을 쓰면서, 모든 성공적인 치료적 혁신은 특정 치료자와 특정 내담자 사이에서 최소한의 상호작용이라도 일어나고 있는 장에서만 가능하다는 것을 기억하는게 현명하다고 생각한다. 영국의 대상관계 분석가인 D. W. Winnicott의 말을 빌리자면 다음과 같다.

　치료자라는 것은 없다. 치료자-내담자만 있을 뿐이다.

2016년 6월 1일
뉴욕시에서
엘리노어 그린버그 박사

서문

그린버그 박사가 이 책의 서문을 나에게 써 달라고 요청했을 때 나는 기뻤다. 그녀가 이 책을 통해 우리와 나누고자 하는 메시지가 내 작업과도 긴밀하게 연결된다고 느꼈기 때문이다. 그녀는 내가 함께 하기를 좋아하는 몇 안 되는 사람으로 나는 그녀의 이론이나 임상적 제안만큼이나 그녀를 좋아한다. 그녀의 글은 게슈탈트 치료에 바탕을 두고 있지만, 인격장애를 다룬 다른 치료 접근들을 통합한 점에서 볼 때, 현재 내가 만나고 있는 내담자들을 향한 나의 관심을 반영하고 있다. 뿐만 아니라, 이 책은 인격장애라는 주제에 관해 내가 한층 더 관심을 갖도록 해 주었다. 그린버그 박사는 우리가 회원으로 있는 뉴욕 게슈탈트 치료 연구소(New York Institute for Gestalt Therapy)의 엄격한 분위기에서 게슈탈트 치료 수련을 튼실하게 해 온 시니어 게슈탈트 치료 전문가다. 그녀는 또한 대상 관계 이론과 임상실습 분야에서는 뿌리와 같은 마스터슨 연구소(Masterson Institute)의 교수진 가운데 유일한 비정신분석가이기도 했다.

오랫동안 성격장애로 진단받은 사람들은 치료할 수 없고, 위험하고, 성가신 존재 또는 이해할 수 없는 부정적인 존재로 여겨져 왔다. 초기 정신분석 학자들은 자기애성 성격'장애' 내담자들이 치료자와의 안정적인 전이관계를 맺지 못하기 때문에 치료 작업을 함께할 수 없다고 생각했다. 또는 수련을 제대로 받지 못한 많은 치료자가 자신이 하고 있는 일이 무엇인지도 모른 채, 내담자와 치료자 자신에게 피해를 주는 위험을 감수하면서 치료작업을 하게 되었다. 나는 경계선 내담자들이 거치는 부정적인 과정을 되짚어 생각해 보기 위해 그들이 갈수록 더 부정적이 되어 심지어 자살할 위험에 봉착하게 된다는 게리 욘테프(Gary Yontef, 1988)의 경고를 떠올려 본다. 1980년대 내가 게슈탈트 치료 교육을 받는 동안, 경계선 내담자의 경험에 관한 강의를 한 번도 들어 본 적이 없었다. 그 결과, 내가 내담자와의 관계에서 무슨 일이 일어나는지 알지도 못하는 사이에 치료가 너무 쉽게 종결되어 버리는 것을 여러 번 경험했다. 내가 놓치고 있던 것이 무엇인지 알기 위해 게슈탈트 치료 영역 밖에서 나는 더 많은 훈련이 필요했다. 제임스 마스터슨(James Masterson, 1981)의 글을 처음 접하고 거기서 많은 해답을 찾은 것이 그때였다.

그리고 그 후에,『게슈탈트 학회지(Gestalt Journal)』를 통해 그린버그의 논문「경계선 치유하기(Healing the Borderline)」(1989b)가 발간되었다. 그녀는 이 논문에서 게슈탈트 지식과 마스터슨 연구소에서 수련한 것들을 종합적으로 이해하며 치료해 온 자신의 경험들을 발표했다. 이 논문을 시작으로 더 많은 연구가 출간되었는데, 그 중에는 학회지를 통해 발표된 것들도 있었고, 자신의 워크숍을 위해 준비해 아낌없이 나누었던 자료들도 있었다.

우리는 그린버그 박사를 초대하여 맨체스터 게슈탈트 센터(Manchester Gestalt Centre)에서 워크숍을 열었고, 이 프로그램은 많은 주목을 받았다. 그녀의 작업들이 많은 이에게 얼마나 중요한 역할을 했는지를 보여 준 일이었다. 그리고 이런 일들을 통해 또 다른 점이 분명해졌는데, 그것은 내담자들을 향한 그녀의 태도가 정말로 긍정적이었다는 것이다. 내담자들에게 우리가 꼬리표(라벨링)를 붙이지 말아야 한다는 것을 그린버그는 장황하게 설명하지 않았다. 그녀가 진정으로 하고 싶었던 말은 그들이 세상을 살아가는 방식으로부터 우리가 배울 게 있다는 것이었다. 그리고 그녀의 이러한 태도는 성격 적응 내담자들에게 우리가 박수를 보낼 수 있도록 해 주었다! 또한 그린버그 박사의 이런 자세는 결코 자신의 모든 행동이 사려 깊고 현명하여 잘못될 수 없다는 것을 보여 주는 청교도적인 입장에서 나온 것이 아니었음도 분명했다. 그녀는 자신이 살아왔던 세계와 다른 세계에서 성격장애를 찾을 필요가 없었다.

그린버그 박사의 가르침과 그녀가 살아온 방식은 성격 적응 내담자와 작업하는 방법에 관한 단지 임상적인 지식 그 이상의 것을, 나를 포함하여 많은 이에게 전해 주었다. 그녀는 또한 이 일이 복잡하기는 하지만 얼마나 매력적일 수 있는지 자신의 다양한 임상사례를 통해 보여 주고 있다. 독자로서 당신이 이 책에서 발견하게 될 것 가운데 하나는 그린버그 박사가 이 책을 통해 이론뿐만 아니라 자신의 치료 기술들까지도 나누는 것을 꺼리지 않았다는 것이다. 아마도 이것이 유행에 맞지 않을 수도 있겠지만, 그녀의 이런 선택을 나는 지지하고 싶다. 내 생각에는 성격 적응 내담자들과 함께 작업하는 치료자에게 가장 중요한 것 중에 하나는, 내담자에게 현실적인 자원들을 공급해 줄 수 있는 치료자의 능력으로, 그 결과 내담자의 파편화되고 왜곡된 세계관과 그들의 욕구에 치료자가 끌려 다니지 않는 것이라고 생각한다. 어려운 내담자들과 좀 더 효과적인 작업들을 하게 되면서, 필요한 기술들을 습득해 나만의 어떤 영역들을 구축해 갔던 것이 매우 도움이 되었다. 시간이 지나면서 나만의 기술들을, 그린버그 박사의 기술과 좀 비슷한 것 또는 조금은 다른 기술들도 개발하게 되었다. 나의 슈퍼바이저들과 저자들로부터 내가 선택하고 적용했던 초기 형태의 언어들이 내 것이 되어 가고 있다는 것을 아직도 발견해 가고 있는 중이다.

여기서 나는 분명히 하고 넘어가고 싶은 것이 있다. 사람들이 치료적 기술(이나 진단적 언어)을 반대하는 이유 중에 하나는, 내담자가 접촉할 수 있도록 치료자가 가능한 한 자신을 내어 주려고 하기보다는 기술이나 진단적 용어들을 사용하면서 전문성에 의존하려고 한다는 것이다. 전문성의 균형이라는 것이 과연 내담자들과 그들의 자기-지식에 관한 것일까? 이것은 치료자에게 매우 빨리 화를 내거나 거리 두기를 할 수 있는 내담자들에게 특히 편안하고 위안이 되는 가정이다. 그러나 상대적으로 왜곡되지 않은 자기 지식을 개발해 갈 수 있는 근거인, 내담자가 거부당하는 경험을 했거나 스스로 자신을 거부해야 했던 더 심각한 성격장애의 실체를 놓치고 있다. 내담자들은 자신이 살고 있는 세상을 보여 주고 스스로를 보여 주기도 하는데, 세상에 대한 왜곡되고 편파적인 시각과, 그런 세상에 속해 있는 동일한 자신의 모습을 보여 준다. 그렇기 때문에 이들이 이 세상에서 자기식대로만 살아가게 된다면, 특히 타인과의 긴밀한 관계 속에서 고통스럽고 '영양가 없는' 상황을 반복해서 경험하게 될 것이다.

여기서 내가 좀 구분하고 싶은 것이 있다. 그것은 게슈탈트 치료 및 정신분석적 치료의 근간을 연결하는 것으로서 인지행동치료나 인간중심 치료와는 공유되지 않는 것이다. 후자의 두 치료법에서, 치료자들은 조력자로 여겨진다. 즉 내담자가 좀 더 나은 삶을 영위할 수 있도록 치료자들은 조력자로서, 자신의 기술과 현전(presence: 내담자와 함께함)이라는 치료 양식에 따라 내담자를 지지하게 된다. 그러나 어떤 내담자들은 그런 과정을 기꺼이 따르지 않을 수도 있는데, 그것은 내담자의 저항으로 보일 수도 있고, 치료에 적합치 않은 태도로 여겨질 수도 있으며, 또는 치료상의 실수로 여겨질 수도 있다. 반면에 게슈탈트나 정신분석 치료 작업에서는, 훨씬 더 복잡한 이해가 가능하다. 치료자로서 도움을 주려고 할 때, 우리가 주제넘게 나서려고 하면서 내담자가 우리를 따라오도록 하는 바로 그런 행동이 잠재적으로 더 많은 관계문제를 만들어 내게 된다. 우리는 내담자가 익숙하다고 느끼는 것들에 위협이 될 수 있고, 그들을 학대하거나 버릴 수 있는 사람들이나, 그들의 부모와 선생으로 보일 수도 있다. 그리고 이런 '공동 전이(co-transferences)'가 우리 관계에서 일어나고 탐색될 때, 단순하게 도움을 주는 관계가 되기보다는 내담자가 자신을 스스로 발견할 가능성이 더 커질 것이다.

그린버그 박사는, 경계선, 자기애성 그리고 분열성 내담자와의 치료 과정에서 치료자인 우리들이 바로 전체 장을 파악할 수 있어야 한다는 것을 이 책을 통해 기꺼이 나누고 있다. 내담자의 분열을 알아차리고 그것이 우리의 치료작업과 관계에 무엇을 의미하는지 알아차릴 수 있어야 한다. 그리고 내담자와의 치료관계에서 해로운 결과를 확실하게 초래할 것 같은 것들이 무엇인지를 알아차릴 수 있어야 한다.

최근 일부 게슈탈트 치료계에서 인기를 끌고 있는 '자기 심리학(self psychology)'보다 좀 더 차별화된 스펙트럼 쪽에 속하는 대상관계(Object Relations)식의 사고를 그린버그 박사가 소화한 방식대로 이 책을 통해 나누게 된 것을 나는 중요한 일이라고 생각한다. 나는 자기애성 내담자와의 '공감적 조율(empathic attunement)'을 기반으로 하는 치료방법이 몇 가지 문제가 있다고 생각해 왔었다. 첫째로, 내 생각에는 자기라는 개념을 관계 맥락에서 바라보는 게슈탈트적인 견해(Perls et al., 1951/1994; Philippson, 2001, 2009)와 맞지 않고, 자기(self)를 사람의 '내부(inside)'에 존재하는, 즉 관계로부터 단절된 것으로 보는 것 같은 뉘앙스 때문이다. 특히 공감적 조율과 같은 견해는 자기애성 내담자들의 소외된 자기감과 쉽게 들어맞기는 하지만 유익하지는 않다. 둘째로, 공감적 조율은 치료자가 치료 초기에 자신을 너무 강하게 드러내지 않도록, 그래서 내담자가 그걸 참지 못하고 떠나 버리지 않도록 해 줄 수 있는 의미 있는 '응급처치(first aids)'가 되는 것 같다. 셋째로, 자기애적인 내담자들에 대한 나의 실제적인 감정 반응은 보통 혼란스럽고 내가 이들의 고통스러운 드라마에 끌려들어가면서 경험하는 짜증과 또는 심지어 그런 나의 감정으로 인해 내담자에게 상처를 주게 되기 때문이다. 만약에 내가 '공감적 조율'이라는 것을 하게 된다면, 그것은 내 앞에 있는 내담자와 하는 것이 아니라, 다니엘 스턴(Daniel Stern, 1985, p. 14)이 말한 '임상적으로 재구성된 (clinically reconstructed)' 내담자와 하게 되는 것이다. 즉, 내가 지금 여기에서 보고 있는 것이 아닌 그 이면에 있는 다른 사람의 뒷이야기(back-story)를 만나게 되는 것이다. 그렇게 되면 문제는 치료자와 내담자 두 사람이 모두, 다른 사람의 이야기를 만나게 된다. 두 사람이 게슈탈트 치료에서 말하는 변화가 일어날 수 있는 작업에 직접 관여하는 것이 아니라, 즉 필요하다면 느리고 점진적으로 일어나는 살과 피를 가진 두 사람 간의 현재의 만남[그린버그 박사가 이 책에서 아름답게 보여 주고 있듯이], 그런 만남을 많이 지지해 가면서, 그러나 늘 진정성 있는 접촉에 대한 가능성을 가지고 만나는 그런 만남 대신에 말이다. 이 모든 이유, 즉 개인적이고 전문적인 이유들 때문에 나는 이 책을 진심으로 추천하고 싶다. 당신이 심각한 성격장애를 가진 내담자들과 작업하고 있는 심리치료자이거나, 혹은 당신의 삶이 말할 수 없이 복잡하고 고통스러워서, 도대체 무슨 일이 일어나고 있는지 알고 싶다면 말이다(이런 문제들은 내 경험상 완전히 별개의 것이 아니기 때문이다. 또는 둘 다에 해당이 된다면 말이다!).

영국 맨체스터에서
2016년 4월 1일
피터 필립슨 박사
(Peter Philippson, Ph.D.)

차례

제1부 성격 적응 개관

제3부 자기애성 성격 적응

제**1**부

성격 적응 개관

제**1**장

서론

그 누구도 경계선 성격장애가 아니다. 그 누구도 자기애성 성격장애가 아니다. 그리고 그 누구도 분열성 성격장애가 아니다. 정신병리 진단 체계와 관련된 주제를 다루는 이 책의 서두를 이렇게 시작하는 것을 이상하다고 생각할 수 있겠지만, 내가 왜 이렇게 말하는지 독자들은 이 책을 통해 이해하게 될 것이다. 진단을 통해 우리는 어떤 패턴, 즉 어떤 특정한 게슈탈트 패턴을 이해할 수는 있어도 결코 어떤 특정한 사람 그 자체를 이해할 수는 없다. 모든 사람은 독특하다. 그러기에 의도가 아무리 좋다고 하더라도 어떤 라벨링을 통해 인간의 복잡한 내면을 정당하게 다 설명할 수는 없다. 여기서 말하는 패턴이란, 악기를 통해 표현되는 멜로디와 같다고 할 수 있다. 다양한 멜로디가 악기를 통해 표현될 수 있지만, 어떤 멜로디를 선택하여 배우고 어떤 식으로 해석하여 연주할 것인지는 연주자에 따라 달라진다.

이 책에서 다루고 있는 주제들과 연관된 진단을 받은 대부분의 내담자는 특정한 멜로디를 반복해서 연주하기로 선택한 사람들이다. 다른 선택이 가능하다는 것을 알지 못해서 대부분 같은 선택을 반복해서 하는 것이다. 이런 패턴을 심리학에서는 '자아 동조적(ego syntonic)'이라고 한다. 이들은 자신의 그런 패턴이 조금만 노력하면 벗어 버릴 수도 있고 바꿔 입을 수도 있는 옷과 같은 것이라고 생각하기보다는 팔다리처럼 자신의 일부라고 생각한다.

이들은 자기라는 악기(지각, 인지, 정서 및 신체적 능력)를 매우 제한적이고 동일한 패턴으로 반복적으로 사용하는데, 자신에게 다른 선택이 가능하다는 것을 알지 못하기 때문이다.

이 책은 이런 사람들이 자신의 시야를 확장하고 가능성을 향한 선택의 폭을 넓힐 수 있도록 도움을 줄 수 있다. 앞에서 이미 설명했기 때문에 번거로움을 피하기 위해서, 이 책에서는 편의상 '경계선 내담자'와 '경계선 적응', '자기애성 내담자'와 '자기애성 적응', '분열성 내담자'와 '분열성 적응'과 같이 단축 용어를 맥락에 따라 번갈아 사용할 것이다. 그러나 이런 용어들이 사용될 때, 그 의미가 사람이 아닌 패턴에 관한 이야기라는 것을 독자들이 잘 기억하기 바란다.

그런데 독자들은 필자가 '이런 용어들을 좋아하지도 않으면서 왜 사용하고 있을까?'라며 의아해할지도 모르겠다. 내 대답은 "왜 진단인가?" 그리고 "내담자를 왜 그렇게도 부담스러운 라벨로 엮어야 하는 것인가?"라고 할 수 있겠다.

1. 왜 진단인가

내가 처음 성격 적응에 관한 강의와 글을 쓰기 시작했을 때, '나는 왜 진단에 신경을 쓰는 것인가?'라는 질문을 자주 하곤 했다. 이건 반게슈탈트적이 아닌가?

미발표된 내 논문 「진단: 지도 또는 범주(Diagnosis: Map or Territory)」(1998)에서, 나는 모든 진단은 단지 어떤 경향성을 알려 주는 도구일 뿐이라고 말한 적이 있다. 진단이란 어떤 고정된 실체가 있는 것이 아니고, 치료자로 하여금 '대인관계 장(interpersonal field)', 즉 치료자와 내담자 간의 대인관계 장을 조직할 수 있도록 돕는 역할을 할 뿐이다. 즉, 진단이란 치료 과정을 통해 드러난 어떤 구체적인 자료들과 패턴들이 전경으로 떠오를 수 있도록 돕고 그 밖의 다른 부분들은 보이지 않는 배경에 머물도록 하는 일시적인 방법일 뿐이다. (여기서 '대인관계 장'이란 내담자와 치료자 그리고 둘이 함께 알아차릴 수 있는 모든 가능성이 있는 영역을 말한다.) 이처럼 내가 내담자를 진단한다고 할 때는, 나와 내담자의 치료관계에 도움이 되는 방식으로 장을 적극적으로 조직한다는 말이다. 만약 내 진단이 언제라도 수정될 여지가 있는 좀 느슨하지만 정확한 진단이라면, 그것은 치료적 예측과 적절한 치료 개입을 하도록 해 줄 것이다. 즉, 내담자 이해와 치료 작업을 잘해 나가도록 도움을 줄 수 있는 문헌들과 또 다른 출처들을 통해 더 많은 정보를 얻도록 안내해 줄 수 있을 것이다.

2. 왜 경계선, 자기애성, 분열성 범주를 유지해야 하는가

이러한 진단체계 용어들을 게슈탈트 치료에서는 사용하지 않는다고 할지라도, 나는 게슈탈트 치료자도 이러한 용어를 배워야 한다고 생각한다. 왜냐하면 이론가들이 이런 용어들을 사용하고 있고 교과서나 학술지, 진단 매뉴얼에서 일반적으로 통용되는 기본적인 심리치료 용어들과 진단 범주들이기 때문이다. 내가 게슈탈트 수련을 받던 1970~1980년대 게슈탈트 치료 트레이너들은 일반적으로 내담자를 진단하는 것이 치료자에게 ① 불필요하고 ② 병리적이며 ③ 가르치려는 태도라고 생각했다. 그러나 특정 내담자를 치료하는 과정에서 내가 어려움에 봉착했을 때, 적절한 용어를 사용하지 않고는 그 문제에 관한 문헌들을 찾을 수가 없었다. 이런 주제들과 관련된 정보들을 독자들이 더 쉽게 찾을 수 있도록 나는 일반적으로 사용되는 진단 범주인 경계선, 자기애성, 분열성이라는 용어를 내 강의와 이 책에서 의도적으로 사용하기로 한 것이다. 이러한 이유로 가끔 '성격 적응(personality adaptation)' 대신 '성격장애(personality disorder)'라는 용어를 이 책에서도 사용한다. 성격장애 관련 문헌들에서는 '적응'이 아니라 '장애'라는 용어가 사용되기 때문이다.

3. 왜 이런 시도를 해야 하는가

성격장애 진단을 받은 내담자들을 처음 치료하기로 했을 때 모두가 나에게 "미쳤다. 후회하게 될 것이다."라고 했다. 이들의 반응은 "이런 내담자들은 치료를 통해 도움을 받을 수 없다."에서부터 "아마 고소를 당할 것이다."까지 다양했다. 이 분야를 공부하는 것은 시간 낭비일 뿐이고 결국은 제정신을 가진 치료자라면 피하고 싶어 하는 어려움에 빠지게 될 거라는 게 공통적인 견해였던 것 같다.

이러한 부정적 반응들에 놀라기는 했지만, 이런 내담자들을 돕는 것이 희망이 없는 일로 느껴지지 않았고, 그들 중 많은 이들을 나는 좋아했다. 몇 사람들은 사실 내 친구나 가족이나 동료들과 별로 다른 점이 없었고, 그런 점에 있어서는 수년 전 치료를 시작하기 전의 내 모습과도 별반 다르지 않은 것 같았다. 바로 이런 점들, 즉 그들이 우리와 크게 다르지 않다는 점이 나에겐 가장 당혹스러웠다. 그렇게 다르지 않다면, 왜 이 특별한 내담자들이 다른 대부분의 내담자들처럼 게슈탈트 치료나 나의 치료 개입에 반응하지 않았던 것일까? 왜 그들은 사랑하다가 갑자기 미워하고 또 다시 돌아오기를 반복하는 걸까? 나에게는 비교적 평온하게 느껴지는 상황에서 그들이 강렬하게 반응하는 것을 보고 나는 자주 놀랐다. 이런 상황을 나와 내담자가 함께 만들어 내는 것 같지는 않았고, 오히려 나의 어떤 점이나 혹은 어떤 상황이 이런 반응을 하도록 그들을 촉발하는 것 같았다. 그리고 이런 반응은 내가 파악하지 못한 더 큰 패턴의 일부라는 것을 알았다. 이런 일들과 또 다른 의문들이 나를 당황하게 했다. 그리고 만약 내가 이 내담자들과 치료를 성공적으로 해 가기를 원한다면, 이런 내담자의 특별한 필요와 그 필요들을 채워 줄 수 있는 방법들을 나는 더 알아야 했다. 그러나 이런 나의 관심들을 채워 줄 수 있는 것들을 게슈탈트 문헌이나 게슈탈트 수련을 통해서는 거의 또는 전혀 찾을 수가 없었다.

나는 내가 찾을 수 있는 모든 성격장애 관련 강의를 찾아 수강하면서 나의 무지를 해결해 가기 시작했다. 그런데 얼마 지나지 않아 이런 강좌들의 대부분이 내게 쓸모가 없다는 것을 알게 되었다. 대부분이 이해하기 버거운 이론들이거나, 모호한 전문용어들로 가득 차 있었고, 치료 회기들을 통해 실제로 무엇을 할 수 있는지 세부적인 내용들은 별로 없었다. 이런 내담자를 치료할 때 자주 발생하는 어려움을 만났을 때 치료자가 실제로 어떻게 대처할 수 있는지 다뤄 주지 않았다.

예를 들면, 치료자인 나에게 돌봐 주기를 과도하게 요구하는 경계선 내담자를 어떻게 대해야 하는지, 또 치료 목표를 '잊어버리는' 그들의 경향과 그들의 기대에 내가 부응하지 못할 때 나를 향한 분노와 실망을 어떻게 대처할 수 있는지 누가 좀 가르쳐 주기를 바랐다. 수치심으로 인한 자기혐오 우울감에 시달리는 자기애성 내담자를 내가 어떻게 도울 수 있는지, 나를 평가절하할 때는 어떻게 해야 하는 건지 도움이 필요했다. 분열성 내담자가 자신의 신체와 단절된 느낌이라고 할 때, 자신이 취약하다고 느낄 때, 자신과 다른 사람들 사이에 보이지 않는 벽이 내려오는 것 같다고 할 때, 내가 어떻게 반응해야 할지 알아야 했다. 이런 문제로 인해 경계선 내담자와 자기애성 내담자를 구분할 수 있는 신뢰할 만한 방법들과, 그리고 이 둘이 분열성 내담자와는 또 어떻게 다른지 구분할 수 있는 방법도 알아야 했다. 그런 과정에서, 어떤 경우에 인격 장애 진단을 내리는 것이 적절한지를 어떻게 판단할 수 있는지 누군가 제발 '쉬운 말'로 나에게 설명해 주길 바랐다. 신경증과 성격장애, 정신증의 정확한 구분선은 또 어떤 것인지도 알려 주길 바랐다.

그 후 25년을 이런 질문들에 대한 답을 찾으며 보냈고, 그 과정에서 나는 성격장애에 관해 서로 다른 접근들을 제시했던 매우 다양한 사람들과 함께 공부했다. 자아심리학의 거트루드와 루벤 블랑크(Gertrude & Ruben Blanck), 자기심리학의 안나와 폴 온슈타인(Anna & Paul Ornstein), 유아 발달의 대니얼 스턴(Daniel Stern), 대상관계의 제임스 F. 마스터슨과 랄프 클라인(James F. Masterson & Ralph Klein) 그리고 이란의 정신과 의사 하빕 다븐루(Habib Davenloo)를 통해 배웠다. 1983년과 1992년 사이에 나는 윌리엄 알란슨 화이트 연구소(William Alanson White Institute), 뉴욕 대학교의 박사 후 정신분석 프로그램, 마스터슨 연구소(Masterson Institute), 하버드 의과대학 및 매사추세츠 종합병원, 뉴잉글랜드 연구소(New England Educational Institute), 아메리칸 헬스케어 연구소(American Healthcare Institute), 케이프 코드 심포지엄(Cape Code Symposium) 등 다양한 그룹이 후원하는 워크숍과 강좌에 참석했다. 이처럼 서로 다른 치료 접근들을 접하면서, 왜 성격장애 내담자의 치료에 단지 극소수의 치료자만이 낙관적 견해를 갖게 되는지를 이해할 수 있었다. 서로 다른 전문가들이 동의하는 명확하고 유용한 지침들은 거의 찾아볼 수 없었다.

앞에서 언급했던 연구과정 가운데, 하버드 대학교가 후원했던 심포지엄에서 경험했던 일은 나의 최고의 경험 중 하나였다. 그것은 제랄드 아들러(Gerald Adler)가 경계선 내담자의 치료로 적절하다고 제시했던 내용을 오토 컨버그(Otto Kernberg)가 지적했던 일이었는데, 내 기억으로는, "원초적이고 가학적이고 분노로 가득찬 경계선 환자들(primitive, sadistic, and rage-filled Borderline patients)"이라는 컨버그의 설명에 비하면, 아들러가 제시한 치료는 너무 부드럽다는 지적이었다. 이에 대해 아들러는 컨버그에게 다음과 같이 조용히 답했다. "아마 당신이 그들을 치료하기 전까지, 그들은 그렇게 가학적이고 분노에 차 있지 않았을 것이다."

제임스 마스터슨의 접근 방식이 결국 나에겐 가장 실제적으로 보였고, 또 그의 이론 체계가 다양한 성격장애를 선명하게 구분 지어 주기 때문에, 나는 그의 이론에 초점을 두고 연구해 보기로 했다. 내가 연구했던 대부분의 다른 이론가들은 여러 성격장애 가운데 오로지 한 가지 장애에만 초점을 두거나, 또는 치료 효과와 상관없이 모든 종류의 성격장애 치료에 기본적으로 동일한 한 가지 방법만 적용하는 것 같았다. 마스터슨의 가르침과 그의 저서들을 통해 보여 준 이론의 내적 일관성 덕분에, 나는 내가 우려했던 것들을 다음과 같은 질문들과 함께 해소할 수 있었다. 내가 하고 있는 것이 무엇인가? 나는 그걸 왜 하고 있으며 어떻게 하고 있는가? 만약 효과가 없다면 어떻게 할 것인가? 또한 마스터슨의 이런 진단과 치료적 기본 원리들을 게슈탈트 임상을 통해, '장(field)'이론적으로 적용할 수 있는 방법들을 찾게 되었다. 여러 면에서 (전부는 아니지만) 마스터슨의 치료 원리들은 게슈탈트 치료와 일치했다. 마스터슨의 치료 방식은 상당히 현재지향적이었다. 그는 내담자에게 아무것도 가르치지 말고, 재양육을 하려고 하지도 말고, 조언도 하지 말라고 했다. 그들에겐 이미 완벽할 만큼 훌륭한 조언들을 해 주는 사람들이 많다는 것이다. 그런데도 재밌는 점은 "왜 그들은 자신이 이용할 수 있는 정보들을 더 잘 활용하지 못하는 걸까?"라는 것이었다. 우리가 할 일은, 치료 과정을 통해 내담자가 배우고 깨달아서 스스로 자신의 결론에 도달할 수 있도록 힘을 실어 줄 수 있는 조건들을 제공해 주면 된다는 것이었다.

나는 랄프 클라인이 이끄는 마스터슨 연구소에서 3년을 보냈고, 이어서 3년간 이 연구소의 공식 수련 프로그램이었던 경계선, 자기애성, 분열성 성격장애 관련 수련을 받았다. 그리고 1년간 마스터슨에게 수퍼비전을 받았다. 그 후에 연구소 교수로 합류하게 되었고, 성격장애 (또는 마스터슨 연구소에서 '자기의 장애'라고 부르던) 코스들을 만들어 가르쳤다. 불행하게도, 마스터슨의 시스템은 유용하고 내적인 일관성도 있었지만, 반면에 매우 경직되고, 대상관계 전문 용어들로 가득하여, 창의력이나 실험을 고려해 볼 여지가 없다는 것을 알게 되었다. 그래서 나는 이런 상황 너머에 있을 또 다른 영역으로 움직일 필요가 있다는 것을 깨닫게 되었다.

4. 대인관계 게슈탈트

어느 날 나는 모든 것을 바꾸게 된 어떤 통찰을 하게 되었는데, 내가 정신분석 이론가들로부터 배운 거의 모든 것이 게슈탈트 치료의 기본 개념인 전경-배경의 형성 과정으로, 단순하고 명쾌하게 설명될 수 있다는 것을 깨닫게 되었다. 간단히 말해, 게슈탈트 치료에 의하면 우리 주변의 데이터들을 인식하여 어떤 의미를 알아차리는 과정에서, 지각 체계는 어떤 한순간에 우리에게 가장 절실한 것을 자동적으로 전경으로 떠올리게 된다는 것이다. 이것을 대인관계 상황으로 설명하자면, 우리의 지각 체계는 우리에게 가장 절실한 대인관계 욕구나 두려움과 관련된 대인관계 데이터들로부터 전경을 형성한다는 것이다. 나는 이러한 전경들을 '대인관계 게슈탈트(Interpersonal Gestalts)'라고 부르기로 했다. 또한 우리에게는 과거에 충족되지 못한 중요한 대인관계 욕구들이 있는데, 이러한 욕구들은 끊임없이 현재를 압박해 충족시키려고 한다는 것이다. 이러한 이유로 우리는 과거의 중요한 미결된 욕구들을 충족시켜 줄 것처럼 보이는 현재의 대인관계 세부사항들에 관심을 기울이게 된다는 것이다. 상황을 현실적으로 평가할 수 있다면, 그와 같은 충족은 불가능하다는 것이 은연중에 드러나고 있는 상황에서도 말이다. 다시 말해서, 우리는 대인관계에서 우리의 관심을 끄는 것들을 상대방으로부터 가장 잘 보고, 듣고, 집중하고 또 기억하게 된다는 것이다. 우리의 대인관계 장을 또 다른 방식으로 조직할 수 있는 다른 가능성들은 무시해 버리거나 배경으로 물러가도록 하면서 말이다.

성격장애라는 관점에서 볼 때, 이런 현상은 치료자가 경계선, 자기애성, 분열성 성격 적응을 하는 내담자를 다소 빠르고 쉽게 구분할 수 있도록 도울 수 있다. 즉, 이러한 내담자가 대인관계 장의 어떤 부분에 반복적으로 주의를 기울이는지 치료자가 주목함으로써 신속하고 쉽게 구분할 수 있다는 말이다. 간단히 말해, 경계선 내담자는 대인관계 장에서 자신이 사랑받고 돌봄받을 수 있는 기회에 사로잡히거나 반대로 버림받거나 타인의 정서적 필요로 인해 자신의 존재가 삼켜져 버릴 것 같은 세부 사항들에 사로잡히는 경향이 있는 것 같다. 자기애성 내담자는 자신의 자존심을 높여 줄 기회나 공개적인 치욕이나 '수준 이하(less than)'로 취급받을 수 있는 대인관계의 세부 사항에 예민하고, 분열성 내담자는 관계에서의 신뢰와 안전성(예, 타인에 의해 자신이 침범당할지도 모른다는 두려움을 자극하는 상황)과 관련된 대인관계 단서에 민감하거나, 또는 타인으로부터 너무 격리되어 결코 다시 연결될 수 없을지도 모른다는 실존적 두려움을 자극하는 단서에 매우 민감한 경향이 있다. 1997년에 나는 「사랑, 찬사 또는 안전: 경계선, 자기애성, 분열성 성격 적응의 진단을 위한 게슈탈트 치료 시스템」이라는 제목의 논문에서 대인관계 게슈탈트에 대한 나의 생각을 발표한 적이 있다. 그 논문을 수정하여 바로 이 책의 다음 장인 2장에 수록하였다.

5. 나의 치료 미션

대상관계 이론의 모호한 용어들과 씨름하면서 펄스, 헤퍼라인과 굿맨(Perls, Hefferline, & Goodman, 1951/1994)의 저서들을 통해 드러난, 그러나 내 생각엔 충분히 다듬어지지 않은 게슈탈트 아이디어들과의 씨름을 통해 내가 얻은 만족스러운 일 가운데 하나는, 그러한 과정들이 나로 하여금 내 방식의 치료적 미션과 방법이라는 기념비들을 확인할 수 있도록 해주었다는 것이다.

1) 명료함

경계선, 자기애성, 분열성 성격 적응에 관한 다양한 것을 소화해 가면서 내가 깨달은 것은 마스터슨을 비롯한 대부분의 성격장애 전문가들이 강의나 저술을 통해 필요 이상으로 어렵고 지루하게(감히 말하지만) 이런 주제들을 다루고 있다는 것이었다. 이런 경험들을 통해 나는 내가 더 잘할 수도 있겠다는 확신도 갖게 되었다. 즉, 내가 책을 쓰거나 강연을 하게 된다면, 쉬운 말과 글로 쓸 것이고, 사용하는 전문 용어들은 이해하기 쉽게 풀어서 설명하고, 나의 논점을 이해하기 쉽도록 흥미로운 사례들도 제공할 것이라고 결심했다. 그리고 무엇보다 유머 감각도 잃지 않을 것이라고 다짐했다. 나는 독자들이 이 책을 즐겁게 읽기를 바랐고, 내게도 이 책 작업이 즐거운 시간이 되기를 바랐다.

이 책에서 다루고 있는 주제들을 나는 치료자들이 쉽게 이해할 수 있기를 바란다. 물론 성격장애를 잘 이해하고 있는 이론가들도 이 책을 읽고 활용할 수 있으면 좋겠다. 또한 석사학위는 취득했으나 임상 훈련은 거의 받지 못한 채 낮은 임금을 받으며 치료센터나 복지기관에서 일하는 치료자들이, 나의 핵심 포인트를 쉽게 파악하고, 제시된 치료 방법들을 실행해 볼 수 있기 바란다. 치료자들 중에는 내담자를 만나기 전까지, 수년에 걸친 전문적인 훈련을 감당할 만한 방법과 비용, 시간이나 목표, 도전 정신을 가질 수 없는 이들이 많다. 어떤 이들은 아직 대출받은 학자금을 갚아야 하는 상황이고, 대학원 졸업 후에 필요한 공부를 더 하기 위해서는 먼저 일을 해야 한다. 성격장애 치료에 대한 안내가 가장 필요한 이들이 바로 이런 치료자들이다.

　상황을 더욱 어렵게 만드는 것은, 성격장애에 관한 대부분의 전문적인 문헌들이 고도로 전문화되어 있고 이해하기 어려운 용어로 쓰였다는 것이다. 이런 이유로 나는 용어들을 정리하기 위한 자료들을 수집하게 되었고, 이 책 마지막 장에 '그린버그의 심리학 용어집'으로 편집되었다. 이 용어집은 완성된 것이라고 볼 수 없고 작업이 진행 중인 것으로, 내가 사용하는 전문 용어들을 간략하게 정리해 놓은 것이다. 이 용어들을 다른 이론가들은 다르게 정의할 수도 있을 것이고, 간략하게 정리되어 성격장애라는 복잡한 주제를 제대로 다 설명할 수도 없다고 생각한다. 그러나 이렇게 간단하게 정리한 이유는, 먼저 독자들이 이런 주제들을 내가 어떻게 이해하고 사용하고 있는지, 나의 입장을 이해하고, 그 후에 독자들 스스로 추가적인 연구들을 할 수 있기를 바라기 때문이다. 이런 작업을 그 누구라도 그리고 어디서부터라도 시작해야 한다고 생각했는데, 단지 나는 그 시작점을 제공한 것이다.

2) 유인물 배부

　내 세미나에서 제시하는 새로운 개념들을, 참석하는 이들이 쉽게 이해하고 바로 사용할 수 있도록 돕겠다고 마음을 정하고 생각해 보니, 내 강의를 들은 후 나름대로 각자가 정확하게 정리하려고 하겠지만 그보다는 미리 정리된 유인물을 나눠 주는 방법이 가장 효과적이겠다고 생각했다. 그렇게 하면 참석자들에게 내 생각을 주입하도록 부추기는 결과를 가져올 수 있다고 우려하는 동료들도 있었다. 하지만 나는 참석자들이 내 기본 입장을 이해하지 못한 채 집으로 돌아가기를 바라지 않았다. 내가 참석했던 그 수많은 세미나에서 배운 것이 얼마나 적었는지 나는 기억하고 있다. 한 가지 명확한 아이디어만 얻고 온다고 해도 그건 큰 것이다. 다시 돌이켜 생각해 봐도 더 잘할 수 없을 것이라고 생각되는 일이 있는데, 그것은 이 책에서 내가 가장 좋아하는 장 가운데 하나인 '경계선, 자기애성, 분열성 성격 적응에 관한 간략한 안내'라는 3장과 4장의 내용이 영국 강연을 위해 준비했던 단 38쪽짜리 유인물에서 시작되었다는 것이다.

3) 방법들

심리치료 이론들은 많으나 실제 임상 장면에서 이론을 어떻게 적용해야 하는지에 관한 문헌들은 부족한 것 같다. 그래서 나는 이런 상황을 바꿔 보기로 했고, 일련의 논문들을 통해 특별히 유익하다고 생각했던 구체적인 치료 개입들을 소개하게 되었다. 그 가운데 특히 좋다고 생각했던 두 편의 논문을 수정·보완하여 이 책에 수록하게 되었다. 그 두 편의 논문은 「수치심의 소용돌이로부터의 회복: 자기혐오 우울에 갇힌 자기애성 내담자와 함께 작업하기」(2010)와 「목표와 경계선 내담자」(2014)이다.

4) 낙인 지우기

이 책을 쓰는 나의 목표 가운데 하나는 경계선, 자기애성, 분열성 성격 적응이 무엇을 말하는지 독자들이 이해함으로써 이 세 가지 진단에 대한 낙인을 지워 보고자 한 것이다. 대부분의 치료자가 이 세 가지 유형의 내담자를 진단하고 치료할 수 있도록 훈련받는 것은 아니다. 전문화된 훈련이 부족하다면, 치료는 실패할 수밖에 없다. 그 결과, 심리치료를 통해 이러한 내담자가 혜택을 누리기가 어렵고, 치료가 어렵다는 일반적인 인상은 더욱 굳어지게 된다. 더구나, 증상이 행동화(acting out)처럼 명백하고 불쾌한 방식으로 표출되는, 즉 기능이 저하된 내담자만이 인격장애로 진단받게 되는 것이 일반적이다. 이와 같은 이유로 많은 치료자가 경계선, 자기애성, 분열성 문제를 가진 내담자는 치료하기 어렵다고 믿게 된다. 그러나 이것은 사실이 아니다. 적절한 지식과 치료 방법을 알게 되면 대부분의 치료자가 이런 내담자를 도울 방법들을 배울 수가 있다.

더욱이 저기능 내담자와 동일한 문제로 고통을 받으면서도, 기능을 좀 더 잘하는 내담자는 정확한 진단을 받기 어렵다. 예를 들면, 기능을 잘하며 유머 감각까지 갖춘 어떤 전문직 여성이 있다고 하자. 이 여성의 삶의 초점이 온통 타인으로부터 사랑과 돌봄을 받기(reparenting)를 바라며, 버림받을까 봐 전전긍긍하는 것이라 할지라도, 전형적인 경계선 성격장애 프로파일에 맞지 않기 때문에 경계선 성격장애로 진단받는 경우는 드물 것이다(고전적 경계선장애 이슈와 관련해서). 이는 치료 과정에서 내담자의 핵심 문제가 간과될 가능성이 크다는 것을 말하며, 따라서 내담자가 경험하고 있는 불안과 삶의 어려움들이 어떻게 경계선 적응과 관련이 있는지 치료자가 제대로 이해하지 못할 가능성이 높다는 것을 의미한다.

6. 이 책의 목표

이 책의 목표는 매우 단순하다. 경계선, 자기애성, 분열성 적응을 보이는 내담자와 치료할 때 어떻게 그들을 이해하고 작업해야 하는지에 대한 명확하고 실용적인 정보를 한곳에 정리해 보자는 것이다. 이 책은 내가 치료자로 활동하면서 이런 책이 있었으면 하고 바랐지만 결코 찾을 수 없었던 그런 책이다. 이 책에서 많은 치료자가 궁금해하던 것들과 또 내 워크숍에 참석했던 이들이 던졌던 질문들에 대한 나의 생각들을 나누었다. 성격'장애'가 무엇인가요? 성격장애인지 어떻게 알 수 있나요? 경계선, 자기애성, 분열성 장애는 서로 어떻게 다른가요? 한 사람이 두 가지 이상의 장애를 동시에 보이기도 하나요? 이런 내담자를 심리치료로 과연 치료할 수 있을까요? 만약 가능하다면 어떻게 해야 할까요?

이 책에서 이론화 작업을 하고 있지만 이 책은 결코 이론에 관한 책이 아니다. 책 전반을 통해 강조하고자 한 것은 치료 회기를 통해 유용한 개입이 이루어지도록 이론이 우리에게 무엇을 알려 줄 수 있는지에 관한 것이다. 앞에서 내가 던졌던 질문들, 내가 무엇을 하고 있는지, 내가 왜 그렇게 해야 하는지, 작업이 잘 되지 않을 때는 어떻게 해야 하는지와 같은 질문에 대한 답을 하는 것이 이 책을 쓰게 된 이유였다.

제**2**장

사랑, 찬사, 안전: 경계선, 자기애성, 분열성 성격 적응의 게슈탈트 진단 시스템[1]

만약 어떤 사람이 당신에게 사랑을 받는 것, 찬사를 받는 것, 또는 관계에서 안전감을 느끼는 것 중에서 어떤 것이 중요한지 선택해 보라는 요청을 한다면, 아마도 당신은 본능적으로 이 세 가지, 즉 사랑, 찬사와 안전 중의 하나에 자신이 끌린다는 것을 알게 될 것이다. 또는 질문이 이상하다고 생각할 수도 있을 것이다. 왜냐하면, 이 세 가지 중 어느 것도 특별히 자신의 대인관계 전경이 될 수 없다고 생각하거나, 이 세 가지 모두가 똑같이 필요하다고 생각할 수 있기 때문이다. 그러나 성격 적응을 보이는 내담자들, 특히 경계선, 자기애성, 분열성 성격 적응 패턴을 보이는 이들은 이런 선택에 별 어려움을 느끼지 않는다는 것을 알게 되었다. 즉, 경계선 내담자는 거의 언제나 찬사나 안전보다 사랑을 택하고, 자기애성 내담자는 그 무엇보다 찬사를, 분열성 내담자는 어떤 대가를 치르더라도 안전감을 느낄 수 있어야 한다. 그렇지 않으면 분열성 내담자는 정서적으로 현재에 머물 수 없게 되고, 다른 사람의 사랑과 찬사가 주는 유익을 경험할 수 없기 때문이다.

1. 대인관계 게슈탈트

대인관계 게슈탈트를 통해 말하고자 하는 것은, 대인관계에서 어떤 것들이 내담자에게 습관적으로 전경이 되는지를 관찰하는 것만으로도 우리가 내담자에 관해 상당히 많은 것을 쉽고 빠르게 알 수 있다는 것이다. 나는 이런 습관적인 전경을 내담자의 '대인관계 게슈탈트(Interpersonal Gestalt: IG)'라고 한다. 대인관계 게슈탈트란, 보통 어느 한순간에 우리가 조직하는 대인관계 방식, 즉 수많은 대인관계에서 무엇이 전경이 되고 무엇이 배경이 되는지를 말한다. 예를 들면, 상대방과의 관계에서 어떤 역할을 하고 싶은지, 어떻게 보이고 싶고 대우받고 싶은지, 어떤 경험을 기대하는지, 그리고 관계에서 은밀하게 갈망하거나 두려워하고 있는 것은 무엇인지 등이다.

대인관계 게슈탈트 형성과정도 일반적인 게슈탈트 형성과정과 동일하다. 우리의 관심이나 욕구, 기대나 생리현상, 문화와 역사 그리고 기질 등 이 모든 것이 우리의 전경을 형성하는 과정에 영향을 미친다. 우리는 우리가 원하고 필요로 하고 두려워하는 것에 주목하는 경향이 있다. 이처럼 우리가 간절히 원했지만 충족되지 못했던 욕구들을 채워 줄 것 같은 단서들이나, 우리에게 가장 깊은 두려움을 줄 것 같은 단서들에 특히 민감한 반응을 하는 것 같다. 과거에 유기나 신체학대, 수치심과 같은 상처를 경험한 이들은 상처를 같은 방식으로 재경험할 것처럼 보이는 대인관계 단서들에 극도로 민감한 반응을 보이는 경향이 있다. 예를 들면, 누가 크게 소리치는 것을 듣고 과거에 매를 맞았던 사건을 연상하는 사람은 큰 소리가 쉽게 전경으로 떠오르는 식으로 대인관계 게슈탈트를 형성하는 경향이 있다.

대인관계 게슈탈트는 어떤 부분에서는 대상관계 이론들과 겹치는 부분이 있다. 즉, 내적 대상관계 일체(internal object relation unit)라는 개념인데, 이것은 자기와 대상(타인)이 일체이며, 이 둘이 특별한 정서로 연결되어 있다고 본다. 치료 과정에서 활성화되는 것이 바로 이 내적 대상관계 일체로 내담자는 왜곡된 방식으로 자신과 치료자를 보게 된다는 것이다. 이런 왜곡은 신경증적인 이슈를 가진 내담자의 경우엔 일반적으로 '전이'라고 하고, 자기 적응(adaptations of the self, 역자 주: 참 자기 모습대로 살지 못하고 환경의 요구나 기대대로 자기를 습관적으로 맞추며 적응해 사는 것)의 이슈를 가진 내담자의 경우엔 "전이 행동화(transference acting out)"(Masterson, 1981)라고 한다. 게슈탈트 치료에서 '전이'란, 내담자가 대인관계 상황에서 자신의 현재 욕구나 선입견과 관련된 세부적인 것들을 알아차리지 못해서 '일어나는' 것이다. 즉, 전이는 전경-배경 형성에 관한 것이다.

대인관계 게슈탈트는 또한 대니얼 스턴(Daniel Stern)의 '반복되어 나타나는 일반화된 상호작용(Repeated Interactions that are Generalized over time: RIG)'과도 일치하는데, 이는 유아기에 어머니나 다른 주 양육자와의 반복된 초기 관계경험을 뇌에서 정리하게 되는데, 이것이 이후의 대인관계에서 무엇을 기대하도록 하는지에 대한 토대가 된다(Stern, 1985).

그러나 게슈탈트 치료자로서 우리는 대상관계 이론가나 스턴과 같은 발달 이론가와는 달리, 수많은 정보 가운데 개인이 어떤 것을 선택하여 자신의 현실을 창조해 가는지 그 과정에 주로 관심이 있다. 즉, 우리는 주로 유기체와 환경 간의 접촉 경계에서 관찰할 수 있는 개체의 대인관계 경험에 관심을 갖는다. 다시 말해, 개인이 어떻게 매순간 자신의 현실을 창조해 가는지 그 과정에 관심이 있고, 대상관계 일체개념이나 RIG의 경우처럼 관찰할 수 없는 가설적 구성개념을 이론화하는 데는 별 관심이 없다.

내 생각에는 치료 회기 중에 관찰할 수 있는 대인관계 게슈탈트가 게슈탈트 치료 접근과 발달이론이나 대상관계 이론 사이에서 유용한 연결고리 역할을 해 줄 수 있다고 본다. 발달 이론가는 어린 시절의 관계경험이 생리적 수준에서 뇌에 어떻게 코딩될 수 있는지에 대한 가설을 말하고, 대상관계 이론가는 성인 생활에서 각 개인이 이러한 정신 생리학적 표상을 어떻게 조직하고 사용하는지를 다룬다. 반면, 게슈탈트 치료는 현재 무슨 일이 일어나고 있는지 관찰하고 경험하는 것을 강조함으로써, 이런 내적 지도(내적 대상관계 일체나 RIG가 제공하는)가 매 순간 대인관계에서 어떻게 실연되고 있는지, 즉 RIG이 어떻게 IG, 즉 대인관계 게슈탈트가 되는지를 관찰할 수 있는 방법을 제공한다.

1) 대인관계 게슈탈트는 과정이다

대인관계 게슈탈트(IG)란 계속 진행 중인 과정으로, 매순간 접촉 경계에서 전경-

배경의 메커니즘을 통해 형성되고 재형성되는 지속적인 과정이다. 즉, 우리가 앉아서 감각을 통해 다른 사람을 보고 듣고, 냄새 맡거나 또는 다른 방식으로 지각하는 모든 것이 우리의 전경이 된다. 그리고 그 순간 우리의 필요나 관심에 따라 그 외에 다른 것들은 배경으로 물러난다. 그리고 이 모든 것은 우리의 뇌 속에 코딩되어 있는 우리가 학습한 친밀한 관계에 대한 내적 기대치에 의해 필터링된다(스턴의 RIG). 이런 이유로, 우리는 우리의 기대와 일치하는 유기체/환경 장의 단서들에 더 민감하게 된다. 따라서 이론적으로는, 만남이 만족스러운 경험이 될 것이라고 기대하는 사람은 거절당할 것이라고 기대하는 사람보다 서로에게 좋은 감정을 줄 수 있는 단서들에 더 주의를 기울일 것이다.

게슈탈트 기준을 바탕으로 '건강한' 게슈탈트 형성을 생각해 본다면, 대인관계 게슈탈트가 얼마나 건강한지의 여부는 접촉 경계에서 방해를 받지 않는 정도에 따라 달라질 것이다. 즉, 융합, 투사, 내사, 반전과 같은 접촉장애로 인한 방해의 정도에 따라서 달라진다. 또한 전경-배경 형성의 상호작용은 우리가 기울이는 주의와 집중, 관심과 흥분 그리고 은혜(grace) (Perls, Hefferline, & Goodman, 1951/1994)에 의해 결정된다. 장황하게 설명했는데 간단히 말하자면, 대인관계 게슈탈트의 건강 정도는 우리가 다른 사람과 완전히 현전할 수 있고, 또 순간순간의 가능성에 얼마나 생생하게 살아 있을 수 있는가에 달려 있다고 할 수 있다.

2) 고착된 게슈탈트 대 유연한 게슈탈트

성격 적응의 이슈를 가지고 있는 내담자의 대인관계 게슈탈트는 '유연'하기보다는 '고착'되어 있다. 즉, 이들은 모든 또는 대부분의 관계를 동일한 방식으로 조직한다. 이런 내담자는 서로 다른 개별적인 관계의 독특함을 받아들이지 못하고, 순간순간의 흐름을 통해 자신에게 무엇이 전경이 되고 무엇이 배경이 되는지조차 알아차리지 못한다. 그렇게 된 이유는, 아마도 과거에 충족되지 못했던 중요한 미결과제가 지금 여기에서 충족하려고 압박하기 때문일 것이다. 따라서 이들은 자신의 미결과제 완결을 위한 최상의 기회를 제공해 줄 것 같은 대인관계 게슈탈트에 끊임없이 매달리게 된다.

이런 역동은 게슈탈트 심리학의 기본 원리인 과거의 미결과제가 현재를 압박하여 미결된 욕구를 충족시키려고 한다는 것과 일치한다(Perls et al., 1951/1994). 더욱이 이런 절박한 욕구로 인해 내담자는 타인과 온전히 함께(현전)할 수 있는 능력과 자신을 정확하게 평가할 수 있는 능력을 방해받게 된다. 대신에 오래전 미해결된 대인관계 드라마에서 자신이 경험했던 역할 가운데 하나를 다른 사람들에게 투사하는 경향이 있다. 그래서 다른 사람의 반응을 자주 잘못 해석한다. 왜냐하면 자신의 충족되지 못한 욕구나 두려움의 관점에서만 대인관계를 보기 때문이다. 자신의 미결된 욕구가 클수록 불충분한 정보를 바탕으로 건강하지 못한 게슈탈트를 형성할 가능성이 높아진다.

3) 경계선 대인관계 게슈탈트

경계선 내담자들은 대개 어린 시절 정서적 유기나 학대로 고통을 당했다. 유기가 악의적이거나 의도적인 것이 아니라 해도 부정적인 영향을 끼칠 수 있다. 예를 들면, 두 살 된 아이의 엄마는 질병으로 병원에 입원하여 아이를 돌볼 수 없었다. 하지만 엄마의 질병으로 인해 생긴 갑작스럽고 장기적인 상실 경험은 아이에게는 트라우마가 된다.

개별화된 성숙한 개인으로 성장하는 데 필요한 정서적 지원의 결핍과 유기 불안으로 인해, 경계선 내담자는 충족되지 못한 많은 정서적 욕구와 일상적 어려움을 겪으며 살게 된다. 실제 나이와 상관없이 자신을 아이 같다고 느끼며, 필요를 채우기 위해 삶을 구조화하는 데 자신이 부적절하다고 느끼는 경향이 있다. 어린아이처럼 보통 매우 충동적이고 감정적이다. 자신을 사랑하고 돌봐 줄 것 같은 사람에게 끌리는 경향이 있고, 그런 사람들과 강렬한 일대일의 관계에 몰입하며, 매달리거나 거리를 두는 행동 패턴을 보이며, 분리와 개별화 드라마를 실연하게 된다(Greenberg, 1989b).

결과적으로, 경계선 내담자는 사랑과 돌봄의 욕구와 일치하는 대인관계 장의 세부 사항들에만 주목하는 경향이 있다. 또는 동일한 방식으로 버림받음이나 삼켜짐과 관련된 두려움을 수반하는 사항들에만 주목하기도 한다. 이처럼 이들은 자신의 욕구를 채워 줄 것 같은 세부 사항에만 집중하며, 타인을 좀 더 정확히 인식하도록 해 줄 다른 세부 사항들은 무시하며 알아차리지 못한다. 왜냐하면 이들에게는 오로지 사랑과 돌봄이라는 자신의 채워지지 못했던 욕구와 연관된 세부 사항들만 정서적으로 가치가 있기 때문이다. 이러한 세부 사항들이 전경이 되어 자신을 사랑해 줄 부모역할이나 헌신적인 연인의 역할을 상대방에게 투사하게 되는데, 이들의 기대가 지나치다 보니 현실적으로 다 채워질 수가 없다. 그렇게 되면 이들은 상처받고 화가 나게 되는데, 이는 다른 사람, 즉 자신이 기대했던 그 상대방이 자신의 투사와 일치하는 행동을 하지 않기 때문이다. 그런데 이러한 타인의 거절이 이들로 하여금 상대방을 더 현실적으로 볼 수 있도록 하지는 않는다. 대신 이들은 이젠 투사의 방향을 바꿔서 상대방을 나쁜 부모로 또는 자신을 거부한 애인으로 보면서, 그러한 자신의 부정적인 견해를 확인해 줄 세부 사항들에만 주목하게 된다.

비록 경계선 내담자가 타인을 지적으로는 자기 욕구의 투사 대상만이 아닌 그 이상의 다른 존재로 인식할 수도 있고, 자신이 찾고 있는 것이 현재 상황에서는 어쩐지 너무 부적절하다는 것을 알 수도 있다. 그러나 이들은 '파편화(splitting: 모순되고 정서적으로 분리된 두 개의 고착된 대인관계 게슈탈트 패턴이 번갈아 나타나는)'와 '부인(denial: 분명하게 드러나 있는 것을 보려고 하지 않는 이유는 보게 될 때 자신이 경험할 정서적 고통 때문이다)'이라는 방어를 사용하는데, 자신의 행동을 정당화하고 그것이 적절치 않다는 것을 인식하지 않기 위해서다. 이들의 삶은 마치 2인 대본과 같다. 이들이 줄리엣이라면, 이들이 끌리는 남자는 당연히 로미오일 것이다. 만약 이들이 아이라면, 상대방은 당연히 부모여야 한다. 상대방은 오직 좋은 로미오거나 나쁜 로미오, 또는 좋은 부모거나 나쁜 부모만 될 수 있다. 이들에게 다른 가능성은 정서적으로 현실로 느껴지지도 않고 별로 흥미도 없다.

4) 자기애성 대인관계 게슈탈트

자기애성이 강한 사람은 자존감을 스스로 조절할 능력이 없다. 스스로 회복 불가능한 결함이라고 여기는 비참한 수치심으로 인한 자기 혐오적인 우울증에 빠지지 않기 위해 이들은 타인의 인정을 필요로 한다. 그래서 사람들에게 깊은 인상을 남기기 위해 시간과 에너지를 과도하게 소비한다. 타인을 통해 자신의 존재 가치를 확인하려는 욕구 때문에 자기 가치를 보여 줄 수 있는 지위에 매달리거나, 자신이 속한 문화에서 높은 지위에 있는 사람과 가까이 지내는 것을 매우 중요하게 생각한다

(Greenberg, 1996).

　　지위와 인정을 향한 이런 끈질긴 집착과 다른 사람으로부터 지속적인 찬사를 받지 못하면 자기를 확인할 수 없을 것 같은 무력감으로 인해, 자신의 지위를 내세울 수 있는 기회, 또는 찬사나 인정을 받을 수 있는 유기체/환경 장에 민감하게 반응하게 된다. 또는 반대로 비판을 받거나 치욕, 수치심을 경험할 것 같은 상황에도 민감하게 반응한다. 자기애적인 사람은 이처럼 자주 만나는 모든 사람이 마치 자신에게 찬사를 보내는 존재, 또는 자신을 수치스럽게 만드는 존재인 것처럼 행동한다. 이런 반응을 다른 사람이 자신에게 할 수 있는 유일하고 적절한 반응인 것처럼 여기면서, 모든 대인관계에서 오직 찬사와 인정, 수치심과 관련된 것만 이들의 전경이 되기 쉽다. 상대방은 찬사를 보내는 청중이거나 비판하는 청중일 뿐이다. 일반적으로 다른 사람들이 자신과 무관한 독립된 존재로 자신만의 삶을 영위하며, 자기에게 찬사나 인정을 보내 줄 필요성을 느끼지 못하며 산다는 것을 알지 못한다. 대인관계 상황에서 타인의 이런 세부 사항이 거의 전경으로 떠오르지 않기 때문이다.

5) 분열성 대인관계 게슈탈트

　　분열성 내담자는 취약한 자신에게 타인이 위협이 될 수 있는지에 관심을 갖고 끊임없이 상대방을 평가한다. 타인의 행동 가운데 심리적으로 압도된다고 생각되는 것들(상대방이 큰 소리 치며 자기주장하는 것, 자기 곁에 너무 가까이 있는 것, 명령하면서 자주 자기를 사람으로 대하지 않는 것 등)은 너무나 위협적이고 마치 자신을 삼켜 버릴 것처럼 느껴지기 때문에 타인의 이런 행동들이 대인관계 장에서 대체로 전경이 된다. 모든 대인관계에서 안전과 관련된 일들이 전경이 되고, 덜 위협적으로 느껴지는 요인들은 배경이 된다. 이것은 분열성 내담자가 사랑이나 인정을 애타게 갈망하지 않는다는 것이 아니다. 단지 대인관계에서의 안전이 이들에게는 다른 욕구들보다 먼저라는 것이다.

6) 경계선 대인관계 게슈탈트의 일상적 사례

영국의 고 다이애나 황태자비는 경계선적인 인물로, 그녀의 대인관계 게슈탈트는 사랑을 전경으로 조직하는 좋은 예라고 할 수 있다. 비록 내가 그녀를 개인적으로 잘 알지는 못하지만, 그녀의 인생 스토리는 많은 경계선 내담자의 스토리와 너무나 비슷하다. 그래서 경계선 내담자의 일상적인 스토리를 편하게 설명하기 위해 그녀의 사례를 택했다. 다이애나가 좀 더 자기애적인 여성이었다면, 언젠가 영국 왕비가 되기 위해 찰스 황태자의 불륜을 눈감아 주는 선택을 했을지도 모른다. 분열성적이었다면, 왕실의 냉정함이 자신에게 그렇게 파괴적이라는 것을 느끼지 못했을 것이다. 다이애나는 따뜻함과 사랑을 원했고, 그것과 좀 비슷한 것이라도 얻기 위해 그녀는 기꺼이 모든 것을 감수했다. 왜냐하면 따뜻함과 사랑 없이는 살 가치가 없다고 느꼈기 때문이다. 찰스가 그녀를 무시했을 때, 그녀는 자해와 자살 시도를 했고, 부적절한 남자들과 위험한 정사를 감행했다. 그녀가 모든 영국인의 '마음의 여왕(Queen of Heart)'이 되고 싶다고 한 것은 그녀에게 가장 중요한 것이 사랑받고 사랑하는 것이라는 걸 또 다시 확인시켜 준 것이다.

내가 제시하는 도식(schema)에 따르면, 다이애나의 대인관계 게슈탈트에서는 찬사나 안전 대신 사랑이 전경이 되었다. '마음의 여왕'을 자처함으로써 그녀가 자신을 어떻게 보는지, 그리고 다른 이들이 자신을 어떻게 보길 원하는지 분명히 말한 것이다. 그녀는 다른 이들의 고통을 향해 대단한 따뜻함과 연민을 느꼈고, 끊임없이 사랑을 주고받을 기회를 찾았다. 이런 기회들을 제공하는 것처럼 보이는 사람들과 상황들이 그녀의 전경이 되었던 것이다. 그리고 이런 욕구 이외의 것들은 그녀의 대인관계 게슈탈트를 형성하는 배경으로 남게 된 것이다.

2. 진단

대인관계 게슈탈트는 접촉 경계에서 이뤄지는 내담자의 패턴을 치료자가 관찰할 수 있는 개념으로, 경험이 많은 치료자나 초심 치료자 모두가 내담자에게 문제가 있다는 것을 신속하게 진단하여 경계선, 자기애성, 분열성 적응을 하는 내담자를 분별할 수 있는 방법을 제공해 준다. 그 외에도 치료자로 하여금 내가 생각하는 '더 큰 게슈탈트(larger gestalt)'를 고려할 수 있도록 돕는다. 즉, 내담자가 보통 치료 회기에 가져오는 많은 일상 문제 기저에 있는 정서적으로 충족되지 못한 욕구들의 숨겨진 의미가 무엇인지를 치료자가 생각해 볼 수 있도록 돕는다. 내담자의 이런 충족되지 못한 욕구들을 치료자가 전경으로 떠올려 봄으로써, 내담자의 문제를 여러 차원에서 생각해 볼 수 있고, 다음과 같은 질문들을 할 수도 있을 것이다. 내가 오늘 회기 중에 본 것들이 이 내담자의 치료실 밖에서 행동들, 즉 직장에서, 집에서, 친구들과의 관계에서의 행동들과 어떻게 연관이 될까? 이 내담자는 이러한 행동을 통해 무엇을 얻고 싶은 걸까? 이들의 삶에서 이런 욕구들이 최우선이 되도록 한 것은 무엇이었을까?

나는 모든 내담자가 이 범주(경계선, 자기애성, 분열성 적응)에 정확하게 들어맞는 건 아니라는 걸 알고 있다. 내가 제시한 범주에 잘 맞는 내담자라도 이러한 관계 문제들 외에 또 다른 관심사를 가지고 치료실에 온다. 그러나 나는 이 대인관계 게슈탈트라는 개념이 회기 중에 나와 내담자 사이에 어떤 일이 일어나고 있는지 나에게 방향감각을 제공해 줄 수 있는 유용한 방법이라는 것을 알게 되었다. 그리고 이 방법은 내담자의 가장 큰 문제가 과거에 충족되지 못했던 대인관계 욕구인 경우에 가장 효과적이라는 것도 알게 되었다. 이러한 내담자는 자신의 대인관계 드라마를 치료자인 당신과 가장 강렬하게 재연할 가능성이 높은 이들이다. 치료자인 당신에게 자신이 원하는 역할을 하도록 하고, 자기의 투사에 맞춰 당신이 자동적으로 반응(resonate)해 주지 않을 때, 당신에게 실망하고 화를 내게 될 것이다.

1) 사례 시나리오

대인관계 게슈탈트가 치료 회기를 통해 어떻게 나타나는지 알 수 있는 사례를 보자.

> 한 여성 내담자가 당신의 치료실로 걸어 들어온다. 그리고 당신 곁에 있는 의자에 웅크리고 앉는다. 그녀가 당신을 부를 때는 격식을 갖춘 직무상 호칭(치료사 선생님)이나 이름 대신 성을 사용하면서(예: 김 선생님), 당신과 동갑인 데도 자신은 이름을 불러 달라고 한다.

그래야 맘이 편할 것 같다면서. 별 망설임 없이 그녀는, 현재 자신의 삶에 대해 어떻게 느끼고 있으며, 왜 치료를 받으러 왔는지 감정 섞인 어투로 말하기 시작한다. 자유롭고 거리낌 없이 말하면서 눈물도 흘린다. 그리고 주위를 둘러보며 휴지를 찾다가 찾지 못하자 당신을 애처롭게 바라본다. 당신은 자신의 가방에서 휴지를 꺼내 줄 수밖에 없게 된다.

  우리는 치료자-내담자의 이런 상호작용을 통해 이 내담자에게 무엇이 전경인지 아직 분명히 알지 못할 수도 있다. 하지만 이 작은 행동을 통해 어떤 것이 그녀의 전경인지 다음과 같은 단서들을 통해 추론할 수 있다. 즉, 이 내담자는 심각한 분열성적 고통에 시달리고 있을 것 같지는 않다. 왜냐하면 대부분의 분열성 내담자는 타인과 거리를 두며 무심하게 반응하는 식으로 자기를 방어한다. 따라서 치료 초기에는 이 내담자보다는 훨씬 더 조심스럽고 자신을 숨기려는 경향을 보인다. 분열성 내담자에게는 대인관계에서의 안전감이 전경이 되기 때문에, 가능하다면 보통 치료자와 멀리 떨어진 자리에 앉고 격식을 차려서 이름보다는 직무상 호칭이나 성을 사용해 부를 것이고, 첫 회기에 치료자 앞에서 눈물을 보이거나 감정을 드러내 자신의 취약한 모습을 보이려고 하지 않을 것이다. 이들은 자신의 진면모를 드러내지 못하고 숨기거나 조심하는 경향이 있다. 따라서 앞에서 소개한 여성 내담자처럼 공공연하게 자신을 표현하지는 않을 것이다.

  이 여성 내담자의 전경이 무엇인지 알 수 있는 또 다른 단서들이 있다. 즉, 자신은 이름을 불러 달라면서 치료자는 직무상 호칭이나 성을 사용하여 부르고 싶어 했다. 따라서 이 내담자는 치료 과정이 동등한 두 성인 관계에서 이루어지길 바라는 것 같지 않다. 이런 내담자의 태도와 함께, 말없이 치료자에게 휴지를 건네 달라고 호소하는 듯한 내담자의 모습을 통해, 우리가 알 수 있는 내담자의 대인관계 패턴이 있다. 그것은 치료자는 성숙하고 양육적인 권위자로 인식하고 싶어 하면서, 자신은 양육과 안내가 필요한 불행한 어린 사람의 역할을 하고 싶어 한다는 것이다.

  또 다른 가능성은, 그녀가 치료자와의 관계에서 자기애적 적응을 했다는 것이다. 즉, 치료자를 자신의 생각을 무조건 수용하고 인정하며 자신에게 감동을 느낄 청중으로 여겼기 때문에, 치료자 앞에서 편히 눈물을 흘릴 수 있었을 것이라는 것이다. 이런 관점에서 보자면, 치료자의 직무 호칭과 성을 사용하여 부르는 걸 선호했다는 것은 자신을 인정하고 수용해 줄 치료자는 중요한 권위자라야 한다는 것을 강조하기 위한 것으로 볼 수 있다. 하지만 당신이 이 내담자로부터 느끼는 감정이 어떤 것인지 스스로에게 물어보게 된다면, 아마 그녀를 돌보고 싶고 뭔가 보호해 주고 싶다는 마음이 들 것이다. 염려하는 마음이 들지, 감탄이나 찬사 또는 비판하고 싶다는 마음이 들지 않을 것이다.

회기가 거듭될수록, 치료의 어떤 측면이 이 내담자의 전경이 되고 또 어떤 측면이 배경이 되는지 점점 분명해질 것이다. 그러나 이 첫 회기를 통해 우리가 알 수 있는 것은, 두 사람 간의 대인관계 패턴이 감탄이나 안전 대신 사랑과 양육이라는 주제를 중심으로 구체화되고 있다는 것이다.

3. 내담자의 전경이 무엇인지 어떻게 아는가

유기체-환경 장을 조직하는 내담자의 독특한 방식에 따라 어떤 것이 내담자의 전경이 되는지 확인하는 방법은 치료자마다 다를 것이고, 치료 방법만큼이나 다양하다. 내담자가 하는 모든 말과 행동이 이와 관련된 정보를 제공할 수 있다. 이렇게 말했으니, 자신에겐 어떤 것이 유용할지 생각해 볼 수 있는 시작점이 되기를 바라면서, 이제부터는 무엇이 내담자의 전경이 되는지, 내가 알게 된 몇 가지 방법을 소개하려고 한다. 다음에 소개하는 내용들이 내가 회기에서 하는 모든 것은 아니다.

1) 호소 문제

내담자가 무엇 때문에 치료 예약을 하게 된 건지 나는 늘 그 동기를 알아보는 데 관심이 있다. 일반적으로 경계선적인 어려움을 갖는 내담자는 자기애성이나 분열성 내담자와는 다른 이유로 치료자를 찾는 경향이 있다는 걸 알게 되었다.

경계선 내담자는 대개 다음과 같은 이유로 찾아온다. ① 자신이 매달리고 있던 누군가가 떠났기 때문에, 또는 ② 자신의 삶을 구조화하고 자율적으로 행동해야 하는 상황에 처했음을 알게 되었기 때문이다. 예를 들면, 대학교 1학년 말에 학교를 그만두는 여성들은 공통적으로 다음과 같은 이유로 중퇴를 한다. 수업을 할 수 있을 만큼 자신의 일상을 구조화하고 정리할 수 없어서, 과제를 해내지 못해서, 식사를 적절히 하지 못해서, 자신이나 기숙사 방의 청결 관리를 하지 못해서 등이다. 한 해 동안 체중은 20파운드가 늘고, 학업은 갈수록 뒤처지고, 우울해진다. 이런 내담자의 친구와 가족들은 걱정을 하게 되고, 일반적으로 치료를 제안한다. 자주 있는 일인데, 이런 내담자가 첫 회기 예약을 하게 되는 것은 가족이 제안하거나 또는 가족이 전화 예약까지 해 주었기 때문인 경우가 많다.

　자기애성 내담자는 대체로 다음과 같은 이유 때문에 치료를 시작한다. ① 자신의 존재를 확인·검증하고 지지해 줄 수 있는 자원을 잃어버렸기 때문에, ② 자신이 완벽하지 않다는 것이 공공연하게 노출될 것을 두려워하는 상황에 처했기 때문에, ③ 노화와 같은 자기애적인 손상이나 돈과 힘, 아름다움의 상실로 인해 고통받고 있는 상황 때문이다. 자기애적인 지원을 받을 수 있는 공급원이 사라지면, 이들은 자신을 스스로 지탱할 수 있는 자신의 진정한 내적 가치감이 없기 때문에, 자기혐오적인 우울증(self-hating depression)에 빠지고 수치와 절망감을 느끼게 된다.

　분열성 내담자는 자주 다음과 같은 이유로 찾아온다. ① 너무 고립된 나머지 사람들과 완전히 단절될 것을 두려워해서, ② 젊은 나이에 친밀감과 신뢰와 관련된 자신의 문제가 결혼이나 친밀한 우정관계를 형성하는 데 방해가 된다는 걸 처음으로 깨닫게 되어서, ③ 정상적인 생활을 방해하는 심각한 증상들 때문이다. 마지막 경우의 예로, 한 내담자는 심각한 사회공포증으로 인해 수업 중에 말을 할 수 없었고, 다른 사람에게 도움을 요청할 수도 없었다. 자신이 무엇을 바랄 자격이 있는지 확신할 수가 없었기 때문이라고 했다. 또 다른 내담자는 보이지 않는 벽이 자신을 다른 사람들로부터 갈라놓은 것처럼 느낀다고 했다.

4. 내담자는 내 치료실과 나의 어떤 점에 관심을 갖는가

1) 경계선 내담자

경계선 내담자는 나의 지위나 행동의 소소한 세부적인 것들에 거의 관심을 갖지 않는다. 그들이 내 치료실을 찾기가 얼마나 어려웠는지 불평하거나, 치료비를 지불하는 데 얼마나 많은 어려움을 겪고 있는지에 대해 불평을 할 경우, 이들의 초점은 성인으로서 이 세상을 살아가기엔 자신이 얼마나 무력하고 준비가 되어 있지 않은지에 있다. 이들이 불평하는 이유는 자신을 덜 부적절하게 느끼기 위해 나를 탓하는 것이 아니다. 이들의 불평은 대체로 내가 자신을 돌봐 주도록 하기 위한, 얄팍하게 위장된 시도다. 한 남자는 내게 임대료가 더 저렴한 동네로 이사를 가는 것이 어떻겠냐는 제안까지 했다. 그러면 내가 부담할 임대료가 내려가서 자기의 치료비를 덜 받아도 되지 않겠냐는 것이었다. 이 방법이 그에게는 더 합리적으로 보였던 것이다. 자신이 더 많은 보수를 받는 직업을 찾거나, 더 열심히 일해 승진하는 방법보다 말이다. 결국, 그는 내가 자신을 돌봐 주어야 한다는 것이고, 그 반대는 아니라는 것을 내게 말한 것이다.

경계선 내담자가 내 치료실과 나에 대해 관심을 갖는 부분들은, 대체로 자신이 여기서 돌봄을 받을 수 있을 것이라는 확신을 줄 만한 것들인 것 같다. 혹은 반대로 버려지거나 삼켜짐에 대한 두려움과 같이 자신이 가장 두려워하는 일이 일어날 것을 암시하는 것에도 관심을 갖는 것 같다. 따라서 이들은 내 치료실 가구가 얼마나 값비싼 것인지에 관심을 갖기보다 실내의 아늑함에 더 신경을 쓸 것 같다. 경계선 내담자의 첫 관심이 상실(버려짐이나 삼켜짐과 같이)과 관련된 세부 사항에 집착하는 경우보다는 돌봄과 관련된 세부 사항들에 관심을 두는 경우가 좀 더 희망적이고, 정서적인 상처도 덜하다. 예를 들면, 한 여성은 양육과정에서 일찍 어머니에게 버림받고 가슴앓이를 거듭해 경험했던 내담자였다. 이 내담자는 지위나 실존적인 안전과 관련된 그 어떤 것에도 관심을 보이지 않았다. 그녀에게 반복적으로 전경이 되었던 물건은 내 치료실의 시계였다. 그녀는 회기 중에 시계를 자주 힐끗 보고는 했는데, 치료시간이 끝났다고 내가 말하기 전에, 언제나 하던 말을 멈추고 일어나 나가 버리곤 했다. 후에 그녀는 회기를 마쳤으니 이제 떠나야 한다는 말을 치료자로부터 듣게 된다면 감정적으로 너무 고통스러웠을 것이라고 말했다.

2) 자기애성 내담자

자기애성 내담자가 내 치료실과 나에 관해 특별히 관심을 갖는 부분은 대개 나의 지위를 보여 줄 만한 것들이다. 어느 대학에서 학위를 받았는지 자격증은 몇 개나 되는지, 내 치료실이 있는 주변의 생활수준은 자신이 만족할 만한지, 가구나 내가 입은 옷은 얼마나 고급스러운지, 내 서가엔 얼마나 많은 책들이 꽂혀 있는지 등이다. 그 외에도 이들은 내 시선이 자신을 향하는지 아니면 다른 곳을 향하는지, 침묵을 하는지, 내가 자리를 고쳐 앉는지 등과 같은 나의 소소한 비언어적 반응에도 매우 민감하다. 이들은 보통 이런 나의 반응이 자신이 하는 말에 대한 나의 관심이나 무관심의 척도이거나, 자신의 존재감을 확인하거나 무시하는 사인이라고 해석한다.

나의 움직임과 그 의미에 대해 언급하지 않을 때도 있다. 이런 때는 갑자기 화제를 바꾸거나 자기 비판적이 되거나 화가 나서 치료자와의 관계를 한순간에 철회해 버리는 방식으로 자신의 알아차림을 드러낸다. 또한 내담자는 치료자와 정해진 스케줄, 치료받기 위해 오가며 겪는 불편, 치료 비용 청구나 관행 등과 같은 치료 과정에서 자신이 불편하다고 생각한 것들에 집착하는 것 같다.

극단적으로 자기애적인 한 남성 내담자는, 나의 뉴욕식 억양이 출신 계급이 낮은 것 같아 너무나 당황스러워, 내가 훌륭한 치료자라는 건 알지만 치료를 받을 수 있을지 확신이 서지 않는다고 했다. 또 다른 내담자는 자신이 나보다 월등하다고 느꼈는데, 대기실에 비치된 잡지들의 수준을 보니 내 취향이 자기보다 한 수 아래로 생각되었기 때문이었다. 어떤 여성은 회기 내내 내 얼굴을 응시하다가, 내가 그녀의 시선을 외면한 채 다른 곳을 볼 때마다 화제를 바꾸기도 했다. 또 다른 여성은 내가 시계를 보았기 때문에 기분이 상했는데, 그런 행동을 내가 자신에게 싫증이 난 것이라고 생각했기 때문이었다.

자기애성 내담자 중에는 매 회기를 장황한 불평으로 시작하는 이들도 있다. 치료 시간에 맞춰 오는 게 얼마나 힘이 드는지, 버스나 지하철은 늦게 도착하고, 택시 기사는 무례하고, 여기까지 오는 데 비용이 많이 들었다는 등, 처음엔 이런 불평들이 나를 당황하게 했다. 사실 나의 치료실 부근에는 다양한 버스와 지하철 노선이 자리 잡고 있고, 근처에는 주차장도 많아 대부분의 사람이 찾아오기 쉽다고 하는 곳이기 때문이었다.

그런데 이러한 내담자들이 이처럼 불평을 하는 많은 이유들 중에 몇 가지를 경험을 통해 알게 되었다. 즉, 이들이 불평하는 이유는 일상의 많은 일들을 잘 처리하지 못해 덜커덕거리며 살고 있기 때문이고, 자기 스스로 평정심을 회복하는 방법을 모르기 때문이고, 또 어려움을 공개적으로 인정하기에는 자신이 너무 취약하다고 느끼기 때문이었다. 이들이 불평하는 또 다른 이유는, 얼마나 많은 치료가 자신에게 필요한가에 집중하고 싶지 않기 때문이다. 치료를 받는다는 그 자체가 바로 이들이 방어하고 싶어 하는 과대 자기(grandiosity)에 손상을 입히는 일이기 때문이다. 대신에 자기 마음속에서 일어나고 있는 일들을 무의식적으로 왜곡하여, 마치 치료받으러 오는 것이 나에게 호의를 베풀고 있는 것처럼 행동한다. 그러므로 치료 회기를 함께 하기 위해 이들이 지불한 많은 대가를 내가 알아주어야 한다는 것이다. 자신의 어려움을 정면으로 대면하지 않기 위해 불평을 외부로 돌려 다른 사람을 탓하는 것이다. 전경–배경 형성과정으로 설명하자면, 내게 치료받으러 오는 것이 이들에게는 불쾌하게 느껴졌다. 그래서 대인관계 장에서 내가 자신의 속죄양(비난 대상)이나 위로자(자기가 치룬 대가를 알아주어야 하는)가 될 수 있는 대상이라는 것을 그 순간 전경으로 떠올린 것이다.

3) 분열성 내담자

분열성 내담자는 대체로 내담자–치료자 관계에서 치료자로부터 자신의 안전과 독립을 지키는 일과 관련된 것들을 민감하게 알아차린다. 이로 인해, 우리가 서로 얼마나 가까이 또는 멀리 떨어져 앉아 있는지, 또는 심지어 내가 그들을 어떻게 쳐다보는지와 같은 일들이 전경이 된다. 심한 분열성 이슈를 가지고 있던 한 내담자는 내가 자기를 너무 똑바로 쳐다보아 자신의 공간을 침해했다고 불평했다. 내가 어떻게 했어야 하냐고 물으니, 둘 사이의 중앙선을 넘어서 자기를 바라보지 않는 것이 좋겠다고 했다. 그렇지 않으면 너무 침범을 당하는 것 같아 위협적으로 느껴진다는 것이었다. 경계선이나 자기애성 내담자에게는 이러한 일들이 보통 전경이 되지 않는다. 또 다른 내담자는 2주 전에 일어난 사건들에 관해서만 말하였다. 그렇게 하면 자신의 삶에 통제감을 유지할 수 있는 것 같고, 치료자인 내가 자신의 선택에 어떤 말로도 영향을 미칠 수 없기 때문이라고 했다.

보통 자신을 스스로 돌보는 책임을 포기하는 일을 행복하다고 느끼는 경계선 내담자와 달리, 분열성 내담자는 자신의 독립성을 빈틈없이 고수한다. 자신 외에 그 누구라도 의존하게 되면 안전하다고 느낄 수 없기 때문이다. 그리고 자기애적인 내담자와 달리, 이들은 치료비 지불이나 치료실에 찾아오는 일과 관련해서 치료자에게 따지거나 논쟁하는 일이 거의 없다. 왜냐하면 ① 자신만의 독립심을 타협하게 될

지도 모르기 때문에, 부탁을 하고 싶어 하지 않는다. 그리고 ② 종종 다른 사람이 설정한 그 어떤 조건도 받아들여야 한다고 믿는다. 왜냐하면 자신만의 감정을 가질 자격이 없다고 생각하기 때문이다(Klein, 1995). 이런 내담자가 치료과정에서 지위와 관련된 이슈를 언급할 때는, 감정적인 거리를 안전하게 유지하기 위해서이지, 자신의 불안정한 자존심에 힘을 실어 주기 위해 지위를 이용하는 것은 아니기 때문이다.

5. 내담자를 향해 느끼는 감정

내담자와 함께 있을 때 느끼는 나의 감정(보통 역전이라고 하는)을 알아차림으로써, 내담자의 대인관계 게슈탈트에 대한 좋은 감각을 얻을 수 있다. 대인관계 장에서 펼쳐질 수 있는 다양한 가능성 가운데, 무엇이 나에게 감정적으로 전경이 되는지 세심하게 주의를 기울이면 내담자가 나에게 기대하는 주요 역할이 무엇인지 대체로 파악할 수 있다. 다음은 경계선, 자기애성, 분열성 대인관계 게슈탈트로 인해 치료자가 흔히 경험하게 되는 일들이다.

경계선: 이들을 돌보고 싶어 하는 내 모습, 혹은 이들의 무력함에 짜증이 나거나 좌절감을 경험하는 나를 보게 된다. 보통 이것은 내담자가 양육자의 역할을 나에게 투사하고 있다는 것을 의미한다. 돌봐 주는 양육자(그래서, 내가 내담자를 돌보고 싶다고 느끼는) 또는 꺼리며 화를 내는 양육자(그래서 내가 좌절과 짜증을 느끼는)의 역할을 나에게 투사한다는 것이다.

자기애성: 내담자의 의견과 다른 내 의견을 드러내는 것을 두려워하는 나를 발견한다. 혹은 회기 내내 '계란 위를 걷는 것' 같은 느낌을 받는다. 다른 내담자에게 기대하는 정상적인 규칙들(치료를 제시간에 마치기, 치료 회기를 취소하기 전에 미리 적절하게 통지하기 등)을 지키는 것을 주저하고 있는 나를 발견한다. 아니면 열등감이나 우월감 같은 이슈들이 나의 전경이 된다. 어떤 자기애성 내담자는 자신의 삶을 너무 이상화해서 말하는데, 듣다 보면 그들이 가진 것을 부러워하고 있는 내 자신을 발견하게 된다. 이런 과정에서 스스로 다음과 같은 질문들, 즉 내 친구들은 왜 이 내담자의 친구들처럼 신실하지 못할까, 왜 내 배우자는 그처럼 바람직하지 못할까, 왜 내

아이들은 부모 말을 그렇게 잘 듣지 않을까를 자문하기 시작한다면, 내가 자기애성 내담자의 기대에 부응하여 전혀 비판 없이 감탄하는 청중이 된 것이다.

분열성: 이러한 내담자와 함께할 때, 이들이 안전하다고 느끼도록 신경 쓰고 있는 나를 보게 된다. 이들에게 위협이 될 것 같은 나의 모든 움직임에 극도로 주의하게 된다. 내담자가 앉아 있는 쪽의 창문이라도 열어야 할 때는 내가 그쪽으로 가게 될 것을 미리 알려 준 다음에 움직인다. 아니면, 내담자의 신뢰를 저버리고 해를 끼치는 게 아닐까 하며 순간 걱정하고 있는 자신을 발견한다. 회기 중에 이런 일들이 나의 전경으로 떠오를 때, 분열성 내담자의 패턴인 대인관계 두려움과 관련된 미묘한 단서들을 포착하게 되는 것을 경험을 통해 알게 되었다.

1) 나는 왜 내담자에게 동전을 주었을까[*]

성격장애 연구로 유명한 제임스 마스터슨은 종종 자신의 역전이를 통해 얼마나 빨리 내담자를 진단할 수 있는지, 다음과 같이 미소를 짓게 하는 재밌는 방식으로 설명하고 있다. 그가 자신의 성격에 전혀 어울리지 않는 행동, 예를 들면 내담자가 전화를 걸 수 있도록 동전[*](요즘으로 말하면 핸드폰)을 건네 주는 것과 같은 행동을 하고 있을 때, 마스터슨은 자신에게 다음과 같이 묻는다고 한다. "내가 왜 내담자에게 동전을 주는 걸까?" 만약 내담자가 불쌍해 보여서 주었다면, 그 내담자는 경계선 내담자일 것이다. "아니요."라고 거절해서 내담자를 화나게 할까 봐 주었다면, 자기애성 내담자일 것이다. 만약 동전 때문에 자신이 매력적이라고 느끼게 된다면, 그 내담자는 사이코패스일 것이다. 그리고 만약 내담자가 동전이 필요한데도 달라고 하지 않았다면, 그는 분열성 내담자일 것이다.

---

[*] 역자 주: 마스터슨의 비유에서 동전이 너무 오래된 것이라 독자들이 동전 대신 핸드폰으로 바꾸어 읽어 보면 더 잘 와 닿을 것 같다.

6. 체험 작업

투사검사나 꿈과 환상 그리고 게슈탈트 치료의 실험은 모두 전경-배경 현상을 수반하며, 내담자의 대인관계에서 무엇이 중요한지를 알려 줄 수 있는 방법들이다. 당신은 아마 이런 방법들을 이미 알고 있고, 그중에 어떤 것들은 이미 사용하고 있을지도 모른다. 만약 그렇지 않다면, 자유롭게 스스로 만들어 사용해 봐도 좋고, 내가 설명할 다음 두 가지 작업들을 활용해도 좋다. 이 방법들은 1970년대 초 게슈탈트 치료 훈련과정에서 배운 것들이다.

1) 작업 1: 흥미를 끄는 물건을 찾아보세요

내담자를 알아 가는 방법으로 가끔 다음과 같은 체험 작업을 첫 회기에 한다. 내담자에게 치료실을 둘러보라고 하고, 내담자의 시선을 반복해서 끄는 것이 어떤 것인지 물어본다. 내담자가 좋아하는 것이거나 싫어하는 것일 수 있다. 내담자가 준비되었다고 하면 그 물건을 잘 살펴본 다음, 자신이 그 물건이 되어 말을 해 보라고 한다. 내담자가 말을 하고 나면 말한 내용 가운데 내담자의 실제 상황과 일치하는 것들이 있는지 물어본다. 만약 일치하는 것이 없다고 하면, 나는 내담자에게 자신이 그 물건과 어떻게 다른지 물어본다.

예를 들면, 한 내담자는 벽에 걸린 나의 졸업장들에 시선이 간다고 했다. 그런 후 다음과 같이 말했다. "나는 졸업장들이다. 나는 이 치료자가 얼마나 똑똑하고 성공적인 사람인지 보여 준다. 다른 사람들이 그녀를 부러워하고 존경하게 만든다." 벽에 걸린 졸업장들을 표현한 내용들이 어떻게 자신과 연관될 수 있느냐는 내 질문에 다음과 같이 말했다. "내가 당신에게 온 것은 어떻게 하면 당신처럼 성공할 수 있는지 나에게 그 비밀을 가르쳐 주길 바랐기 때문입니다. 내가 원하는 걸 가지고 있어서 당신이 부럽습니다." 이 작업을 통해 명확하게 드러난 점들이 이후의 회기들을 통해서 점점 더 확실해졌는데, 이 내담자는 지위와 부러움 그리고 타인에게 찬사받는 일 등과 같은 전형적인 자기애적 이슈들에 온통 마음이 사로잡혀 있었다.

또 다른 내담자는 앉아 있던 자리 뒤에 있던 손뜨개 소파 커버를 보고 "나는 소파 커버다. 나는 부드럽고 따뜻하다. 나는 사람들이 자신을 위로하기 위해 나를 필요로 할 때 그곳에 있다."라고 말했다. 이 말은 내담자가 사람들과의 관계에서 습관적으로 했던 역할이었으며, 동시에 자신도 다른 사람들로부터 그렇게 대접받기를 간절하게 바라던 방식이었다는 걸 알게 되었다.

2) 작업 2: 알겠어요. 상상이 가요

이 작업은 내담자에게 무엇이 전경이 되는지 드러내 주며, 현실과 투사의 차이를 알 수 있도록 돕는다. 개인 치료에선 함께 일대일 작업으로 할 수도 있고, 집단에선 각 집단원끼리 교대로 할 수도 있다.

내담자에게 먼저 나를 보라고 한다. 그리고 그들이 실제로 보고 있는 것이 무엇인지 물어본다. 그런 후엔, 그들이 본 것을 기초로 나에 대하여 상상한 것은 무엇인지 물어본다. 내담자의 대답이 어떤 것이든지 상관없이, 이 작업은 매우 많은 것을 알려 준다. 예를 들어, 한 여성은 내가 친절한 눈을 가졌다고 했다. 내가 "아니요, 그건 당신이 상상한 것일 거예요. 당신이 실제로 본 어떤 것이 그렇게 생각하도록 했을까요?"라고 구분해 주자 그녀는 당황했고, 몇 안 되는 증거들을 근거로 사람들에게 모든 양육적인 자질들이 있는 걸로 느끼는 자신의 경향을 그때까지 명료하게 알아차리지 못하고 있었다. 그녀가 현실과 투사를 구분할 수 있도록 다음과 같이 모델링을 통해 보여 주었다. 그녀를 보며, "나는 당신이 아이메이크업과 립스틱으로 정성 들여 화장을 한 것을 보고 있습니다. 당신이 나에게 어떻게 보일지 신경을 많이 썼다는 상상을 하고 있습니다."라고 말했다. 그러자 그녀는 "나는 당신이 우리 어머니처럼 갈색 눈을 가졌다는 것을 보고 있습니다. 우리 어머니처럼 나에게 친절하게 대해 줄 것이라는 상상을 하고 있습니다."라고 했다. 내담자들 가운데는 앞의 두 작업을 어려워하는 이들도 있다. 나는 강요하지 않고, 그냥 단순하게 어떤 점이 불편한지 묻는다. 그들의 대답은 이 작업만큼이나 많은 것을 알려 준다.

자기애성 내담자는 종종 다른 사람 앞에서 바보처럼 보이는 것을 두려워하거나, 자신이 나에게 하고 싶은 말을 방해했다고 화를 내기도 한다. 이것은 대인관계에서 이들이 나에게 부여한 역할(감동하는 청중)과 이들의 전경인 두려움(다른 사람에게 완벽하게 보이지 않을까 봐), 이 두 가지 모두를 보여 주는 또 다른 방식이다. 분열성 내담자라면, 때로는 이런 즉흥적인 작업을 잘하지 못하거나, 뭘 해야 하는지 도무지 모르겠다고 하거나, 이러한 작업들을 기계적이거나 지나치게 지적인 방식으로 하겠다고 할 것이다. 이 모든 것은 통제력 상실에 대한 이들의 두려움을 드러내거나 타인 앞에서 순간 자발적으로 자신을 드러내는 방식들이다. 또는 이 작업이 자신의 존재가 사라져 버리고 뭔가 다른 것이 되어 버릴 수도 있다는 이들의 원초적이고 존재론적인 두려움을 자극하는 것일 수도 있다. 경계선 내담자는 특별히 퇴행한 상태가 아니거나 나에게 화가 난 상태가 아니라면, 보통 이런 작업을 할 만큼 충분한 자발성을 발휘할 수 있고 또 즐거워한다.

7. 요약

경계선, 자기애성, 분열성 적응을 하는 내담자는 과거에 충족되지 못한 대인관계 욕구들로 인해 특별히 다음과 같은 대인관계 단서들에 반응한다. 충족되지 못한 자신의 욕구를 채워 줄 것 같은 단서들, 또는 다시 상처를 입힐지도 모른다는 두려움을 불러일으킬 것 같은 단서들, 또는 고통을 느끼지 않기 위해 자신이 좋아하는 방어행동을 재연하게 될 것 같은 단서들에 반응한다. 이런 대인관계 게슈탈트는 고착되어 반복적으로 나타난다. 따라서 유기체-환경 장에서 일어날 수 있는 수 많은 대인관계 패턴 가운데 습관적으로 내담자의 전경이 되는 것에 주의를 기울일 수 있다면, 이런 대인관계 패턴을 치료 회기를 통해 관찰하기가 상당히 쉽다.

전형적으로 경계선 내담자는 사랑과 돌봄을 주고받는 것과 관련된 단서들이나 또는 그 반대로, 삼켜짐이나 버려짐에 대한 두려움을 자극하는 단서들에 주목한다. 자기애성 내담자는 전형적으로 찬사나 치욕, 지위를 상징적으로 드러낼 상황에 주목한다. 그리고 치료자가 전적으로 주의를 기울여 주며, 자신이 하는 말을 완벽하게 동의해 주고 있다는 것을 확인해 주거나 방해하는 단서에 주목한다. 이와는 대조적으로, 분열성 내담자는 안전감을 전경에 두고 대인관계 게슈탈트를 형성한다. 따라서 신뢰와 예측 가능성, 타인과의 신체정서적 거리 등의 이슈가 이들의 주된 관심사가 된다.

대인관계 게슈탈트라는 개념은 치료자가 내담자의 주제를 확인하는 과정과 치료 개입 시 내담자 반응을 예상하여, 내담자가 자신의 삶에 접근하는 방식을 이해할 수 있도록 해준다. 대인관계 게슈탈트는 발달이론과 대상관계 이론을 게슈탈트 관점에서 풀어서 치료자가 바로 활용할 수 있도록 돕는다. 이 개념은 또한 서로 다른 다양한 이론들이 어떻게 함께 통합될 수 있고, 어떻게 서로의 통찰을 지지해 줄 수 있는지를 보여 줌으로서, 게슈탈트 치료와 다른 현대 심리학 이론 간의 간극을 메워 줄 수 있는 가능성을 제시해 주고 있다.

제3장
경계선, 자기애성, 분열성 성격 적응에 관한 간략한 안내 I[2]

치료란 사람들이 오래된 상처를 숨기지 않고 인정하고 직면하도록 돕는 것이다. 자신의 고통을 다루는 적응적인 방법을 찾는 것이다. 그리고 진정한 자신을 탐색하고 표현하는 것이다.

요컨대, 치료자는 내담자들이 자신을 기뻐하는 방법을 배울 수 있도록 돕는 사람들이다.

−엘리노어 그린버그−

1. 개요

이 장의 목표는 독자들이 경계선, 자기애성, 분열성 적응을 하는 내담자를 단순하고도 실질적으로 이해하고 그들과 함께 작업할 수 있는 방법을 제공하는 것이다. 즉, 이 장은 성격 적응이라는 복잡하고 이해하기 쉽지않은 진단에 대한 개론일 뿐, 모든 치료법을 소개하는 것은 아니다. 일부 독자에겐 생소할 수 있는 용어와 개념에 대한 간략한 정의들도 가끔씩 제공하게 될 것이다. 처음 이러한 내담자들을 내가 만났을 때 그랬듯이, 곤혹스러운 경험을 하게 될 치료자에게 여기에 소개되는 안내 지침들이 유용한 참고 자료가 되기 바란다. 예를 들면, 인격장애란 무엇인가? 경계선, 자기애성, 분열성 성격 적응들 간의 차이점은 무엇인가? 내담자는 왜 이런 식으로 행동하는 것일까? 회기 중엔 무엇을 해야 할까? 치료자가 갖게 되는 이러한 질문들에 대한 유용한 참고 자료가 되길 바란다.

1) 기본적인 나의 접근법

사람이란 환경과 상호작용하는 과정을 통해 자신의 진정한 모습을 스스로 풀어내고 펼쳐 가는 예술작품이라고 생각한다. 이러한 전개과정이 지지되고 수용될 때, 각 사람의 독특한 개성은 그들이 하는 모든 일을 통해 표현될 것이다. 그런데 어린 나이에 이런 자연스러운 흐름이 방해를 받게 되면, 자신의 욕구를 표현하고 자신만의 관심을 따라 살고자 하는 자연스러운 흐름이 깨져 버리는데, 자신에게 중요한 사람들을 기쁘게 하지 못하면 그들이 자신을 해치거나 버릴지도 모른다는 두려움 때문이다. 이들은 이런 외부 환경의 방해에 적응하면서 자신의 진정한 모습을 타인뿐 아니라 자기 자신으로부터도 숨기게 된다. 자신의 창조적 에너지를 자기를 개발하고 표현하는 데 사용하기보다는 환경적 요구에 적응하고 자신을 억압하는 데 사용하게 된다. 고통으로부터 자신을 숨기게 되고, 현실적인 괴로움의 실체는 우리가 증상이라고 하는 은유적 상징으로 위장되어 나타난다.

이 장에서는 다음과 같은 주제를 다루게 될 것이다.

- 성격장애란 무엇인가
- 성격장애의 발달과정에 대한 간략한 역사
- 무엇이 성격장애가 '되도록' 하는지에 대한 이론들
- 진단의 문제
- 성격장애 치료에 대한 일반적인 안내 지침

2. 성격장애란 무엇인가

'성격장애'라는 용어는 보통 유아기 또는 초기 아동기에서 시작되어 성인기까지 지속되는 것으로, 광범위하고 만성적인 일련의 문제들을 설명하기 위해 사용하는 말이다. 성격장애라고 하는 이유는, 이러한 문제들이 한 사람의 성격의 여러 측면에 영향을 미치기 때문이다. 즉, 그 사람의 정체감이나 그가 어떻게 생각하고 행동하는지, 그리고 타인으로부터 무엇을 기대하는지 등에 영향을 미치기 때문이다. 또한 이러한 측면들은 시간이 흘러도 변치 않고 상당히 일관성 있게 나타나며, 다양한 상황을 통해서도 나타난다. 앞에서 언급하였듯이, 나는 성격장애라는 말 대신 '성격 적응'이란 말을 선호하는데, 그 이유는 이들의 이런 어려움이 아동기에 자신의 환경에 창의적으로 적응하기 위해 시작되었다는 점을 강조하기 위해서다. 이 장에서 다루고 있는 세 가지의 주된 성격 적응—경계선, 자기애성, 분열성—방식으로 성장한 내담자들은 서로 다른 삶의 역사, 문제들 그리고 대처방식을 보여 주고 있고, 이들의 자기감과 대인관계에 영향을 미치는 공통적인 어려움들을 발견할 수 있는데, 그것들은 다음과 같다.

1) 자신과 타인에 대한 현실적이고 통합된 개념이 결여되어 있다

성격 적응의 문제를 가진 내담자는 자신과 다른 사람들을 극단적이고 양극화된 방식으로 보는 경향이 있다. 즉, 완전히 좋거나 또는 완전히 나쁘거나, 특별하고 독특하거나 또는 가치가 없고 결함이 있다는 식으로 본다. 상대방을 좋은 사람으로 여겼다가, 어떤 일로 인해 갈등이 생기면, 그 상대방에게 좋은 점도 나쁜 점도 있다는 식으로 좀 더 현실적인 관점으로 보지 못하고, 이전의 생각과는 정반대로 이제는 상대방을 완전히 나쁜 사람으로 보게 된다.

2) 대상 항상성의 문제

어떤 대상 때문에 화가 나거나 좌절하거나 혹은 실망하게 될 때, 그 대상을 향해 긍정적이고 정서적인 유대를 유지할 수 있는 능력이 이들에겐 부족하다. 예를 들면,

대상 항상성(object constancy)이 개발되지 않은 사람이, 좋은 관계를 맺어 왔던 친구에게 화가 나게 되면, 그 좋았던 모든 과거는 완전히 사라져 버리고 이전에 느꼈던 모든 좋은 감정도 사라져 버린다. 사랑의 감정이 곧바로 증오로 바뀌게 된다는 것이다. 대상 항상성은 또한 자신의 일상적인 삶에 더 이상 존재하지 않는 어떤 사람과의 정서적인 유대를 지속할 수 있는 능력, 그리고 그 사람의 얼굴을 기억하며 떠올릴 수 있는 능력도 포함된다. 그런데 이러한 능력이 없는 내담자의 경우에는 문자 그대로 눈앞에 보이지 않는 사람은 마음에서도 사라져 버리는 것이다.

3) 적절한 양육을 받지 못해 생긴 과거의 미결된 욕구로 인해 타인을 현실적으로 볼 수 있는 능력이 심각하게 제한되어 있다

과거의 미결된 욕구들은 충족되기를 바라며 현재를 지속적으로 압박하여 타인과의 상호작용에서 전경에 영향을 미친다는 것을 우리는 게슈탈트 이론을 통해 너무나 잘 알고 있다. 성격 적응의 문제를 가진 내담자는 부모로부터 채우지 못한 욕구를 다른 사람에게 투사하는 경향이 있다. 상대방에게 투사했던 역할을 자신이 기대한 대로 상대가 반응해 주지 않으면 화가 나고 실망하게 된다. 또한 자신이 기대했던 것이 부적절하다는 것을 알려 주는 중요한 단서들을 놓치는 경향이 있다.

예를 들면, 나의 내담자였던 필은 상사가 자기에게 애정을 갖고 아버지처럼 대해 주지 않는다면서 심하게 불평했다. 직장에서 상사가 어떤 일을 하라고 할 때마다, 그는 부루퉁하며 분개하는 식으로 행동했다. 이런 태도는 그의 직장생활을 위협했다. 필의 성장과정을 보면 모든 남성 권위자를 아버지 인물로 보는 경향이 있었는데, 아버지에게 받지 못한 이런 종류의 멘토링을 마치 그 권위자들이 해 주어야 하는 것처럼 행동했던 것이다. 필의 상사는 그가 기대했던 아버지 역할 같은 것엔 전혀 관심이 없다는 것, 그리고 그를 고용한 이유가 그저 할 일을 잘해 주길 바랄 뿐이라는 것을 알려 주는 단서들을 필은 놓치거나 무시해 버렸던 것이다.

4) 성장과정에서 환경의 방해로 중단되었던 진정한 정서적 성장을 다시 할 수 있도록, 어린시절 부모가 해 주지 못한 것을 대신해 줄 수 있는 특별한 사람을 끊임없이 찾는다

이러한 내담자들은 어린 시절이 남긴 상처를 치유해 줄 재양육의 경험을 지속적으로 찾아다니며 자신이 놓쳤다고 느끼는 것이 무엇이든 늦었지만 채우려고 한다. 프로이트 용어로 말하자면, 그들의 이슈는 오이디푸스 전 단계로, 아직은 아버지까지 포함된 삼자관계가 아닌 엄마−자기라는 양자관계이다. 즉, 이런 내담자가 자신의 욕구를 만족하는 방법은 다른 사람과의 경쟁에서 이기는 것이 아니다. 내담자는 단지 주 양육자를 대신하는 누군가와 긍정적이고 강렬한 일대일 관계를 원할 뿐이다.

비록 표면적으로는 이런 강렬한 애착에 대한 욕구가 성인의 로맨틱한 사랑에 대한 욕구와 비슷하게 보일 수 있지만, 성격 적응의 문제를 가진 내담자는 성인의 로맨틱한 관계가 아닌 이상화된 부모−자녀 관계라는 어떤 구체적인 면들을 재경험하고 싶어 한다. 다른 성인이 이런 식으로 자기를 재양육해 주기를 바라는 것이 비현실적이라는 것을 어떤 수준에서는 보통은 잘 깨닫는다. 그래서 자신은 짝이나 친구, 멘토를 찾는 것이지 부모를 찾는 것이 아니라고 하면서 합리화한다. 이처럼 재양육에 대한 이런 내담자들의 욕구가 너무나 잘 합리화되어 있어서, 자신의 진짜 주제가 무엇인지 알아차리지 못한 채 치료를 시작할 수도 있다.

5) 자신의 거짓 자아와 동일시하며 그것이 자신의 진실하고 완전한 모습이라고 믿는다

이러한 내담자들은 자신의 실제 감정과 욕구를 알아차리고 표현하는 것을 오랫동안 억압해 오면서 자신도 모르게 반사적으로 활성화되는 '거짓 자아'를 자신의 전부라고 믿게 된 것이다. 이 거짓 자아는 이들이 성장한 가족 상황에 자신을 적응시켜 왔던 모든 방식으로, 양육자를 기쁘게 할 것이라고 생각한 대로 말하고 행동하고, 또는 양육자를 실망시킬 것 같은 성격의 측면들은 억압함으로써 만들어진 모습이다.

이렇게 만들어진 거짓 자아는 이들의 정신적·정서적 발달을 제한하여 구속하게 된다. 자신이 지금 좋아하고 원하는 것이 무엇인지 자연스럽게 즐기는 방식으로 배우지 못하고, 유년기에 설정된 패턴대로 계속해서 행동하게 된다. 이들은 알 수 없는 고통을 막연하게 내적으로 경험하거나, 뭔가 부족함을 느낄 수도 있다. 그러나 그 부족한 것이 무엇인지, 또 어떻게 채울 수 있는지 모른 채 성장한다["어떤 항구를 향해 가는지 모른다면, 어떤 바람도 도움이 되지 않는다."는 로마의 철학자 세네카(Seneca)의 말처럼 말이다].

3. 성격 적응이라는 개념의 발달과정에 대한 간략한 소개

1) 처음에는 정신증, 그다음에는 신경증, 그 후에는 경계선

1930년대까지는 심리적 적응과 관련하여 주로 신경증과 정신증의 두 가지 범주가 있었다. 당시엔 신경증 환자만 심리치료(주로 고전적 정신분석학)를 통해 치료가 가능하다고 생각했다. 신경증 환자(당시엔 이러한 용어를 사용함)가 보이는 증상은 치료자와의 전이 관계에서 드러나는 해결되지 않은 오이디푸스 문제를 해석해 줌으로 치료될 수 있다고 여겼다. 신경증적 이슈를 가진 내담자는 치료자를 현실적으로 볼 수 있는 능력이 있으면서 동시에 치료자에게 전이 반응을 보이기 때문에(어린 시절 주 양육자의 자질을 치료자에게 투사) 투사된 것과 치료자의 실제 성격과의 차이점이 내담자의 주의를 끌어 치료에 활용되었다. 반면, 정신증 내담자는 일반적으로 치료자에 대한 전이를 현실이라고 믿기 때문에 달리 설득할 수가 없다. 결과적으로, 정신증의 경우에는 신경증과 달리 전이가 내담자의 통찰력을 높이기 위한 치료 도구로 사용될 수 없었다.

2) 연속적인 개념: 정상 → 신경증 → 경계선 → 정신증

얼마 지나지 않아, 관찰력 있는 대부분의 치료자들이 처음에는 상당히 신경증적인 내담자로 보였으나, 당시 치료 방법으로는 치료할 수 없는 내담자 집단이 있다는 것을 알게 되었다. 만약 신경증과 정신증이 연속선상에 있다고 생각한다면, 이런 집단의 내담자들은 그 둘 사이 어딘가에 들어맞는 것 같았다. 정신증을 앓았던 내담자들과 달리 이 새로운 집단의 내담자들은 다소 현실지향적이었고, 사회생활에서 대체로 적절하게 행동할 수 있었다. 그러나 그들은 정서적인 고통을 많이 겪었고, 가끔은 정체성과 관계 문제 그리고 자존감과 우울증 문제로 평생에 걸쳐 심각한 고통을 겪었다.

3) 잠재적인 정신분열증, 가짜 신경성 정신분열증

이러한 내담자들 가운데 일부는 스트레스를 경험하면 잠시 정신병적 증상을 보이기 때문에, 어떤 치료자는 이들을 '정신분열 전 단계'이거나 좀 더 미묘한 형태의 정신분열증을 가지고 있다고 생각했다. 그러나 이 중 대다수의 사람이 결코 정신병자가 되지 않고, 정서적 혼란에도 불구하고 결혼하고 직장을 갖고 비교적 정상적인 생활을 할 수 있었기 때문에 점차 경계선(정신증과 신경증의 경계에 있다는 의미로)이라는 용어가 유행하게 되었다.

4) 성격 적응의 세분화

치료자들이 이 '경계선' 내담자 집단을 연구하기 시작하면서, 신경증도 정신증도 정상도 아닌, 광범위한 내담자 집단을 하위 범주로 더 세분화할 필요가 있다는 것이 분명해졌다. 그러나 어떻게 할 것인가에 관해서는 거의 합의가 이루어지지 않았다. 서로 다른 학파의 치료자들은 아직도 다음과 같은 주제들에 관해 의견 일치를 보지 못하고 있다. 얼마나 많은 성격 적응의 범주가 있는지, 어떤 사람이 어떤 범주에 속하는지, 어떤 집단이 좀 더 문제를 보이는지, 이런 범주를 연속선상에서 이해해야 하는지, 개별적으로 봐야 하는지, 또는 스타일로 혹은 방어로 볼 것인지, 전 인격을 형성하는 것으로 봐야 하는지, 어떤 사람이 동시에 한 가지 이상의 문제를 보이는지 등과 같은 근본적인 문제에 있어서 의견 일치를 보지 못하고 있다.

범주 전체를 어떻게 불러야 할지에 관해서도 의견이 분분하다. 내가 이 분야를 연구해 온 30년이 넘는 시간 동안, '성격장애(character disorder)'에서 '인격장애(personality disorder)'로, '자기의 장애(disorders of the self)'로 변화되었다. 이제 나는 여기에 성격 적응(personality adaptation)이라는 용어를 하나 더 추가하고 있다. 겉으로 보기에는 완전히 병적으로 보일 수도 있는 모습에서 자주 간과되는 적응적인 면들을 강조하고 싶기 때문이다. 비록 나는 '성격 적응'이라는 용어를 매우 선호하지만, 앞에서 언급한 이 모든 용어를 의도적으로 구별하지 않고 사용했다. 왜냐하면 이 용어들이 기본적으로 동일한 내담자 집단을 말하고 있다는 것을 독자들이 인식할 필요가 있다고 생각하기 때문이다.

그러나 이런 범주는 단순히 내담자에 대한 우리의 생각을 정리하는 방법이며, 다른 치료자들과 소통하기 위한 방법이라는 것을 기억하는 것이 중요하다. "그것들은 패턴을 가리키는 명칭일 뿐, 실제 현실에 존재하는 것이 아니다." 모든 사람은 독특하다. 만약 우리가 이 범주들을 너무 심각하게 받아들인다면 그것들은 고착된 게슈탈트가 되어 버리고, 그로 인해 우리가 내담자를 만나는 과정에서 실제로 무슨 일이 일어나고 있는지 관찰하고 이해할 수 있는 우리의 능력을 방해할 수 있다.

비록 '경계선, 자기애성, 분열성'이라는 용어를 사용하지만, 이러한 진단으로 사람을 규정할 수 있다는 의미가 아니다. 단지 용어로서, 그것들이 특정한 개인에 관해 말해 주는 것이 아니라, 특정 집단에 대해 우리가 알고 있는 지식을 요약 정리한 것이다. 더구나 이 책에서는 '경계선 내담자'라고 줄여서 사용하기도 하는데, 뭔가 깎아 내린다고 느낄 수도 있을 것이다. 다른 의도는 전혀 없다. 줄여 쓰는 게 효율적이고 편리하기 때문이다. 우리가 진단 범주를 사용할 때, 우리와 동일한 사람들에 관해 말하고 있다는 것과 진단으로 분류되는 것이 상처가 될 수 있다는 것을 기억하는 것이 중요하다.

4. 어떻게 성격 적응을 하게 되는가

어떤 사람이 어떻게 그리고 왜 성격 적응을 하게 되는지에 관한 수많은 이론이 있다. 이에 대한 설명들은 대체로 임상가나 연구가의 이론적 성향을 반영한다. 나는 여러 요소가 복합적으로 관여한다고 믿는 쪽이다. 예를 들면, 타고난 기질과 능력, 발달과정에서의 어려움(어머니의 투병, 새 학교로의 전학 등), 가족 간의 상호작용과 행동 패턴, 그리고 가족 외부로부터의 추가 지원의 유무와 같은 요소 등이 관여한다고 믿는다. 다음에 기술한 목록은 성격 적응으로 발달하는 과정에 기여할 수 있는 것으로, 연구과정을 통해 접한 내용들이다.

- 부적절한 양육(Mahler, Pine, & Bergman, 1975; Stern, 1985)
- 자신의 환경으로부터 필요한 것을 얻어 낼 수 있는 아동의 선천적 능력의 차이 (Blanck & Blanck, 1974, 1979)
- 부모의 기대와 아이의 모습 간의 불일치(Chess & Thomas, 1984)
- 경계선 내담자의 선천적인 과잉 공격성(Kernberg, 1984)
- 타고난 기질적 성향(유전자 연구)
- 모델링(행동치료자들)
- 문화적 영향(예: 일본 문화에서 아동의 훈육을 위해 이용하는 수치심)
- 10년 주기의 시대정신(Greenberg)

1) 10년 주기의 시대정신

나는 '시대정신'으로 번역할 수 있는 독일어 'Zeitgeist'라는 단어를 좋아한다. 이 것은 특정한 10년 또는 특정 세대의 사상이나 세계관, 패션과 분위기를 지칭하는 말 이다. 의상이나 가구에 유행이 있듯이, 바람직한 행동이나 용인될 수 있는 행동에도 유행이 있다는 것을 알게 되었다. 한 세대 동안 비정상으로 여겨지던 것이 다른 세 대에서는 문화적 이상이 되기도 한다. 이런 변화는 물론 심리치료자에게도 영향을 미친다. 'Zeitgeist'는 문화적 장이고, 우리 모두는 어느 정도 장의 요소에 영향을 받 는다. 시대정신은 우리가 무엇을 바람직하다고 생각하고, 무엇이 정상이고, 무엇이 일탈이라고 인식하는지 그 과정에 영향을 미친다. 어느 날 문득 나는 일시적인 문화 적 이상들이 우리가 자주 성격 적응 행동들이나 특성으로 여기는 요인들과 유사하 다는 생각을 하게 되었다.

(1) 경계선 시대

1960년대 중반에서 1970년대 중반에 이르는 시대를 '경계선 시대'라고 생각한다. 왜냐하면 그 당시 우리(미국) 문화의 많은 부분, 특히 그 시대의 세대들은 자발성과 평등주의, 기성세대가 만들어 놓은 규범에 대한 반항, 개인적 자유와 성적 자유, 환각제와 같은 약물의 사용 등을 받아들인 세대였다. 이런 충동적이고 허용적인 행동을 배경으로 놓고 볼 때, 인구 중 많은 사람이 '경계선'적 행동을 하고 있었기 때문에, 사람들이 경계선 성격장애의 진단에 적합한지의 여부를 그 당시에 판단하기는 좀 어려웠다. 당시의 문화는 경계선적 적응을 지지하고 장려하는 문화였다. 물론 문화적 이상이 다시 바뀌었던 1970년대 후반엔, 경계선적 적응을 제대로 했던 사람들이 좀 더 눈에 띄게 되었는데, 새로운 세대였던 자기애성 문화 배경과 대비되어 두드러져 보였기 때문이었다.

(2) 자기애성 시대

1960년대에서 1970년대 초까지의 평등주의는 지나가고 지위와 성취를 강조하는 새 시대로 이어졌다. 코카인이 환각제의 자리를 대신 했고, 환각제가 허락했던 우주와의 일체감과는 대조적으로 코카인으로 인한 이런 현상은 이 시기의 팽배한 이기주의와 지위 추구라는 현상과 매우 잘 맞았다. 1970년대 후반에서 1980년대 중반까지, 이 새로운 문화적 가치들은, 소비주의, 부의 축적 그리고 '좋은' 차(the 'right' car)를 몰고 명품 가방(the 'it' bag)을 메는 것과 같은 값비싼 신분을 드러내는 문화였다. '여피족(yuppies: 신분 상승을 추구하는 젊은 전문직 종사자)'이라는 말이 생겨났고, 여피족이 되는 것이 당시 문화적 이상이었고, 그 당시 성년이었던 많은 젊은이들이 동참하기를 열망하던 집단이었다. 이 모든 것이 자기애성 적응과 관련된 태도와 행동을 환영했다. 그 결과, 자기애성 행동을 지지하는 분위기가 생겨나고, 자기애성 성격장애를 가진 사람들이 더 커다란 장으로 함께 어울리게 되었다.

(3) 분열성 시대

내 생각에 '분열성 시대'는 1990년대부터 현재까지 계속되고 있는 것 같다. 이제는 얼굴을 마주 대하고 관계 맺는 친밀한 대인관계를 피할 수 있는 시대가 되었다. 컴퓨터와 그와 유사한 또 다른 기술 덕분에, 남에게 사회성이 없다거나 이상하게 보이면 어쩌나 하는 두려움 없이, 타인과의 직접적인 접촉을 피할 수 있게 되었다. 대신에, 이메일이나 문자 메시지 또는 온라인상의 채팅 등의 거리를 두면서도 통제 가능한 친밀한 관계를 맺을 수 있는 소통 방식을 지지하는 시대가 되었다. 분열성 성격 적응을 하는 사람들과 타인에게 자신의 경계를 침범당하는 것을 두려워하는 사람들에게, 요즘은 면대면의 직접적인 소통보다 더 안전하다고 느낄 수 있는 방법들이 많다. 과거엔 나와 전화 통화를 꺼리는 내담자를 내가 분열성 성격 적응을 하는 사람이 아닐까 하고 진단을 내릴 뻔한 적도 있었다. 그런데 지금은 심지어 나 자신도 이메일이나 문자 메시지를 더 선호하게 되었다. 게다가 지금은 잘 나가는 직종들이 직접 현장에서 만나 일하는 직업들이 아니라 컴퓨터 응용 프로그램을 새로 개발하거나 기존의 프로그램들을 기반으로 하는 직업들이 되었다. 이러한 변화로 인해 이제는 누가 분열성 성격 적응을 하는지 우리는 더욱 알기가 어렵게 되었다.

5. 진단

왜 진단을 하는가? "기회는 마음이 준비된 사람에게 호의적이다."

−루이 파스퇴르(Louis Pasteur)−

성격 적응 내담자와 작업할 때, 단순하게 상황에 따라 즉흥적으로 뛰어드는 것보다, 치료자가 무엇을 기대해야 하는지에 대한 어떤 일반적인 방향성을 가지고 대하는 것이 훨씬 도움이 된다는 것이 나의 기본적인 입장이다. 누가 춤을 추자고 청한다면, 내가 탱고를 춰야 할지 왈츠를 춰야 하는지 미리 알고 준비를 하고 싶을 것이다. 더구나 성격 적응 내담자는 갑자기 부정적 반응을 보일 수 있는데, 이런 경우 내담자가 힘들어하고 있는 이슈가 무엇인지 치료자가 조금 미리 생각해 볼 수 있다면, 갑자기 발생할 수 있는 문제들을 피할 수 있기 때문이다. 여기서 말하는 부정적 반응이란 치료를 통해 더 개선되는 대신, 내담자의 주관적 안녕감은 줄어들고, 증상은 심해지고, 자신이 치료자에게 이해받지 못하고 있다고 느껴 상처받아 실망하고 화가 나는 반응들을 말한다.

성격 적응 패턴의 서로 다른 점을 내가 정확하게 파악하고 진단도 내리기 전에, 애정을 가지고 나를 대하던 내담자가 갑자기 나를 미워하는 경험을 하곤 했었다. 이런 일이 왜 일어나는 것인지 몰랐고, 또 무슨 일인지, 왜 지금 그런 일이 일어나고 있는지도 나는 이해하지 못했다. 무슨 일이 일어나고 있는지 설명해 줄 수 있는 적절한 심리치료 용어들을 모르고 있었기 때문에, 동료나 책을 통해 도움을 받기도 어려웠다. 내 내담자가 '경계선 성격장애'인 것 같다고 수퍼바이저가 말해 주었을 때, 나는 고마웠다. 적어도 내가 어디서부터 시작해야 할지를 알려 주었기 때문이다. 그 후로 이 진단에 관한 강의를 듣고, 책을 읽고, 치료과정에서 무슨 일이 일어날지, 그리고 현재 일어나고 있는 일과 앞으로 일어날 수 있는 일을 어떻게 대처해 나가야 할지에 대한 몇 가지 아이디어들을 얻을 수 있었다.

1) 진단은 사람이 아닌 패턴을 가리킨다

진단에 관한 이야기를 진행하기 전에, 분명히 해 두어야 할 점이 있다. 어떤 특정한 진단이라도, 그게 아무리 정확하다 해도, 반드시 한계가 있다는 것이다. 사람이란 모두 복잡한 존재인데, 진단은 인간의 이러한 복잡성을 타당하게 모두 설명해 줄 수 없다. 진단이 우리에게 해 줄 수 있는 것은 반복적으로 나타나는 어떤 패턴에 이름을 붙여 주는 것뿐이다. 더구나, 성격장애로 진단받을 수 있는 대부분의 내담자가 다른 문제로 진단받을 수도 있기 때문이다. 그러니 진단을 어디에서 멈춰야 할까? 어떤 진단명을 붙여야 할까? 또 누구의 진단명을 사용해야 할까? 만약 내담자의 문제가 기존의 진단명에 맞지 않는다면 어떻게 할 것인가?

내담자와 작업하는 과정에서 진단을 사용하는 나의 방식을 알아차리고 보니, 치료 과정에서 뭘 해야 할지 상기시켜 주는 단서로 사용하고 있다는 것을 자주 발견하게 되었다. 예를 들면, "그렇지, 사람들이 많은 슈퍼마켓에서 그녀가 느끼는 불안을 다루는 작업을 언젠가는 해야 할 거야." 또는 "내가 말하고자 하는 것을 아주 조심스럽게 표현하는 것이 더 좋겠는 걸. 그는 아직도 자기애적 갈등으로 인해 자신에게 이것 아니면 저것이라는 식의 선택밖에 없다고 생각하고 있어. 자신을 특별하고 완벽하거나 가치가 없고 모자란 사람이라고 느끼고 있어. 나는 그의 자기애적이고 자기혐오적인 우울증을 건드리거나, 자신을 방어하기 위해 그가 나를 무시하며 공격하도록 허락하고 싶지 않아."와 같은 식으로 진단을 사용하는 것은 나의 개인적인 방식으로, 머릿속에 기록해 두는 메모와 같은 것이다. 말하자면, '그렇지! 이것도 내 내담자를 괴롭히는 것이지. 그래서 내가 명심할 필요가 있지!'와 같이 기억할 수 있도록 돕는 방법들이다.

2) 일반적인 진단 방법

　나는 내담자를 진단하는 방법들이 많이 있다는 것을 깨닫게 되었다. 또한 특별히 성격 적응의 문제를 가진 내담자를 진단할 수 있는 다양한 방법이 있다는 것도 알게 되었다. 이러한 방법과 과정들은 좀 느슨하면서도 때로는 서로 중복되는 몇 개의 범주로 나눌 수 있는데, 다음과 같다.

(1) 내담자를 힘들게 하는 일

　이것은 보통 내담자의 상황을 반복적으로 방해하는 증상이나 상황들을 말한다. 성격 적응의 문제를 가진 내담자의 경우에는 자신을 어린아이 같다고 느끼거나, 못생기고 사랑스럽지 못하거나, 또는 버림받을 것 같은 위기감 등을 느낀다(경계선). 또는 자신을 실패자나 가짜라고 느끼고 사소한 모욕에도 극도로 취약해지거나(자기애성), 또는 자신의 감정이나 신체로부터 분리되어 있다고 느끼거나, 다른 사람이 참기 어려울 정도로 자신의 경계를 침범한다고 느끼면서도 자신은 "아니요."라고 말할 힘이 없다고 느끼는 것(분열성) 등이다.

　때로는 이런 내담자들의 불평이 바로 이들의 호소문제이기도 하고 치료를 찾게 된 이유이기도 하지만, 그렇지 않을 때도 있다. 심각하게 자기애적인 한 내담자는 첫 회기에서 자신의 주된 문제는 살면서 자기에게 맞는 여성을 만나지 못한 것이라고 했다. 그러나 그 이후의 회기에서는, 첫 회기 주제 대신 자신이 사기꾼 같아 보일까 봐 두렵다는 것, 자신이 얼마나 불안하고 부적절하게 느껴지는지, 다른 사람에게 멸시를 받으면 얼마나 걷잡을 수 없이 화가 나는지 등에 관한 이야기를 반복했다. 성격장애 문제 외에도 내담자를 괴롭히는 많은 문제가 있다는 것을 알게 되었는데, 치료 과정에서 만나는 그 어떤 이슈라도 다중 진단이 필요한 이슈들일 수 있다. 이론적으로 본다면 내담자의 이런 복잡한 상황으로 인해 여러 진단명을 받게 될 것이고, 그 모든 진단이 정확한 것일지라도 반드시 유용하다고 할 수는 없을 것이다. 예를 들면, 내 내담자인 제인은 별 어려움 없이 경계선 인격 장애로 진단 내릴 수 있는 증상들을 보였다. 그러나 그녀가 보이는 문제들은 또한 신체 변형 장애, 공황 장애, 광장공포증으로도 진단을 내릴 수 있었다. 대부분의 내담자가 다차원의 문제를 가진 복잡한 존재라는 것이 현실이다. 따라서 한 가지 진단만 가지고는 치료를 통해 다루어야 할 문제들을 제대로 정리해 이해할 수가 없다는 것이다.

(2) 내담자로 인해 다른 사람이 경험하는 어려움

내담자는 비눗방울 속에 갇혀 혼자 사는 존재가 아니다. 내담자 주변의 중요한 타인들이 싫어하는 내담자의 행동이나 태도가 달라지길 바라는 일은 자주 있는 일이다. 이런 내담자들이 치료를 찾는 이유는 자기 인생의 중요한 타인들을 기쁘게 하기 위해서, 또는 그들로부터 마지막 통보를 받았기 때문이다. 예를 들면, "치료를 받고 성질을 통제하는 하는 법을 배우지 않으면 이혼하겠어."라는 식의 최후통첩을 받았기 때문이다. 흥미로운 것은, 내담자로 인해 그 주변 사람들이 학대를 당했다고 느껴서 치료를 찾게 된 이들 가운데 자기애성 내담자가 많다. 이것은 내담자가 중요한 타자로부터 평가절하당했다고 느끼면 상대방을 무자비하게 비난하기 때문에, 중요한 타자가 학대를 당했다고 느끼게 된다. 경계선 내담자 또한 자신이 버림받았다고 느끼면 상대방에게 보복한다. 이처럼 내담자를 향한 주변 사람들의 불평이 내담자 행동의 근본적인 원인과 진단에 중요한 단서를 제공해 줄 수도 있다.

내담자 또한 가끔은 이런 자신의 행동이나 태도가 괴로워서 변화를 원한다. 반면, 또 다른 내담자는 이런 식의 자기 행동에는 전혀 문제가 없다고 느끼면서 매우 행복하다고 생각하지만, 자신에게 중요한 사람들이 치료받을 것을 요구하기 때문에 어쩔 수 없이 자신의 문제를 치료를 통해 다루게 되는 경우도 있다. 이 두 경우에 진단은 모두 동일할 수 있지만, 후자의 경우에는 내담자가 진정으로 변화를 원하고 있지 않기 때문에 치료 중에 경험하게 될 어려움을 감당해 낼 동기나 의욕이 부족할 수 있다.

(3) 치료자가 사용하는 치료적 관점

진단을 내리는 과정에서 내담자-치료자 상황의 어떤 측면이 전경이 되는지를 구분하는 훈련하는 과정은 심리치료 접근마다 서로 다르다. 나는 다양한 종류의 심리치료 훈련을 받아 왔는데, 덕분에 내담자를 서로 다른 렌즈를 통해 예민하게 볼 수 있게 되었다. 예를 들면, 게슈탈트 치료자로서 접촉 경계에서 일어나는 장애에 주의를 기울임으로써 내담자에게 무엇이 반복적으로 전경이 되는지 알게 되었다. 또한 나는 내담자의 신체 자세와 비언어적 행동을 살펴본다. 마스터슨의 '자기의 장애(disorders of the self)'에 관한 대상관계 이론을 연구하던 때에는, 내담자의 내적 구조에 대한 가설에 근거해 진단을 내렸다. 즉, 내담자에게 전체 대상(whole object)과 대상 항상성이란 내적 구조가 형성되어 있는지 알아보고 내린 진단에 근거해서 치료 개입을 하고, 내담자가 보이는 반응을 보면서 진단의 정확성 여부를 확인했다. 에릭소니언 최면요법(Ericksonian hypnotherapy)을 사용할 때는, 보험 처리를 위해 진단이 필요하지 않는 한 대체로 진단을 전혀 내리지 않는다. 대신, 내담자에게 맞는 개별화된 솔루션 기반의 최면 개입을 하는 데 초점을 둔다. 그러나 에릭소니언과 같은 창의적인 치료 개입을 하는 과정에서도 가끔은 명백하게 드러나는 경계선, 자기애성, 분열성적인 면들을 민감하게 고려한다.

(4) 증상 체크리스트

대부분의 외래환자는 보험 처리를 위해 진단을 받는다. 그래서 치료자는 특정한 진단 매뉴얼을 활용해야 한다. 그런데 이 매뉴얼은 서로 다른 심리적 '적응'을 가장 두드러지는 증상에 따라 분류하고 범주화하여 숫자를 매기도록 되어 있다. 이런 진단 방식의 문제점 중 하나는 보상받기 쉬운 기존의 범주에 깔끔하게 들어맞는 방식으로 진단을 내려 진단이 자주 왜곡될 수 있다는 것이다. 상황을 더욱 복잡하게 만드는 것은, 어떤 진단은 그것이 아무리 사실일지라도 내담자에게 개인적이거나 직업상의 부정적인 영향을 미칠 수 있다는 것을 대부분의 치료자가 알고 있다. 그래서 치료자들 가운데는 내담자에게 불필요한 낙인이 될 수 있는 진단을 피하고 싶어 하는 경우가 많다. 그 결과, 치료자는 가능한 한 그 상황에서 내릴 수 있는 가장 가벼운 진단을 내리게 된다. 그 결과 실제로 성격적인 이슈가 있는 내담자라도 대체로 성격장애라는 진단을 받지 않는데, 자신과 타인의 삶에 큰 혼란을 야기하지 않는 한 그런 진단을 받지 않는다. 대신, 보통 불안이나 우울과 같이 그들이 주로 보이는 증상을 반영하여 진단하게 된다.

나는 이 모든 상황을 개탄스럽게 생각한다. 왜냐하면, ① 내담자에게 정확한 진단을 내리는 치료자로서의 우리의 능력을 심각하게 제한하기 때문이고, ② 가장 낮은 기능을 하는 내담자에게만 성격장애라는 진단을 내리는 이러한 관행은 경계선, 자기애성, 분열성 내담자들이 실제로 어떤 사람인지 알 수 없도록 우리의 인식을 왜곡해 버리기 때문이다. 그리고 ③ 가장 기능이 낮은 내담자만이 이런 연구에 포함될 가능성이 많아져, 연구들을 통해 밝혀지는 치료에 대한 정확한 정보를 얻기가 어렵기 때문이다.

(5) 내담자와의 치료 과정에서 치료자가 느끼고 경험하는 것

경험 많은 심리치료자들이 그렇듯, 내담자와 함께할 때 내가 어떻게 느끼는지 관심을 기울이는 법을 배우게 되었다. '마음이 왜 갑자기 불편해진 걸까? 평소에 이런 상황에서 보통 자연스럽게 하는 말들을 왜 지금은 내가 두려워하고 있는 걸까? 혼란스러운데 왜 그런지 모르겠네? 현미경으로 나를 들여다보고 있다고 느껴지는데?' 평소에 느끼는 감정으로부터 내가 지속적으로 이탈되는 것처럼 느껴진다면, 이것이 내담자 진단에 단서가 될 수 있다. 그리고 내담자의 내면에서 어떤 일이 일어나고 있는지를 알려 주는 실마리가 될 수 있고, 다른 사람이 이 내담자에게 어떻게 반응할지에 대한 단서도 될 수 있다. 대부분의 이런 감정은 정신분석학자들이 말하는 '역전이(countertransference)' 감정에 해당된다. 역전이란, 내담자에 대한 치료자의 반응을 말한다.

역전이는 일반적으로 다음의 두 가지 유형으로 구분할 수 있다. ① 어떤 특정한 내담자와 치료하는 동안 치료자라면 대부분 경험할 수 있는 내담자에 대한 반응(유형 1), 또는 ② 치료자 자신의 과거에 뿌리를 둔 독특한 반응(유형 2)이다. 유형 1 반응은 치료에 도움이 될 수 있고, 유형 2의 반응은 문제를 일으킬 수 있다(Giovacchini, 1989).

(6) 진단 방식은 추가적이다

이론가들 중에는 자신의 진단 방법이 가장 정확한 것이기 때문에, 모든 이가 자신의 방식대로만 진단해야 한다고 하는 이들이 많다. 마스터슨도 그중에 한 사람인데, 그는 내담자의 내적 구조만이 유일하게 신뢰할 수 있는 기준이라고 한다. 치료 개입을 체계적으로 하는 과정에서 얻어진 내담자의 반응을 통해 추론해 낼 수 있는 것이 내담자의 내적 구조라고 생각하기 때문인 것 같다. 그런데 나는 그 반대가 맞다고 생각한다. 그 이유는 진단적 결론에 도달하는 방법이 많으면 많을수록 그 결론은 더 타당할 것이라고 생각하기 때문이다. 다양한 출처를 통해 정보를 많이 얻을수록 진단은 본질적으로 보다 정확할 것이기 때문이다.

(7) 진단은 치료자 방식의 표현일 수 있다

그 외에도 치료자에게는 자신만의 호불호가 있고, 세상을 대하는 자신만의 방식이 있다는 것을 진단과정에서 고려해야 한다고 생각한다. 내담자만이 독특한 개성을 가진 존재로 성장해 가는 예술 작품이 아니다. 치료자도 마찬가지다. 그 결과, 어떤 진단 방식은 어떤 치료자에게는 더 편하게 느껴질 수 있다. 그 진단이 더 정확하기 때문이 아니라, 그 치료자의 개인적인 스타일에 더 잘 맞기 때문이다. 이는 스토롤로우와 앳우드(Stolorow & Atwood's, 1979)의 이론과 비슷한데, 주류 심리학 이론들은 창시자의 이미지를 형상화한 것이고, 객관적 진리를 반영한다기보다는 그 창시자의 관심과 개인적 이슈들을 반영하고 있다는 것이다.

대부분의 진단 시스템이 잠재적으로 유용한 자료들을 제공해 주기 때문에 자신에게 가장 자연스럽게 느껴지는 진단 방식을 사용하라고 충고하고 싶다. 그리고 그 외의 진단 방식들은 자신의 진단이 맞는지 재확인하기 위한 방법으로 알아 두라는 것이다. 나는 서너 가지 진단 방법을 사용하곤 하는데, 그 외에도 특정 내담자를 이해하기 위해서 미네소타 다면적 인성 검사(Minnesota Multiphasic Personality Inventory: MMPI)도 사용하곤 한다. MMPI는 특정 내담자에 대한 공정한 제2의 의견이 필요할 때, 동료의 자문을 구할 필요 없이 사용할 수 있는 검사이다. 이런 방법을 통해 많은 내담자에게 MMPI 검사 결과를 보여 주고, 그 결과에 대한 내담자의 감정과 생각을 묻는 과정을 치료 회기의 출발점으로 사용하는 방법이 유용하다는 것을 알게 되었다.

6. 성격 적응 내담자 치료의 일반 지침

성격적 이슈가 있는 내담자들은, 심지어 상대적으로 높은 기능수준을 보이는 이들까지도, 자신만의 독특한 문제들을 치료장면에 가지고 온다. 성격 적응의 3대 유형(나는 그것을 경계선, 자기애성, 분열성이라고 생각한다)에 대한 진단과 치료의 구체적인 내용에 관해 논의하기 전에, 성격 적응의 문제를 보이는 대다수의 내담자의 치료 형태를 결정하는 특징적인 어려움들 가운데 몇 가지를 나누고자 한다. 나는 자주 세 가지 유형 가운데 어떤 것이 특정 내담자의 문제와 태도에 가장 잘 부합하는지 확신을 갖기 전에, 먼저 내담자가 성격적 이슈를 가지고 있다는 것을 알아차린다. 이것은 흔한 경험이다. 내가 깨닫게 된 세 유형 모두에 걸쳐 나타나는 상당히 전형적인 이슈들을 다음에 소개했는데, 미리 알고 대비한다면 유용할 것이다. 물론 성격 장애를 가진 모든 내담자가 내가 열거한 모든 문제를 동일한 정도로 보이는 것은 아니다. 또한, 성격 문제를 가진 내담자도 다른 모든 사람처럼, 자신이 좀 더 건강하고 원기 왕성하게 느끼는, 상황이 좋을 때도 있을 것이고, 좀 더 취약하여 반사적인 반응을 계속하는 좋지 않을 때도 있을 것이다.

1) 성격 적응 문제를 가진 내담자들의 공통적인 어려움

(1) 이들의 문제는 전체 인격을 포함한다

이 세 유형의 창의적인 적응을 하는 이들이 주로 사용하는 방어는 '파편화(splitting)'이다. 파편화는 모든 것이나 모든 사람이 완전히 좋거나(all-good) 또는 완전히 나쁘다(all-bad)는 식으로 세상을 이분법적으로 본다. 두 양극 간에 회색지대는 없다. 이런 전체 대상과의 관계나 대상 항상성의 부재는, 자신과 타인을 현실적으로 볼 수 있는 능력을 극단적으로 제한하게 된다. 이러한 패턴이 이들의 자아상 형성, 자신을 대하는 방식, 자신을 표현하는 방식에도 영향을 미치게 된다.

(2) 이들의 문제는 일반 내담자의 문제보다 심각하다

이들의 주 방어기제인 '파편화'와 대상 항상성의 부재로 인해, 일상의 많은 영역에서 일관성 있고 적절하게 행동하는 것이 어렵다. 극단적인 경우에는 직장 생활을 유지하고 만족스러운 대인관계를 형성하고 자신의 기본적인 욕구를 돌보는 데 이러한 이슈들이 방해가 된다. 즉, 충분한 수면 유지와 적절한 건강 관리, 거주지를 구하는 문제 등에 있어서까지도 어려움을 겪는 것이다.

(3) 이들의 문제는 대부분 자아동조적이다

여기서 자아동조적(ego syntonic)이란, 내담자의 독특한 사고나 행동 방식이 아무리 역기능적이고 이상해도 그것은 뗄 수 없는 자신의 일부라는 것이다. 이것이 이들에게는 정상으로 느껴진다. 나는 이 점을 잘 말해 주는 다음과 같은 농담을 전에 들은 적이 있다.

> 한 여성은 막연하게 불쾌감을 느끼는 증상들을 경험하고 있었다. 그녀는 의사를 찾아갔고, 설명을 듣고 의사는 어리둥절해졌다. 무슨 일이 일어나고 있는지 좀 더 명확하게 이해하기 위해 그는 그녀가 매일 아침 일어나서 하는 일들을 상세하게 말해 달라고 했다. 그녀의 대답은, "일어나서 화장실에 가서 샤워를 하고 토하고 양치질을 한 후, 아침 식사를 하죠."였다. 의사가 "잠깐만요. 매일 토한다고요?"라고 묻자, 그녀는 "물론이죠. 다들 그렇지 않나요?"라고 대답했다.

(4) 이들의 어려움은 어린 시절로 거슬러 올라간다

내담자들은 대체로 늘 지금과 비슷한 기분을 느껴 왔다고 말한다. 이런 점은 성인이 된 후에 겪은 트라우마로 인해 현재 극심한 불안을 경험하고 있는 내담자와는 대조가 된다. 후자의 경우는 트라우마를 '경험하기 전'과 '경험한 후'를 뚜렷하게 다르게 느낀다.

(5) 이들은 종종 어린 시절의 기억상실증을 보인다

대부분의 내담자는 어린 시절을 거의 기억하지 못하며, 기억을 하더라도 연속성 없는 파편화된 기억들이다. 가장 극단적인 예로, 한 여성은 21세 이전의 일들은 아무것도 기억할 수가 없다고 했다!

(6) 자신과 타인을 현실적으로 볼 수 있는 능력이 손상되어 있다

앞에서 언급하였듯이, 내담자의 파편화 기제와 다른 다양한 방어 수단들 그리고 대상 항상성과 전체 대상관계의 미발달로 인해, 자신과 타인을 향해 지나치게 극단적이고 단순한 생각을 갖게 된다. 즉, 모든 사람을 완전히 좋거나 완전히 나쁜 것으로 여기고, 그리고 이런 지각은 순식간에 변한다. 그렇기 때문에 이들이 회색 지대를 수용하면서 좀 더 온건하고 균형 잡힌 방식으로 생각하고 행동하는 것이 어렵다.

(7) 이들의 호소 문제는 자주 모호하다

예를 들면, 첫 회기에 나는 치료를 통해 얻고 싶은 것이 무엇인지, 또 왜 지금 치료를 받으려고 하는지 물어본다. 여기서 '지금'이 특히 나의 관심사인데, 특별히 민 감한 부분이 무엇인지 드러내 줄 수 있기 때문이다(이 부분은 정확한 진단을 내리는 데 도움이 된다). 그리고 때로는 자신의 삶에서 내가 어떤 역할을 해 주길 기대하는지 알 수 있기 때문이다. 어떤 내담자는 이에 관해 매우 구체적이다. 예를 들면, "어머 니가 돌아가셨고, 어머니의 지지가 없어서 우울하고 외로워요. 어머니와 나는 매일 얘기를 나누고는 했어요."라고 답한다. 또 다른 내담자는 이와는 대조적으로 다음 처럼 애매모호하게 답한다. "잘 모르겠어요. 제가 행복하지 않다는 건 알고 있어요. 전에 치료를 받은 적이 있었는데요. 중간에 그만뒀어요. 왜 그랬는지는 기억이 안 나요."

(8) 이들이 경험하는 급작스러운 스트레스는 오래된 문제 때문이다

예를 들면, 경계선 이슈를 가진 내담자는 종종 로맨틱한 관계가 깨진 후에 치료를 받으러 온다. 이들은 버림받아 화가 나고 상처와 거절감, 슬픔 때문에 마음이 진정 되지 않는다고 한다. 이런 감정은 이들에게 매우 익숙한 것이다. 이별을 시작한 것 이 자신일지라도, 상실이나 이별은 어떤 것이든 버림받았다는 것을 깊이 경험하게 한다.

(9) 자기 활성화에 어려움을 겪는다

자기 활성화(self-activation)란 자신의 진정한 필요와 욕구가 무엇인지 파악하고 행동으로 옮길 수 있는 능력으로, 자신이 원하는 것을 얻을 때까지 자기 지지(self-support)와 동기를 잃지 않고 지탱할 수 있는 능력을 말한다. 자기지지는 자기 활성 화를 가능하게 하는 연료와 같다. 내담자들 가운데는 매우 제한된 영역에서만 자기 활성화를 할 수 있는 이들이 많은데, 보통 원가족에 의해 지지받은 경험이 있었던 영역에서 주로 가능하다.

(10) 친밀감과 관계에 문제가 있다

성격 적응의 문제를 가진 내담자들이 배우자나 친구 가족들을 향해 갖는 기대는 매우 비현실적인 경향이 있다. 남들이 자신의 기대에 미치지 못하면, 실망하고 상처 받아 화를 내게 된다. 더구나 이들 중에는 다른 사람들과 가까워지는 것에 대한 오래된 두려움을 갖고 있는 이들도 있다. 이런 두려움으로 인해 이들은 상대방이 접근을 시도하거나, 자신의 감정이나 욕구에 반응하여 충분히 채워 줄 것 같지 않은 사람이 관계를 맺고자 하면 철회하게 된다. 대인관계와 관련된 이런 이슈와 또 따른 문제들로 인해 장기간에 걸친 진실되고 친밀한 관계를 감당해 낼 수 있는 능력에 한계가 있는 것 같다. 이런 점들로 인해 안정적인 관계를 유지하는 것이 어렵게 된다.

(11) 외부의 도움 없이 자신의 자존감이나, 기분 그리고 자기를 달래는 능력이 손상되어 있다

이러한 경우는 보통 성장과정에서 주변의 다른 어른들조차 이런 능력을 갖지 못했기 때문에 생긴다. 어떤 내담자들은 이런 자기조절 행동을 배우고 실천할 기회를 적극적으로 방해받기도 했다. 예를 들면, 필은 고압적인 아버지의 비판에 기가 죽거나 과부하가 걸릴 때마다 자신을 돌보는 방법으로 방에 들어가 게임을 하거나 책을 읽곤 했다. 그러나 아버지는 필이 이런 식으로 자기 앞에서 나가는 것을 모욕적인 행동으로 여겨 그러한 행동을 하지 못하게 했다. 결국, 필은 그런 시도조차 포기하게 되었고, 자신이 느꼈던 부정적인 감정들을 고스란히 자신의 일부로 받아들였다.

(12) 진정성 있는 치료 동맹을 맺는 데 어려움을 겪는다

'치료 동맹'이란 치료자와 내담자 모두가 서로 진정성을 가지고 내담자를 돕기 위해 함께 작업하는 것을 말한다. 강력한 치료 동맹이 형성되었을 때, 내담자는 치료자와 치료 목표를 향해 편안함을 느낀다. 뿐만 아니라 치료 과정에서 자신이 해야 할 작업의 몫을 할 수 있게 된다. 그래서 이런 과정을 '작업 동맹'이라고 부르는 것이다. 성격 적응의 문제를 가진 내담자는 치료자를 모두 좋게만 볼 때, 즉 일시적으로 치료자와 긍정적 전이를 경험할 때만 치료 동맹을 맺는 것처럼 보일 수 있다. 진정한 치료 동맹과 달리 이러한 잠깐의 긍정적 감정은 치료자가 자신을 실망시키는 순간 갑자기 사라져 버릴 수 있다(Masterson, 1976, 1981).

(13) 매우 강한 전이 반응을 보인다

불행하게도, 부정적 치료 반응은 흔히 있는 일이다. 내담자가 치료자에게 모든 좋은 역할을 투사할 때, 치료자의 모든 것이 좋다는 이들의 느낌은 혼란에 매우 취약하다. 왜냐하면 이 투사로 인해 치료자에게 매우 비현실적인 기대를 갖게 되기 때문이다. 만약 모든 나쁜 역할이 치료자에게 투사된다면, 이들은 치료자의 중립적인 반응조차도 비판이나 거절로 잘못 지각하는 것 같다.

(14) 치료자는 강력한 역전이 반응에 대비해야 한다

내담자는 여러 면에서, 강렬한 일대일의 재양육의 유대감을 갈망(때론 방해)하기 때문에, 치료적 분위기는 이런 내담자의 기대로 인해 심하게 격양될 수 있다. 나는 이 주제에 관한 논문을 쓴 적이 있는데, 강력하고 때로는 깜짝 놀랄 만한 역전이 경험을 한 후였다(8장 역전이: 얽힌 감정 풀어내기 참고).

(15) 어린 시절의 가족관계를 재연하는 친구나 연인을 선택한다

우리 대부분은 친숙하고 익숙한 사람에게 끌린다. 그리고 우리가 아직 개인적으로 경험해 보지 못한 것을 상상하기는 어려울 수 있다. 불행하게도, 이런 현상으로 인해 내담자는 자기 문제의 출발점이 되었던 그 동일한 역기능적인 방식으로 자기를 대할 가능성이 있는 친구나 배우자를 선택하는 경향이 있다. 더구나 이번만은 좀 더 만족스럽게 상황을 전환시켜 보고 싶은 마음에서 출발하지만, 어린 시절 자신을 실망시키고 학대했던 가족과 유사한 파트너를 무의식적으로 찾는 경향이 있다. 긍정적으로 미결과제를 해결해 보고자 하는 이들의 이런 시도는 보통 실패로 돌아간다. 왜냐하면 이들은 자신의 가족 구성원과 유사하고 동일하게 결함이 있는 사람들을 선택하는 경향이 있기 때문이다. 이로 인해 원래의 트라우마 경험에 부정적인 또 다른 경험을 추가하게 된다. 클라렌스 다로우(Clarence Darrow)가 말했듯이, "역사는 되풀이되고, 역사가 잘못된 것은 바로 반복이 된다는 점이다."

치료자는 이런 현상을 어떻게 도울 수 있을까? 프리츠 펄스(Fritz Perls, 1969)는 다음과 같이 말하고 있다. 우리가 지향하는 것은 사람들의 성숙이다. 사람들이 자기 힘으로 일어서는 것을 가로막는 방해물을 제거해 줌으로써 우리는 그들이 환경적 지지(environmental-support)에서 자기 지지(self-support)로 전환할 수 있도록 돕는다. 그리고 기본적으로 우리는 교착상태(impasse)를 찾아냄으로써 돕는다. 교착상태는 어린아이가 환경으로부터 지지를 받을 수도 없고, 그렇다고 자기 힘으로 해결할 수도 없는 상태를 말한다. 그런 어려

운 순간에 아이는 환경을 이용하고 조정하여 움직이게 되는데, 자신은 숨기고 거짓된 역할로, 어리석고 무력하고 연약하여 남의 비위를 맞추는 행동으로, 즉 우리가 환경을 조정하기 위해서 하는 모든 역할을 동원하여 환경을 움직이려고 한다(p. 36).

3) 치료적 제안

이와 같은 성격 적응 문제를 가진 내담자 치료의 기본 목표는 다음과 같이 간단하게 요약될 수 있다. 내담자가 오래된 상처를 숨기는 대신 인정하고 직면할 수 있도록 돕고, 고통을 적응적인 방식으로 다룰 수 있는 방법을 찾아 주고, 자신의 진정한 모습을 탐색하고 표현할 수 있도록 하는 것이다. 요컨대, 치료자가 내담자로 하여금 '자신을 기뻐하는' 법을 배우도록 돕는 것이다. 이어서 경계선, 자기애성, 분열성 내담자가 세상을 바라보는 서로 다른 방식을 고려하면서, 치료자가 이들을 돕기 위해 사용할 수 있는 치료법들을 개괄적으로 살펴보기로 하겠다.

(1) 자신을 억압하는 방식으로 적응하는 것을 방해하여 중단시키고 알아차리도록 돕는다

이를 위해 게슈탈트 실험, 간단한 질문, 분석적 해석 등 많은 방법이 사용될 수 있다. 대부분의 치료자는 필요한 방법을 이미 알고 있다. 이것을 다루는 데 있어서 기본적인 이론은 다음과 같다. 성격 적응 문제를 가진 내담자는 어린 시절의 파국적 고통을 재경험하는 대신, '거짓 자아'를 발달시켜 '교착상태'에서 경험했던 관계 패턴을 치료자인 당신과의 관계에서 재연할 것이라는 점이다. 당신이 내담자가 알아차리지 못하고 있는 이 재연이 일어나지 않도록 방해하게 되면, 어린 시절의 그 숨겨졌던 상황과 그 상황에서 내담자가 억압했던 감정에 대한 치료 작업이 가능하게 된다.

예를 들면, 내담자 론에게 앉고 싶은 자리에 앉으라고 권했을 때(치료실엔 앉을 자리가 많았다), 그는 벽을 향한 자리를 택했고, 나를 보기 위해서 그는 고개를 돌려야 했다. 그게 궁금해서 물었다. "벽을 향한 자리를 골라 앉았는데요. 그 자리가 왜 맘에 드는지 궁금하네요." 그는 대답했다. "나에겐 모든 자리가 다 똑같아요. 어디를 마주 보고 앉든 나에겐 상관이 없어요. 내가 앉은 곳이 이렇다는 것도 난 알아차리지 못했어요." 이로 인해 우리는 흥미 있는 토론을 하게 되었는데, 그는 살면서 별로 신경 쓰는 것들이 없었으며, 이어서 자신이 흥미를 가질 만한 것이 무엇이든 그걸 확인하고 알아차리는 것이 얼마나 힘든 일인지 등에 관해 말했다.

미스터슨은 이처럼 알아차림 없이 일어나는 재언을 '행동화 전이(transference acting out)'라고 하여 보다 성숙한 전이 현상과 구분하였다. 좀 더 성숙한 전이의 경우엔 치료자가 실제로 누구인지, 현재의 환경은 어떤지, 무엇이 전이되고 있는지를 구분하여 알아차릴 수 있다. 내담자가 자신을 억압하는 방식으로 적응하는 것을 방해하여 중단시키려면, 내담자의 민감한 부분들을 구체적으로 인식하면서 기술적으로 해야 한다. 이를 위한 경계선, 자기애성, 분열성 내담자를 위한 구체적이고 다양한 방법을 이어서 소개하겠다.

(2) 자신을 억압하는 방식으로 적응하는 것이 자신에게 자아 이질적 경험(ego alien)이 되도록 돕는다

이것은 앞에서 말한 이런 성격 적응의 존재 방식을 내담자가 자신과 분리할 수 없는 어떤 것으로 보는 것에서 출발하여 그것을 자신과 별개의 것으로, 즉 자기 외부에서 일어나는 것으로 보게 되면서, 변화할 수 있다고 보도록 돕는 것을 말한다. 이두 관점의 차이는 마치 사람의 몸과 몸에 걸치는 옷과 같다. 즉, 사람의 피부와 뼈, 그리고 자신이 입을 것인지 말 것인지를 선택할 수 있는 한 벌의 바지와의 차이와 같다고 할 수 있다. 진단이 다를 때는 다른 치료 방법들이 필요하지만, 이런 진단법들은 대부분 공통적으로 내담자가 실제로 자신이 무엇을 하고 있는지 알고 이해하도록 돕고, 또한 이들의 그런 행동이 자신의 삶에 어떤 영향을 미치는지를 보고 이해하도록 치료자가 돕는 과정이 포함된다.

(3) 내담자가 느끼고 경험할 수 있도록 격려한다

내담자의 억압 적응이 방해를 받게 되면, 자신의 감정에 대한 방어(여기서 '감정', 즉 feeling은 감정과 연관된 정서와 신체 감각 모두를 말한다)를 내려놓게 된다. 내담자의 행동화(acting out: 내담자가 방어해 오던 고통스러운 감정을 느끼지 않기 위해 습관적으로 하게 되는 모든 행동을 말함)가 방해를 받아 중단되면, 내담자가 지금까지 생산적으로 처리해 본 적이 없던 숨겨져 있던 과거의 고통스러운 감정과 정서를 이제 경험하게 되는데, 이러한 경험은 내담자에게 무섭고 불쾌하게 느껴진다. 이 지점에서 내담자는 다음과 같은 치료자의 지지와 안내가 필요하다. 어떤 감정이든 자신의 감정을 ① 느끼고 허용할 수 있도록 돕는다. ② 그 감정을 이해하고 그 의미를 알아차리도록 돕는다. ③ 그걸 언어로 표현할 수 있도록 돕는다. 이 과정에서 중요한 것은, 내담자 스스로 생산적으로 감당할 수 없는 너무 많은 감정에 빠져 버리지 않도록 주의해야 한다는 것이다. 치료자는 내담자가 압도당하지 않도록 능숙하게 도울 수 있어야 한다.

(4) 내담자가 자신의 참 자기를 펼쳐 나갈 수 있도록 지지한다

내담자들 중에는, 지금 여기에서 자신의 내적인 욕구를 따라 자기의 인생에서 무엇을 할 것인지 선택할 수 있다는 것이 다소 새롭고 놀라운 일이라고 느끼는 경우가 많다. 이것을 내담자가 알아차리도록 돕기 위해 치료자인 내 생각에 집중하지 말고, 내담자 스스로의 감정과 생각에 집중하도록 격려하며 선택하도록 해 준다. 예를 들면, 가장 간단한 방법으로, 내담자가 치료실에서 앉을 자리를 선택할 때, 조명의 밝기 등 다양한 요소를 고려할 수 있는데, 나는 내담자가 어디에 앉을 것인지, 어디를 바라보며 앉고, 나와 얼마나 멀리 떨어져 앉을 것인지, 방 조명은 얼마나 밝기를 원하는지 등을 선택할 수 있도록 한다.

이러한 선택은 내담자에게 도움이 될 뿐 아니라, 종종 내가 진단을 좀 더 신속히 내리는 데 도움이 되기도 한다. 예전에 새로 온 내담자에게 어디에 앉고 싶은지 물었는데, 그는 "선생님이 그렇게 물어보시니, 사실 저는 선생님으로부터 가능한 한 멀리 떨어진 복도에 앉는다면 가장 안전하게 느껴질 것 같습니다."라고 했고, 나는 바로 그 순간, 분열성 성격 적응의 가능성을 염두에 둘 필요가 있다는 생각을 했다.

(5) 내담자가 치료자인 당신이나 다른 사람에게 묻는 대신 내면의 자기에게
물어 스스로 갈 바를 정하도록 가르치라

나는 내담자에게 의식 수준에서 알아차리지 못하는 것들은 내면의 자기(inner self)가 자신의 진정한 욕구와 소망과 일치하는 선택을 할 수 있도록 도울 수 있다고 말해 준다. 그러나 이 자기에게는 스스로가 직접 물어봐야 한다. 이 자기는 일상을 통해 우리에게 말하려고 하지만, 종종 의식적인 사고나 감정 그리고 환경의 소음 등으로 인한 심한 잡음으로 인해 선명하게 듣기 어렵거나 전혀 듣지 못한다. 자신에게 집중하고 의식적으로 소음의 수준을 낮추면(명상, 최면술, 심호흡, 그냥 조용히 앉아 있기 등을 통해) 그것을 더욱 분명하게 들을 수 있다. 이 작업을 위해 나는 때로는 컴퓨터 비유를 사용하여 파일을 불러올 필요가 있다는 식의 안내를 사용하기도 한다. 보다 영적인 사람들은 이 지혜로운 내적 자기를 자신의 종교적 신념 체계와 일치하는 신성의 한 형태로 받아들이는 경향이 있다. 이 자기가 제공해 줄 수 있는 정보를 활용하기 위해, 그것이 어떻게 터득되는지에 관해 우리가 알 필요는 없다. 그리고 나는 내담자에게 다음과 같은 방식으로 안내한다.

> 당신이 고민하고 있는 질문에 관해 생각하거나 치료자인 내 의견을 묻기보다는 눈을 감으십시오. 잠시 동안 자신의 신체를 느껴 보시고 몸을 편안하게 한 다음 몇 번 깊게 천천히 심호흡을 하십시오. 당신의 질문에 관해 생각하거나 의식적으로 답을 찾으려고 하지 마십시오. 단순히 당신의 마음에 그 질문을 해 보십시오. 그리고 내적 자기의 대답을 기다리기만 하면 됩니다. 그 답은 아주 빠르게 당신의 마음속에 떠오르거나, 의식으로 떠오르기까지 좀 시간이 걸릴 수도 있습니다. 답은 단어나 이미지, 심지어 기억의 형태로 올 수도 있습니다.

바로 답을 얻지 못한다면, 질문을 다르게 해 볼 필요가 있거나 또는 단순하게 자신에게 물어볼 수도 있을 것이다. 즉, "지금 내가 스스로에게 물어봐서 좋은 점이 무엇일까?"라고 말이다. 만약 자신의 답변을 이해하지 못하거나 믿지 못한다면, 내적 자기에게 다시 돌아가서 더 많은 정보를 요청할 수도 있다. 당신은 이런 자신의 내면과 침묵의 대화를 원하는 만큼 그리고 필요한 만큼 자주 할 수 있다. 비록 마음에 처음 떠오른 것이 당신이 묻고 있는 질문과 관련이 없어 보이거나 자신의 성격과 어울리지 않는 것처럼 보이더라도, 모든 것이 연관성이 있기 때문에 마음에 떠오르는 어떤 것도 거부하지 않도록 한다.

이러한 과정을 설명하기 위해 가끔 나도 이 내적 자기가 보여 주었던 것을 받아들이지 않으려 했던 경험을 내담자와 나누곤 하는데, 그 경험은 '내가(나의 의식적인 자기가)' 나를 좋게 생각하는 방식과 맞지 않았기 때문이었다.

내 경험: 나는 몹시 불안한 상태로, 왜 그렇게 불편한지 알지 못한 채, 작은 식당에 앉아 있었다. 나는 음식이 나오기를 기다리면서 왜 내가 불안한지를 생각해 보려고

했다. 너무 많이 먹고 살이 찔까 봐? 그 식당이 내 과거의 어떤 것을 생각나게 하기 때문에? 이 모든 것이 내가 느끼는 불안에 대한 그럴듯한 이유처럼 보였지만, 어떤 것도 나에게 확신을 주지 못했다. 그래서 나는 눈을 감고 앞에 놓인 탁자에 손을 포개고 스스로에게 다음과 같이 물어보았다. '내가 왜 불안한 거지?' 그러자 바로 다음 날 런던에 간다는 생각이 떠올랐다. 그러나 여행 때문에 불안할 수 있다는 생각을 나는 부인했다. 그리고 나서 '난 여행 경험이 많아.'라고 내면의 자기에게 말했다. 나의 자기는 정신없이 짐을 싸고 있는 장면으로 내게 답했고, 무엇을 가져가야 할지, 호텔은 맘에 들지 걱정하며, 짐을 꾸리는 동안 남편과 아이들에게 다소 히스테릭하게 행동하는 호의적이지 않은 내 모습을 언뜻 떠올려 주고 끝이 났다.

이 마지막 장면은 설득력이 있었고, 여행에 대한 불안감이 나에게 있다는 것을 스스로 인정하게 되었다. 눈을 뜨고 보니 식당 종업원이 선 채로 나를 바라보고 있었다. "종교가 있으신가 보군요?" 그녀가 내게 물었다. 나는 조심스럽게, "네, 그런데 왜 물어보시죠?"라고 했다. 그녀는 음식을 먹기 전에 감사기도를 하는 분을 본 지가 오래 되었다고 말해 주었다. 몇 가지 질문의 예는 다음과 같다.

- 지금 나에게 어떤 질문을 하면 좋을까?
- 왜 내가 지금 불안을 느끼는가? (우울, 혼란 또는 분노)
- 다이어트를 유지할 수 있도록 도와줄 수 있는 첫 단계는 무엇일까? (담배 끊기, 음주 조절하기, 더 나은 부모 되기 등)

(6) 내담자가 치료자인 당신과 치료에 대한 자신의 생각과 감정을 표현하도록 격려하라

나는 내담자에게 치료 과정에서 효과가 있는 것과 없는 것이 어떤 것인지 말해 달라고 한다. 내가 하는 것 중에 어떤 것이 좋고, 내가 하지 않았으면 좋겠다고 생각하는 것은 무엇인지 말이다. 치료는 내담자의 것이며, 다른 방식으로 치료할 수도 있고, 그래서 그들에게 맞는 방법으로 치료를 하는 것이 좋다는 것을 강조한다. 이렇게 하면 내가 내담자의 의견을 환영하며 필요로 한다는 것을 이해할 수 있다. 긍정적이든 부정적인 것이든 어떤 것은 계속하고 어떤 것은 중단해야 하는지 알기 위해서 그들의 의견이 필요하다고 말한다.

당신이 하고 있는 작업에 내담자가 분노와 실망을 표현하게 된다면, 내담자의 관점을 존중하면서 좋아하지 않는 것이 무엇인지 방어하지 않으면서 구체적으로 탐색하는 것이 중요하다. 아마도 당신은 내담자의 삶에서 이와 같은 작업을 기꺼이 해 줄 수 있는 첫 번째 사람일 것이다. 또한 스스로에게 정직할 때, 부정적 피드백을 서로에게 상처를 주지 않으면서도 침착하고 보복적이지 않은 방식으로 주고받을 수 있다는 것을 당신이 모델링하게 될 것이다.

(7) 정서적 자기관리 기술을 가르치라: 정서 도구 상자 사용하기

내담자들 중에서는 불안할 때 자신을 진정시키거나, 감정이 상할 때 스스로를 위로하거나, 일이 뜻대로 되지 않을 때도 자신의 관점을 유지하는 것과 같은 자기 돌봄과 관련된 기본 기술들을 배운 적이 없는 이들이 많다. 또한 자신이 느끼고 있는 것을 바꿀 수 있는 방법이 자신에게는 없다고 믿는 이들도 있다. 이런 내담자에게는 나의 인생 모토인 "기분은 독감이 아니기 때문에, 기분이 사라지기를 기다릴 필요가 없다."라고 말하면서 기분을 바꿀 수 있는 방법을 배울 수 있다고 말해 준다.

기분이라는 감옥에 갇혀 산다고 느끼는 내담자들과의 작업을 통해 나는 '정서 도구 상자(the emotional tool box)'라는 아이디어를 개발하게 되었다. 기본 원칙은 다음과 같다.

① 내담자의 기분을 개선하기 위해 내담자가 즐겁게 빠져들 수 있는 활동 아이디어들을 소개한다

대부분의 내담자는 자신의 기분을 향상시킬 수 있는 어떤 도구들을 이미 가지고 있는데도 그것들을 사용하지 않는데, 대개 다음과 같은 이유 때문이다. 그렇게 해서 자기 감정이 크게 달라질 거라는 걸 알지 못하기 때문이다. 또는 다른 사람들에게 의존하거나 자신을 피해자로 보는 것에 익숙해져 있거나 또는 우울해서 아무것도 전혀 하고 싶지 않기 때문이다.

그럴 경우는 어떤 활동은 우리 기분에 긍정적 영향을 미친다는 걸 보여 주는 연구들이 많이 있다는 걸 설명해 준다. 운동, 자연과 함께하기 그리고 명상은 거의 모든 사람에게 효과가 좋은 흔한 활동이라고 알려 준다. 그리고 나는 내담자가 즐기는 활동에는 어떤 것들이 있는지 물어본다.

② 내담자가 즐겁게 빠져들 수 있는 활동 목록을 만든다

치료 회기 중에 내담자가 즐기며 할 수 있는 활동 목록을 함께 만든다. 그리고 그 활동의 어떤 점들이 자신을 즐겁게 하는지 말해 달라고 한다. 목록 만들기의 목표는 내담자의 일상에서 적어도 한 가지 이상의 활동을 반드시 해 보도록 하기 위해서다.

예를 들면, 내담자 중에 달리기를 즐기는 이가 있었다. 그는 달리는 동안 조용하고 명상적인 분위기를 느낄 수 있는 장소로 가게 된다고 했다. 이 운동은 그의 자존감에 힘을 실어 주기도 했는데, 달릴 때마다 뭔가 자신이 긍정적인 성취를 하는 것처럼 느끼기 때문이었다. 그러나 그가 불안을 느낄 때마다 하던 일을 버려두고 달리기 위해 밖으로 나갈 수 없었기 때문에 일하면서도 자신을 진정시킬 수 있는 또 다른 활동이 그에게 필요했다. 우리가 이 문제를 탐색하는 과정에서 그가 요가 수련에서 배웠던 자기가 좋아하고 진정 효과도 있었던 간단한 호흡법을 기억해 냈다. 나는 그에게 이 호흡법을 어떻게 사용하는지 보여 달라고 했다. 그리고 호흡하기 전, 하는 동안 그리고 한 다음에 어떻게 느꼈는지 말해 달라고 했다. 그런 다음 나는 실험을 제안했다. 그가 직장에서 스트레스를 느낄 때마다 그 호흡법을 사용해 보거나, 출근하는 것이 스트레스로 느껴질 때마다 집을 떠나기 전에 그 방법을 사용해 보라고 했다. 그 후에, 그는 그렇게 하는 것이 그 날의 기분에 긍정적 변화를 주는지 확인할 수 있었다. 그런 다음 만약 다른 기술들이 더 필요하다면, 자신이 하고 싶어 하는 어떤 것들이 있는지 계속 의논해 볼 것이고, 아마도 다른 사람들이 사용하고 있는 새로운 방법들이 도움이 될지도 탐색해 볼 것이다.

③ 내담자가 즐겁게 몰입하여 할 수 있는 활동을 생생하고 구체적인 신체 느낌으로 기술해 보도록 권한다

내담자에게 자신이 하는 활동이 어떤 면에서 즐거운지 가급적이면 신체 감각을 구체적으로 느껴 보라고 한다. 즉, 어떻게 느껴지고, 무엇이 보이고, 어떤 냄새를 맡으며, 무엇이 들리는지 등을 느껴 보게 한다. 즐거운 활동을 하는 자신을 생생하게 상상하게 되므로 때로는 현재 자신들의 상태를 충분히 변화시킬 수 있으며, 이런 방법이 자신에게 도움이 될 수 있다는 것을 그 즉시 알게 된다.

예를 들면, 내담자 샘이 자신은 스키를 좋아하며, 스키를 타면 기분이 좋아진다고 했을 때, 나는 그에게 스키를 탄다고 상상하고 그 과정에서 무엇이 좋은지 말해 보

라고 했다. 샘은 스키를 타고 산을 내려오는 장면을 떠올린 다음, 몸이 느끼는 감각을 묘사하기 시작했다. 그는 기분 좋은 속도감, 얼굴에 와닿는 차가운 공기, 예민해지는 감각, 정말 맑고 깨끗하게 보이는 주변의 모든 것 등을 묘사했다. 지켜보면서 나는 그의 기분이 좋아지는 것을 알 수 있었다. 그의 자세가 바뀌었고, 더 기민해 보였고, 또 기분 좋은 흥분을 느끼고 있는 것 같았다. 스키 타는 것을 구체적으로 상상하는 것만으로도 그의 기분이 긍정적으로 변하기에 충분했다.

④ 실제 상자를 활용하기

컴퓨터나 휴대폰에 저장해 놓는 목록일지라도 실제 물리적인 정서 도구 상자가 될 수 있다. 우울하거나 불안하게 되면, 자신의 기분 전환을 위해 무언가를 할 수 있는 힘이 자신에게 있다는 것을 기억하기 어려울 수 있다. 이런 경우에 자신이 뭔가 할 수 있다는 것을 알려 줄 수 있으며 접근 가능한 실제로 존재하는 물리적 도구 상자가 도움이 될 수 있다. 어떤 내담자는 예쁜 상자를 구입해서 자기에게 효과가 있었던 것을 상징해 주는 물건들을 넣는다. 또 다른 내담자는 메모가 가능한 스마트폰 '어플'을 선호하는데, 그것이 '상자'가 되는 것이다. 무엇이든지 자신의 정서 도구 상자가 될 수 있다.

⑤ 마음이 차분할 때 정서 도구 상자를 모아서 필요할 때 사용할 수 있도록 준비해 둘 것을 제안한다

도구 상자에 무엇을 넣을지를 선택하는 과정에서 내담자는 자신을 활성화(self-activation)하게 되고 문제해결에도 집중하게 되는데, 이를 통해 내담자가 운이나 타이밍, 타인에게 의존하는 대신 스스로 기분 전환을 할 수 있게 된다. 내담자가 자신의 기분을 긍정적으로 바꿔 주었던 것들의 목록을 작성해서 상자에 넣어 두면, 정서적으로 위급할 때를 미리 대비할 수 있게 된다. 그리고 기분이 나빠질 때면 언제든 상자를 열고 무엇이 도움이 되었는지 기억할 수 있을 것이다.

⑥ 물건도 정서 도구 상자에 넣을 수 있다

내담자는 향기로운 오일이나 크리스탈, 사진이나 그림 등과 같이 자신을 진정시키거나 개인적으로 의미 있는 물건을 상자에 넣을 수 있다. 한 내담자는 자신의 마음이 잡히지 않을 때 사용할 수 있도록 일련의 기억 카드(reminder cards)를 만들어 상자에 넣었다. 그중 한 카드엔 다음과 같은 문구가 적혀 있었다. "넌 이걸 너무 심각하게 받아들이고 있어. 이런 태도는 암 치료에 도움이 되지 않아." 또 다른 카드에는 "그렇게 소극적으로 굴지 마. 넌 불평할 수도 있고, 떠날 수도 있어. 여긴 아우슈비츠가 아니야!"라는 문구가 적혀 있었다. 또 다른 내담자는 희망을 주는 모토가 담긴 카드 세트를 만들었다. 내 도움에 대한 보답으로, 그는 나에게도 한 세트를 주었다. 첫 번째 카드는 나의 인생 모토 가운데 하나인 "힘든 인생은 훌륭한 예술 작품을 만든다!"였다.

• 정서 도구 상자의 이점

겉으로 보기엔 단순한 개입이지만 미묘하고 광범위하게 영향을 미칠 수 있다.

- 자기 성찰을 격려한다. 이런 개입은 내담자의 자기 성찰을 통해 자신의 기분을 바꿀 수 있는 활동을 생각해 내도록 한다.
- 치료의 분위기를 설정해 준다. 치료 과정에서 내담자의 자발성이 촉진되어 자신이 적극적인 역할을 할 것을 기대하게 된다.
- 내담자가 사용할 수 있는 도구가 이미 자신에게 있다는 걸 알려 준다. 따라서 비록 내담자가 무기력하고 소망이 없다고 느꼈을지라도 그것은 사실이 아니다. 자신의 기분 전환을 위해 그에게는 이미 할 줄 아는 것(또는 쉽게 배울 수 있는 것)들이 있다.
- 내담자에게 '실험(experiments)'이라는 것을 소개해 준다. 기본적으로 실험이란 '이것을 해 보고 무슨 일이 일어나는지 보자.'라는 것이다. 실험이 말해 주는 것은 어떤 것도 겉으로 보이는 것처럼 고착된 것은 없다는 것이다. 실험을 통해 내담자의 세계가 개방되고, 때론 상황을 보는 그의 시각에 급진적인 변화가 시작되기도 한다. 내담자들이 자신의 기분에 미치는 영향을 알아차리도록 도울 수 있는 실험적인 방법들은 수없이 많다.

이러한 개입들은 내담자에게 '문제'가 되는 바로 그것들을 통해 입장의 변화를 경험하게 한다. 자신의 나쁜 감정을 해소하고 더 안정감과 에너지를 주며 편안하게 해 주는 것이 무엇인지 알아보기 위해 진지한 자기 탐색을 하게 되면, 전적으로 내적이었던 문제가 이제는 탐색해 볼 수 있는 외적인 일이 되는 것이다. 내담자의 감정이 이제는 성찰해 볼 수 있는 대상이 되는 것이다. 즉, '나는 우울해.'에서 '기분을 바꾸기 위해 내가 할 수 있는 게 뭐지?'로 넘어가게 되는 것이다.

위로가 되고, 안정감을 주고, 에너지를 주는 것들이 무엇인지 알려 주는 목록들은 수없이 많고, 매우 개인적인 것이다. 내담자의 방식이 너무 제한적이라면, 다른 사람들이 자신을 진정시키는 데 도움되었던 방법들을 실험해 보라고 권하기도 한다. 예를 들면, 촛불 켜기, 상쾌한 향을 맡아 보기, 따뜻한 목욕이나 샤워하기, 마사지하기, 영감을 주는 책 읽기, 친구들 만나기, 서랍 청소나 산책하기, 조깅, 춤 추기와 같은 방법을 시도해 보면 좋다.

어떤 사람은 해변을 따라 걷거나, 서핑을 하거나, 배를 타고 나가거나, 호수를 바라보기와 물 가까이에 있는 것이 특히 기분 전환에 도움이 된다고 한다. 그러나 항상 물이 있는 바다나 호수 가까이에 있을 수 없기 때문에, 때로는 사진 한 장으로 대신할 수도 있다. 나는 한 내담자에게 자신의 기분을 좋게 만들어 주었던 그런 종류의 물을 배경으로 한 풍경 사진 한 장을 가지고 오라고 한 적이 있었다. 그녀는 자신의 시골집 근처에 있는 호수 사진을 찾아 가지고 와서 다음과 같이 말했다. "그냥 이 사진을 책상 위에 두고, 스트레스 받을 때마다 보는 것만으로도 마음을 진정시키는 데 도움이 되었어요."

• 아로마 치료

나는 아로마 치료가 어떤 내담자에게는 도움이 된다는 걸 알게 되었다. 우리의 후각은 뇌의 가장 오래된 부분 중의 하나로, 인간의 뇌에서 가장 늦게 발달된 대뇌 신피질의 전두엽을 우회하여 감정 중추로 바로 내려간다고 한다. 나는 내담자에게 에센스 오일 가게에 가서 다양한 오일의 향을 맡아 보고, 그것이 자신에게 어떤 효과가 있는지 알아차려 보라고 한다. 이런 연습은 두 가지의 긍정적인 효과가 있는데, 내담자가 자신에게 관심을 기울여 자기가 좋아하고 싫어하는 것이 어떤 것인지를 진지하게 경험하게 된다는 것이다. 그리고 이런 연습을 통해 내담자는 자신의 정서 도구 상자의 수집 방법도 추가하게 된다. 이런 실험에서는 가급적 상업용 향수 대신 에센스 오일을 선호하는데, 에센스 오일의 향기가 더 순수하고 그 본연의 개별적인 향을 접할 수 있기 때문이다. 이런 방법으로 내담자가 더 선명한 인상을 좀 더 쉽게 받을 수 있기 때문이다. 그러나 만약 내담자가 살고 있는 지역에서 이런 오일들을 구할 수 없다면, 향수 판매대에 가서 자신이 좋아하고 싫어하는 향이 어떤 것인지 알아보면서 자신에게 가장 어필하는 향의 종류에 대한 기본 정보를 알 수 있을 것이고, 또 '내가 좋아하는 향이 감귤 향인지 아니면 꽃 향이나 과일 향 또는 나무 향인지' 등과 같이 탐색해 볼 수 있을 것이다.

- 태극권(타이치, Tai Chi)

타이치는 흔히 움직이는 명상이라고 한다. 타이치의 부드럽게 반복되는 순환운동은 움직이는 과정에서 몸을 차분하게 해 주고, 몸의 조절 능력을 향상시켜 준다. 이것은 무술 훈련의 한 형태로 시작되었지만, 요즘 수련생 대부분은 건강 운동의 일종으로 생각한다. 다른 많은 종류의 운동과 달리, 타이치는 특별한 장비를 필요로 하지 않는다. 대부분의 사람에게 안전하며, 다양한 종류의 단기 수련 형태이기 때문에 아파트나 사무실과 같은 좁은 공간에서 할 수 있도록 프로그램화되어 있다. 이것은 요동치는 감정에서 벗어나 진정하고 휴식을 취해야 하는 내담자에게 효과적인데, 이러한 내담자에게는 가만히 앉아서 하는 형태의 명상을 하는 것이 너무 어렵고, 헬스장에서 운동할 시간이 없거나 또는 그런 성향이 아닌 내담자에게 매우 도움이 된다. 타이치는 거의 어디서든 할 수 있는 운동이다.

성격 적응의 문제가 있는 내담자 중에는 비생산적이고 자기 비하적인 생각의 '고리'에 사로잡혀 자신이 나쁘다고 생각하는 이들이 많다. 이들의 마음이 생각하는 방식대로 내버려 두게 되면, 상실과 실패를 강박적으로 반복하여 곱씹으며, 점점 더 우울해지고, 무력감과 무망감이 증가하게 될 것이다. 타이치나 타이치의 자매 격인 치궁(Chi Gung)과 같은 비-무술 기법들은 내담자의 이런 자기 파괴적인 사고 패턴을 중단시키기 위한 방법으로 활용될 수 있다. 요즘 대부분의 도시에는 타이치나 치궁 훈련을 받을 수 있는 곳들이 있다. 훈련 클래스에 참가함으로써 타이치를 통해 얻는 신체적·정신적 유익과 함께 사회적 상호작용을 더하게 되는 추가 이익도 얻게 된다.

타이치를 치료 회기에서 효율적으로 사용하기 위해, 치료자가 그에 대한 자세한 지식을 다 알 필요는 없다. 우리 대부분은 타이치나 치궁의 시작 단계 훈련 영상들을 찾아서 볼 수 있고, 치료에 접목할 수 있는 몇 가지 간단한 동작들의 핵심만을 추려서 충분히 배울 수 있다. 실제로 어떻게 작동하는지 예를 들어 보겠다.

수잔은 약을 처방해 주던 정신과 의사에 의해 의뢰되었다. 수잔은 만성 우울증을 앓은 전력이 있고, 나를 만나기 전까지 몇 명의 심리치료자를 거치며 치료를 받았지만 중요한 진전은 없었다. 그녀의 정신과 의사는 수잔이 진단도 받지 못하고 적절한 치료도 받지 못한 어떤 성격장애를 가지고 있을 가능성이 높다고 생각했다. 첫 회기에서 수잔이 자기에 관해 말을 많이 하면 할수록 더 우울하고 절망적이 된다는 걸 알 수 있었다. 수잔의 말은 그녀를 우울증으로 빠져 들게 하는 경향이 있는데, 이런 방식이 강화되지 않도록 다른 방식으로 수잔과 상호작용할 필요가 있다는 것이 분명해졌다. 수잔의 이런 비생산적인 패턴을 뭔가 다른 일을 통해 중단시키기로 나는 마음먹었다. 그녀의 성장과정에 관한 이야기는 또 다른 회기에 마무리할 수 있을 테니까 말이다.

나는 수잔에게 우울해 보이지만, 만약 어떤 새로운 것을 시도해 볼 마음이 있다면, 기분을 바꿀 수 있도록 바로 도와줄 수 있을 것이라고 했다. 수잔은 놀라는 표정이었으나 노력해 보겠다고 했다. 간단한 타이치 동작들을 내가 하는 대로 따라서 하면 된다고 말해 주었다. 나는 아주 간단한 것으로 시작했다. 손바닥을 아래로 편 채로 천천히 팔을 뻗은 후 어깨 높이까지 올렸다. 그런 다음 손바닥을 아래로 펼친 채 팔을 아래로 천천히 내렸다. 손목을 사용했는데, 팔을 위로 움직일 때는 손끝이 손목보다 아래로 가게 하고, 팔을 내릴 때는 손끝보다 손목이 아래로 가도록 했다. 우리는 이것을 여러 번 함께 했다. 팔을 들어 올릴 때는 숨을 들이쉬고, 팔을 내릴 땐 숨을 내쉬라고 했다. 우리는 이 동작을 1분 정도 더 했다. 나는 호흡을 그녀의 호흡에 맞췄다. 수잔에게 기분이 어떤지 물었는데, 이상하게도 편안하다고 했다. 나는 우리가 또 다른 동작을 할 것이라고 말하고, 마치 손으로 창문을 닦을 때처럼 팔로 큰 원을 그릴 것인데, 대부분은 손바닥을 밖으로 편 채로 원을 그릴 것이라고 했다. 우리는 이 동작을 한 손으로 먼저 한 다음에 다른 손으로 했다. 손으로 원을 그리는 동안 호흡을 천천히 고르게 하면서 그 동작을 했다. 이렇게 몇 분이 지나자 수잔은 더 편안해 보였다.

나는 매일 아침 하루를 시작하기 전에 이런 타이치 동작을 한다고 수잔에게 말했다. 이 동작들이 내 몸의 통증과 고통을 줄여 주고 마음을 맑게 하고 진정시키기 때문이라고 했다. 또한 낮 동안에도 이 동작을 하는데, 앉아 있다가 잠시 휴식을 취하고 싶을 때나 단순히 나의 균형을 다시 조절하고 마음을 가라앉히기 위해서 한다고 했다. 그런 다음, 우리는 그녀가 자신의 문제에 관해 이야기하던 치료회기 초반에 느꼈던 감정과 두 가지의 간단한 타이치 동작을 한 후 지금 느끼는 감정이 어떻게 다른 지 나눴다. 수잔은 느리고 리드미컬한 동작들이 상당히 진정 효과가 있다고 했다. 나는 이 두 가지 동작을 그녀의 치료에 접목시키자고 제안했다. 회기 중에 그녀가 우울해지거나 불안을 느낄 때마다 '타이치 브레이크'를 위해 치료를 멈출 수 있고, 또한 그녀가 집에서 자신을 차분하게 달랠 필요가 있을 때마다 그 동작들을 할 수 있을 거라고 했다.

수잔과의 회기에 간단한 타이치 동작을 추가함으로써 다음의 네 가지의 중요한 일을 이룰 수 있었다.

① 수잔의 자기 패배적인 패턴을 중단시켰다. 그녀는 자신을 비난하며 더 우울해지지 않고서는 자신의 인생 문제에 관해 아직은 말할 수가 없었다.
② 수잔이 자신의 우울증에 기여하는 자기 파괴적인 사고 패턴에서 벗어나기 위해 할 수 있는 무엇인가가 있다는 생각을 그녀가 알게 해 주었다.
③ 수잔이 자신의 정서 도구 상자에 추가할 수 있는 새로운 자기 진정 기술을 가르쳐 주었다.
④ 치료에 대한 그녀의 생각을 흔들어 놓았다.

눈에 띄게 달라지는 것 없이 많은 대화 치료를 받아 왔던 내담자가 치료를 받으러 오게 되면, 나는 자주 내담자가 적극적으로 참여할 수 있는 치료적 실험을 추가할 필요가 있다는 것을 알게 되었다. 아로마 치료와 타이치 동작 개입을 통해 내담자는 몸을 움직이고 경험하고, 자신의 반응을 치료자와 나누게 된다. 단순히 자신의 과거 히스토리나 현재의 걱정에 관해 말하는 것과 달리, 이러한 종류의 개입은 창조적인 새로운 경험을 통한 내담자의 자기 알아차림이 초점이다. 이런 방법들이 효과적일 때 자신의 가능성에 대한 내담자의 생각이 확장된다.

• 놀이 기법

성인들 가운데는 어린 시절 단순히 이런저런 물건들을 가지고 놀거나 새로운 물건을 탐색하며 놀았던 것이 얼마나 즐거웠는지 잊어버리는 이들이 많다. 성인이 된 후에도 놀이는 여전히 변화를 위한 효과적인 도구가 될 수 있다. 내 치료실에는 기분 전환을 위해 사용하는 다양한 것이 있다. 나는 그것들을 내 '장난감'이라고 부른다. 기분 전환을 위해 사용하는 것들을 내담자와 함께 나누는 게 좋겠다고 느껴지면, 나와 함께 그걸 가지고 놀아 보자고 한다. 우리가 함께 방을 돌아다니며 노는 동안, 내담자에게 자신이 좋아하는 것은 어떤 것들인지, 그리고 그 물건들이 자신에게 어떤 영향을 미치는지 탐색하고 실험하며 알아보라고 권한다. 그들은 내 향기로운 오일 향을 맡아 보고, 티벳 종을 흔들어 소리를 들어 보고, 만화경을 들여다보고, 음악을 듣고, 크리스탈과 생소하고 아름다운 다른 물건을 가지고 놀아 본다.

함께 놀면서, 나는 이런 물건들의 사용법을 내담자에게 알려 준다. 예를 들면, 기분을 바로 '끌어 올려' 각성이 필요할 때, 나는 레몬 오일 향을 맡는다. 장거리 트럭 운전사들이 신선한 오렌지를 얇게 썰어 그 향을 들이마시면 각성 수준을 높일 수 있다는 연구 결과가 있다는 식으로 사용법을 알려 준다. 그리고 내담자에게 오일 향을 맡아 보라고 한다. 또한 라벤더 씨앗이 담긴 작은 그릇도 있는데, 내담자의 기분이 차분해질 필요가 있을 때, 이 라벤더 씨앗을 몇 개 집어 손으로 문질러 진액이 묻어 나오면, 눈을 감고 냄새를 맡으며 기분이 어떻게 달라지는지 알아차려 보라고 한다. 나와 함께 했던 이런 모든 놀이 경험은 내담자가 자신의 기분 전환에 도움이 되었다는 것을 기억나게 해 줄 수 있는 추가적인 이점이 있다. 앞으로는 라벤더 향이 자신을 차분하게 해 줄 뿐만 아니라, 그걸로 자기를 진정시키고 지지해 주던 치료자인 내 존재를 상기시켜 주는 하나의 과도기적 대상(transitional object)으로도 사용될 수 있을 것이다. (과도기적 대상이란 특정인을 대신하여 자신을 위로해 줄 수 있는 대상을 말함; 예: 치료자, 여기서는 라벤더 향)

또한 이전의 내담자들이 자신의 감정을 전환하는 데 도움이 되었다는, 스스로에게 하던 말과 행동도 수집해 둔다. 이런 방법들이 다른 내담자에게도 도움이 될 것 같으면, 익명성을 유지하며 다른 내담자와도 공유할 수 있도록 미리 허락을 받는다. 대부분은 자신의 방법이 또 다른 누군가를 도울 수 있다는 것을 자랑스럽게 여기며 기꺼이 허락한다.

여기서 나의 목표는 앞에서 언급한 아로마 치료 및 타이치 동작의 목표와 비슷하다. 내담자가 자신의 문제를 대하는 습관적 방식을 중단하고, 자기 기분을 스스로 조절할 수 있는 행동 레퍼토리를 확장하고, 이전과 동일하고 익숙한 방식대로 자기에 관해 말하는 방식에서 벗어나 실험을 통해 적극적이고 새로운 경험을 해 보길 바라는 것이다.

⑻ 내담자가 자신의 감정을 창의적으로 표현할 방법을 찾도록 격려하라

내담자에게 나는 내 슬로건을 알려 준다. '힘든 삶이 좋은 예술을 만든다.' 또한 우리가 증상을 만드는 데 사용하는 바로 그 동일한 에너지를, 어떤 창조적인 방식으로 우리를 표현하는 데 사용할 수 있다고 말해 준다. 더구나 예술 행위는 그것이 어떤 것이든, 사람들에게 웰빙 감정과 흥분을 선사하는 변화의 체험이 될 수 있고, 통제감을 줄 수 있다. 그래서 내담자에게 다음과 같이 말한다. "그러니 당신은 지금 그림 작업을 하는 것과 증상을 다시 경험하는 것, 이 둘 중에 어떤 것을 더 하고 싶은 가요?"

⑼ 반복하고 또 반복하라

자기 적응(self-adjustment)이라는 심리치료 영역에서, 제임스 마스터슨(1976, 1981)의 가장 큰 공헌 가운데 하나는 내담자가 자기 활성화(self-activate)를 통해 자신이 원하는 것을 접촉하고 행동을 취하려고 할 때마다, 회피해 오던 극도로 고통스러운 감정들(자살, 우울증, 살인적인 분노 감정, 무기력과 무망감, 공허함과 허망감, 공포, 수치심과 죄책감)을 반복해서 경험하기 시작할 것이라는 관찰이다. 이러한 감정을 피하기 위해 내담자는 방어 행동으로 다시 되돌아갈 것인데, 치료자는 내담자의 이런 고통이 되살아날 때마다 내담자가 그걸 알아차리고 방어를 중단하도록 준비되어 있어야 한다.

마스터슨은 처음에 이 사이클을 '경계선 3제(the borderline triad)'라고 했는데, 후에 이를 확장하여 '자기 장애 3제(the disorders of the self triad)'로 개칭했다. 그는 "내담자의 '자기 활성화'는 버려짐에 대한 우울증으로 이어지고, 그것은 다시 방어로 이어진다."고 가정했다. 내담자가 올라오는 감정을 인정하고 작업을 할 때마다, 조금씩 더 자유로워져서 그다음 단계의 자기 활성화 작업을 할 수 있게 되지만, 그 후 내담자는 또 다시 불쾌한 감정들(마스터슨의 '유기 우울증')을 느끼면서 다시 방어하게 된다. 치료자는 또 다시 내담자가 그걸 알아차리도록 하고 다시 그런 방어를 방해하여, 내담자가 다시 떠오르는 고통스러운 감정을 피하지 않고 머물 수 있는 작업을 할 수 있도록 돕는다. 이런 식으로 내담자는 자기 활성화를 더 자주 할 수 있게 되고, 이런 전체 사이클은 다시 반복해서 시작된다.

(10) 내담자에게서 사랑스러운 점을 찾아 연민의 마음으로 바라보라

내담자에게 사랑한다고 말하라는 것이 아니다. 차분히 집중하여 당신 마음의 눈으로, 내담자의 모습에서 어떤 것들이 건강하고 흥미롭고 사랑스러운지 보게 되면, 말이 필요 없이, 자연스럽게 그들이 사랑과 보살핌을 받을 존재라는 메시지를 자동적으로 전해 받게 될 것이다. 내담자들 중에는 사람들이 자기를 좋아할 구석이 하나도 없는데 왜 호감을 갖는지 이해가 안 된다고 하는 이들이 많다. 하지만 내가 반복적으로 실패 대신 그들의 성공에 관심을 가지고 연민의 마음으로 집중할 때, 자신을 향한 냉정한 태도를 아주 서서히 재고하기 시작한다.

(11) 내담자의 고통을 품위 있게 대하라

심리정서적인 어려움을 겪고 있는 사람은 대부분 두 번의 고통을 겪는다. 한 번은 자신이 겪고 있는 고통스러운 증상 때문에, 또 한 번은 이런 어려움으로 인해 느끼는 당혹감 때문에 고통을 겪는다. 나는 그들이 자신의 어려움을 수치스러운 개인적인 결함으로 여기지 않고 다른 관점에서 볼 수 있도록 다양한 방법을 사용한다.

① 문제를 재능으로 재구성하기

에릭소니안 최면치료를 공부하면서 우리의 경험을 다른 맥락에 놓고 보면 그 의미가 달라질 수 있다는 생각을 하게 되었다. 심리치료에서 이 원리를 적용하는 것을 '새로운 관점(reframing)'에서 보기라고 한다. 즉, '관점(frame)'을 바꾸면 의미가 달라진다. 예를 들면, 세부 사항과 숫자 등에 지나칠 정도로 꼼꼼하게 집중할 수 있는 능력은 회계사에겐 좋은 자질이 될 수 있을 것이다. 그러나 이런 자질들을 사교적인 자리에서 너무 자주 사용하면 다른 사람들이 귀찮게 느낄 수 있을 것이다. 이처럼 동일한 능력이, 상황이 달라지면 다른 '관점(frame)'에서 이해되는 것이다.

내 경험에 비추어 보면, 모든 재능엔 양면이 있다. 잘못된 환경에서 사용될 때 재능은 문제를 일으킬 수 있으며, 반면에 그것이 적절하게 사용될 때 도움이 된다. 나는 가끔 자신의 부정적인 면을 심하게 불평하던 여성에 관한 이야기를 한다. 그녀는 어떤 상황에서도 어두운 면을 보곤 했다. 자기의 모든 계획에서 모자란 점을 볼 수 있었기 때문에, 때로는 마비 상태가 되어 자신의 삶을 살아낼 수가 없다고 느꼈다. 이런 상황에서 매우 낙심한 그녀가 하루는 다음과 같이 말했다. "나는 너무 부정적이에요. 그 누구에게도 쓸모가 없어요!" 이 일은 당시 Coca Cola™가 인기 있던 청량음료 시장에서 제거되고, 다른 배합의 음료가 코카콜라 클래식을 대체한 직후에 일어난 일이었다. 이 변화는 매출 감소로 이어졌고, 회사는 오리지널 코카콜라를 Coca Cola™으로 개명하여 다시 돌아올 수밖에 없었다. 나는 그녀에게 말했다. "만약 코카콜라 회사가 기획팀에 당신을 데리고 있었다면, 그들은 결코 이렇게 비용이 많이 드는 실수를 하지 않았을 거예요. 당신은 그 계획에서 결함을 재빨리 발견하고 경고를 했을 거예요." 그녀가 웃으며 동의했다. 문제를 재능으로 볼 수 있도록 재구성해 주었던 것이다. 그녀는 순발력 있게, 관련된 회사들이 그녀와 같은 재능이 있는 사람들과 컨설팅했더라면 피할 수도 있었을 추가적인 어려움들에 관한 목록들을 작성해 냈다.

② 타로 카드

나는 또한 어떤 내담자와는 타로 카드를 사용하는 것을 좋아하는데, 보통 라이더-웨이트-스미스 덱(Rider-Waite-Smith deck)을 사용한다. 많은 카드가 삶의 도전적인 상황에 처한 사람들의 모습을 보여 주기 때문이다. 가끔 어떤 특정한 내담자와 작업할 때, 내담자의 이런 특별한 상황을 말해 주는 한 장의 카드가 내 마음에 떠오르게 된다. 타로 카드를 사용하는 것이 적절하다고 생각되면, 나는 내담자가 지금 직면하고 있는 이슈를 다루고 있는 타로 카드가 있다고 하면서, 보고 싶은지 물어본다. 원한다면, 카드를 보여 주면서 내담자가 현재 당면하고 있는 삶의 도전에서 성공적으로 대처하지 못하고 있는 일에 관해 나눈다.

예를 들면, '힘' 카드는 한 여성이 커다란 붉은 사자를 부드럽게 제압하는 장면을 보여 준다. 존이라는 자기애성 내담자는 지나치게 도덕적이고 완벽주의적인 자신의 기대에 행동이 부응하지 못할 때마다 자신을 혹독하게 비판하는 내담자였다. 우리는 그가 스스로 상처를 주며 자신의 열정을 부드럽게 다루지 못해 겪는 어려움에 관해 나눴다. 그리고 또 이것은 그뿐만 아니라 모든 사람이 지속적으로 당면하는 도전이라는 것도 나눴다. 그는 스스로 세운 목표를 성취하는 과정에서 자신을 좀 더 부드럽게 대할 수 있다는 것을 기억하고 싶다면서 그 카드를 가지고 다니기로 했다.

카드의 그림들은 내담자들이 자신의 생각을 구체화하고 시각화하는 데 도움이 된다. 타로 카드 기법은 은유적이고 시각적인 사고를 하는 내담자에게 특히 유용한데, 자신이 선호하는 모드에서 정보를 보다 쉽게 처리할 수 있기 때문이다.

제**4**장

경계선, 자기애성, 분열성 성격 적응에 관한 간략한 안내 II[2]

1. 경계선 내담자

경계선 내담자는 보통 부모로부터 분리하지 않았을 때 정서적인 보상을 받았거나, 또는 그 반대로 부모로부터 분리되어 기능적이고 독립적인 성인으로 성장하려던 시도로 인해 부모가 사랑을 철회하는 처벌을 경험한 이들이다. 이들은 정상적이고 바람직한 발달과정을 경험하지 못할 만큼 부모에게 의존하며 부모 인생의 일부로 남아 부모로부터 인정과 지지를 경험했던 이들이다. 이런 일은 여러 가지 형태로 나타날 수 있다.

어떤 경우에는 부모가 자녀인 내담자에게 요구하는 것이 부당하다는 것을 알면서도 그걸 합리적이라고 생각하며 전혀 문제되지 않는다고 여긴다. 예를 들면, 20세기까지도 딸이 결혼하기 전까지 부모와 함께 살거나, 때론 부모가 그들을 필요로 할 때는 결혼하지 않는 것이 흔한 일이었다. 오늘날에도 보수적인 문화에서는 자녀의 인생이 부모와 문화적인 기대에 따라 희생되어야 하고 그렇지 않을 때는 이기적인 것으로 여기는 경우도 있다.

자주 접할 수 있는 시나리오로는, 어머니가 남편으로부터 정서적으로 버림받았다고 느껴서 자신의 우울과 분노, 상실한 마음을 달래기 위해 자녀들 가운데 한 명

과 연합함으로써 그 아이가 지지를 받게 되는 경우이다. 아이는 엄마의 생존을 위해 가정에서 자신이 꼭 필요한 존재이며, 엄마의 필요를 채우는 일에 반드시 관심을 기울여야 한다는 생각을 가지고 성장한다. 엄마와 아이 사이에 파우스티안 거래(Faustian bargain)가 성립된 것이다. 이 거래에 아이는 본질적으로 다음과 같은 이유로 동의한다. "엄마로부터 독립하고 싶은 욕구 대신, 엄마가 필요로 하는 정서적인 지지를 해 줄 것인데, 그렇게 하지 않으면 엄마는 엄마 역할을 나에게 해 줄 수도 없고 하지도 않을 것이기 때문이다."

1) 경계선 딜레마와 경계선 '거래'

이런 상황에서 아이는 자기가 엄마를 계속 돌보지 않으면 엄마가 죽거나 미쳐 버리게 될 것이고, 그렇게 되면 자신이 필요로 하는 사랑과 관심을 줄 사람이 아무도 없이 혼자 남게 될 것이라고 믿게 된다. 이처럼 아이가 자신의 욕구와 필요를 따라 성장(즉, 개별화)하게 되면, 누군가가 죽게 될 것이라고 믿는다. 즉, 자신과 엄마 중 한 명이 죽거나 둘 다 죽게 될 것이라고 믿는다. 모든 아이가 생존하고 성장하기 위해서는 부모의 정서적·물리적 돌봄이 필요하다. 그런데 만약 부모가 돌봐 주지 못하고 부모를 대신하여 양육해 줄 또 다른 성인도 없다면, 아이는 지속적으로 부모의 필요에 집중하게 되면서 자신의 발달을 지연시킬 수밖에 없게 된다.

마스터슨 연구소의 랄프 클라인(Ralph Klein)은 경계선 거래를 다음과 같이 설명했다. "나는 내 존재를 인정받고 확인받고 수용받는 것이 필요해요. 내가 당신의 정서적 필요를 채워 주고, 어머니로서의 자존심과 이미지를 돌봐 줄 것인데, 그러면 그 보상으로 당신은 나를 인정하고 나의 존재를 확인하며 수용해 주게 되겠죠."(Klein, 1995) 클라인에 따르면, 성격장애 문제는 내담자가 '거래 협상'을 하게 된 나이에 따라 그 결과가 달라진다고 볼 수 있다. 거래를 하게 되면 자발적이거나 창조적으로 살지 못하고, 타인의 요구대로 반사적으로 반응하며 살게 되며, 거래가 일찍 시작될수록 아이는 더 많은 피해를 입을 수 있다.

이와 같이 거래가 아이의 발달을 희생시키는 것이지만, 거래가 전혀 없는 것보다는 선명하게 거래가 이뤄지는 것이 더 나을 수 있다. 그렇지 않으면 아이가 사랑과 인정과 지원을 받을 방법이 전혀 없기 때문이다. 전혀 없다면, 임상적인 관점에서 본다면, 아마도 아이는 혼란한 정신증적인 모습으로 남게 될 것이다.

이처럼 경계선적 적응을 하며 성장해 온 성인 내담자를 우리가 치료실에서 만나게 되면, 한때는 적응적인 희생이었지만 지금은 어린 시절의 그 선택에 갇혀 버린 성인을 만나고 있는 것이다. 더구나 이런 성인 내담자는 보통 여전히 분리와 개별화가 죽음이나 광기를 불러올 것이라고 정서적으로는 깊이 믿고 있다. 그러나 치료를 시작할 때 이런 자신의 믿음을 대체로 알아차리지 못한다. 왜냐하면, 개별화를 향해 움직일 때마다 바로 그 즉시 그런 불쾌한 감정들(죽거나 미쳐 버릴 수 있다는 어린 시절의 믿음에서 시작된)이 따라 나오는데, 그런 상태에서 벗어나기 위해 바로 충동적으로 행동화를 하기 때문이다. 그 즉시 폭식이나 약물복용, 음주, 흡연, 쇼핑, 싸움, 자해, 성적 일탈 등과 같은 충동 행동으로 자신의 주의를 분산시켜 괴로운 감정 상태에서 벗어날 수 있다는 것을 학습했기 때문이다.

2) 'MISERY'[3]로 고통받는 경계선 내담자

(1) M: 어머니 문제(Mother problems)

앞에서 언급했듯이, 경계선 내담자는 주 양육자로부터 온전히 분리 개별화하는 데 실패했다. 여전히 정서적인 수준에서 부모의 관심과 승인을 얻는 일에 깊이 관여되어 있다. 만약에 부모 외에 다른 사람과 심각한 관계를 맺고 있다면, 이들에게 선택된 그 사람은 아마도 자신을 실패하게 한 부모와 공통점이 많은 사람일 것이다.

집단치료자로 잘 알려진 어빙 얄롬(Irving Yalom)은 이런 역설에 주목하며 다음과 같이 말하고 있다.

> 가정에서 극심한 갈등을 겪으며 자란 사람들에게 무슨 일이 일어날까? 그런 가족에게서 벗어난다고 생각하면 춤을 추며 기뻐하게 될 거라고 예상할 것이다. 그러나 그 반대 상황이 일어난다. 가족이 문제가 많을수록, 그 자녀들은 가족을 떠나기가 더 어려워진다. 가족과 분리될 준비가 되어 있지 않기 때문이다. 그래서 가족에 매달려 살게 되어 있다(Bauer, 1990, p. 245 재인용).

(2) I: 정체성 문제(Identity problems)

경계선 내담자에겐 기본적으로 두 가지 정체성 문제가 있다.

• 통합된 자기 이미지가 결여되어 있다

이들에겐 자신과 타인에 대한 서로 모순된 관점을 통합할 능력이 없다. 아마도 이 것은 자신의 어머니(또는 주 양육자)를 향한 좋은 감정을 보존하기 위해 일찍부터 '파 편화'에 의존했기 때문일 것이다. '파편화'는 심리적 방어로 자신이나 타인에 대한 서로 모순되어 상반된 견해를 별개의 것으로 생각하는 것이며, 모순 그 자체를 알아 차리지 못한다. 예를 들면, 엄마가 자신을 사랑한다고 인식하여, 엄마와의 관계를 아이가 좋다고 느낄 때는 엄마를 완전히 좋다고 느끼고 아이도 자신을 완전히 좋다 고 느낀다. 엄마가 자신을 버린다고 느끼면, 아이는 엄마도 자신도 모두 완전히 나 쁘다고 느낀다. 이런 두 개의 극단적인 관점을 아이는 하나의 현실로 통합할 수가 없다. 서로 모순된 이런 관점은 번갈아 나타나, 어떤 날은 자신의 모든 것이 좋다고 느끼고, 다음 날은 모두 나쁘다고 느끼거나 또는 주로 분열의 한쪽만 동일시할 수 있다. 이로 인해 내담자는 자신을 극단적이고 비현실적이며, 지나치게 단순화된 방 식으로 보게 된다. 예를 들면, 내 내담자였던 사라는 자신이 뚱뚱하고 못생겼으며 사랑받을 수 없다고 생각하여 이런 자신의 관점과 맞지 않는 말은 어떤 것도 들으려 하지 않았다. 칭찬을 받으면 몹시 불편해했다. 때로는 "우리 엄마는 성자였다."(완 전히 좋은 부분) 그리고 "나는 끔찍한 아이였다."(완전히 나쁜 부분)처럼 완전히 좋은 부분을 한 사람에게 또 완전히 나쁜 부분을 또 다른 사람에게 돌렸다.

• 이들의 정체성은 제대로 발달되지 못했다

이들은 자신이 처한 가정 상황에 맞춰 적응하느라 진실된 자기 모습을 억압하며 성장하여 정체성을 제대로 발달시키지 못했다. 대신에 가정환경으로 인해 생길 수 있는 고통으로부터 최대한 부모를 기쁘게 하고 보호하도록 짜여진 세상에서 존재 하는 방법을 터득했다. 발달되지 못한 정체성으로 인해 자신을 통전적으로 이해하 지 못하여, 자기 활성화를 통해 독립적이고 진실되게 자기를 표현해야 하는 상황에 서 어려움을 겪는다. 자기 활성화란 자신의 진정한 필요와 욕구를 알아차리고 그에 따라 행동하는 능력과 자신이 목표로 하는 것을 이룰 때까지 의욕을 잃지 않고 지속적으로 자기 지지를 할 수 있는 능력을 말한다.

컨버그(1976)와 마스터슨(1976)은 경계선 내담자의 내면세계는 '부분-자기(part-self)'와 '부분-대상(part-object) 표상'이라는, 통합되지 않은 서로 모순된 수많은 자기와 타인에 대한 견해로 가득 차 있다고 가정했다. 대인관계에서 이들은 매번 안정된 정체성으로, 통합된 전인격적인 반응을 하기보다, 수많은 부분-자기 중에 하나의 자기로만 반응할 수 있다. 또 이와 유사하게, 치료 상황에서 내담자가 당신에게 반응할 때도, 당신은 통합된 전체로 인식되지 않고, 단지 부분-대상으로만 인식된다. 경계선 내담자의 부분-자기 표상의 전형적인 예를 몇 개 들어 본다면, '착하고 순종적인 아이'(완전히 좋은 부분-자기 표상) 또는 '못생기고 사랑스럽지 못한 아이'(완전히 나쁜 부분-자기 표상)이다. 치료자에게 투사되는 대표적인 부분-대상 표상들은, '양육적인 완전한 어머니'(완전히 좋은 부분-대상 표상) 또는 '버리거나 삼켜버리는 어머니'(완전히 나쁜 부분-대상 표상)이다.

(3) S: 파편화(Splitting)

경계선 내담자는 자신과 자신의 중요한 타자에 대한 좋은 감정을 지키기 위해 파편화(부정적 감정에 압도당해 긍정적 감정이 파괴되지 않고 보호되도록 하기 위해 서로 상반된 정서 상태를 분리해서 생각함)와 다른 원시적인 방어들(행동화, 집착, 회피, 거부, 투사, 투사적 동일시, 해리)을 사용한다. 불행하게도, 이러한 방어들은 현실을 왜곡하고 자신과 타인을 정확하게 인식하는 데 방해가 된다.

이런 내담자가 누군가를 좋아할 때는, 그 사람의 좋은 점들만 볼 수 있다. 상대방을 좋게만 보도록 하는 단서는 전경으로 떠오르고, 결점을 알려 주는 단서는 배경으로 사라져 알아차리지 못한다. 이들이 누군가를 좋아하지 않을 때는, 바로 그 반대 현상이 일어난다. 이제 상대방을 전적으로 나쁘다고 인식하고, 그의 선한 면을 포함하여 서로 모순되는 모든 잠재적인 단서는 배경으로 사라져 역시 알아차리지 못한다.

(4) E: 삼켜짐과 버려짐에 대한 두려움(Engulfment and abandonment fears)

이 두 개의 쌍둥이 두려움은 경계선 내담자의 대인관계를 지배한다. 어떤 친밀감이든 이들에겐 잠재적으로 위협이 될 수 있다. 왜냐하면 대인관계에서 버림받거나 삼켜짐에 대한 두려움을 느끼지 않을 만큼 편안한 거리두기를 하는 것이 어렵기 때문이다.

삼켜짐에 대한 두려움(상대방의 정서적인 필요로 인해 '삼켜져 버림으로써' 개인적인 자율성을 상실하는)이 내담자의 현재 상황을 지배하게 되면, 내담자는 정서적·물리적 거리를 유지함으로 반응하게 된다. 이런 상황에서 치료자는 내담자에게 융합과 돌봄을 요구하는 엄마로 보이는 것이다.

버려짐에 대한 두려움이 전경이 되면, 내담자는 버림받을지도 모른다는 두려움을 줄이기 위해 상대방에게 집착하며 과도한 사랑과 지지를 요구하게 될 것이다. 만약 내담자가 살아오면서 너무 심각하게 상처를 받아 거절이 확실하다고 느껴지고 더 이상 매달릴 힘조차 없을 정도가 되면, 거리두기와 철회가 상황을 지배하게 될 것이다. 집착과 철회가 번갈아 빠르게 나타날 수 있고, 이런 패턴이 한 회기 안에서도 나타날 수 있지만, 보통은 양극단 가운데 한쪽이 내담자의 통상적인 관계 방식일 수 있다.

(5) R: 분노(Rage)

경계선 내담자는 매우 화가 난 사람이다. 이들은 자기 내면에 끝을 알 수 없는 뿌리 깊은 분노가 있다고 생각하는 경향이 있다. 이로 인해 이들은 때로는 자기주장을 하지 못하게 된다. 또한 자기 분노의 정체를 모두 경험하게 되면 영원히 걷잡을 수 없게 될 거라는 두려움이 있다. 사실, 이들은 자신이 안전하다고 느끼는 사람에게는 자주 발끈하여 성질을 부리고, 그 외의 다른 사람들에게는 지나치게 친절하다.

경계선 내담자는 마가렛 말러(Margaret Mahler) 발달이론의 이정표라고 할 수 있는 대상 항상성을 성취하지 못했다(Mahler, Pine, & Bergman, 1975). 대상 항상성은 두 부분으로 이루어진다. ① 화가 나거나, 상처를 받았거나, 실망을 한 상대와 긍정적인 정서적 유대를 유지할 수 있는 능력, 그리고 ② 물리적으로 함께 하지 못하는 상대방과 정서적으로 연결되어 있다고 느끼며 그 사람의 얼굴을 기억 속에서 떠올릴 수 있는 능력이다. 이것은 경계선 적응 내담자가 화가 나면, 그 상대방을 향해 긍정적 감정을 유지할 수 없다는 것을 의미한다. 이것은 내담자가 좋아했던 그 사람은 완전히 파괴되고 사라져 버려서 이 내담자의 정서 세계 안에 더 이상 존재하지 않는 것과 같다. 따라서 그 사람과의 관계에서 경험했던 그 어떤 정서적인 안전감도 완전히 사라져 버리는 것이다. 그뿐 아니라, 이들은 자기가 화를 냈기 때문에 상대방이 자기를 벌하거나 또는 버릴까 봐 두려워한다.

이런 모든 것으로 인해 이들은 자신의 분노를 반전하게 된다. 반전은 분노에 대한 방어로, 다른 사람이나 상황을 향한 자신의 반응을 억압하는 것으로 분노로 동원된 에너지를 타인이나 환경을 향해 표출하는 대신 자기에게 되돌려 자기를 억압하는 것이다. 일상적인 기능을 잘하는 고기능 내담자의 경우, 신체 긴장이나 자기 파괴적인 생각이나 충동의 형태로 반전이 나타날 수 있다. 예를 들면, 자신을 쓸모없다고 생각하고 스스로를 경멸하는 말을 한다. 일상생활을 잘 못하는 기능이 낮은 내담자는 실제로 자신을 해할 수도 있다.

(6) Y: 갈망(Yearning)

경계선 내담자는 완전한 한 사람을 갈망하면서 인생을 살아간다. 자신을 무조건적으로 사랑하고 수용해 줄 그 한 사람, 분리와 개별화, 그리고 자신의 개인적 성장을 지속적으로 허락해 줄 수 있는 그 한 사람, 24시간 헌신하면서도 그 대가로 아무것도 요구하지 않는 그 한 사람, 그리고 이 모든 것을 일대일의 관계 맥락에서 믿을 수 없을 정도로 강렬하게 해 줄 수 있는 그 한 사람을 갈구하며 살아간다. 간단히 말해서, 본질적으로 행복한 유아기에 경험할 수 있는 것들을 기꺼이 재연해 줄 그 누군가를, 즉 경계선 내담자에게 적절한 부모의 지지를 마침내 충분히 경험하도록 해 줄 그 누군가를 이들은 갈망한다. 이 역할이, 즉 완벽하게 사랑해 줄 수 있는 부모의 모습이 자주 치료자에게 투사되는데, 이로 인해 경계선 내담자와의 치료 회기는 특별히 강렬하다. 경계선 내담자는 치료자인 당신이 자신에게 특별한 보살핌과 관심을 보이는지를 지속적으로 관찰할 것이다(또는 반대로, 당신이 그들을 삼켜 버리거나 버릴 것인지도 관찰할 것이다).

3) 치료적 제안들

(1) 경계선 내담자가 자신의 문제를 '직면'하도록 하라

경계선 내담자에 관한 마스터슨(1976)의 작업은 이 점에서 매우 중요하다. 그는 직면을 추천한 첫 이론가로, '직면(confrontation)'이라고 한 이 방법으로 경계선 내담자의 파편화와 자신의 문제를 부정하는 방어를 단순하면서도 부드럽게 돌파할 수 있다고 했다. 마스터슨의 '직면'은 이들이 인정하기를 거부하는 자기 행동의 파괴성을 직접 대면하도록 하는 것이다. 이 명칭은 약간 오해의 소지가 있다. 마스터슨의 '직면'에서는, 치료자가 내담자에게 직접 뭘 하라고 말하지 않으면서 그들이 얻고 싶어 하는 것과 실제로 하고 있는 말이나 행동 사이의 모순을 치료자가 명백하게 드러낸다. 이것은 내담자의 행동화를 방해하여 자신의 고통을 경험하도록 하는 하나의 방법이다.

예를 들면, 보통 경계선 내담자는 명백하게 서로 모순되는 두 개의 사건 간의 모순점을 알아차리지 못한 채 자기 이야기를 하는 경우가 있다. 여성 내담자인 리사가 바로 그런 경우인데, 남자친구가 자신에게 얼마나 잘해 줬는지 숨 쉴 겨를도 없이 말하더니, 이어서 최근에 싸움을 하다가 자기를 때린다는 이야기를 했다. 그녀가 인정하려고 하지 않는 것을 알아차리고 접촉하도록 돕기 위해 나는 마스터슨 방식의 직면으로 다음과 같이 말했다. "이해가 가지 않는데요. 그 사람이 당신을 때린다고 하면서 어떻게 당신에게 잘해 준다고 말할 수 있죠?" 단순히 두 개의 사실을 종합하여 언어로 표현해 주고 그녀가 내재된 자신의 모순을 대면하도록 하는 것만으로도 그녀의 방어적인 파편화와 그걸 인정하지 않으려는 자신의 태도를 알아차리기에 충분했다. 리사는 울기 시작했고, 이 남자를 너무나 사랑하지만 정서적으로 그에게 받는 것이 거의 없어서 얼마나 고통스러운지 처음으로 말하기 시작했다.

(2) 충동적이고 자기 파괴적인 행동화와 감정을 회피하는 것 사이의 연관성을 이해 하도록 돕는다

예를 들면, 알코올 남용을 하는 내담자에게 나는 다음과 같이 말했다. "자신을 위해 뭔가 좋은 일을 하려고 할 때마다, 당신의 기분이 나빠지고, 그 나쁜 감정을 피하는 방법으로 다시 술을 마시게 되는 것 같아요."

(3) 내담자의 무기력하고 퇴행적이며 미친 것 같거나 순응적인 행동을 치료자가 보상해 주는 함정에 빠지지 않도록 하라

이것이 자신의 부모와 이들이 했던 거래였다는 것을 기억하라. 이들의 주도적인 자기 활성화가 자신의 부모를 불안하게 만들었기 때문에, 자기 활성화를 회피하고

그 대가로 보살핌을 받게 된 것이다. 이들은 마치 이 무기력한 겉모습이 자신의 실제 모습인 것처럼 치료에 임할 것이다. 만약 당신이 이런 내담자를 위해 회기를 책임지려 하면서 지시적이 되거나, 혹은 더 심하게는 치료 회기 밖에서까지 이들의 삶에 개입을 하게 된다면, 부모와 했던 동일한 거래를 당신과 하게 되었다고 생각할 것이다. 마스터슨은 이것을 '보상 관계로 걸어 들어가기(stepping into the rewarding unit)'라고 했다. 경계선 내담자가 자신의 무력한 모습을 표현하게 되면, 이것은 강력하기 때문에, 치료자가 도와주고 싶다는 함정에 빠지기 쉽다(Masterson, 1976, 1981). 그러나 만약 당신이 이들의 무력감을 받아들이게 되면, 어린 시절의 상황을 재연하게 되어 모든 치료적 진전은 중단될 것이다. 내담자는 집에서 하던 역할을 하게 될 것이고, 만약 당신이 이것을 받아들인다면 이들은 영원히 그렇게 할 것이다. 이와 같은 경우에 예외가 있다면, 기능이 매우 떨어지는 경계선 내담자가 자살이나 타살의 위험이 있어 즉각적으로 입원이 필요한 경우가 될 것이다. 그런 경우 당신은 물론 내가 일반적으로 주장하는 것보다 내담자의 삶에 더 적극적인 역할을 해야 할 것이다.

(4) 무기력하고 퇴행적이며 미친 것 같거나 순응적인 행동에 직접 도전하라

치료자로서 아주 초창기에 나는 이것을 알게 되었다. 매우 이상하게 행동하는 여성과 첫 회기 치료를 했다. 의자에 웅크리고 앉은 그녀는 눈 맞춤을 거부하며, 말하는 내용이 뭔가 서로 연결이 되지 않아 혼란스러웠다. 치료를 하다 보니, 그녀가 정신병자가 아니라 지적이라는 것, 그리고 보여 주는 모습 그 이상의 어떤 것이 있다는 인상을 확실하게 갖게 되었다.

'무식하면 용감하다.'고, 나는 초심자의 용기로 그녀에게 "왜 그렇게 미친 것처럼 연기를 하세요?"라고 물었다. 그녀가 일어나서 앉았더니 처음으로 나를 똑바로 바라보았다. 그녀는 다음과 같이 말했다. "지금까지 아무도 나에게 그렇게 말한 사람이 없어요. 이게 왜 연기라고 생각하세요?" 우리는 내가 그녀를 인식했던 것과 그것에 대한 그녀의 반응에 관해 나누게 되었다. 여러 회기에 걸쳐 우리는 그녀의 미친 것처럼 보이는 행동을 탐색했고, 그 후에 그녀는 다음과 같은 알아차림을 하게 되었다. "나의 어린 시절은 너무 힘들었고, 어머니는 나를 여러 번 버렸죠. 그래서 나는 결심했죠. 나는 어머니에게 살아 있는 비난거리가 되겠다고. 만약 내가 정상적으로 행동하고 살면서 또 뭔가 성취까지 하게 된다면, 모든 사람은 내가 좋은 어린 시절을 보냈다고 생각할 것이고, 나의 성공에 대한 인정을 어머니가 받게 되겠죠. 어머니에게 그런 기쁨을 주는 것보다 나는 차라리 비참한 실패자가 되고 싶었죠."

(5) 동죄 형벌의 복수를 조심하라

이 주제는 종종 경계선 내담자의 치료 과정에서 나타난다. 어떤 이들은 자신이 부모를 고통스럽게 만들 수 있는 유일한 방법은 자신이 성공하지 않는 것이라고 생각한다. 이들의 분노는 반전되어 자기 스스로에게 주는 모든 상처는 자신이 증오하는 부모에게 상징적으로 가하는 상처가 된다. 치료의 진전을 위해서는, 부모에게 향한 자신의 동죄 형벌적 복수(talionic revenge) 충동을 인정하고 포기해야 할 것이다(Marsterson, 1981). '탈리온'이라는 말은 라틴어로 '렉스 탈리오니스(lex talionis)'로 알려진 성서법에서 유래되었는데, 이 법은 한 사람이 다른 사람에게 취할 수 있는 복수를 "눈에는 눈, 이에는 이, 손에는 손, 발에는 발"(출애굽기 21: 24)에만 제한한다.

반전된 분노와 동죄 형벌의 욕구를 다루는 것이 처음에 생각했던 것처럼 항상 그렇게 어려운 일은 아니다. 내담자는 좀 더 직접적으로 자기주장을 하는 것을 두려워하기 때문에 분노를 주로 반전하게 된다. 경계선 내담자가 점차 자신의 진정한 필요와 감정이 무엇인지 확인하게 되고, 그것을 다른 사람에게 표현하는 일에 익숙해져 가면, 자신을 해치고 싶은 충동은 극적으로 줄어들게 된다.

(6) 내담자가 자신의 생각과 감정을 말로 표현하도록 격려하라

내담자가 자신의 생각과 감정을 언어로 표현하도록 돕는 방법들은 많다. 기본 원칙은 재연이나 반전 대신 알아차림을 하도록 도와서, 내담자가 자신이 생각하고 느끼는 것들을 표현할 수 있도록 질문이나 실험을 하는 것이다. 나는 자주 단순히 내담자가 무엇을 하고 있는지 주의하면서 질문한다. "방금 일어서더니 제 발 아래 마룻바닥에 앉았는데, 그렇게 하기 바로 전에 어떤 생각과 감정을 느꼈는지 궁금하네요." 또한 나는 내담자가 알아차리지 못하고 있는 제스처에도 주의를 기울인다.

불행한 결혼생활을 하고 있는 한 여성 내담자가 남편을 떠날지에 관해 이야기하고 있었다. 이 일에 대해 말하면서, 그녀가 오른손을 내밀더니, 이어서 왼손이 오른손 손목을 잡았다. 내가 말했다. "지금 당신의 손이 어떻게 하고 있는지 알고 있나요?" 그녀가 놀라며 자기 손을 보면서, "아니요."라고 했다. 나는 그녀의 오른손이 앞으로 뻗는 것을 보았고, 이어서 왼손이 그녀의 오른쪽 손목을 붙잡아, 더 이상 손을 뻗지 못하게 하는 것처럼 보였다고 말했다. 그녀가 자신의 두 손이 서로 이야기하도록 할 수 있을까? 그녀의 두 손이 서로 대화해 보는 실험을 통해서, 이혼에 대한 자신의 양가감정을 말로 표현할 수 있게 되었다. 그녀의 마음 한쪽에서는 떠나고 싶어 했고(밖으로 뻗었던 오른손), 또 다른 쪽에서는 혼자가 되는 것을 두려워하고 있었다(붙잡았던 왼손).

(7) 회기와 회기 사이에

나의 일반적인 방침은 스케줄을 잡기 위한 연락 외에는 경계선 내담자가 회기와 회기 사이에 나에게 연락할 수 없다는 것이다. 회기 사이에는 스스로 자신의 삶을 적응적인 방식으로 처리할 것을 나는 기대한다. 만약 회기 사이에 일상적인 기능을 유지하기 어렵다면, 일주일에 두 번 만나거나 집단 치료로 개인 치료를 보충할 것을 제안한다. 그렇게 할 여유가 없다면, 회기 사이에 어떻게 자신을 유지할 수 있는지에 관해 의논한다. 예를 들면, 자조 모임에 가거나, 친구에게 전화를 하거나, '정서 도구 상자'에 있는 도구들을 사용할 수 있다. 이런 시간이 바로 이들이 무너져버리거나, 자기파괴적으로 행동하거나, 아니면 속수무책으로 타인에게 전적으로 의존하기보다는 스스로가 뭔가 도움이 되는 것을 찾기 위해 '정서 도구 상자'를 적극 활용할 수 있는 때이다.

이것은 회기 사이에 내담자와 간단한 통화조차도 하지 않는다는 말이 아니다. 이런 옵션들을 일반적으로 추가 회기를 할 만한 여유가 없는 내담자나, 급성 정신증 발작으로 적절하게 대처할 심리적 능력이나 자원이 없어 증상이 악화될 수 있는 저기능 내담자를 위해 남겨 두려고 한다.

앞의 임상 사례들을 통해 알 수 있듯이, 모든 형태의 재연, 역할 연기 그리고 두의자 작업은 내담자가 알아차리지 못하는 생각, 욕구 및 갈등에 접근할 수 있도록 도울 수 있는 유용한 방법들이다. 만약 이들이 다른 사람들과 상호작용할 수 있는 준비가 되어 있다면, 집단치료 또한 좋은 경험이 될 수 있다. 다른 사람들 앞에서 자신의 진실을 말함으로, 자신의 생각과 감정을 말로 표현하는 연습을 할 수 있고, 모순을 알아차리고, 집단원들로부터 도움이 되는 피드백도 받을 수 있다.

경계선 내담자 치료와 관련된 다른 치료상의 이슈들은 기본적으로 내가 앞에서 기술했던 성격 적응 내담자의 일반적인 치료와 관련해 설명한 것과 동일한 방식으로 이루어진다. 즉, 치료자는 내담자가 진정한 자신의 모습을 표현하도록 지지하고, 고통을 피하지 않고 경험하도록 격려하며, 고통스러운 기억을 반복적으로 훈습함으로 자신의 삶을 찾도록 돕는 것이다.

전에 알코올 중독자였던 내담자가 다시 알코올 중독으로 빠져들게 하는 정서적인 고통을 극복하는 방법에 관해 다음과 같이 말한 적이 있었다. "나는 그냥 그 고통을 느끼죠. 그리고 그때마다 아픔은 조금씩 약해져 갔죠."(Erdman, 1998, p. 209)

4) 경계선 내담자의 일반적인 하위 유형들

(1) 사랑스럽지만 무력한 아이

이 경우는 성인의 몸으로 무기력한 아이처럼 느끼며 인생을 살아가는 사람이다. 이들의 기본 입장은 "제발, 날 좀 돌봐 주지 않겠어요?"이다. 이런 사람을 개인적으로 알게 되면, 성인으로서의 책임은 무시한 채, 자신이 즐기는 일에 대부분의 시간과 돈을 쓰며 살아간다는 것을 알게 될 것이다. 이들의 집은 보통 지저분하고, 집세는 제때 지불한 적이 거의 없으며, 수년 동안이나 이도 닦지 않고 산다. 착하고 사랑스러운 아이 역할을 재연하면서, 부모가 자녀를 위해 하는 그 모든 지루한 성인으로서의 일들을 누군가가 끼어들어 해 주기를 바라며 살아간다. 치료과정에서, 이들은 치료자가 제안하는 것은 어떤 것이든 따르는 것처럼 행동하며 치료자를 기쁘게 해 주기 위해 아주 열심히 노력할 것이다. 그러나 모든 것이 아름답게 진행되어 가는 듯이 보이는 허니문 기간이 지나면, 갑자기 변할 것이다. 이제 그들은 치료 회기를 빼먹거나 일정을 다시 잡아야 할 이유를 찾기 시작하고, 늦게 오거나, 돈이 떨어져서 치료를 잠시 중단해야 할 것이라는 말을 하게 될 것이다.

(2) 못생기고 사랑스럽지 못한 아이

이들은 사랑받기를 거의 포기한 이들이다. 자신을 아무도 원치 않는 버려진 아이라고 느낀다. 보통 자신은 못생기고 사랑스럽지 않다고 확신하며, 새로운 사람을 만날 때마다 이 역할을 재연하게 된다. 만약 당신이 이들을 거절할 것 같은 단서를 포착하면, 바로 관계를 끝내 버리고 벗어나고 싶어 할 것이다. 자신의 최악의 모습을 먼저 보여 주는 것도, 자신의 나쁜 모습들을 과연 더 많이 보여 줘도 될지 테스트하는 것일 수 있다. 이들은 첫 회기에 지저분하고 부적절한 옷을 입고 들어와 욕설을 퍼부어 대며, 일반적으로 적대적이고 반항적인 행동을 하는 내담자다.

(3) 꼬마 엄마

이런 내담자의 사회적 관계의 대부분은 친구들에게 좋은 엄마 역할을 재연하는 것으로, 그 대가로 그녀가 얻는 것은 거의 없다. 그녀는 전화로 몇 시간 동안 친구들의 문제를 들어 주고, 위급 상황에서 친구들이 부를 때마다 그들 곁으로 달려간다. 그리고 대체로 자신의 삶은 등한시한다. 치료에서는 자기가 얼마나 피곤한지, 그리고 자기가 그들을 돌봐 주는 것처럼 그들도 자신을 돌봐 주기 바란다면서 불평한다. 치료 시간의 대부분을, 다른 사람을 도와줌으로써 자신이 얻고자 하는 것이 무엇인지, 자신이 지불하는 대가는 어떤 것인지를 탐색하고, 남에게 요구하는 법을 배우고, 적절하게 경계를 긋는 법을 익히는 시간으로 쓰게 될 것이다.

(4) 술집 싸움꾼

이런 사람은 늘 화를 내며 싸움을 거는 사람이다. 자신이 느끼는 모든 근본적이고 복잡한 나쁜 감정(슬픔, 버림받음, 공포, 상처, 거부당함, 공황, 분노)이 분노로 처리된다. 쌓여 가는 스트레스를 주기적으로 술에 취해 사람들과 싸우는 것으로 해소한다. 알아차림을 거의 하지 못하며, 하려고 하지도 않는다. 만약 치료를 받게 된다면, 그것은 보통 '분노 조절'을 하라는 법정 명령 때문이다. 이런 유형의 내담자를 예로 들자면, 미국 가수 조니 캐시(Jonny Cash)의 〈수라는 이름의 소년(A Boy Named Sue)〉라는 노래 가사의 주인공으로, 어린 나이에 아버지로부터 버림받은 남자를 생각해 보면 된다.

5) 요약: 경계선 내담자

• **주요 문제**: 사랑과 로맨스, 돌봄이란 형태로 드러나는 재양육을 향한 지속적이고 필사적인 욕구를 추구하는 과정에서 이들은 부적절한 사람을 선택하여 집착하

게 되고, 자기 삶의 다른 영역은 무시하게 된다. 미래 계획을 세우고, 자신의 건강을 돌보고, 재정을 관리하고, 매일 해야 하는 일, 즉 집 청소나 구두를 닦는 것과 같은 자신의 일상적인 일에는 시간을 거의 쓰지 않는다. 이들이 무시해 버리고 싶어 하는 이와 같은 성인으로서 책임을 다른 사람이 떠맡아 주길 바라며, 정리가 되지 않은 채 너저분하게 널려져 있는 미결과제들로 가득 찬 삶을 산다.

- **삶의 주요 목표**: 사랑과 돌봄을 나에게 줄 누군가를 찾아라. 버림과 삼켜지는 것을 피하라.

- **어려운 시간**: 자기 활성화를 해야 할 때, 즉 자신의 시간과 삶을 스스로 구조화하며 독립적이고 주도적으로 행동해야 할 때.

- **주요 방어**: 파편화, 부인, 매달리기 및 거리두기 행동. 이들은 또한 자신이 부정적 감정을 느낄 때마다 자신의 삶에 급격한 변화를 충동적으로 일으키는 경향이 있다. 그런 감정에 머무르면서 생산적으로 처리하는 대신 다니던 직장을 그만두고, 그럴 재정적 여유가 없는데도 갑작스럽게 여행을 떠나거나, 대학 강의에 등록을 하거나, 또는 새로운 연인을 찾기도 한다. 이런 새로운 활동들은 긍정적인 것으로 이어지는 경우가 거의 없는데, 왜냐하면 그 주된 이유가 자신이 느끼고 있는 감정으로부터 벗어나기 위해, 또는 뭔가 잘못되어 가고 있는 상황에서 벗어나기 위해 그런 행동들을 선택하기 때문이다.

- **비밀스러운 공포**: ① 나는 사랑스럽지 않다. ② 자기 활성화로 온전한 성인이 되고 독립된 사람이 되면, 자기나 어머니가 죽거나 미쳐 버릴 것이다.

- **주제곡**: 팻지 클라인(Patsy Cline)의 〈I Fall to Pieces〉, 백스트리트 보이즈(Backstreet Boys')의 〈As Long as You Love Me〉, 조니 캐시의 커버 송(The Nine Inch Nails)의 〈Hurt〉

- **수호 성인**: 영국의 고 다이애나 황태자비, 가수 겸 작곡가 고 에이미 와인하우스

(Amy Winehouse).

- 세계에 대한 기여: 이들은 세상에 열정과 생동감을 준다. 그들의 집착, 즉 매달리는 경향은 많은 가족을 하나로 묶는 접착제다. 우리의 가장 위대한 사랑 노래와 대부분의 표현력 있는 음악은 경계선 이슈들의 창조적인 표현이다.

- 대인관계 게슈탈트(일대일의 관계에서 내담자의 전경으로 쉽게 떠오르는 것): 대인관계에서 사랑받고 돌봄받을 수 있을 것 같은 단서들, 그 반대로 버려지거나 삼켜져 버릴 것 같은 단서들이 쉽게 전경이 된다.

- 좌우명: "네가 대신 해 줘. 너무 힘들어."

2. 자기애성 내담자

정상적인 자기애성과 자기애성 성격장애의 차이에 관해 상당한 혼란이 있다는 걸 알게 되었다. 나는 "모든 사람이 약간은 자기애적이 아닌가요?"라는 질문을 종종 받는다. 간단히 말하자면, 다음과 같다. "아니요. 내가 이 책에서 말하고자 하는 방식으로는 아닙니다." 따라서 먼저 정상적이고 건강한 자기애와 병적이고 방어적인 자기애 간의 차이를 구분하는 것으로 시작하는 것이 좋을 것 같다.

- 건강한 자기애

내가 건강한 자기애라고 하는 것은 자신의 장단점에 관한 현실적인 이해와 자기수용에 기초한 긍정적인 자기 존중감(sense of positive self-regard)을 말한다. 건강한 자기애는 현실적인 자기 지식에 바탕을 두고 있어서, 타인의 사소한 무시나 또는 자신의 실패에도 비교적 영향을 받지 않고, 시간이 흐를수록 안정적이다. 또한 다른 사람이 자신을 어떻게 생각하는지에 지나치게 구애받지 않는다. 내가 이 장에서 자기애라는 용어를 사용할 때는 이런 건강한 자기애를 말하는 것이 아니다.

• 방어적인 또는 병적인 자기애

방어적인 또는 병적인 자기애는 내면에 숨겨진 자기 의심을 은폐하고 보상하기 위해 오만과 우월감이라는 겉모습(facade)을 만드는 것을 말한다. '나는 특별하고 독특한 존재인가, 아니면 나는 쓸모없고 부적절한 존재인가?' 이 문제는 자기애성 내담자에게는 단번에 해결될 수 있는 문제가 아니다.

이처럼 병적인 자기애는 자존감이 높은 것처럼 보이지만, 실은 타인을 통해 자신이 중요한 사람이라는 것이 확인되지 못할 때마다 쉽게 깨져 버리는 얄팍한 환상인 것이다. 자신이 중요하다는 겉모습이 공개적으로 깨져 버리면 심각한 수치심을 느끼며, 자신이 산산조각 나는 분열을 경험하게 된다. 그런 후에는 자기혐오적인 우울증에 빠져들게 된다. 여기서 산산조각이란, 사람이 너무 심한 충격을 받아 취약한 상태가 되면 시간이 멈춰 버린 것 같은 끔찍한 순간을 경험하면서 이전까지 자신이 했던 모든 말은 완전히 잊혀진 채로, 타인 앞에 절망스럽고 수치스럽게 노출된다는 것이다. 이를 피하기 위해 이들은 바로 그 순간에 다른 사람을 비난하게 되는데, 화를 내며 그 상대방이 얼마나 가치 없고 모자란 사람인지 공격하게 된다.

예를 들면, 자기애가 심했던 한 내담자는 자신에 대한 깊은 인상을 남기고 싶었던 손님을 자주 가는 레스토랑에 데리고 갔다. 그리고 왕족 같은 대접을 기대했다. 그런데 식당은 평소보다 더 분주했고, 식당 주인은 그들을 기다리게 하더니 마침내 부엌 근처의 작은 테이블로 안내했다. 주인의 이런 처사에 그는 폭발해 버렸다. 누추한 테이블에 앉지 않겠노라고 화를 내며 큰 소리로 주인에게 다시는 여기 오지 않을 것이라고 소리를 지르며, 초대했던 손님에게도 여기서 나가 다른 곳에서 식사해야 한다면서 고집을 피웠다. 후에 마음이 가라앉자, 자신이 했던 행동으로 인해 당황해했다.

치료 회기 중에 이 사건에 관해 말하면서, 식당 주인이 그 테이블로 자기를 안내했을 때 손님 앞에서 자기 위신이 떨어지는 것처럼 느꼈다고 했다. 식당 주인의 안내대로 순순히 앉아 식사를 하는 건 자신이 중요하지 않은 사람이라는 것을 그 손님과 모든 사람 앞에서 공개적으로 인정해 버리는 것이라고 생각하고 있었다. 이런 종류의 자기애는 자기를 가치 있는 존재라고 여기며, 다른 사람도 그걸 알아주어야 한다고 생각하는 것이다.

1) 자기애성 성격의 다섯 가지 진단적 지표

자기애성의 특징을 밝히고 정의를 내리는 방법은 다양하지만, 내가 제시한 다음 다섯 가지 요인들이 자기애성 내담자를 구별할 수 있는 신뢰할 만한 특징들이라는 걸 알게 되었다. 다른 성격 문제를 가진 내담자들도 이런 특성들 가운데 일부를 공통적으로 보일 수는 있겠지만, 이 다섯 개의 모든 특성을 보이지 않을 수도 있고, 그 정도에 있어서도 자기애성과 다를 수 있다.

(1) 자기애적인 사람은 자신의 자존감을 스스로 조절할 능력이 부족하다

이들의 자존감은 다른 사람이 자기를 어떻다고 생각할 거라는 자신의 믿음에 따라 올라가기도 내려가기도 한다. 이들의 자기 가치는 외부환경의 날씨 변화에 따라 오르내리는 온도계의 수은주와 같다. 바깥 날씨가 따뜻하면 수은주가 올라가고, 추우면 내려가는 것처럼 다른 사람의 의견과 상황에 따라 극단적으로 변한다. 이런 취약성으로 인해, 이들의 자존감이 변하면 따라서 정체성도 변하기 때문에 많은 고통과 혼란을 경험하게 된다. 긍정적 자아상을 안정감 있게 유지하기 위해, 이들은 엄청난 노력을 한다. 타인에게 깊은 인상을 남겨서 자기 스스로 소유할 수 없는 자기확신을 타인으로부터 얻기 위한 것이다. 그런데 불행하게도, 다른 사람이 알아주기를 바라는 이런 강렬한 욕구로 인해 이들은 사소한 사건, 예를 들면 길에서 만난 사람에게 "안녕하세요."라는 인사를 받지 못한 사소한 일로도 극도로 예민해진다.

(2) 자기-대상 융합

흥미롭게도, 심각한 자기애성 내담자의 자존감은 매우 투과적이다. 이들의 방어적인 과대자기에 구멍이 나면 자존감은 사라져 버린다. 또 자신보다 지위가 높거나 유명한 사람 또는 명품처럼 유명한 물건들과 자신이 연관되어 있다고 여겨지면 이들의 자존감은 다시 살아난다. 이처럼 투과적인 자기 경계는 이들에게 자주 '불리하게' 작용한다. 왜냐하면 비교적 사소한 무시에도 극도로 취약해지고, 상처로 인한 부적절감을 느끼기 때문이다. 또한 이런 투과성은 지위가 높다고 생각하는 사람이나 명품들과 자신을 연관 짓게 함으로써 이들의 자존감을 부추기는 식으로 작용하기도 한다. 그렇게 되면, 상대방의 지위나 어떤 물건의 품격이 투과적인 자기 경계

를 통해 이들 안으로 흘러 들어와 마법처럼 자존감의 수위가 올라가면서, 산산조각
으로 파편화되었던 자기를 감싸 안으며 자존감을 떠받들어 주게 된다.

하인츠 코헛(Heinz Kohut)과 자기 심리학자들은 '자기-대상'과 '자기-대상 융
합'이라는 용어를 자기-대상과 융합하는 자기애적인 이들의 모습을 설명하기 위
해 사용하는데, 자기애성 내담자들이 그러는 이유는 자신을 달래고 자존감을 유지
하기 위한 도구로 사람이나 사물과 융합을 한다는 것이다(Kohut, 1971; Stolorow &
Lachman, 1983). 우리 모두는 우리의 정서와 자기 가치감을 유지하기 위해 어느 정
도 타인에게 의존한다. 그런데 자기애성 내담자는 이런 식의 의존을 훨씬 더 많이
그리고 더 자주 한다. 그리고 상대방이 반응하지 않아 '자기-대상'으로 이용당하는
것을 거부하게 되면, 쉽게 충격과 상처를 받아 격분하게 된다. 자신이 상대방에게
부당한 요구를 하고 있다는 것을 대체로 알아차리지 못하거나 상대방이 "아니요."
라고 말할 권리가 있다는 것을 모르는 것 같다.

> 로이는 아주 부유한 여성과 데이트를 했다. 그는 여자친구의 롤스로이스를 자기가 몰고
> 다니는 것을 남에게 보여 주기를 좋아했는데, 자신이 중요한 사람처럼 느껴지기 때문이었
> 다. 그래서 로이는 만나는 모든 이에게 자기 차라고 말하고 다녔다. 여자친구가 그러면 안
> 된다고 하자 충격을 받고 격분했다. 로이는 묻지도 않고, 그녀가 가진 모든 것이 그냥 자신
> 의 것이라고 생각했던 것이다. 이들은 이 문제로 헤어졌는데, 여자친구가 가끔 로이가 차를
> 빌려 타는 것은 상관 없지만, 그가 아는 모든 사람에게 그 차가 자기 것인 것처럼 말하고 다
> 니는 것이 싫다고 했기 때문이었다. 로이는 그것을 참을 수가 없었다. 왜냐하면 그것이 자
> 신의 과대자기에 구멍을 내 버렸고, 그 여자친구의 부와 사회적 지위를 이용하여 자신감을
> 고취시킬 수 있는 자신의 능력에 제동이 걸렸기 때문이었다.

이러한 내담자는 자신에 대하여 극단적이면서도 비현실적인 두 관점을 동일하게
가지고 있는데, 이 두 관점은 상황에 따라 번갈아 나타난다. 이들은 자신을 완전히
완벽하고 특별하여 특별대우를 받을 만한 자격이 있는 사람으로 여기거나, 또는 전
혀 가치 없고 결함이 있는 사람으로 여기는 경향이 있다. 자신의 방어적인 완벽함을
유지하기 위해 자신이 가진 대부분의 에너지를 쏟는다. 그런 보호가 없다면, 극도의
수치심과 치욕감이라는 믿기 어려울 정도의 고통스러운 자기혐오적 우울증에 쉽게

빠져 버리기 때문이다. 프로이트 학파의 정신분석학자로 잘 알려진 칼 에이브러햄 (Karl Abraham, 1921/1953)이 자기애성의 이런 과대 자기와 평가절하라는 양극단을 한 환자의 말을 인용하여 다음과 같이 완벽하게 정리했다. "나와 상관없는 모든 것은 다 더러운 것이다."(p. 376)

(3) 자존감 향상은 이들의 삶에서 가장 우선이 되는 목표이다

자기애적인 사람의 대인관계는 대부분 전적으로 다른 사람이 자신의 자존감을 높여 주거나 알아줄 만한 사람인지 그렇지 않은지에 따라 결정되는 경향이 있다. 자존감을 '높여 줄 것처럼 보이는 사람'에게는 따지지 않고 찬사를 보내며 이상화하며 친구가 되려고 한다. 이런 목표에 맞지 않는 사람은 무시하거나 거들떠보지 않거나, 못되게 대한다. 이런 내담자들 중에는 굉장히 매력적인 사람들이 많아서, 이들의 애착이 피상적이라는 것을 과소평가하기가 쉽다. 이들의 정서적 욕구를 채워 주는 데 어떤 사람이 더 이상 필요가 없게 되면, 그들은 보통 바로 버려진다. 이들의 인생에서 거의 대부분의 사람은 버려지거나 교체가 가능한 존재들이다. 심각하게 자기애적인 내담자가 자신의 대인관계를 다음과 같이 말한 적이 있다. "나에게 사람들이란 햄버거와 같죠. 내가 먹고 있는 것이 맘에 들지 않는다면, 던져 버리고 또 다른 걸 구하죠."

(4) 이들은 3S에 대한 집착으로 인해 고통을 겪는다

수치심(shame): 쉽게 수치심을 느낀다.

예민함(sensitivity): 수치심으로 인한 취약함과 자존감 조절의 문제로 사소한 일로 여기며 지나쳐 버릴 수 있는 일에 매우 예민해진다.

지위(status): 다른 사람의 확인과 인정을 필요로 하는 욕구로 세상을 지위 체계라는 관점에서 보게 된다. 즉, 만나는 모든 사람을 자신이 중요하게 여기는 지위 체계에 따라 자동적으로 순위를 매긴다. 가장 일반적인 체계는 돈, 권력, 사회적 명망, 외모이다. 그러나 어떤 것이라도 이들의 관심의 초점이 될 수 있다. 자신이 특별하다는 존재감을 유지하기 위해 이들은 '자기-대상 융합'을 하기 때문에 대상의 지위를 알려 주는 미세한 사항까지 민감하게 반응한다. 한번은 문화적인 면에서 민감한 자기애성 내담자를 만난 적이 있는데, 그녀는 내 치료 대기실에 비치된 잡지의 수준 때문에 나를 무시했다.

(5) 자신의 자존감을 지키기 위해 자주 남을 평가절하한다

이 마지막 지표인 다른 사람을 평가절하하는 경향은, 심각한 자기애성 내담자를 내가 가장 쉽게 알아볼 수 있는 방법이다. 이들은 자신의 자존감을 지키기 위해 조금의 거리낌도 없이 다른 사람의 자존감을 파괴한다. '일반적으로 자기애성 내담자는 자신이 무시당했다고 느낄 때마다, 누군가가 그 대가를 치르도록 해야 하는데, 복수하기 위해 자주 상당히 많은 시간을 투자한다.

이것은 치료자에게 특히 문제가 되는데, 심각한 자기애성 내담자는 종종 치료를 중단한다. 다른 사람이라면 그렇게 민감하지 않을 상황에서 모욕감을 느끼고 나쁜 대우를 받았다고 생각하기 때문이다. 예를 들면, 나의 과시형 자기애성 내담자(exhibitionist)는 회기 중에 전화벨이 울리는 것을 싫어했다. 회기 중에 내가 직접 전화를 받은 것이 아니라, 다른 방에 있는 자동 응답기가 두 번 울리면 자동적으로 메시지를 받도록 연결되어 있는 데도 말이다. 그녀는 이 일로 인해 나에게 미친 듯이 화를 냈는데, 내가 자신을 중요하게 여기지 않아서 무시한다고 생각했기 때문이었다. 이런 식으로 자신의 회기를 방해한 것은 전적으로 내 잘못이니 인정하라면서 나를 몰아세웠다. 내가 그녀의 고충을 이해하고 공감한다면서 그녀의 감정을 탐색해 보려고 했지만, 만족하지 못했다. 대신, 더 공격의 수위를 높여 내가 전혀 전문가답지 못하고 내담자를 돌볼 줄도 모른다고 했다. 그런 다음에 그녀는 앞으로 다시는 이런 식으로 자신의 회기가 방해받지 않도록 보장해 줄 것을 강력하게 요구했다. 내가 장담할 수 없다고 하자, 더 격분하여 치료를 중단하고 쿵쿵거리며 나가 버렸다.

그녀가 치료를 중단했던 일이 특별히 놀라웠던 것은, 우리가 수년 동안 함께 작업을 해 왔고, 치료가 매우 도움이 되었다는 것을 떠나기 전에 그녀가 인정했기 때문이다. 그러나 치료를 계속하며 내 도움을 받는 것보다는 중단하여 나에게 상처를 줌으로써 상처받은 자신의 자존감을 회복하는 것이 그 순간 그녀에게는 더 중요했던 것이다. 이처럼 분노가 고조되는 상황과 상대방을 괴롭혀 자기에게 맞추려는 이러한 행동들이 수많은 자기애성 내담자가 의견 충돌을 다루는 전형적인 방식이다.

방해받는 것을 좋아할 사람은 아무도 없을 것이다. 오직 심각한 자기애성 내담자만이 자신의 회기가 방해를 받을 때 이처럼 부정적 반응을 강하게 보인다는 것을 나는 알게 되었다. 방해를 받을 때 보이는 이런 예민함이 병리적이고 방어적인 자기애성을 진단하는 과정에서 또 하나의 유용한 지표가 될 수 있을 것이다.

2) 자기애성 성격의 세 가지 기본 유형

대다수의 자기애성 내담자들은 크게 세 가지 유형, 즉 과시형(exhibitionist), 벽장형(closet), 독성형(toxic)으로 나눌 수 있다.

각 유형은 치료 과정에서 드러나는 모습도 다르고 반응도 다르다. 예를 들면, 만약 뭔가 잘못되었을 때, 과시형은 자기 비난을 피하기 위해 다른 사람을 비난하고, 벽장형은 자신이 이상화했던 상대방을 보호하기 위해 자신을 비난한다. 독성형은 다른 사람을 파괴하려고 든다.

(1) 과시형 내담자

보통 자기애라고 하면 대부분의 사람은 고전적인 과시형을 떠올린다. 관심의 중심이 되는 것을 즐기고, 모든 대화를 주도하고, 특별한 대우를 받을 자격이 있는 것처럼 자신감 있어 보이는 사람을 떠올린다. 그런데 사람들이 자주 간과하는 것은 자신감처럼 보이는 겉모습 뒤에, 자기 확신이 없어 강박적으로 자신을 드러내고 과시해야만 하고, 자존감이 늘 위태로운 모습이 숨어 있다는 것이다. 찬사를 보내는 관객을 필요로 하는 욕구가 과시형의 삶을 지배한다. 누구에게나 늘 자신을 드러내게 될 것이다. 왜냐하면, 그것이 흔들리는 자존감을 지탱하기 위해 주로 사용하는 방법이기 때문이다.

• 거울전이

이처럼 자신에게 찬사를 보내는 청중을 늘 필요로 하기 때문에 대부분의 과시형은 치료 과정에서 '거울전이(mirroring transferences)' 반응을 쉽게 하게 된다. 그래서 이들은 치료자도 자신에게 감탄하며, 비판하지 않는 청중이 되어 줄 것이라고 기대하면서 자신을 과시하게 된다(Kohut, 1971). 이런 현상을 '거울전이'라고 하는 이유는 과시형 내담자가 만나는 상대방이 자신에게 긍정적인 반영을 해 줄 것이라고 기대하기 때문이다. 이때 그 상대방의 유일한 역할은 과시형 내담자의 특별함을 알아

주고 높여 주는 일이다.

• 통찰을 하려고 하지 않는 과시형 내담자

대게 이런 내담자가 치료받으러 오게 되는 이유는 뭔가 과대사기란 방어에 문제
가 생겼기 때문이다. 이들의 마음속에 숨어 있는 자신의 무가치감을 보호해 줄 방어
기제가 사라지게 되면, 자신을 공격하면서 극심한 우울에 빠지게 된다. 또 다른 이
유는 남편이나 아내가 이들의 자기중심성에 염증을 느끼고 치료를 받지 않으면 떠
나 버리겠다고 협박했기 때문이다. 대체로 치료자의 통찰과 안내를 통해 자기를 좀
더 잘 알아차리기 위해 치료를 받으러 오는 것이 아니다. 이들이 원하는 것은 보통
치료자인 당신이 자신에게 감탄하는 자기−대상의 역할을 해 주는 것이다. 그래서
당신의 찬사를 통해 자신이 특별하다는 존재감을 다시 회복하고, 좀 더 기분이 좋아
지고 싶기 때문이다.

이런 과시형 내담자는 융합을 보이는 것으로 생각할 수 있다. 즉, 이들에게 사물
을 보는 방식은 단 하나뿐인데, 그건 바로 자신의 방식이다. 치료자가 자신과 완전
하게 하나 되지 못한 것을 알아차릴 때마다, 이들은 짜증이 나고, 자신이 무시당하
고, 폄하되고 있다고 느껴서, 격분하거나 화내면서 관계를 철회해 버릴 수 있다. 치
료자가 자신만의 생각이나 신념, 인격을 가질 권리가 있는, 내담자와 분리된 존재라
는 감각이 이들에게는 거의 또는 전혀 없다.

① 과시형 내담자의 하위 유형

• 구찌(Gucci)형

이런 내담자는, 화려한 디자이너 옷을 입고, 신분을 드러내 주는 값비싼 것들을
수집하고, 오직 신분이 높은 사람들과 어울림으로써 자신의 자존감을 높이려고 한
다. 이들은 다른 사람에게 자랑할 만한 치료자를 원한다. 또한 치료자에게 다른 내
담자를 소개해 줄 수 있는 좋은 자원이 되기도 한다. 이것은 어떤 치료자가 되었건,
자신이 만나고 있는 치료자가 '그 영역에서 최고'라는 것을 모든 사람에게 증명해 보
이고 싶은 이들의 강한 욕구 때문이다. 만나는 사람마다 치료자인 당신을 칭찬할 것
이다.

• 이력서형

이런 내담자는 자신이 진정으로 좋아하고 싫어하는 것이 무엇인지도 모른 채 자신으로부터 너무 소외되어 있다. 주로 자신이 존경하는 사람에게 어떻게 보일지를 상상해 가며, 그것을 근거로 자신의 거의 모든 것, 즉 직업이나 옷, 친구 그리고 사는 곳까지 선택한다. 심지어 자신의 취미까지도 다른 사람에게 깊은 인상을 주는 것을 최우선으로 선택한다. 만약 우표 수집이 자기가 속하길 원하는 그룹에서 해야 할 일이라면, 실제로는 관심이 없어도 우표 수집을 하게 된다. 모든 이들의 관심이 현대미술품을 소장하는 쪽으로 이동하면, 또 따라 하게 될 것이다. 한 내담자가 내게 말했듯이, "그렇게 지내다가 언젠가부터, 나를 위해 그렇게 사는 걸 그만두게 되었죠. 내 삶을 마치 이력서를 쓰듯이 살아 왔어요. 내 인생의 모든 것이 멋져 보이지만, 그 어느 것에도 나는 열정을 느끼지 못하죠!" 이들을 위한 작업의 대부분은, 다른 사람이 자신을 어떻게 보든 개의치 않고 진정으로 자신이 원하는 것이 무엇인지를 찾도록 하는 일에 집중하는 것이다.

• 순교자

순교자형은 덜 드러나는 유형의 과시형이다. 자신이 얼마나 많은 것을 가지고 있고, 또 얼마나 특별한 사람들을 많이 알고 있는지 자랑하기보다는, 이들이 자신을 특별하게 만드는 방식은 자신이 얼마나 많은 고통을 경험하며 살고 있는지에 관해 말하는 것이다. 순교자는 "내가 어렸을 때, 나는 학교까지 3마일이나 되는 눈길을 걸어가야 했고, 너처럼 따뜻한 외투도 입지 못했지."라는 식으로 만나는 사람마다 자신의 고달픈 삶에 관해 말하는 경향이 있다. 이들은 치료자를 포함한 모든 사람으로부터 연민과 관심을 원한다.

• 슈퍼맨

이 유형의 사람들은 다른 사람을 구해 주느라 자신의 사적인 삶을 위한 시간이 없다. 이를 통해 얻는 보상은, 자신이 취약하고 열등하게 느낄 수 있는 상황을 회피하면서, 동시에 모든 사람으로부터 자신이 영웅적이고 자기희생적인 사람으로 인정받는 것이다. 일부 공무원이나 일중독 과잉 성취자가 이 유형에 속한다. 이들은 친밀한 관계 맺기라는 도전을 회피하기 위한 수단으로 자신이 하고 있는 일을 이용한다. 치료 과정이 도전이라고 느껴지면, 이들은 너무 '바쁘다'는 이유로 치료 회기를 건너뛸 수도 있다.

• 슈퍼맘

이 유형은 슈퍼맨의 변형으로, 단지 좀 더 가정 중심적이다. 넘치는 에너지를 가지고 하는 요리, 청소, 바느질 등 이 모든 것은 가족의 성공을 위해서이다. 그녀의 마음속에선, 남편이 승진할 수 있었던 것은 모두 자신이 사람들을 즐겁게 해 주는 법을 알고 있는 덕분이라고 생각하며, 학교 연극에서 자기 아이가 주인공으로 잘 해 낼 수 있었던 것도 자신이 만들어 준 훌륭한 의상 때문이라고 생각한다. 반면 자녀들은 엄마가 스스로를 특별하다고 느낄 수 없을 것 같은 일은, 그게 무엇이든, 엄마에게 말하기가 어렵다고 느낀다.

• 성자

이 유형은 슈퍼맨식 방어의 좀 더 완벽한 버전이다. 치료자로서 당신은 가끔은 성자/순교자의 모습을 다 가진 사람을 만나게 될 것이다. 그들은 누더기를 걸치고 남들을 돕는 데 모든 시간과 돈을 쓰면서 자신은 먹는 것까지 절약한다. 이런 이들과 진정한 성인의 차이는 숨은 동기에 있다. 진정한 성인이라면, 그런 행동을 휘청거리는 자신의 자존감을 붙들기 위해 하지는 않는다. 치료 과정에서는, 이들이 다른 사람을 돕는 일은 매우 적게 다루고, 자신에게 왜 그리고 어떻게 소홀한지를 자주 탐색하는 과정에 집중할 필요가 있다.

② 요약: 과시형 내담자

• 주요 이슈: 이들은 지속적으로 자신의 자존감을 높이고 안정시킬 수 있는 방법을 찾으며 또 수치심으로 인한 자기혐오적 우울증이 생기지 않도록 조심한다. 그런 과정에서, 자주 자신을 대단하다고 여기는 것과 모든 찬사와 관심의 중심이 되고자 하는 태도로 인해, 주변 사람들로부터 멀어지게 된다. 부정적 피드백에 지나치게 민감해서, 비판이나 오해를 받는다고 여겨지면 발끈해져 화를 내며 갑자기 치료를 중단할 수도 있다. 진정으로 친밀한 관계를 좀처럼 맺기 어렵고, 인내하며 유지하기도

어려워서 사랑에 성공하기도 어렵다.

• **주요 목표:** 높은 지위 얻기, 특권의식으로 특별 대우받기 원함, 완벽하다는 느낌을 유지하고, 다른 사람들로부터 찬사와 인정을 받고, 공개적으로 모욕을 당하여 자신이 가짜로 드러나게 되는 것을 피한다.

• **어려운 시간:** 다른 사람과 함께 일하면서 그들을 자신과 동등하게 대해야 하는 것, 지위의 상실, 늙어 가는 것, 거부당하는 것, 자신이 실수했다는 것을 인정하거나 사과해야 하는 것

• **주요 방어:** 대단한 사람이 되는 것, 타인을 평가절하하는 것, 높은 지위의 사람이나 사물과 교제하고 관계 맺는 것

• **은밀한 두려움:** 자신은 본질적으로 결함이 있고 가치가 없는 존재, 공개적으로 자신이 가짜라는 게 알려지게 될 것이란 두려움

• **가장 큰 모욕:** 보통(average)이라는 말을 듣는 것

• **수호 성인:** 도널드 트럼프와 프랭크 시나트라

• **주제곡:** 프랭크 시나트라의 〈My Way〉

• **세상에 대한 기여:** 공개적인 인정에 대한 강한 욕구로 인해, 과시형은 우리 사회를 존재하게 하는 많은 조직체, 훈련기관, 정치 기구들을 만드는 이들이다. 이들은 자신이 한 일이나 재정적 기여가 스포트라이트를 받는 한 기꺼이 엄청난 에너지를 전력을 다해 쏟아 부을 것이다. 우리의 사랑을 가장 많이 받는 연예인들 가운데 과시형이 많다. 과시형의 수고와 자금이 없었다면, 많은 병원은 세워지지 못했을 것이다.

• 대인관계 게슈탈트: 과시형 내담자는 환경과의 상호작용에서 자신이 특별한 존재이며, 완벽하고, 그럴 만한 자격이 있다는 의식을 강화하거나 부정하는 세부 사항에 주의를 기울이는 경향이 있다. 그들은 또한 자신이 수치를 당할 수 있는 단서들에도 매우 민감하다.

• 좌우명: "내가 최고가 될 수 없다면, 그 일은 할 가치가 없다."

(2) 벽장형 내담자

벽장형 내담자는 자신보다 타인에게 더 초점을 맞추기 때문에, 과시형보다 자기애성 내담자로 확인하기가 더 어렵다. 이 분야에서 마스터슨(1993)의 연구는 내가 이 유형의 내담자 집단을 이해하는 데 소중한 도움이 되었다. 치료 과정에서 벽장형 내담자는 '이상화 전이(idealizing transferences)'를 형성하여, 치료자를 완벽하고 흠 잡을 데가 없는 존재로 본다. 그 후 치료자를 기쁘게 하며 치료자에게 인정받고 그 것을 누리며 지내길 원한다. 이것은 이들의 일상에서의 관계 패턴을 그대로 반복하는 것으로, 이상화할 수 있는 사람과 기관을 찾아 관계를 맺음으로써 자신을 특별한 존재로 여기게 된다. 이런 현상은 세속적이든 종교적이든 많은 열성적인 대의 명분적 지지자를 잘 설명해 주는데, 이들은 자신을 위해서는 공개적으로 요구하는 것이 전혀 없고 자신의 존재 가치도 드러내지 않기 때문에, 자신이 지지하는 특정한 대의 명분이나 지도자의 장점을 지지할 수 있다. 이것이 벽장형 내담자가 자신이 특별하다는 걸 간접적으로 느낄 수 있는 방법이다.

벽장형 내담자는 대체로 자신의 업적에 초점을 맞추는 것을 위험하다고 느끼는데, 그렇게 과감하게 행동하면 공개적으로 창피를 당할지도 모른다는 두려움 때문이다. 이처럼 스포트라이트를 받는 것에 대한 두려움이 때론 너무 강해서 공포증이 되고, 심지어는 집단에서 관심의 중심이 될 수 있다는 생각만으로도 불안해져 공황을 경험할 수도 있다.

이들이 자주 보이는 이런 칙칙하고 조용하고, 타인에게 도움이 되고자 하는 겉모습 뒤엔, 과시형 내담자의 자신감 있어 보이는 모습을 은근히 부러워하며, 자신도 자기의 욕구와 관심을 그처럼 과감하게 표현할 수 있기를 바란다. 다른 모든 자기애성 내담자와 마찬가지로, 이들도 예민하고 불안정하고, 완벽주의적이며 특별해야 한다는 욕구가 강하고, 진정한 자신의 모습을 표현하는 데 어려움을 겪으며, 자신을 진정시키고 자존감을 달래기 위해 타인(자기-대상)과의 융합으로 타인을 이용하게 된다.

① 벽장형 내담자의 하위 유형

• 대단한 인물의 완벽한 비서

대단한 인물을 섬기는 것을 자신의 삶으로 여기며, 그런 인물과의 인연을 통해 자신의 격도 올라간다고 느낀다. 치료를 받는 동안, 치료자의 기분과 욕구에 민감하게 반응할 것이고, 자신이 받아들여지는 것에 대한 보답으로 당신을 위해 봉사할 방법을 찾으려고 할 수 있다. 치료실에 놓아 둔 화초에 물을 주거나 다른 심부름을 해 주겠다고 할 수 있는 이들이다.

• 충실한 종

'대단한 인물에 대한 완벽한 비서'처럼, 이들이 세상에서 느끼는 지위는 자신이 섬기는 사람의 지위와 곧바로 직결된다. 치료 과정에서 치료자인 당신의 성공과 동일시하고, 당신을 고양시키는 것이 무엇이든 자신도 동일하게 고양된다고 느낄 것이다. 당신이 출간하는 모든 논문은 이들에게는 '자랑거리'이다.

• 치어리더의 가장 친한 친구

이들은 자신보다 더 자신감 있는 친구와 가까이 지내며, 그런 사람의 그림자로 상대방을 감탄하면서 은근히 자신도 인기 있고 자신감 있는 사람이 될 수 있는 비결을 배우길 바란다. 치료 과정에서 당신으로부터 배우길 원하고, 당신이 제공하는 어떤 충고도 스펀지처럼 흡수할 것이다.

• 멘토를 찾는 학생

이들은 자신의 결정에 대한 궁극적인 책임을 질 수 있을 만큼 자신이 준비되어 있지 않다고 늘 생각한다. 대신 자기를 기꺼이 멘토링하고 친절히 지도해 주길 바라면서, 좀 더 경험 있고 자기 확신이 있는 권위자를 찾는다. 극단적인 경우에는, 자신의 일상적인 결정을 치료자에게 대신해 달라고 할 수도 있을 것이다. "이 아파트를 사야 할까요?" "제가 일을 그만 두어야 한다고 생각하시나요?" 또는 "나라면 어떻게 하시겠어요? 아내와 이혼할 것 같으세요?"라고 물을 수도 있다.

• 찬미자

이들은 과시형 부모의 자녀로, 부모를 기쁘게 해 주기 위해 부모에게 찬사를 아끼지 않으면서, 또 어떤 경우에도 도전하지 말아야 한다는 것을 배우며 성장한 이들이다. 이제는 성인이 되었는데도, 이들은 복종하며 무조건 찬사를 보내는 패턴을 자신이 기쁘게 해 주려는 다른 사람과의 관계에서도 반복하게 된다. 치료자인 당신을 완벽하다고 여길 것이고, 만약 당신이 그런 인식이 잘못된 것이라고 수정해 주려고 한다면, 겸손하기 때문이라 오히려 더 특별하다고 확신하게 될 것이다.

② 요약: 벽장형 내담자

• **주요 이슈**: 이런 내담자는 자신이 지지하는 대의명분이나 존경하는 사람과 자신을 동일시함으로써 자신의 자존감을 관리한다. 이처럼 타인과의 관계를 통해 자신이 특별하다고 느낀다. 인정받기 위해 사는 이들이다. 대체로 칭찬이나 다른 종류의 직접적이고 긍정적인 피드백에 불편함을 느끼고, 그것들을 꺼리거나 받아들이지 못한다. 자신이 인정받고 싶어 하는 사람의 부탁이, 자신에게 매우 불합리할 때조차도, "아니요."라고 말하지 못해 어려움을 겪는다. 그 결과, 자신에게 실질적으로 도움이 되지 않는 많은 일을 추가로 하게 될 수도 있다. 그렇게 되면 무시당했다고 느끼며 원망하면서도, 여전히 그 일에 관해 자기주장을 하거나 불평하길 꺼린다. 대신 이들은 수동-공격적으로 또는 상대방을 교묘하게 조정하는 방식으로 행동할 수 있다.

• **주요 목표**: 다른 사람을 기쁘게 하고, 멘토를 찾고, 관심의 중심이 되는 것을 피하고, 자신이 이상화하는 사람이나 조직과의 동일시를 통해 자기가 이상화하는 그런 사람이 된 것처럼 누리며 즐기는 것

• 어려운 시기: 어쩔 수 없이 스포트라이트를 받는 상황이나 공개적으로 자기주장을 해야 할 때마다 어려움을 느낀다.

• 주요 방어: 자신이 관심의 중심이 되는 것을 피하고, 자신의 이상에 맞는 사람이나 그런 어떤 것을 찾아서, '자기-대상 융합'으로 자존감을 높인다. 대인관계에서 자신에게 관심이 집중되는 것을 피하기 위해 관심도 없는 질문들을 상대방에게 많이 하게 된다.

• 은밀한 두려움: 창피를 당하는 것, 자기주장으로 인해 공격받는 것

• 주제곡: 영화 〈Beaches〉에서 베트 미들러(Bette Midler)가 불렀던 〈The Wind Beneath My Wings〉

• 수호 성인: 레이건 전 대통령 부인 낸시 레이건, 팻 닉슨

• 세상에 대한 기여: 과시형 내담자가 꿈을 이루는 데 필요한 대부분의 일들을 하는 이들이다. 이들 없이는 아무것도 이룰 수 없을 것이다.

• 대인관계 게슈탈트: 벽장형 내담자가 예민하게 알아차리는 대인관계 단서들은, 다른 사람의 '특별함' 그리고 그 특별한 사람이 자기를 인정하는가의 여부, 자신이 스포트라이트를 받게 되면 어쩌나 하는 두려움을 자극하는 세부 사항들, 그리고 자신을 '드러나게 하고 취약하다'고 느끼게 하는 것들이다.

• 좌우명: "너에 관해 이야기하자."

(3) 독성형 내담자

독성형 내담자는 매우 경쟁적인 사람이다. 과대자기라는 이들의 방어가 방해를 받게 될 때, 스스로를 기분 좋게 만드는 주된 방법은 다른 사람을 비하하고 파괴하는 것이다. 자신이 원하는 것을 다른 사람이 가졌다는 걸 알게 되면, 자신을 갉아 먹

는 부러움과 질투심을 느낀다. 이런 내담자들 가운데는 타인의 불편함을 즐기는 가학적 성향이 있는 사람이 많다.

나는 독성형 내담자들 가운데 어떤 이들을 '실패한 과시형'이라고 부른다. 모든 사람에게 존경받기를 바라지만, 그것을 성취할 만한 재능이나 지성, 재치니 또는 매력이 부족한 사람이다. 이로 인해 자기혐오나 타인을 부러워하는 자기 모습에 저항하며, 과대자기라는 방어기제를 동원할 능력이 자신에게는 없다는 것을 만성적으로 경험하게 된다. 자신이 남보다 우월하다는 것을 느끼기 위해 이들에게 남겨진 유일한 방법은 자신이 아닌 다른 사람을 깎아 내려 그들을 기분 나쁘게 만드는 것이다.

치료 과정에서 자신의 문제에 집중하기보다 치료자의 실수에 관심을 갖는다. 치료자의 성취를 공개적으로 질투할 수도 있다. '평가절하 전이(devaluing transference)'를 자주하여, 치료자가 가치 없고 열등하다고 여기면서 치료자의 자신감을 떨어뜨리고 파괴하는 데 많은 시간을 보낸다. 그런데 이들의 이런 '평가절하 전이'는 치료를 도중하차하도록 만들지는 않는다. 왜냐하면 치료자인 당신의 기를 죽이는 일이 너무 재미있어서 중단할 수가 없기 때문이다. 당신이 허락하는 한 이들은 치료를 계속할 것이다.

어떤 내담자는 과시형과 독성형이 교대로 나타난다. 자신감으로 기분이 좋은 날에는 과시형처럼 행동하고, 불안한 날에는 적대적이 되어 독을 내뿜는다.

① 독성형 내담자의 하위 유형

• 학대하는 배우자

자신이 굴욕감을 느낄 때마다, 집에 돌아가 아내를 지배하는 방식으로 기분을 달랜다. 치료 과정에서 이들은 치료자의 결점을 알아차리는 데 빠르고, 그걸 지적하는 것을 즐긴다.

• 학대하는 부모

자녀의 성공이 이들에겐 자랑이 아닐 뿐더러 열등감을 느끼게 한다. 그런 감정을 피하기 위해, 자녀가 자신보다 더 가치 없게 느끼도록 만들기 위해 자녀를 얕잡아 보거나 협박하는 일을 반복한다. 만약 치료자인 당신이 논문을 발표했다거나 심리

치료 학회에서 새로운 자리에 선출되는 것과 같이 뭔가 성취했다는 것을 알게 되면, 축하 대신 공격하거나 당신이 이룬 것을 평가절하할 수도 있을 것이다.

• 지옥에서 온 보스

무엇인가 자신을 기분 나쁘게 만들 때마다, 직장에서 모든 사람에게 무차별적으로 소리 지르고, 무능하다고 직원들을 해고하겠다고 위협한다. 이들은 소란을 피우는 것을 좋아한다. 왜냐하면 그것이 자신을 강하게 느끼도록 해 주기 때문이다.

이 사람은 직원들의 결점과 실패를 공개적으로 지적하면서 그들이 끙끙거리는 것을 즐기는 보스이다. 상대의 굴욕감이 클수록 이들의 기분은 더 좋아진다. 치료 과정에서 치료자가 뭔가 이들을 불쾌하게 만드는 행동을 할 때마다, 크게 소리 지르며 공격하면서 치료를 그만두겠다고 협박할 가능성이 높은 내담자이다. 이런 일에 애매모호하게 행동하지 않는다. 소리를 지르며 저주하며 일어나서 문을 쾅 닫고 나갈 것을 예상하라. 이들이 치료비를 내지 않아도 놀라지 말라.

② 요약: 독성형 내담자

• 주요 이슈: 자기혐오, 실패에 대한 두려움, 뿌리 깊은 개인적인 부적절감 때문에 다른 사람의 성공을 분하게 여긴다. 보통 자기 성찰과 자성을 거부한다. 그 대신 자신의 삶에서 불만스럽거나 잘못 되어 가는 일로 다른 사람을 비난한다. 자신의 지독한 부러움과 공개적인 평가절하로 인해 만족스러운 대인관계를 유지할 수 있는 능력에 한계가 있다. 가는 곳마다 적을 만든다. 이들과의 로맨틱한 관계는 재앙이 되고, 동료가 되는 사람은 두려워하며 피해야 한다는 것을 바로 알게 된다. 추하게 끝이 나는 이혼이 일반적이다.

• 주요 목표: 열등감을 덜 느끼기 위해 다른 사람을 모욕하고 깎아내리기

• 어려운 시간: 다른 사람이 갖고 있는 것을 탐내지만 가질 수 없을 때

• 주요 방어: 과대자기, 잔인함, 다른 사람을 평가절하하기

- 은밀한 두려움: 다른 사람이 자신을 평가절하하고 모욕하고 공격할 것이다. 자신이 모든 사람 앞에서 쓸모없고 약하며 열등하다고 알려지게 될 것이다.

- 주제곡: TV 시리즈 〈The Sopranos〉 시즌 1의 주제곡인(Alabama 3)의 〈Woke up this Morning〉(The Chosen One Mix), 후(Who)의 〈Behind Blue Eyes〉

- 수호 성인: 아돌프 히틀러, 『백설공주』의 사악한 왕비

- 세계에 대한 기여: 우리의 대인관계 드라마에서 악당의 역할을 하고, 우리의 일상에 매운 맛과 공포를 더한다.

- 대인관계 게슈탈트: 독성형 내담자는 다른 사람의 결점에 주의를 기울이고, 다른 사람이 갖게 될 것 같은 것이면 그것이 무엇이든지 갖고 싶어 한다. 또한 자신이 개인적으로 평가절하되고 있다고 여겨지는 그 어떤 소소한 일에도 극도로 예민해질 것이다.

- 좌우명: "다른 사람이 너에게 행동하기 전에 네가 먼저 다른 사람에게 행동하라."

- **자기애성 성격의 기본적 특성: 요약**

다음에 열거한 내용들이, 물론 모든 자기애성 내담자에게 동일하게 적용되는 것은 아니다. 또 이들의 특성을 잘 말해 줄 때조차도, 언제나 동일한 정도로 맞는 것은 아니다. 다음과 같이 특성을 요약할 수 있다.

- 자신을 좋게 느끼기 위해 외부의 확인을 필요로 한다.
- 치명적인 수치심과 자기 혐오적인 우울증에 취약하다.
- 사소한 것들에 극단적으로 민감하다.
- 자신이 가치 없다는 감정을 방어하기 위해, 과대자기, 평가절하, 자기-대상 융합이라는 방어를 사용한다.

- 지위를 민감하게 의식한다.
- 세심하게 만들어진 공적인 겉모습을 보여 주는데, 이것은 다른 사람에게 깊은 인상을 남기기 위한 것이다.
- 매우 자기중심적이고 공감을 잘 못한다.
- 대인관계의 근거를 이용가치에 둔다.
- 다른 사람을 쉽게 부러워하고 자신과 비교한다.
- 자신의 내적 · 외적 공격으로부터 자신을 완벽하게 보호하려고 한다.

3) 자기애성 내담자를 위한 일반적인 치료제안

(1) 공감적 조율을 하라

자기애성 내담자와 긍정적인 관계를 맺는 가장 좋은 방법은 모든 것을 이들의 관점에서 보며 그러려고 노력하는 것이다. 이들은 이해받았다고 느낄 때 위로받는다. 이들이 무엇을 느끼며 왜 그렇게 느끼는지 치료자인 당신이 이해하고 있다는 것을 알 수 있도록 다음과 같이 위로의 말을 해 주어라. "회의 중에 상사가 당신을 무시했을 때, 마음이 정말 많이 상했을 것 같아요. 당신이 왜 그렇게 화가 나며 인정받지 못했다고 느끼는지 나는 이해할 수 있어요."

(2) 자기애성 내담자에게 직접 반대하거나 맞서지 말라

이들과 직접 맞서는 것은 치료적으로 전혀 효과적인 방법이 아니다. 자신만만해 보이는 겉모습 뒤에서 자신을 매우 취약하다고 느껴, 자신에 대한 그 어떤 비판이라도 받아들여 활용할 수 있을 만큼 자기 지지를 하지 못한다. 대신 자주 방어적이 되어 치료자와 싸움을 하게 될 것이다. 만약 당신이 자기애성 내담자의 주의를 끌고 싶다면, 먼저 긍정적이며 진실하게 그의 존재를 알아주고 공감하는 말로 시작하여, 당신이 해야 할 말이 그 무엇이든 그것을 긍정적인 맥락에서 하려고 최선을 다 하도록 하라.

(3) 이들의 감정 기복이 일상에서 경험하는 사건에 대한 반응과 어떤 연관이 있는지 스스로 이해할 수 있도록 도우라

어떤 자기애성 내담자는 하루 동안에도 자주 기분이 갑자기 변하기 때문에 자신을 양극성 장애라고 생각하는 경우도 있었다. 기분이 좋았다 나빴다 하는 것이 살면서 경험하는 사건에 대한 반응이라는 걸 알아차리지 못한다. 어떤 사건으로 인해 자신이 특별한 존재로 여겨지면 기분이 좋아지고, 반대로 중요한 존재가 아니라고 여겨지면 우울해지고 기운이 빠진다는 걸 확인해 주는 것이 매우 효과적인 방법이다. 이처럼 이들이 경험하는 생활사건과 그에 대한 반응 간의 관계를 이해할 수 있도록 돕는 방법 가운데 하나로, 이들이 보여 주는 반복적인 패턴에 나는 주의를 환기시킨다. "그 친구들을 만날 때마다 당신은 자신과 자신이 성취한 것들로 인해 우울해지곤 하는 것 같아요. 그 점심 식사 모임에서 무슨 일이 있었기에 그런 기분이 들었을까요?"

(4) 자기애성 내담자의 취약성에 거울반응 해석을 활용하라
(고통-자기-방어)

이것은 마스터슨이 개발한 3단계 개입법으로, 다음과 같이 공감 반응으로 시작한다. "복도에서 만난 동료가 인사를 하지 않았을 때 너무 속상했을 것 같아요."(고통) 이어서 이 사건이 내담자의 자기에 미쳤을 영향에 대해 언급한다. "그 사건으로 인해 그 동료가 당신을 별로 중요하게 생각하지 않는다고 느꼈을 것 같군요."(자기) 그리고 내담자가 이 고통스러운 생각과 감정으로부터 자신을 방어하기 위해 한 것이 무엇인지 언급하는 것으로 마무리한다. "그 상황에서 아마도 당신의 기분을 좀 풀어 줄 수 있는 유일한 방법은, 그 즉시 모든 동료에게 그가 얼마나 바보 같은 녀석인지 말하는 것이었을 것 같아요."(방어) (Masterson 1983; Masterson & Klein, 1989)

'거울반응 해석'의 목표는 자기애성 내담자의 알아차림을 증진하는 것으로, 이들이 인식하는 사소한 것들이 어떻게 이들의 자존감에 부정적 영향을 미치는지, 그리고 기분을 달래기 위해 이들이 하고 있는 행동과 어떤 연관이 있는지를 알아차리도록 돕는 것이다. 이런 개입은 특히 충동적으로 보복을 반복하여, 결국 자신에게 필요한 것을 얻지 못하는 방식으로 행동하는 내담자에게 효과가 있다. 예를 들면, 내 내담자 가운데 한 사람은, 직장 동료들에게 불쾌한 이메일을 보내고 직장 상사와 말다툼하여 직장에서 해고된 전력이 있었다. 그의 이런 행동들이, 자신이 무시당하는 상황에서 자기를 보호하기 위한 것이었다는 점을 강조하며, 그의 직업이 위험에 처하지 않으면서도 자신을 보호할 방법을 찾을 수 있도록 도왔다.

'거울반응 해석'을 사용할 경우, 내담자가 해석에 어떻게 반응할지에 특히 민감할 필요가 있다. 치료자로서 당신은 최고의 임상적 판단을 내려야 할 것이다. 어떤 내담자는 너무 취약해서 모든 단계의 해석을 사용할 수 있기 위해서는 최대 1년간 공감적 진술만 해야 할 필요도 있을 것이다. 때로는 공감적 진술 다음 단계의 방법들을 시험적으로 사용해 볼 수도 있지만, 부정적 반응이 나온다면 바로 철회하고 다시 공감 반응에 집중해야 한다. 부정적 반응을 이들이 어떤 식으로 표현할지 염려할 필요는 없다. 이들의 반응은 전혀 미묘하지 않기 때문에 바로 알 수 있을 것이다. 즉, 냉정히 철회하거나 당신을 공격할 것이다.

(5) 어떤 상황이 이들에게 문제가 되는지 예측하고 피할 수 있도록 도우라

자기애성 내담자들은 보통 지위가 높다고 생각하는 사람과 자신을 연관시키려고 한다. 가끔은 스스로도 알아차리지 못하는 무의식적인 욕구들로 인해, 지위가 높다고 생각되는 사람들과 자신을 연결시켜 자존감을 안정시켜 높이고 싶기 때문이다. 단순하게도, 이들은 '중요한 사람과 내가 어울리면 나도 중요한 사람이 된다.'라는 식으로 생각한다. 그러나 이런 행동이 어떤 내담자에게는 오히려 반복해서 역효과를 가져온다.

예를 들면, 부유하고 교육도 잘 받았고 힘 있는 집단에 합류하는 방법을 찾는 일에 내 내담자 밥은 능숙했다. 그러나 밥은 자신이 다른 사람들만큼 돈도 없고 교육도 잘 받지 못했다는 것을 절실하게 의식하고 있었고, 그로 인해 자신이 사기꾼처럼 느껴진다고 했다. 힘 있는 집단의 행사에 참석하여 그들과 섞이는 일이 곧 자신을 불안하게 만들고 자신에 대한 나쁜 감정만 갖게 할 뿐이라는 것을 오래 지나지 않아 분명히 알게 되었다. 치료 시간에 이 문제에 관해 오랜 시간 탐색한 후에, 밥은 비록 이런 집단에 받아들여지는 것이 순간적으로는 자신에게 힘이 되지만, 결국은 그의 기분을 더 상하게 한다는 것을 깨닫게 되었다. 그래서 적어도 지금은 그런 모임에 가는 것을 피하면서 자신을 보호할 필요가 있다는 결론을 얻게 되었다.

(6) 스스로를 위로할 수 있는 기술을 가르치라

이것은 여러 가지 형태를 취할 수 있는데, 즉 천천히 심호흡하기, 신체 감각 느끼기, 근육을 서서히 이완시키기와 같은 단순한 방법에서부터 자신에 대한 좀 더 현실적인 인식을 갖도록 돕는 자기 최면, 명상, 또는 인지행동 기법들과 같은 공식적인 훈련방법들에 이르기까지 다양한 방법이 있다.

(7) 치료 회기를 통해 나타나는 이들의 긍정적인 특성(겉으로 드러난 허울이 아닌 이들의 실제 모습)에 주의를 환기시킴으로써 현실적이고 긍정적인 시각으로 자신을 볼 수 있도록 도우라

이 방법이 특별히 강력한 개입 방법이 되기 위해서는, 내담자가 방금 말했거나 행동한 어떤 것, 그러나 보통 때는 긍정적으로 인식하지 못했던 것들에 치료자가 주의를 환기시켜 주어야 한다. 예를 들면, 피터는 내 개입의 요지를 파악하고 그것을 이용해 스스로 더 깊이 생각해 볼 수 있는 의지와 능력(자기애성 내담자가 특히 잘하는)이 남달랐다. 치료 회기 중에 그가 이런 자신의 능력을 보일 때마다 반복해서 내가 주의를 환기시켜 주자, 그런 자신의 능력을 언제 사용할 수 있는지 알아차리기 시작했고, 자신의 능력(방어적인 자기과시와는 반대로)에 대한 진정한 자부심을 느끼기 시작했다.

(8) 이들의 부정적인 속성이 상황에 따라 어떻게 재능이나 도구가 될 수 있는지 알려주어 재구성해 주라

자기애성 내담자 가운데는 자신이 알고 있는 것을 다른 사람이 알도록 해 주기를 좋아하는 이들이 많다. 이들은 자주 뻔한 것들을 말하고, 같은 이야기를 반복하여, 듣는 이들을 원치 않는 정보로 지루하게 만들기도 한다. 다른 사람이 자신을 피하거나 관심 없게 행동하는 것을 알아차리게 되면 상처받고 화가 나게 된다. 치료 과정에서 당신은 치료자로서 이들이 언제 어떻게 다른 사람과 정보를 공유할 것인지 분별할 수 있도록 도울 수 있다. 이 작업은 민감하고 지지적으로 이루어질 필요가 있다.

그린버그: 마리오, 우리 둘 다 알고 있죠, 당신의 어휘력이 훌륭하다는 걸. 때문에 사람들

이 단어를 잘못 사용하면 당신이 예민해진다는 걸(지지하기). 다른 사람들이 단어나 문장을 잘못 사용하면 그걸 계속 듣고 있는 것이 힘들다는 것을 알지요. 당신은 사람들이 그런 식으로 말하지 못하도록 고쳐 주어야 한다고 생각하지요(공감하기). 하지만, 당신이 말했죠. 그렇게 고쳐 주려고 하는 것을 친구들이 싫어하고, 그들은 단지 자기들이 하고 싶은 말을 하려던 것이었을 거라고요. 나는 당신이 그런 기술을 전문적으로 사용해 보려고 한 적이 있었는지 궁금해요. 당신은 원고 교정 같은 일을 잘할 수 있을 거예요. 그리고 사람들이 영어 실력을 기르도록 도울 수도 있고, 그렇게 되면 그 대가로 돈을 받을 수도 있을 것입니다.

(9) 내담자의 '참 자기'를 지지해 주고, 세상을 향해 자신의 그런 모습을 직접 표현해 보는 실험을 하도록 격려하라

기본적으로 이것은 내담자가 관심의 초점을 바꿔 자기 내부의 프로세스, 즉 자신이 무엇을 느끼고 바라고 생각하는지에 맞추도록 돕고, 환경 장으로부터 들어오는 정보를 덜 강조하는 것을 말한다. 일단 자신이 진심으로 관심을 갖는 것이 무엇인지 확인하게 되면, 다른 사람이 자신을 어떻게 보는지 상관없이, 자신의 관심을 표현할 수 있는 방법을 선택할 수 있게 된다. 이것은 용기가 필요하다. 스스로의 권위를 인정하고 오직 자신만이 가치 있다고 생각하는 그 무엇을 표현할 수 있다는 그런 생각들은 많은 내담자에게 매우 신기한 일이다.

(10) 이들의 긍정적인 점에 주의를 환기 시키며 회기를 종료하라

자기애성 내담자의 자존감을 위해선 다른 부류의 내담자들보다 훨씬 더 많은 지지가 필요하다는 것을 알게 되었다. 치료 통해 얻는 통찰들이 때론 이런 내담자를 불안하게 만들어 회기를 마치고 치료실을 떠난 후엔, 자신의 불완전함에 연연하며 비생산적인 생각에 빠져서 살 수 있다. 이런 일들이 생기면, 이들의 대상 항상성 결핍증이 자극을 받아 자신을 완전히 부정적으로 보는 경향이 나타난다. 이런 일을 예방하기 위해 나는 이들의 '보조 자아(auxiliary ego)' 역할을 하며 회기 중에 이들이 했던 긍정적인 것들을 찾아 주의를 환기시킨다. 만약 내담자가 치료에 만족하여 좀 더 치료받기 위해 돌아오게 하고 싶다면, 이것은 탁월한 방법이다.

4) 자기애성 내담자 치료의 기본 5단계

자기애성 내담자 치료를 위한 5단계를 알게 된 것은 마스터슨 덕분이다. 마스터슨의 접근 방식에 감탄하는 것은, 그가 오랜 시간에 걸친 사고를 할 수 있는 시상가리는 것뿐만 아니라 내담자 치료 과정의 사이클에 관해서도 알고 있다는 것이다. 그는 심리치료를 연구처럼 접근한다. 즉, 진단 가설을 세우고, 그 가설에 따라 특정한 종류의 개입을 선택하고, 그런 다음 무슨 일이 일어나는지 알아보고, 그 결과가 자신이 세웠던 원래 가설과 맞는지 여부를 확인한다. 확인이 안 되면, 자신의 가설을 폐기할 정도로 그는 유연하다. 결국 그는 자기애성 내담자의 치료 작업이 어떤 사이클을 거치게 되는지 알게 되었다. 내담자가 진전을 보이다가도 다시 방어로 후퇴하는 '자기 장애 3제(the disorders of the self triad)'처럼 짧은 사이클이 있는가 하면, 다음에 설명한 것처럼 치료 과정 전체에 걸쳐 나타나는 더 긴 사이클도 있다.

• 행동화(acting out) 단계: 자신의 문제에 대한 통찰력이 거의 또는 전혀 없으며, 자신의 감정 조절을 위해 행동화 방어를 사용한다.

• 인식(recognition) 단계: 이들은 이제 자신의 감정 변화와 자존감의 변화가 다른 사람이 자신을 어떻게 보는지에 대한 자신의 인식과 연관이 있다는 것을 이해하게 되어 좀 더 적응적으로 행동하려고 노력한다.

• 이도 저도 아닌 어중간한(betwixt and between) 단계: 예전의 방어는 자아 이질적(더 이상 자신의 내적 본질이 아니라고 여겨짐)이 되어 버렸으나, 아직은 자존감을 안정적으로 조절할 수 있을 만큼 자신감을 발달시키지 못했다. 그 결과, 강렬한 수치심으로 인해 취약해진다. 이 단계에서, 이들은 이전의 방어들로 억압할 수 있었던 모든 나쁜 감정을 경험하게 되며 치료자에게 화가 날 수도 있다.

• 훈습(working through) 단계: 자신이 경험한 부정적 감정들로 인한 불평 대신, 마음을 바꿔 그런 자신의 감정들을 탐색하게 된다. 회기와 회기 사이에 연속성이 생기고 작업동맹이 강화된다.

　•자기 활성화(self-activation) 단계: 다른 사람들의 의견에 구애받지 않고 자신만의 관심을 추구할 수 있다. 자신이 더 자유롭고, 더 창의적이고, 기쁘고, 자발적이라고 느낀다.

3. 분열성 내담자

　분열성 내담자의 주요 이슈는 신뢰와 친밀감과 관련이 있다. 어린 시절의 경험으로 인해 다른 사람과 신체정서적으로 가까워지는 것은 안전하지 않다고 믿게 되었다. 때로는 자신이 어린 시절에 엄청난 신체정서적 학대를 당했다는 것을 알고 있다. 회기 중에 내가 갑자기 움직이면 움찔하던 내담자가 있었다. 또 다른 내담자는 내가 똑바로 쳐다볼 때마다 침범을 당했다고 느껴서 화가 난다며 불평했다. 자, 이제 어떤 경험들이 분열성 적응을 하도록 만드는지 살펴보기로 하겠다.

　• 사람이 아니고 도구로 취급을 받음

　분열성 내담자들 가운데는 공공연하게 학대받은 것은 아니지만, 감정 없이 오직 타인의 필요를 채워 주기 위해 존재하는 것처럼 취급받아 온 이들이 있다. 한 내담자는 어머니가 자신을 대하는 느낌이 마치 진공청소기를 대하는 것 같았다고 했다. 필요할 때는 꺼내 쓰고, 다 쓰고 나면 다시 벽장에 넣어 두는 청소기처럼 말이다.

　• 경계를 침범하는 양육 방식

　또 다른 내담자는 부모가 믿기 어려울 정도로 침범적이라고 했다. 사생활이 허용되지 않고, 환경이나 심지어 자신의 신체에 대한 통제도 거의 허락되지 않았다. 제니퍼의 어머니는 제니퍼가 자고 있는 한밤중에 방청소를 하기도 했는데, 불을 켜고 서랍을 정리하고 그녀가 자고 있는 침대 주위에서 청소기를 돌리기도 했다. 제니퍼가 불평하면, 어머니는 딸의 감정이 당연하다는 것조차 이해하지 못하는 것 같았다고 했다.

• 반복해서 뿌리가 뽑히는 고통스러운 경험

분열성 내담자들이 모두 나쁜 부모 아래서 성장한 것은 아니다. 어떤 경우엔 어린 시절의 환경 때문에 애착이 쓸모없고 고통스럽다는 것을 경험하기도 하였다. 예를 들면, 메니는 부모가 너무 가난해서 대리부모 가정(foster home)을 전전하며 살아야 했다. 한 달은 이모와, 그다음 해에는 사촌들과, 그리고 또 다른 사람들과 살아야 했다. 처음엔 자신을 돌봐 주는 사람들과 애착경험을 하기도 했지만, 지속적으로 뿌리가 뽑히는 고통스러운 감정이 반복되면서 정서적인 철회를 하게 되었고, 결국 사람을 향한 관심을 끊어 버리게 되었다.

1) 대처기제

(1) 숨겨진 자아

대부분의 분열성 내담자는 다른 사람과 함께 있으면 너무 위험하다고 느껴서 자기 모습대로 편안하게 있을 수가 없다고 한다. 자신을 보호하기 위해 잘 기능하는 공적인 모습을 만들게 되고, 자신의 실제 모습은 때로는 자신조차 접촉이 되지 않는 마음속 저 깊은 곳에 숨겨 버린다. 결과적으로, 일상을 좀 해리 상태에서 살 수도 있다. 어떤 내담자는 마치 흑백영화에 출연하는 것처럼, 혹은 자신의 삶이 실제가 아닌 것처럼 비현실적으로 느껴진다는 보고를 하기도 한다.

(2) 정서적으로 분리된 느낌

이런 분리감은 발달 초기에 견뎌 낼 수 없다고 생각한 상황을 회피할 수 있도록 돕던, 즉 그 상황을 심리 정서적으로 떠날 수 있도록 도왔던 창의적인 적응 방식이었다. 그런데 이제는 그것이 자동화된 습관이 된 것이다. 내가 만난 분열성 내담자들 가운데 많은 이가 누군가와 친밀한 관계가 필요하다는 걸 깨닫고 치료자를 찾는다. 하지만 친해지려고 하면 할수록, 다른 사람들과 더 멀어지게 된다는 것을 알게 된다. 이런 정서적인 분리감을 다양한 방식으로 말하지만 모두가 놀랄 만큼 유사한 이야기들이다. 한 내담자는 사람들과의 관계에서 커다란 유리병 안에 있는 것처럼 느꼈으며[시인 실비아 플라스(Sylvia Plath)의 유명한 『The Bell Jar』처럼], 자신은 그 안에 있고 다른 사람들은 유리병 밖에 있는 것처럼 느꼈다고 했다. 그는 다른 사람을 듣고 볼 수 있었지만, 아무것도 느낄 수는 없었다고 했다. 또 다른 내담자는 이런 분리 감을 자신과 다른 사람 사이에 갑자기 내려온 보이지 않는 벽 같다고 했다. 그녀는 일단 벽이 내려오면, 자신은 그 벽을 통제할 수도 제거할 힘도 없는 것처럼 느꼈다고 했다.

(3) 신체로부터의 해리

이 분리는 자주 이들의 신체까지 확장된다. 많은 분열성 내담자가 자기 몸을 감각이 거의 또는 전혀 없는 '걸어 다니는 머리'로 표현한다. 한 여성은 자신의 신체로부터 분리되는 것을 완벽하게 보여 주는 꿈 이야기를 했다.

> 나는 지금 출근길 지하철역에 있다. 모든 것은 정상이다. 단지 나는 아름답게 단장한 머리 일 뿐이란 사실만 제외하고는 화장도 하고 머리 손질도 했는데 몸이 없다. 내 자신인 머리는 땅바닥을 따라 통통 뛰어 몇 걸음을 걸어 내려가 출근할 열차를 기다린다. 나에게 특이한 점이 있다는 것을 아무도 알아차리지 못하는 것 같다.

또 다른 내담자는 8시간이나 꼼짝하지 않고 컴퓨터 앞에 앉아서 일을 하고 일어서려는 순간에 주저앉아 쓰러졌다. 그래서 그는 신경학적으로 뭔가 문제가 있는 것이 틀림없다고 생각하여 의사를 만나러 갔다. 움직이는 것을 잊어버린 것뿐 다른 문제가 없다는 것을 알고 그는 깜짝 놀랐다. 신체 감각으로부터 자신이 분리되어 있는 상태에 너무 익숙한 나머지, 주기적으로 일어나서 기지개를 켜거나 자세를 바꿔 주어야 한다는 생각이 떠오르지 않았던 것이다. 그는 부모가 자신을 대했던 것처럼, 인간적인 욕구가 자신에게 없는 것처럼 자기 몸을 대하는 데 익숙했던 것이다.

(4) 분열성 내담자가 보고하는 세 가지 주된 두려움

- 다른 사람이 충분히 가까워지도록 허락하게 되면, 나를 자기들의 노예나 도구로 만들어 버릴 것이라는 두려움
- 살아 있으면서도 내면에서는 깊은 실존적 두려움으로 죽은 것처럼 느껴질 것이고, 삶이 의미 없고 가치 없게 느껴질 것이라는 두려움

• 다른 사람으로부터 완전히 격리되어 아무런 연고도 없이 공허한 상태가 되는 것에 대한 두려움

나는 자주 사르트르(Sartre), 카프카(Kafka), 까뮈(Camus)와 같은 실존철학자들이 전형적으로 분열성적인 관심의 글들을 써 왔기 때문에, 이들이 분열성적 이슈를 가지고 있을 수 있다고 생각한다. 삶이 본질적으로 무의미하거나 지루하다고 느끼는 점이나, 죽음과 같은 감정을 느끼는 것이나, 이들을 정상적인 욕구를 가진 사람으로 대해 주지 않는 얼굴 없는 비인간적인 관료주의 아래에서 살고 있는 것처럼 느껴져서, 마치 공허 속에 혼자 갇힌 것처럼 살아 있으나 존재하지 않는 것과 같은 실존적인 두려움을 느낀다는 점에서 말이다. "나는 생각한다, 고로 존재한다."라고 했던 데카르트(descartes)도 그렇지 않았을까 하는 생각까지 해 보게 된다. 오직 분열성적 이슈를 가진 사람만이 자신의 존재에 대한 증거를 필요로 하기 때문이다.

2) 분열성적 딜레마/분열성적 타협

랄프 클라인(1995)은 분열성 내담자의 문제들을 다음과 같은 용어로 개념화했다.

• 분열성적 딜레마(the schizoid dilemma)
만약 다른 사람이 나와 가까워지도록 허락한다면, 나를 노예로 만들어 자신들의 목적을 위한 도구로 이용하는 것이 유일한 관계일 것이다. 그러나 만약 나를 스스로 고립시킨다면, 다른 사람으로부터 너무 고립되어 다시 관계를 맺을 수 없을지도 모른다. 그렇게 되면 자살할 것 같은 절망감이 나를 덮치게 될 것이다.

• 분열성적 타협(the schizoid compromise)
오직 나는 부분적으로만 관계를 맺거나, 근본적으로 관계가 불가능한 이들(기혼자, 관심 없는 사람, 나와 멀리 떨어진 곳에서 사는 사람)과 관계를 맺거나 또는 관계에 뛰어 들었다가 바로 빠져나와 버리거나, 사람들과 접촉이 제한적이거나 내가 통제할 수 있는 직업(심리치료사, 컴퓨터 프로그래머, 교사, 의사 등)을 선택하거나, 또는 누구에게도 드러내지 않으면서 환상 속에서 관계를 맺을 것이다.

(1) 분열성 내담자의 일반적인 하위 유형들

• 외톨이

분열성 내담자라는 것을 가장 쉽게 알 수 있는 사람들이 바로 이런 유형이다. 이들은 혼자 살고, 친구도 거의 없으며, 얼굴을 맞대고 타인과 만나는 상호작용을 제한한다. 이들은 거의 결혼하지 않는다. 뭘 모르던 젊은 시절에는 일상적인 친밀감을 감당할 수 있는 자신의 능력을 잘 알지 못해, 가끔 결혼을 하는 (그리고 이혼하는) 경우도 있지만, 보통은 거의 결혼을 하지 않는다. 이들은 주로 주어진 상황에 적응하며 자신의 사생활과 자율성을 누리며 산다. 다른 사람과 교제하는 드문 경우에도, 이들은 자신에 대한 사적인 것들을 많이 드러내지 않으려고 조심한다. 타인과 좀 더 교제할 필요가 있다고 느껴 치료받으러 오게 된다 해도, 지속적인 관계를 맺을 만큼 안전하다고 느끼는 사람을 찾는 데 성공하지 못한다.

이런 내담자는 우연히 알게 된, 생동감 있고 따뜻하지만 이미 결혼했거나 임자 있는 사람에게 자주 끌린다. 이들은 가끔 '우연히' 마주친 것처럼 가장하기 위해, 이런 이들의 스케줄을 기억해 두기도 한다. 대부분의 관계는 내담자의 마음속에서, 즉 스스로 만들어 낸 풍성하고 정교한 환상 속에서 일어난다. 치료자와 유대감을 형성하게 되면, 치료자와의 관계에 만족하면서 치료자를 자신의 가장 좋은 친구로 여기게 될 것이다.

• 지식인

이런 내담자는 감정과 신체로부터 분리되어 주로 생각 속에서 산다. 취미생활과 대인관계는 자신의 지적 관심사를 중심으로 형성된다. 종종 비슷한 생각을 가진 사람들과 함께 관심을 추구할 수 있는 집단이나 단체에 합류한다. 이들은 완전하게 고립되어 있다고 느끼지 않기 위해 모임에 참석하고 관심이 가는 주제로 열리는 세미나에 참석하여 제한된 정도의 사회적 접촉을 한다. 때론 정서적 접촉의 부재로 인해 사람들로부터 분리되고 공감능력이 떨어지는 사람처럼 보인다. 치료자를 찾는 과정에서도 사람을 통해 추천을 받기보다는 스스로 인터넷 검색을 통해 찾을 가능성이 높다. 때로는 자신의 증상들에 관해 검색도 해 보고, 분열성 성격에 관한 책도 몇 권 읽고 치료에 오는 경우도 있다. 이런 경우, 치료자인 당신도 그 책들을 읽어 보고 싶어 할 거라고 제안할 것이다. 보통은 어린 시절에 경험한 트라우마로 인해 생각의 세계로 도피하여 인내하는 법을 터득한 이들이다. 이런 트라우마 경험과 그로 인한 잔재들이 결국 치료의 초점이 될 것이다.

• 나르조이드(the narzoid)

이 유형은 다른 사람과 거리를 두는 자신을 합리화하기 위하여 자기애적인 방어를 하는 내담자를 말한다. 자신의 불안한 자존감을 유지하기 위해 지위에 몰두하는 진정한 자기애성 내담자와 달리, 이 유형의 내담자는 다른 분열성 내담자들과 마찬가지로 대인관계에서 안전에 신경을 쓴다. 이들이 "다른 사람들은 너무 어리석어서 내가 신경 쓸 필요가 없다는 걸 알게 되었다."고 말한다면, 자신의 자존감을 높이기 위해서가 아니라 다른 사람과 친해지는 것에 대한 두려움을 감추기 위한 것이다.

• 고양이 레이디

이러한 여성은 평소에는 사랑스럽지만, 경계심이 많아 친밀한 대인관계를 잘 유지하지 못한다. 대신 동물을 통해 애정과 친밀감 욕구를 채운다. 이 유형의 여성은 동물 구조에 참여하거나, 단순히 주인 잃은 동물들을 데려다 기를 수 있다. 보통 버려진 동물의 무력함과 자신을 동일시하여 그 동물을 구조하고 돌보는 행동을 통해 상징적으로 자신을 구출하고 있는 것이다. 또한 다른 많은 분열성 내담자들보다 좀 더 정서적 접촉의 여지가 있는 이들로, 사랑과 돌봄의 이슈를 무분별하게 추구한다는 점에서, 다소 경계선적인 것 같다. 그러나 혼자 살면서, 자신이 친밀한 관계를 맺지 못하는 이유를 인식하고 있거나, 임자 있는 사람들과의 관계만을 추구한다(많은 다른 분열성 내담자처럼). 동물을 사랑하는 것만이 진정으로 안전하다고 생각하는 것이다.

• 히스테리적인 분열성

조용하고 냉정한 외톨이라는 분열성 내담자의 전형적인 모습과 달리, 이 유형의 내담자는 매우 드라마틱하고 감성적이다. 만약 그가 드러내는 감정이 분열성적인 이슈들(다른 사람과 어떻게 안전하게 가까워질 수 있나, 매우 투과적인 자신의 신체와 자아 경계를 어떻게 다룰 것인가)만 아니라면, 이 유형의 내담자를 쉽게 경계선 내담자로 잘못 진단할 수도 있을 것이다. 한 내담자는 처음부터 여자친구와 얼마나 감정적으로 가까워져 버렸고 그리고 어떻게 해서 그녀를 실제로 자기 몸속에 넣은 것처럼 느끼게 되었는지 큰 소리로 드라마틱하게 재연해 보였다. 그 후에는 혐오감이 느껴져 그녀를 토해 버리고 싶고, 어떻게 해서든 몸 밖으로 내보내고 싶었다고 했다. 이걸 설명하는 동안 실제로 토하는 소리를 냈다. 그가 말한 모든 것이 원초적이고 정신병처럼 '느껴'졌다. 그러나 현실에서 이 사람은 잘 기능하는 연봉이 높은 전문가였다.

(2) 요약: 분열성 내담자

• 주요 문제: 이런 내담자는 다른 사람과 함께 있을 때, 신체정서적으로 안전하다고 느끼는 데 어려움을 겪는다. 어린 시절의 사건들로 인해 사람을 신뢰하는 걸 매우 조심하게 되었다. 그 결과, 대인관계에서 편안한 거리를 유지하는 일이 쉽지 않게 되었다. 침범당하는 것을 두려워하고, 실존적인 두려움에 시달리며, 자신을 파편적으로 경험할 수도 있다. 이들은 자신의 신체로부터, 일상으로부터, 그리고 자신에게 정서적으로 중요한 사람들로부터 분리되었다고 느낄 수 있다. 이들은 자주 자신의 개인적 경계가 너무 투과적이라고 느끼며, 다른 사람이 자신을 침범하거나 지나치게 영향을 미칠 수 있다고 느낀다. 보통 다른 사람과 거리를 두고 부분적으로만 관계를 맺으며, 치열하게 독립적으로 살면서 풍성한 판타지 삶을 통해 두려움을 관리한다.

• 주요 목표: 안전하게 지내며 자신의 경계를 침범하는 사람을 피하고 독립적인 존재가 되는 것

• 주요 방어: 이들은 자신의 '참 자기'는 내면 깊숙이 감추어 버린 채, '거짓 자기'라는 허울을 가지고 세상과 관계 맺는다. 타인의 선의에 대한 근본적인 신뢰가 부족하기 때문에 자주 치열하게 독립적·자립적이 된다. 자신을 고립시키는 이유는 달갑지 않은 타인의 경계 침범으로부터 자신을 스스로 보호하기 위해서, 그리고 비합리적인 요구나 원하지 않는 요청에 "아니요."라고 말하는 것이 어렵기 때문일 수 있다. 이런 내담자는 생각과 감정을 분리하여 파편화하고, 거리두기, 투사적 동일시,

주지화, 분리하기 등의 방어를 자주 사용한다.

- **은밀한 두려움**: 자신이 외계인처럼 다른 사람들과 다르고, 그리고 지속적으로 관계를 끊고 회피한다면 결국 너무 고립된 나머지 타인과의 진정한 접촉은 불가능해질 것이다.

- **주제곡**: 폴 사이먼 (The Paul Simon)의 〈I am a Rock, I am an Island〉

- **수호 성인**: 유머작가이자 영화제작자 우디 알렌(Woody Allen), 만화가 줄스 파이퍼(Jules Feiffer), 철학자 프란츠 카프카(Franz Kafka), 그리고 컴퓨터 산업의 천재 스티브 잡스(Steve Jobs), 그의 상품으로 분열성적인 내담자는 안전하게 접촉을 할 수 있게 되었다.

- **세상에 대한 기여**: 이들은 자주 타인에게 불평하는 것이 도움이 되지 않으며 협상은 자신의 옵션이 아니라고 믿기 때문에 자신의 몫보다 더 많은 일을 하게 된다. 또한 사회적으로 좀 더 편안함을 느끼는 내담자라면 고립되어 있다고 느낄 수 있는 환경에서도 일을 굉장히 잘한다. 면대면 상호작용 대신 풍성한 판타지 삶 속에 있기 때문에 종종 다작 작가가 되고, 우리가 가장 사랑하는 멀티 북 판타지 대하소설의 저자가 되기도 한다. 이들 중에는 성공적인 과학이나 기술 경력을 가진 사람들이 많은데, 그 이유는 회사의 연구실에서 기계와 함께 혼자 일하는 것이 다른 사람과 함께 일하는 것보다 안전하다고 느끼기 때문이다. 자신의 대인관계 친밀감 이슈를 해결해 줄 수 있는 직종에 더 끌리는 경향이 있다. 컴퓨터는 인간과 다르게 예측할 수 있기 때문에 자주 컴퓨터 작업을 즐긴다. 컴퓨터 운영자는 프로그래밍을 통해서 또는 컴퓨터를 켜거나 끔으로써 상황을 통제할 수 있고, 기계와 함께 일하면 사람과의 접촉을 줄일 수 있다.

- **대인관계 게슈탈트**: 대인관계에서 인식되는 안전감과 연관된 세부 사항에 매우 민감하여, 이런 것들이 바로 이들의 전경이 된다. 세부 사항에는 의사소통의 내용과 과정이 모두 포함될 수 있다. 예를 들면, 자신의 경계를 침범하는 것으로 여겨지는

것은 어떤 것이든지 주의를 기울이며 부정적인 방식으로 강하게 반응할 가능성이 높다. 상대방의 커다란 목소리나, 자기 곁에 아주 가깝게 서 있는 사람, 자신을 향해 다가오는 갑작스러운 움직임이나 자신의 사적인 공간을 향한 어떤 제스처 등과 같은 것이 이에 해당한다. 또한 상대방의 따뜻함이나 생동감 같은 단서에 민감하게 반응하는데, 이런 특성들을 매력적이라고 느끼면서 동시에 두렵게 느끼기 때문이다.

• 좌우명: "미안한 것보다 안전한 것이 낫다."

(3) 치료에 도움이 되는 점

① 독립적이고 신뢰할 수 있다
대부분의 분열성 내담자는 남에게 의존하는 것을 두려워하고 의존에 대한 대가가 너무 크다고 생각하기 때문에 독립적으로 살아가기 위해 열심히 일하여 자신의 모든 필요를 스스로 돌보고 채운다. 내가 만난 많은 경계선 내담자와 달리, 분열성 내담자는 치료비 지불과 자신의 치료 날짜와 시간을 정확히 기억하고, 보험 영수증을 추가로 요구하지 않으며, 시간 맞춰 치료받으러 왔다가 마치면 바로 떠난다.

② 요구하지 않는 경향이 있다
이들은 매우 자립적인 내담자로, 회기 사이에 전화를 하거나 부탁하는 일이 거의 없으며, 치료비를 깎아 달라는 흥정도 잘 하지 않는다.

③ 대체로 공정하다
내가 만난 대부분의 분열성 내담자는 다른 사람과 나를 공평하게 대하려고 노력한다(자신의 필요에만 초점을 맞추면서 타인의 욕구나 필요를 민감하게 의식하지 못하는 자기애성이나 경계선 내담자와는 다르다).

④ 끈기 있고 신뢰할 수 있는 내담자인 경우가 많다
이들은 재정이 허락되고 위험을 느끼지 않는다면, 자신이 필요로 하는 만큼 오랫동안 치료를 받을 것이다. 우디 알랜은 '치료 포기 직전'이라고 농담을 한 적이 있다

고 한다. "또 다른 15년을 허락해 보고, 만약 그게 안 되면, 그만둘 거야!"

(4) 치료 시 어려운 점

① 진도가 대체로 매우 느리다

이들이 치료 과정에서 자신을 드러내는 속도는 매우 느린데, 타인의 침범을 두려워하기 때문이다. 또한 기본적으로 치료자를 거의 신뢰하지 못한다. 그리고 자신이 너무 취약해서 다른 사람에게 쉽게 영향을 받는다고 생각한다. 더불어 경계선이나 자기애성 내담자보다 더 어린 시절부터 많은 어려움을 경험해 왔기 때문에 상처는 더 깊고, 따라서 해결하는 시간도 더 오래 걸린다.

② 치료는 격주로 또는 심지어 월 1회씩 만나는 것을 선호한다

어떤 분열성 내담자는 단순한 핑계를 대고(예: 일이 많아서, 돈 문제로), 어떤 이들은 상당히 정직하게 치료자에게 의존하는 것이 두렵다는 이유로, 또 다른 내담자는 매주 만나는 것이 자신에겐 '너무 많거나' '너무 강렬'한 것 같다는 이유를 댄다. 어떤 내담자는 회기 중에 이뤄진 작업에 대해 숙고해 보기 위해서는 적어도 2주가 필요하다고 했다. 본질상 치료라는 것이 '침범적'일 수밖에 없기 때문에, 덜 만나는 것이 치료 과정에서 경험하는 자극에 대한 자신의 반응을 관리할 수 있는 하나의 방법이 될 수 있다.

③ 진정한 신뢰를 형성하기까지는 몇 년이 걸릴 수도 있다

④ 때때로 매우 비밀스럽다

한 여성은 어떤 일이 일어난 지 2주가 지난 후에야 말을 하기도 했다. 왜 그러냐고 물었더니, "이렇게 하면 당신이 나의 선택에 어떤 영향도 미칠 수 없겠죠."라고 했다. 또 다른 내담자는 자신의 전화번호나 주소를 알려 주지 않으려고 했다.

⑤ 치료 과정의 실수를 치유하는 데 몇 년이 걸릴 수 있다

한번은 내가 내담자에게 몹시 화가 나서, 나는 그의 어머니가 아니라고 한 적이 있었다. 내가 모르는 사이에 그는 자신의 과거 상처를 치유하기 위해 나를 자기 상상 속의 어머니로 생각하며 이용하고 있었다. 내가 한 말로 우리 두 사람 사이에 틈이 생겼고, 치유하는 데 몇 년이 걸렸다.

⑥ 이들의 '실제 모습'은 극도로 잘 숨겨져 있을 수 있다

(3) 분열성 내담자를 위한 치료적 제안[4]

① 지시적인 코멘트를 피하라

지시적인 멘트가 이들을 통제하고 노예로 만들려는 시도로 해석될 수 있다. 만약 이런 멘트에 순응한다면, 그 대가로 진정성 있는 치료 작업이 어렵게 될 것이다. 지시적인 코멘트의 예를 들면 다음과 같다. "당신은 데이트를 좀 더 많이 할 필요가 있어요." 비지시적인 코멘트는 다음과 같다. "당신은 외롭다고 말하고 있군요. 이에 관해 무엇을 어떻게 하고 싶은 건지 궁금하네요."

② '마음 읽기'를 피하라

예를 들면, "당신의 자세를 보니, 바로 지금 당신이 두려워하고 있다는 걸 알 수 있네요."라고 말하지 말라. 이러한 일은 대체로 매우 강력하게 자신이 침범당했다고 느껴서, 자신의 속도에 따라 자신을 드러낼 수 있는 내담자의 권리를 빼앗게 된다(그러나 이런 '마음 읽기'는, 과시형 내담자와의 초기 회기에선 도움이 될 수 있는데, 과시형 내담자가 치료자인 당신을 자기가 이상화할 수 있는 박식한 권위자로 여겨, 자신이 이해받고 있다고 느끼도록 해 줄 수 있기 때문이다).

③ 치료자로서 자신의 생각을 분명히 하는 한 거의 모든 것을 나눌 수 있다

다음과 같이 쉽게 말할 수 있을 것이다. "당신이 한 말을 제가 생각을 좀 해 봤는데요. 혹시 들어 볼 마음이 있을까요?"

④ 예측할 수 있게 해 주라

치료자인 당신에게 뭘 기대할지 알게 되면, 이들은 더 안전하고 편안하게 느낀

다. 이렇게 되면 당신으로부터 정서적으로 안전하다고 느낄 수 있는 거리를 내담자가 정할 수 있도록 도울 수 있다. 이것은 또한 치료자인 당신이 회기 중에 내담자와 함께 신체적으로 무엇을 할 것인지까지 확장된다. 당신은 어디에 앉을 것인지, 어떻게 움직이고 행동할 것인지를 내담자가 일관성 있게 예측할 수 있도록 해 주는 것이 보통 가장 좋다. 예를 들면, 창문을 여는 일과 같이 내가 어떤 행동을 하기 위해 자리에서 일어나야 한다면, 가끔 미리 말을 해서 알려 준다. 또한 내가 방 어디에 앉을 것인지를 다음과 같이 확실히 알려 준다. "나는 여기에 앉을 겁니다. 당신은 다른 의자나 소파에 앉아도 됩니다. 편하게 방석을 더 사용하거나 의자를 편한 곳으로 옮겨도 됩니다." 여기서, 나는 내가 어디에 앉게 될지를 알려 줄 뿐만 아니라, 내담자가 선택할 수 있도록 하는데, 이런 방식으로 치료실 안에서 어느 정도의 개인적인 자유를 얻도록 해 줄 수 있다.

⑤ 타협을 가르치라

이들은 보통 누가 책임자가 되든지 규칙을 정할 것이고, 자신에게는 정해진 규칙을 따르거나 아니면 떠날 수밖에 다른 선택권이 없다고 믿는다. 이것이 자신의 가정에서 내담자가 느끼는 방식이었다. 서로 상호 실현 가능한 해결책을 협상할 수 있다는 사고체계가 이들에게는 없다. 타협이 가능하다는 것을 알려 주기 위해 나는 치료실에서 매일 일어날 수 있는 상황들을 활용한다. 예를 들면, 다음과 같이 알려 준다. "자, 지금은 창문을 열었지만, 원한다면 대신 에어컨을 켤 수 있어요. 난 편한데, 어떠세요?" 아니면 조명의 밝기를 선택할 수 있도록 해 줄 수도 있다. "이 조명은 너무 밝은가요? 조절기가 있어서 우리 두 사람에게 맞도록 조절할 수 있죠."

⑥ 회기 안팎에서 일어나는 방어적 행동들에 이름을 붙여 말로 대체할 수 있도록 도우라

"나는 당신이 왜 조금 전에 말을 하다가 멈췄는지 생각하고 있었는데요. 나에게 너무 많은 얘기를 하는 것이 안전하지 않다고 느껴져서 멈춘 게 아닐까 하는 생각을 했지요. 자신에 관해 나와 함께 이렇게 말하는 것이 괜찮은지요?"

⑦ '분열성적 딜레마'를 해석하라

클라인(Klein, 1995)에 따르면, 기본적으로 '분열성적 딜레마'는 타인과 친밀해지면 노예가 되어 자신을 잃게 되면 어쩌나 하는 공포를 경험하며, 한편으로는 고립되면 절망을 경험하게 된다(pp. 100-101). 회기마다 여자친구에게 자기 집에 들어와 동거하자는 말을 해야 할지 말아야 할지 고민하던 내담자의 사례를 상상해 보자. 내담자는 좀 더 오래 만날 수 있는 친밀한 관계를 원하면서도, 또 한편으로는 그렇게 하는 것이 매우 두렵다고 했다. 그는 이전의 다른 관계들이 발전하여 깊어지는 것을 견딜수가 없어서 모두 떠나보내 버린 걸 깊이 후회하고 있었다.

회기 중에, 내가 내담자에게 다음과 같이 말할 수도 있다. "여자친구와의 관계에 대한 말을 들으면서, 당신이 정말 딜레마에 빠졌다는 생각을 했죠. 여자친구에게 들어와 같이 살자고 말하고 싶다고 했죠. 그러나 그렇게 되면 여자친구가 모든 것을 통제하게 될 것이고, 결국 필요할 때 쉴 수 있는 당신만의 공간이 없어질 것이라는 그런 모든 생각이 당신에게 두려움을 느끼게 하는군요. 그러면서도 또 한편으로는 이 관계를 돈독히 하지 않으면, 기회를 잃게 되고 당신은 더 고립될 것이라고 믿고 있군요." (그가 고개를 끄덕인다.) "내가 생각한 게 좀 더 있는 데, 계속해야 할까요?" 그는 "네, 정말 궁금해요."라고 대답한다. 그래서 나는 계속한다. "과거에 당신이 고립감을 느꼈을 때, 그 일로 인해 도대체 자신이 다른 사람들과 친밀한 관계를 맺을 수 있는 능력이라는 게 있는 걸까라며 끔찍한 절망감을 느꼈다고 말한 적이 있죠." (이 시점에서 내담자는 방금 내가 한 말을 이어서 구체적으로 설명을 했다.)

이 모든 정보를 함께 종합하여, 나는 이 내담자가 경험한 것들을 연결해 보았다. 이제 해결은 이 정보들을 가지고 그가 무엇을 할 것인가에 달려 있다. 조각들을 연결함으로써 종종 작업을 진전시킬 수 있고, 이런 '딜레마'가 내담자의 삶에서 지속적으로 어떤 역할을 해 온 건지 생산적인 토론으로 이어질 수도 있다는 것을 알게되었다(참고: 나는 새로 만나는 내담자나, 또는 내담자 자신에 관한 이런 많은 정보를 알려주어 내담자가 압도당하거나 침범당했다고 느낄 것 같은 경우에는 이런 해석을 하지 않을 것이다). 모든 심리치료 개입이 그렇듯이, 이런 작업은 치료자로서 당신이 현재 내담자를 어떤 상태에서 만나고 있는지 민감하게 알아차리고, 적절한 치료적 타이밍을 활용하여 내담자의 반응에 세심한 주의를 기울이면서 할 때 가장 효과적이다.

⑧ 압도하지 않으면서 '현실적'이 되라

이런 내담자는 자주 비현실감을 느끼며 자신이 죽은 것처럼 느끼기 때문에, 생동감 있고 정서적으로 여유가 있는 사람에게 끌리지만, 동시에 자신만의 심리적 공간에 민감하여 경계를 침범당한다고 느끼거나 압도당한다고 느낄 때는 관계를 바로 철회해 버린다.

⑨ 인내심을 가지라

다양한 종류의 저항을 할 것이며, 치료적 진전이 매우 느리다는 것을 예상하라. 간단하거나 빠른 치료 같은 것은 없다. 깊이 뿌리박힌 이들의 불신감, 쉽게 침범을 당하거나 압도당했다고 느끼는 민감성으로 인해 가장 성공적인 치료 접근조차도 느리게 진행된다. 내가 가장 좋아하는 미국 연예인 딕 캐빗(Dick Cavett)은 이런 심리적 저항을 다음과 같이 잘 요약해 말해 주었다. "듣기 싫은 소리를 듣고 싶어 하는 사람은 드물다."

⑩ '원초적' 전이 및 역전이를 예상하라

내가 만난 분열성 내담자들 가운데 많은 이가 심리적 경계가 확고하지 않고, 매우 어린 나이에 문제가 시작되었기 때문에, 이들의 전이와 그에 대한 나의 반응은 '원초적인' 느낌이 드는 경향이 있다. 내가 사용한 이 '원초적'이란 말은, 이들이 덜 조직화되어 있고, 마음은 좀 더 잠재의식의 산물 같고, 그 내용은 자주 더 충격적이라는 뜻이다.

• 두 가지 예

내 내담자 로비가 자신의 어린 시절의 참혹함에 관해 말했을 때, 나는 갑자기 그가 마치 아기 원숭이처럼 내 무릎에 뛰어들어 자기 팔과 다리를 내 허리에 감고 절대 놓지 않으려는 것처럼 충격적이고 특이한 감각을 느꼈다. 나는 본능적으로 그로부터 물러나고 싶었다. 이것은 나의 창자에서부터 느껴지는 것 같은 유별나게 강한 반응으로, 평소의 내 느낌과 다른, 내게는 좀 비정상적인 역전이 반응이었다.

나중에 나는 로비의 치료 과정에서, 우리 둘 다 경계를 잃고, 우리가 서로 누구의 감정을 느끼고 있는지 모르는 경험을 했다. 내가 경험한 것을 그에게 다음과 같이 말했다. "우리 둘이 함께 수프 그릇에 앉아 있는 것 같고, 감정이라는 미트볼이 내 주위를 떠다니는 것 같아. 그리고 나는 이것이 내 것인지 네 것인지 모르겠구나."

4. 변별적 진단

지금까지 설명한 내용들을 통해 독자들이 서로 다른 성격 진단의 선명한 '맛'을 알아차리고 각각의 성격적인 적응 패턴을 구분하여 포착할 수 있도록 노력했다. 이런 성격 적응의 문제를 가진 내담자 치료를 시작하던 초창기에는 나도 많은 실수를 했고, 잘못된 진단을 내리기도 했다. 실제로는 '벽장형 자기애성' 내담자(이전에는 전혀 들어 본 적이 없던 유형)나 '히스테리적 분열성' 내담자(존재하는지조차도 몰랐던)를 '경계선' 내담자로 잘못 진단하기도 했었다. 처음에 생각했던 것보다 내가 만난 경계선 내담자의 수는 더 적고, 자기애성과 분열성 내담자가 더 많다는 것도 이제는 알게 되었다. 그리고 나는 이제 이런 현상이 왜 그렇게 된 건지 나 혼자만 알게 된 이론도 갖게 되었다. 나는 뉴욕에서 심리치료를 하고 있다. 뉴욕은 살기 힘들고 돈이 많이 들며, 경쟁이 치열한 곳이다. 심지어 버스나 지하철을 타더라도 미리 계획하고 타야 하며('메트로 카드'를 선불해야 하며), 저렴한 가격으로 아파트를 임대하는 것은 거의 불가능하다. 몇 명 되지 않는 내 경계선 내담자들은, 든든한 자금이나 삶을 여유롭게 살 수 있는 충분한 연금도 없는 이들이다. 이들은 일반적으로 일상적인 삶을 꾸려 가며 사는 것도 어려워서 심리치료를 정기적으로 받으러 오는 것은 말할 것도 없고, 치료비를 제시간에 지불하거나 따뜻한 겨울 코트 하나 구하기 어려울 정도로 기본 생활조차 꾸려 가기가 힘겨운 이들이다.

내가 만난 젊은 경계선 내담자들 가운데 많은 이가 뉴욕 생활에 스트레스 받고 피로를 느끼고, 요가 선생이나 타로, 마사지 치료사로 재교육을 받고, 좋아하는 사람과 새로운 로맨스를 기대하며 소도시로 떠난다. 이들이 떠나는 자리를 자기애성 내담자들이 새로운 집단으로 들어와 자리 잡게 된다. 이들은 〈The Big Apple〉에서 자신이 성공하여 번창할 수 있다는 것을 증명해 가며, 영화에서 본 대로 화려한 삶을 살고 싶어 들어온 이들이다. 뿐만 아니라, 매년 프라이버시를 추구하는 분열성 내담자가 자신의 심장이 원하는 것을 찾아 이 도시로 온다. 대도시가 줄 수 있는 축

복받은 익명성과 스튜디오 아파트는 이들이 문을 닫아걸면 그 누구도 침범할 수 없다. 지금은 심리치료자들을 수련 감독하고 있는데, 변별적 진단을 하는 것이 수련생에게도 어려운 일이라는 것을 알게 되었다. 다음은 내가 알게 된 변별적 진단과정에 도움이 될 몇 가지 포인트이다.

1) 행동만이 아니라, '동기'를 보라

서로 다른 성격 적응을 하는 내담자들이 가끔 매우 비슷한 방식으로 행동한다는 것을 나는 수년에 걸쳐 알게 되었다. 이런 점으로 인해 변별적 진단이 좀 까다로워질 수 있다. 진단을 위해서는 특정한 행동만이 아니라, 그런 행동의 동기에 더 집중해야 한다는 것을 알게 되었다.

예를 들면, 내가 만난 분열성 내담자 네드와 과시형 내담자 제이슨은 둘 다, 가끔씩 다른 사람들이 자신과 함께 시간을 보낼 만한 상대가 아니라는 말을 하며, 두 사람 다 자신이 우월한 것처럼 행동했다. 이들을 잘 알게 되고 많은 질문을 한 후에야 나는 이 두 사람을 분별해서 이해할 수 있었다. 즉, 네드는 안전감 확보(분열성적인 이유에서)를 위해 우월감을 이용하여 거리두는 행동을 합리화하고 있었고, 반면에 제이슨은 자신의 자존감을 지키기 위한 방법으로 지위 높은 사람을 자기-대상으로 이용하며 함께 시간을 보내고 싶었던 것이다(전형적으로 자기애적인 이유에서). 이런 행동들은 겉으로는 비슷해 보이지만, 그 이면의 동기는 매우 다르다. 다음에 제시된 몇 가지 예시들을 통해, 행동의 이면에 있는 동기를 이해함으로써 변별적인 진단과정에 어떤 도움을 받을 수 있는지 알 수 있다.

(1) 거리 설정

• 분열성 내담자: 이들의 거리두기 방어는 자신의 취약한 자기감을 없애 버릴 것 같은 타인의 침입을 막기 위해서다. 이런 경우 자신이 위험하다는 느낌을 갖게 되는데, 이것은 마치 상대방이 실제로 자신의 피부를 뚫고 들어와 자기 내면을 영원히 장악해 버릴 것처럼 느끼기 때문이다. 예를 들면, 매우 취약한 한 분열성 내담자는 길에서 어떤 남자 노인의 뒤를 따라 걷고 있었는데, 자신의 평소 걸음걸이 감각을

완전히 잃어버린 채 그 노인이 걷는 모습 그대로 자신이 걷고 있다는 것을 알아차리고 불안을 느꼈다. 그가 다시 '자기 자신'을 느낄 수 있었던 유일한 방법은 그 노인이 걷던 방향과 반대 방향으로 걷는 것이었다고 했다.

이들은 친밀감으로 인한 대가가 너무 크다고 인식하기 때문에, 거리두기를 하지 못해 다른 사람과 친밀해지면 상대방이 원하는 대로 해야 하고, 사람이 아닌 물건 취급을 받으며 착취를 당하게 된다고 믿는다.

• 경계선 내담자: 이들이 거리를 두는 일반적인 이유는, 너무 여러 번 버려져서 자신은 사랑받지 못한다고 확신하기 때문이다. 자신이 확실히 거절당할 것이라고 생각하기 때문에, 가까이 가는 것을 두려워한다. 다시 말하지만, 이들에겐 자신이 자멸되거나 경계를 잃어버릴 것이라는 분열성적인 두려움은 없다. 이들은 다시 거절당할 것을 두려워한다.

거절당할지 여부를 알아보기 위한 테스트로, 이들은 자신의 가장 추한 부분을 보여 주며, 상대방을 밀어낸다. 예를 들면, 내담자 로사는 가장 초라한 옷을 입고, 가장 반항적인 태도로 첫 회기에 나타났다. 로사는 나를 외면한 채 앉아 조금 미친 것처럼 행동했고, 치료를 통해 자신이 뭘 원하는지 말하기를 거부했다. 내가 미끼를 물지 않자, 그녀는 결국 치료 작업을 하기로 마음을 정하고, 못생기고 사랑받지 못한 자신의 얼빠진–반쪽 역할을 중단했다. 후에 우리가 그 회기에 관해 나눴을 때, 자신의 '가장 좋은 면'을 보였다가 거절당하면 참을 수 없을 것 같아서 자신의 '가장 나쁜 면'을 먼저 보여 주었다고 했다.

이들은 또한 다른 사람의 정서적 필요를 채우는 일에 이용당하는 것을 피하기 위해 상대방과 거리를 둘 수 있다. 자유롭게 자신의 뜻대로 살기 위해 뒤로 물러선다. 자멸에 대한 두려움은 없다. 이런 내담자는 자기 상실보다는 삼켜짐을 두려워하는데, 이는 어린 시절 어머니나 다른 성인의 정서적 필요를 채우도록 이용당해 왔기 때문이다.

• 자기애성 내담자: 이들은 자신의 결함이 노출되거나 공개적으로 치욕을 당하는 것을 두려워할 때 방어하기 위해 거리를 둔다. 이들은 또한 자신에게 쓸모가 없는 자신보다 열등하다고 여겨지는 사람들과 접촉을 피하고 싶을 때 거리를 둘 것이다.

이들은 또한 논쟁하다가 상대방을 자신의 생각에 동의하도록 설득(또는 괴롭혀서 동의하도록)할 수 없을 때, 거리두기로 방어할 것이다. 나는 심각한 자기애성 내담자 몇을 치료하다 놓쳤는데, 자신이 생각하기에 중요한 문제에 관해 우리의 의견이 서로 다르다는 것을 용납할 수가 없이 그만두어 버렸다. 일반적으로 나는 자기애성 내담자와 나의 개인적인 견해를 나누려고 하지 않는데 바로 이런 이유 때문이다.

가끔 의견 불일치는 피할 수가 없다. 예를 들면, 내담자 로다가 자신의 회기가 어떤 것으로도 다시는 방해받지 않도록 보장하라고 강요하던 때처럼 말이다. 택배 기사가 우리의 이런 대화 중에 벨을 눌렀고, 그녀를 더욱 격분하게 만들었다. 나는 방해가 되지 않도록 나의 최선을 다해 노력하겠지만, 내 통제를 벗어나는 일들까지 완벽하게 보장할 수는 없다는 것을 강조해 알려 주었다. 또한 방해가 된 시간만큼 치료 시간을 연장하여 부당한 대우를 받지 않도록 하겠다고도 했다. 방해를 받게 될 때 그녀가 강하게 반응하는데, 이런 방해와 그녀의 반응을 회기 중에 함께 다룰 수 있을 것이라고도 했다. 예를 들면, 왜 그녀가 이것을 그렇게 불안하게 여기는지 우리는 탐색해 볼 수 있을 것이다. 그러나 로다는 치료를 그만두기로 결정했다. 회기 중에 발생하는 피할 수 없는 방해로 인해 나와 함께 하던 치료를 그만둔 자기애성 내담자는 로다뿐만이 아니었다.

(2) 우월한 것처럼 행동하기

• 분열성 내담자: 이들이 우월한 것처럼 행동할 때는 친밀함을 방어하기 위해서이다. 이것이 다른 사람과 거리를 두는 이들의 방식이다.

• 과시형 내담자: 이들이 우월한 것처럼 행동하는 것은 자신의 흔들리는 자존감을 지탱하고 자기혐오적인 우울증을 방어하기 위해서이다.

• 벽장형 내담자: 이들이 다른 이들보다 우월하게 행동하는 경우는 드물지만, 이런 내담자는 어떤 것이나 또는 다른 사람(친구, 스승, 종교인, 치료자)이 그 어떤 사람들보다 훨씬 우월하다고 주장할 수도 있다.

• 경계선 내담자: 이들은 전형적으로 우월감을 방어로 사용하지 않는다. 대부분의 경계선 내담자는 상당히 평등주의자이고, 누구와도 사랑하고 사랑받을 준비가 되어 있다. 만약 당신의 경계선 내담자가 습관적으로 다른 사람보다 우월하게 행동한다면, 내렸던 진단을 재고해 볼 것이다.

(3) 지나치게 일하기

• 분열성 내담자: 이들은 불합리한 요구에 대해 "아니요."라고 말할 수 있다는 것을 모르기 때문에 야근을 많이 하게 될 것이다. 자신의 감정이나 욕구는 중요하지 않는 것처럼 다른 사람으로부터 (그리고 자신 스스로에게도) 그렇게 대우받는 것에 익숙하다.

• 벽장형 내담자: 이들은 가끔 지칠 때까지 일하는데, 자신의 자존감을 지탱해 줄 인정을 받기 위해서다. 내담자 티미는 낮에 직장 일을 마치고 집에 돌아와서 배우인 친구의 영화 작업을 돕기 위해 밤을 새워 가며 봉사해 주고는 했다.

• 과시형 내담자: 이들은 가끔 놀랄 만큼 긴 시간 동안 일을 하는데, 이들이 하는 작업이 자신을 특별한 존재, 전문가, 무엇인가를 최고로 잘하는 존재로 인정해 줄 것으로 믿기 때문이다. 또는 단순히 자신이 헌신하고 있는 어떤 지위 계층에서 자신을 한 단계 올려 줄 수 있을 거라고 믿기 때문이다.

• 경계선 내담자: 이들이 특별히 열심히 일을 한다면, 그것은 자신이 사랑한다고 믿고 싶은 누군가를 기쁘게 하기 위해서일 것이다. 예를 들면, 매춘부와 포주와의 관계가 이런 것일 수도 있다. 매춘부는 길모퉁이에 서서 비를 맞으며 섹스할 남자들을 찾고 있다. 자신의 '남자(포주)'가 자기를 사랑한다는 환상과 언젠가는 자신이 이런 생활을 하지 않아도 될 만큼 두 사람이 충분히 많은 돈을 모으게 될 것이라고 생각하면서 말이다.

2) 기능 수준도 진단을 복잡하게 만들 수 있다

성장과정에서 환경에 자신을 적응시켜 온 패턴을 보이는 내담자는 고기능과 저기능이란 광범위한 연속선상에 속하게 된다. 고기능 내담자는 직장과 취미 생활, 결혼 생활 등을 하기도 하지만, 저기능 내담자는 정신병원이나 교도소, 길거리 노숙인으로 인생의 대부분의 시간을 보내는 경우가 많다. 성격 적응 내담자들의 대부분은 이 두 극단 사이에 있다.

이 연속선의 중간에 속한 사람이 진단하기 가장 쉽다는 것을 나는 알게 되었다. 고기능 내담자의 삶은 겉으론 너무 성공적으로 보여서, 그런 성공적인 적응의 이면에 있는 이슈들, 즉 이들의 심리적인 '사촌' 격인 저기능 내담자가 경험하고 있는 동일한 이슈들로 인해 고기능 내담자도 고통받고 있다는 것을 치료자가 자주 간과해 버리기가 쉽다.

기능이 떨어지는 내담자, 즉 일상생활에서 가장 큰 어려움을 겪고 있는 이들은 치료 과정에서 때로는 복잡하고 매우 혼란스러운 증상들을 보여 준다. 이들은 문제가 너무 많아서 분류가 어려울 수 있다. 어떤 때는 거의 정신증적인 모습을, 또 어떤 때는 모든 성격 적응의 특징들을 모두 보여 주는 것처럼 보인다.

(1) 지하실 카테고리

랄프 클라인은 가장 기능이 떨어지는 집단을 재미있는 비유를 들어 설명한다. 그는 경계선, 자기애성, 분열성 내담자의 자아를 지하실을 공유하는 세 개의 서로 분리된 고층 건물로 떠올려 보라고 한다. 경계선 건물, 자기애성 건물 그리고 분열성 건물이 있다. 높은 층에는 각 건물의 특정한 범주의 특성대로 대체로 깔끔하게 꼭 들어맞는 내담자들이 있다. 가장 기능이 떨어지는 내담자들은 '지하실 카테고리'에 속하는데, 이들은 이런 저런 장애를 가지고 있다고 확실하게 진단하기 어려울 정도로, 치료 과정에서 복잡하고 혼돈스러운 모습을 보인다. 이들은 기분과 생활 여건에 따라 세 건물의 지하를 모두 왔다갔다 할 수 있고, 치료 과정에서 한 개 이상의 진단과 연관된 증상들과 행동들을 보일 수도 있다.

(2) 다트보드 효과(the dartboard effect)

클라인은 또한 각 성격 적응은, 그런 성격 적응과 무관하거나 또는 제2차적인 다른 심리적인 질병에 취약할 수도 있다고 지적한다. 예를 들면, 경계선 장애를 가진 사람은 산후우울증이나, 알코올 중독, 공포증, 또는 우리 인간에게 고통을 주는 다른 심리적·정서적 불행을 겪을 수도 있다. 클라인은 이런 현상을 다트보드 비유로 설명하는데, 기본적인 성격 스타일은 다트보드이고 다른 심리적 어려움들은 모두 다트(화살)들이다. 그는 우리 치료자들이 주된 성격장애 문제를 진단할 때, 우리의 치료적인 관심과 약물치료를 필요로 할 수 있는 또 다른 적응 문제들을 간과하지 않는 것이 중요하다고 강조한다.

(3) 약물

내담자가 어떤 약들을 복용하고 있는지 물어보는 것이 중요한데, 특히 기능이 떨어지는 내담자에게 반드시 물어보는 것이 중요하다. 나는 이런 내담자들 가운데 많은 사람이 수년에 걸쳐 여러 의사들에게 처방받은 약들을 가방 가득 가지고 다닌다는 것을 알게 되었다. 어떤 약을 복용하는지 모니터링해 주는 사람이 아무도 없다는 걸 자주 발견하게 되는데, 이들이 복용하는 약물 중엔 항우울제, 항불안제, 수면제, 때로는 만성적인 고통을 조절하기 위한 아편제가 있다. 또한 다양한 약초를 사용하기도 하는데, 약물 간의 효과나 상호작용도 이해하지 못한 채, 처방 약물에 대한 이해도 전혀 없는 상태에서 사용할 것이다. 저기능 내담자는 보통 아무 때나 자신이 원할 때 또는 생각날 때, 이처럼 되는대로 약을 복용하게 된다. 이 모든 것이 임상 장면을 한층 더 복잡하게 만들 수 있다.

5. 맺음말

이 '간단한 안내서'의 주된 목적은, 경계선, 자기애성, 분열성 성격 적응의 진단과 치료를 이해하기 쉽도록 돕기 위한 것이었다. 바라는 것은 이런 내담자의 내적 동기와 이들의 소망과 두려움이 어떤 것인지 그리고 어떤 치료적 접근들이 이들에게 도움이 될지를 여러분이 접하게 되어 치료 과정에서 더 큰 성공과 즐거움을 경험할 수 있기를 바라는 마음에서 이 짧은 안내서를 준비하게 되었다.

제5장

스플래시!(splash, 첨벙) 내담자의 문제가 다른 사람에게 영향을 미치는 경우

몇년 전, 나는 수영선수 마이클 펠프스(Michael Phelps)가 하계 올림픽에서 수영하는 걸 보고 있는 동안, 우리 내담자들의 기능 수준과 타인에게 미치는 영향에 관한 어떤 통찰을 얻게 되었다. 펠프스와 다른 수영선수들은 물속을 아주 부드럽게 가르며 헤엄쳐 가기 때문에 주변 사람에게 전혀 물을 튀기지 않는다는 걸 주목하게 되었다. 그리고 며칠 후, 나는 아이들이 수영하며 놀고 있는 풀장 옆에 앉아 있었는데, 첨벙(스플래시)대는 아이들 때문에 흠뻑 젖게 될까 봐, 내 주변의 모든 사람과 라운지 의자를 뒤로 밀어 앉아야만 했다. 우리는 물벼락을 맞았는데, 대부분의 아이들은 우리가 젖었는지 신경조차 쓰지 않는 것 같았다. 어떤 아이는 일부러 물장구를 치기까지 했다. 머릿속에서 마치 전기가 켜지듯 한 가지 아이디어가 떠올랐다. 내담자가 살면서 '첨벙!'대며 얼마나 주변 사람에게 정서적인 물장구를 치며 살아왔는지에 따라, 즉 이들이 자신의 개인적인 문제에 다른 사람들을 얼마나 연루시키며 살아왔는지에 따라서 그들을 분류해 볼 수 있겠다는 생각이 들었다.

내 내담자들 가운데 어떤 이들은 올림픽 선수들처럼 부드럽게 물을 가르며 수영하듯 그렇게 인생을 살아간다. 이들에게도 문제가 있지만, 대체로 자신의 문제를 스스로 감당할 수 있어서, 가장 가까운 사람들만 이들의 문제에 관해 알게 된다. 더 중

요한 것은, 또한 이들이 자신의 문제를 다른 사람들에게 '스플래시'하는 것이 아니라, 문제에 대한 자신의 반응을 스스로 조절하고 싶어 한다. 나는 이런 내담자를 '낮은(low) 스플래시'라고 한다. 이 스펙트럼의 다른 쪽 끝에는, 주변의 다른 사람의 삶에 자신이 초래하는 거대한 피해에 극도로 무관심해 보이는 내담사가 있다. 나는 이런 내담자들을 '높은(high) 스플래시'라고 한다. 대부분의 내담자는, 수영장에서 노는 대다수의 아이들처럼, 중간 어디에 속한다. 이들이 다른 사람에게 의도적으로 물을 튀기고 있는 것은 아니다. 정서적으로 어려운 상황에 처해 자신도 모르게 무심코 그렇게 할 수도 있다.

남편이 자신을 속이고 바람을 피웠다는 사실을 알게 된 세 명의 여성을 예로 들어, '높은 스플래시' '중간(Moderate) 스플래시' '낮은 스플래시' 여성이 어떻게 이 상황을 대처하는지 보기로 하겠다.

• 높은 스플래시 대처 반응

여자는 남편에게 비명을 지르고, 큰 소리로 자살하겠다고 위협하고, 욕실 문을 잠그고, 약장에서 모든 약을 꺼내 삼켜 버린다. 이웃들이 그녀의 비명소리를 듣고 경찰에 신고하고 남편은 구급차를 부르고, 경찰은 도착해서 문을 부수고 여자를 병원으로 데리고 가서 위세척을 한다. 위험하고 드라마틱하고 혼란스럽다. 이웃과 경찰 그리고 그녀가 병원에서 마주치는 모든 사람이 그녀의 남편과의 문제로 인해 정서적으로 스플래시를 당하고 불편을 겪는다. 그런 후 그녀는 주말까지 정신병원에 머물게 된다. 자살 시도 여부를 관찰하고 더 이상 자살 충동을 느끼지 않는다는 판단이 서면 집으로 돌아갈 수 있다. 두말할 필요 없이, 그녀는 너무 정신이 없는 터라, 그 주간엔 일을 하러 가지 못하고, 결과적으로 동료들이 추가 근무를 해야 한다.

그 주 동안 그녀는 가족과 모든 친구에게 전화를 걸어 자초지종을 알리고, 그녀가 말하는 모든 사람도 스플래시를 당한다. 그녀와 남편은 부부 치료를 받으러 가지만, 서로 상대방을 비난하기 바빠서 치료를 통해 어떤 유익도 얻지 못한다. 그들은 화해하지만 그런 드라마틱하고 비생산적인 싸움은 계속되고, 결국 이혼하게 된다. 이 부부 주위의 모든 사람이 안도의 한숨을 쉬게 된다.

• 중간 스플래시 대처 반응

여자는 남편에게 비명을 지르며, 집에서 나가 밖에서 하룻밤을 자라며 우긴다. 그녀는 가장 친한 친구에게 전화를 걸어 하소연하며 신경질적으로 운다. 친구 두 명이 와서 그녀와 함께 밤을 보내고, 그녀의 이야기를 적어도 세 번을 듣고, 와인 한 병을 마시고 피자와 아이스크림을 먹으면서 옛날 영화를 본다. 친구들은 그녀를 안심시킨 후 아침에 집으로 돌아간다. 그녀는 개인적인 이유로 일을 하루 쉬지만, 그 후 남은 주간 동안 다시 일을 할 수 있다. 직장에서 그녀의 결혼생활에 문제가 있다는 것을 유일하게 알고 있는 가장 가까운 친구들이 비밀을 지켜 주겠다고 약속했다. 두 사람은 부부 치료를 받으러 간다. 그녀는 매일 친구들과 자신의 상황에 관해 나누지만, 가장 친한 친구들과 어머니 외에 그 누구도 정서적으로 스플래시를 당하지 않았고 불편도 겪지 않았다.

• 낮은 스플래시 대처 반응

여자는 충격을 받아 울면서 남편이 한 행동을 설명하라고 한다. 두 사람은 서로를 탓하며 화가 난 상태로 대화를 나누지만, 결국 남편이 사과를 하고 다시는 그러지 않겠다고 약속한다. 그녀는 자신이 왜 그를 믿어야 하는지 확신할 수 없다고 한다. 남편은 그녀를 사랑한다면서, 딱 한 번이었다고 맹세하고, 부부 치료를 받으며 결혼생활을 다시 회복하도록 노력해 보자고 말한다. 그녀는 부부 치료뿐만 아니라 남편이 왜 바람을 피우고 그것을 자신에게 숨겼는지에 대한 통찰을 얻기 위해 개인 치료도 받아야 한다는 조건으로 남편의 말에 동의한다. 그녀는 또한 치료자를 찾을 계획을 세운다. 밤에 그는 소파에서 잠을 자고, 그녀는 절친한 친구에게 전화를 걸어 자초지종을 털어놓은 후에 울면서 잠을 청한다. 다음 날 그녀는 출근해서 회사 동료나 그 누구와도 자신의 결혼 생활에 관해 언급하지 않고, 자신의 직장 보험이 어떤 종류의 정신건강 보험 혜택을 제공해 줄 수 있는지 확인한다.

162

1. 높은 스플래시 내담자 이슈의 특징

'높은 스플래시' 카테고리에 맞는 내담자들을 자세히 살펴보면서, 특정 이슈와 행동들이 반복해서 나타난다는 걸 알게 되었다.

1) 경계를 무시한다

이들은 다른 사람이 세워 놓은 경계를 존중하지 않는 것 같다. 내 경험에 비춰 볼 때, '높은 스플래시' 내담자의 흥미로운 점은, 이들이 보이는 스플래시가 지능이나 언어 능력, 재치, 문화적 배경이나 매력과는 거의 관계가 없다는 것이다. 나와 함께 성장했던 내가 아는 가장 똑똑한 남성들 가운데 두 명이 '높은 스플래시'였고, 둘 다 자신들의 무모한 행동으로 인해 젊은 나이에 세상을 떠났다. 두 사람 가운데 나의 소중한 친구였던 베넷은 클래식 음악, 건강 기능 식품들, 매년 열리는 티베트 추수 축제를 좋아하는 매우 교양 있고 지적인 사람이었다. 베넷은 주기적으로 자신이 저지른 일에 갑작스럽고 예측이 어려운 방식으로 친구들을 연루시켜 재정적 · 법적으로 위험하고 어렵게 만들어서 친구들로부터 소외당하게 되었다. 왜 그랬냐는 질문을 받으면 그는 자신의 터무니없는 행동과 형편없는 판단력 그리고 다른 사람들의 경계에 대한 무관심에 관해 다음과 같이 말하곤 했다.

> 우리가 학교 다닐 때, 수업 준비하라는 벨이 어떻게 울렸는지 너희들 기억하지? 그리고 또 두 번째 벨이 울리면 지금은 조용히 자리에 앉으라는 신호였지. 어떤 아이들은 첫 번째 벨이 울리자마자 바로 앉았고, 어떤 아이들은 두 번째 벨이 울려서야 놀라며 늦게 들어왔지. 그런데 나는 그 종소리를 들은 적이 없었지, 아마 내가 들었다고 해도 신경 쓰지 않았겠지!

2) 정서 조절능력이 부족하다

이들은 자기 스스로 조절할 수 없는 극단적인 정서를 경험하는 경향이 있다. 화를 내는 대신 격노하고, 불안감을 느끼는 대신 공황 상태에 빠진다. 대체로 자기 스스로를 달래고 안심시키는 건전한 방법을 잘 모르고, 대신 본능에 의존하여 싸우거나 도망치거나 혹은 얼어 버리는 경향이 있다. 또한 어떤 이들은 자신의 감정을 좀 더 잘 이해하고 건전한 방식으로 관리하는 데 도움이 될 수 있는 방법들을 배우는 일에 매우 저항적이다.

예를 들면, 안드레아는 공황장애와 경계선 성격장애 진단을 받았다. 그녀가 불안을 잘 관리하여 본격적인 공황 상태에 빠지지 않도록 도와주려고 했으나 거절했다. 많은 일들이 그녀의 공황발작을 촉발했지만, 그녀는 특히 넓고 붐비고 따뜻한 장소를 싫어했다. 하지만 요리하는 것을 좋아했고, 특히 식재료를 자신이 사는 지역의 자연식품 가게에서 구입하는 것을 좋아했다. 불행하게도, 쇼핑 중 두 번에 한 번 꼴로 붐비는 가게 한 가운데 자신이 있다는 것을 깨닫고 그 순간 공황을 경험하곤 했다. 따뜻한 감각은 금방 참을 수 없을 정도로 뜨거운 느낌으로 변해 버리곤 했고, 가게가 붐비고 있다는 지각은 군중에게 갇혀서 으스러져 버릴지도 모른다는 공포로 변하고 했다. 공포로 인해, 카트와 쇼핑한 물건들을 버려 둔 채 가게에서 도망쳐 나오곤 했다.

그런데 그녀는 가게를 도망치듯 나온 것뿐만 아니라, 그날 자신이 계획했던 다른 모든 스케줄도 잊어버렸다. 좀 더 즐거우면서도 불안을 덜 자극하는 활동으로 전환하는 대신, 집으로 곧장 달려와 문을 잠그고 신경안정제를 먹곤 했다. 물론 그날 일정에 있던 나를 만나는 치료 시간을 포함하여 그 밖의 다른 모든 일정을 잊어버렸다. 그날 그녀와 약속을 했던 사람들이라면 나를 포함하여 누구나 놀라고 실망했을 것이다. 자주 신경안정제를 복용하고 잠이 들어 버렸고, 결과적으로 다른 사람과의 약속을 지킬 수 없게 되었다는 통보를 미리 할 수 없었다. 스플래시!!

3) 충동 조절을 못한다

이들은 장기적인 결과를 생각해 보지 않고 충동적으로 행동한다. 나는 이걸 어렵게 터득했는데, 세 명의 경험 많은 치료자를 거쳐서 내게 온 내담자를 만나면서 알게 되었다(즉, 이 사례는 내가 그녀를 받아들이기 전에 이런 상황을 좀 더 자세히 살폈어야 했다는 경고를 나에게 준 사례였다).

리타의 경우

처음에 리타는 이상적인 내담자처럼 보였다. 지적이고, 통찰력 있고, 매우 의욕적인 것 같았다. 그럼에도 불구하고, 그녀의 호소문제를 알고 난 후에 나는 잠시 멈추이야 했었다. 그녀는 매우 우울했는데, 그녀로 인해 괴롭힘을 당했다는 동료의 주장을 직장 상사가 조사하는 동안 어쩔 수 없이 휴직을 했어야 했기 때문이었다. 내가 이 일에 관해 물었을 때, 자신은 친해지고 싶었던 것뿐인데 그 동료가 오해했기 때문이라고 했다. 그녀가 한 일이라고는 그 동료의 책상 위에 과자 상자나 꽃병처럼 작은 선물들을 남겨둔 것뿐이었다고 했다. 나는 개인치료만 하고 법정 사건에는 절대 증언하지 않는다는 방침을 내담자에게 설명할 만큼, 충분히 나를 지킬 만한 감각이 있는 사람이다. 우리는 동의하는 것 같았고, 그녀와의 치료는 잘 되고 있었다.

몇 개월이 지난 어느 날 아침, 신문을 가지러 현관 밖으로 나갔다가 나는 리타가 두고 간 꽃병을 발견했다. 아침 일찍부터 그곳에 있던 것이 틀림없었다. 우리는 다음 회기에서 이 선물을 준 이유가 무엇인지 나눴다. 직장에서 그녀를 곤경에 빠뜨린 바로 그 행동이었기 때문에, 나는 더 이상은 선물을 가져오지 않았으면 좋겠다고 했다. 리타는 처음에는 아니라고 우겼지만 결국 동의하는 것 같았다. 다음날 아침, 나는 또 다른 선물과 감사 카드를 발견했다. 그때 나는 내가 곤경에 빠졌다는 것을 알았다! 그때부터 이 문제는 더 나빠질 뿐이었다. 선물에 선물로 이어졌다. 내가 회기 중에 뭘 말하든지 상관이 없었다. 나는 아침에 신문을 가지러 내려가는 것이 두려워지기 시작했다. 결국, 나에게 집착하고 있던 이 내담자와 치료를 끝내야 했다.

마지막 회기가 끝이 나고, 내가 건네 주었던 다른 치료자들의 센터 목록을 그녀가 가지고 떠나자 나는 안도의 한숨을 내쉬었다. 다음날 그녀는 나에게 전화를 걸어 동료를 괴롭혔던 사건에 관한 증언을 해 달라고 부탁했고, 내가 거절하자 당황하며 격분했다. 이 사례에 관해서는 여기까지만 언급하겠다. 결국 나는 내 선택에 대한 법률 자문을 구해야 했다. 그녀의 변호사가 매일 나에게 전화를 걸어오기 시작했기 때문이었다.

선물을 주는 내담자 리타의 사례는 충동 조절을 못해 다른 사람에게 스플래시를 하게 된 좋은 예가 될 것이다. 리타는 선물을 주고 싶은 충동을 느꼈고, 직장을 잃고, 결국 형사재판을 받게 되었고, 치료관계가 단절되는 대가를 치를 수도 있다는 사실에도 불구하고, 자신의 충동을 조절하지 못하여 그런 행동을 반복했던 것이다. 리타는 자신의 직업을 사랑했고, 구속되거나 벌금을 내고 싶지 않았을 것이고, 나와 함께 치료받기를 원했다는 것을 알고 있다. 그렇다면 그녀는 왜 그랬을까?

　나는 리타가 진단받지 못한 강박장애로 고통을 겪고 있었을 수도 있다는 생각을 했다. 그래서 선물을 주는 행동이 일종의 강박일 것이라는 생각을 가지고 탐색을 해 봤다. 그러나 그녀에게서 강박장애의 다른 징후들을 찾지 못했다. 그녀의 경험에 관해 나 스스로 질문을 해 봤는데, 내가 만났던 다른 강박장애 내담자들이 보여 주었던, 전형적으로 강박적인 감정들을 그녀는 보고한 적이 없었다. 즉, 어떤 '나쁜 일'이 일어나지 않도록 특정 행동을 함으로써 마술처럼 나쁜 일을 피하거나, 자신이 통제할 수 없는 어떤 행동들을 강박적으로 한다는 보고는 없었다. 대신 리타는 선물을 주고 싶은 충동대로 행동하면서 상대방이 어떤 반응을 할지 상상하는 즐거움을 중요시했다. 그녀는 말했다. "내가 좋아하는 사람에게 뭔가 주고 싶다는 충동이 생기죠. 그러면 나는 어떤 것이 완벽한 선물일까 생각해 보는 것을 좋아하죠. 그리고 그걸 사는 과정을 즐기죠. 무엇보다도, 나는 그 사람이 내 선물을 받았을 때 놀라고 기뻐하는 표정을 상상하는 것을 좋아하죠. 이것이 내가 선물을 하는 이유죠." 그러나 리타는, 선물을 받는 사람이 "놀라고 기뻐!" 하는 것이 아니라, 스토킹을 당했다고 느낀다는 사실을 받아들이지 못하고 완강히 거부했다. 자신만의 즐거운 환상이 방해를 받기 때문이었다.

　스플래시의 수준으로 볼 때, 이 내담자는 확실하게 '높은 스플래시'였다. 우선 그녀는 직장에서 그 동료에게 스플래시 했고, 그다음에는 그녀가 만든 상황을 처리해야 했던 그곳에 있던 다른 모든 사람에게 그랬고, 이제는 내게도 그랬다. 불행히도 나는 내담자의 높은 지능과 치료 작업을 할 수 있는 능력에 매료되어, 명백한 징후들인 부적절한 행동에 대한 경계 없음, 충동을 조절할 수 있는 능력의 부족, 그리고 다른 사람이 원하는 것을 존중하려는 마음이 그녀에게 전혀 없었다는 것을 놓치고 말았다.

4) 위험한 행동을 한다

'높은 스플래시' 내담자는 결과를 예상하지 못하고 위험하거나 부적절한 행동을 하는 경향이 있다. 예를 들면, 나는 내담자 빌의 충동적인 행동과 부족한 판단력 때문에 다음에는 그가 또 어떤 행동을 할지 좌불안석으로 자주 걱정하게 되었다. 불행하게도, 그는 내가 걱정한다는 걸 알지 못했다. 그는 남자친구인 카를로스가 혼자서 뭔가 할 때마다 버림받고 배신감을 느끼는 경향이 있었다. 그런 다음 빌은 자신의 일방적인 배신감에서 출발한 충격적인 행동으로 카를로스에게 벌을 주는 식으로 무모한 보복을 하곤 했다.

빌의 경우

어느 날 밤, 카를로스가 직장 동료들과 함께 동네 술집에 술 마시러 나간 것을 빌이 알고서, 카를로스와 동행한 남자들 가운데 한 남자와 분명히 자신을 속이고 배신할 거라는 생각을 하게 되었다. 질투로 인한 분노가 즉시 치밀어, 빌은 야구방망이를 들고 카를로스의 차를 찾으러 나섰다. 차를 발견하자 야구 방망이로 앞 유리창을 깨부순 다음, 그에게 따져 묻기 위해 술집 안으로 쳐들어가자, 그를 본 카를로스와 그의 친구들과 바텐더 모두가 함께 빌을 가까스로 진정시킬 수 있었다. 카를로스와 빌은, 파손된 차는 물론 많은 '스플래시'를 남기고 함께 술집을 나섰다.

회기 중에 빌이 이 사건을 보고할 때, 그는 자신을 자랑스럽게 여기는 것 같았고, 자기의 무모하고 위험한 행동으로 인해 당할 수도 있는 모든 어려움을 알아차리지 못하는 것 같았다. 회기 중에 이에 관해 함께 탐색했을 때, 그는 자동차 창문을 깨뜨려 생길 수 있는 법적인 문제나 방망이를 든 채 술집에 돌진한 행동이 위험하다는 생각을 전혀 하지 못했다고 했다. 이것이 빌의 전형적인 모습이었다.

많은 '높은 스플래시' 남성이 젊은 나이에 죽는다. 이들은 반사 감정과 충동성 그리고 경계 없음으로 인해, 위험한 약물 복용과 싸움, 오토바이 폭주와 같은 고위험 행동들을 하면서, 그런 무모한 행동으로 인해 생길 수 있는 결과를 무시한다.

5) 갈등을 증폭시킨다

'높은 스플래시' 내담자는, 자기 마음에 들지 않는 저항이나 반응에 부딪치면 서로의 이견을 풀거나 협상하려 들지 않고 오히려 대립하며 갈등을 증폭시키는 경향이 있다. 루디는 이런 내담자의 전형이었다. 루디는 치료받지 않으면 아내가 이혼하겠다고 해서 치료를 받게 되었다. 그녀는 남편이 자신을 학대하고 통제한다고 불평했고, 남편이 두렵다고 했다. 남편은 이번이 세 번째 결혼이었고, 이전의 다른 아내들(그리고 여자친구들)도 기본적으로 같은 말을 했다. 루디는 이제 나이가 들었고, 현재 아내와의 사이에서 자녀도 있고, 다른 여자들을 만나도 상황이 다르지 않을 거라는 걸 잘 알고 있었다. 그는 결혼생활을 유지하고 싶었지만, 아내의 불평에 대해서는 매우 방어적이었다. 루디에게 아내와 마지막으로 싸웠을 때 무슨 일이 있었는지 말해 달라고 했다.

> **루디:** 아내가 친정 식구들과 우리 가족이 주말에 함께 저녁을 먹기로 계획을 세웠죠. 나에게 미리 확인도 하지 않고 계획을 세운 것이 전 싫었죠. 아내는 항상 장모님과 통화를 하는데, 난 그들이 너무 심하게 얽혀 있다고 느끼죠. 아내의 친정 식구들이 아내에게 영향을 미치는 것을 원하지 않죠. 아내는 그들이 아니라 나와 결혼했으니까요!
>
> **그린버그:** 그럼 아내가 당신에게 학대당했다고 하는 건 어떻게 된 거예요?
>
> **루디:** 내가 아내에게 전화해서 즉시 계획을 취소하라고 했는데, 거절했어요. 말다툼을 했고 다툼이 커졌죠. 그 일로 몇 시간이나 싸웠죠. 아내는 이미 약속을 한 거니까, 이번 한 번만 함께 식사하자고 부탁했죠. 그건 나를 더욱 화나게 했죠. 내가 남편인데, 아내는 나를 더 아끼고 자기 부모님보다 나를 더 먼저 챙겨야 하는데도, 절대 그렇지 않아요. 시간이 늦어져서 아내는 자러 가겠다면서 내일 아침에 다시 얘기하자고 했지만 나는 너무 화가 나서 잠을 잘 수가 없었고, 아내가 잠자러 가 버리면 빌어먹을 나는 이런 기분으로 남겨질 거란 걸 알고 있었죠. 결국 나는 너무 답답해서 그녀를 붙잡고 손에 핸드폰을 쥐어 주면서, 바로 어머님께 전화해서 취소하거나 아니면 내가 직접 하겠다고 했죠. 아내가 자정이 다 되었다고 했지만 나는 고집했죠. 그녀는 울었지만 전화를 걸었죠.

'높은 스플래시'라고 여겨진 내담자들을 거듭 만나면서, 내담자 선택에 좀 더 신중해질 필요가 있다는 것을 깨닫게 되었다. 아마도 치료자들 가운데는, 앞에서 언급했던, 나에게 선물을 주었던 리타와 같은 이들과 작업을 계속할 수 있는 좋은 방법들을 찾아낼 수 있는 이들도 있을 것이다. 그러나 나는 개인적인 한계를 느꼈다. 나의 개인적인 경계를 반복적으로 존중하지 않는 내담자나, 법적 문제에 연루될 수 있는 행동을 습관적으로 하는 내담자와 계속해서 작업하기를 꺼린다는 것을 알게 되었다. 그 결과, 어떤 내담자를 만날 것인지를 결정할 수 있도록, 나는 '높은 스플래시' 가능성을 보이는 내담자를 빨리 식별할 수 있는 방법을 찾아야 했다.

2. 스플래시를 어떻게 예측할 수 있는가

예측과정에서의 문제는, 이러한 내담자들 가운데 어떤 이는 치료가 어렵다는 것을 확실하게 식별할 수 있는 경험들(심리적 문제로 여러 번 입원했거나 약물중독 등)을 한 상태로 치료를 받으러 오지만, 또 어떤 내담자는 얼핏 보면 나에게 치료를 잘 받았던 다른 내담자들과 별반 다르지 않다는 것이다. 예를 들면, 이러한 이슈에 관해 처음 생각하게 되었을 때, 진단 자체가 내담자의 '스플래시' 정도를 특별히 잘 예측해 주는 것은 아니라는 사실에 나는 놀랐다. 경계선, 자기애성, 분열성 내담자에게 관심이 있었기 때문에, 성격문제가 있는 것으로 진단을 받고 의뢰된 많은 내담자를 만났다. 그런데 과거와 현재의 내담자들을 '스플래시'라는 관점(즉, 내담자의 문제가 다른 사람에게 부정적으로 미치는 영향이라는 관점)에서 보았을 때, 지난 40년간 '높은 스플래시'라고 할 수 있는 내담자들은 열 명도 안 된다는 것을 알게 되었다. 만약 '스플래시'가 단순히 성격문제와 관련이 있다면, 나는 내 임상을 통해 더 많은 '높은 스플래시' 내담자들을 만났어야 했다.

나의 다음 가설은 '스플래시'는 단순히 저기능 내담자를 설명할 수 있는 또 다른 방법이라는 것이다. 이런 관점에서 볼 때, 내가 만난 '높은 스플래시' 내담자가 많지 않았던 것은 몇 가지 이유 때문이라고 생각한다. 상대적으로 높은 치료비용으로 인해 많은 저기능 내담자가 나에게 치료를 받기 어려웠을 것이고, 심리치료 관리 네트워크에 내가 참여하고 있지 않고, 개인 클리닉을 운영하고 있기 때문이라고 생각한다. 그러나 이런 나의 생각들을 검토하면서, 지금 내가 '높은 스플래시'라고 여기는 내담자들과의 과거 수년에 걸친 치료 과정을 돌아보면서 다른 요소들도 작용하는 것을 발견하게 되었다. 내가 만난 저기능 내담자들 모두가 자신의 사적인 드라마에 다른 사람을 끌어들여 힘들게 하는 것은 아니었지만, 오히려 고기능 내담자들 가운데에서 그랬던 이들도 소수 있었다.

3. 스플래시 게슈탈트

이런 '스플래시' 아이디어를 내가 만지작거리는 동안, '높은 스플래시' 내담자를 구별해 낼 수 있는 요인들이 무엇인지 세심한 주의를 기울여 찾아보기 시작했다. 게슈탈트 치료적 관점에서 '스플래시'와 게슈탈트 치료 간에 응집력 있는 연관성을 찾아보기 위해, '스플래시' 내담자의 전경이 되는 것들이 어떤 세부 사항들이며 그 외의 어떤 요인들이 배경으로 남게 되는지를 실험해 보게 되었다. 이런 나의 탐색 패턴은 내가 진단에 관해 생각하는 방식과 매우 유사하다. 진단이라는 것을 나는 늘 '가볍게' 생각하며, 내담자가 치료 과정을 통해 내놓는 방대하고 잠재적인 모든 데이터를 조직해 주는 잠정적인 방법일 뿐이라고 믿고 있다. 이런 생각을 하면서, 전통적 진단에 관해 내가 알고 있던 지식은 뒤로 밀어 둔 채, 내담자의 '스플래시' 수준을 예측하여 우리의 전경이 되도록 해 줄 수 있는 새로운 패턴이 무엇인지 이전과 다른 관점에서 살펴보았다. 그 결과 다음 세 가지의 요인, 즉 내담자의 ① 기능 수준, ② 프라이버시에 대한 욕구 수준, ③ 공감 수준이 서로 다른 성격적 특성(경계선, 자기애성, 분열성)을 가진 내담자들 사이에서도 반복적으로 두드러지게 나타나는 예측 변수가 되는 것 같았다. 나는 이 관계를 설명해 주는 간단한 공식을 다음과 같이 만들게 되었다.

스플래시의 정도 = 기능 수준 + 프라이버시에 대한 욕구 + 공감 수준

1) 기능 수준

'스플래시'와 관련하여, 내담자의 기능 수준을 나는 다음과 같은 2개 요인으로 간단하게 설명한다.

- 정서적 기능: 내담자가 강력하고 불쾌한 감정을 건설적으로 다룰 수 있는가? 내담자가 감정에 쉽게 압도되어 공포에 빠지고, 혹독하게 비난하고 마음을 닫아 버리고, 해리되는가?
- 일상적 기능: 내담자는 직장 출근, 학교 수업, 건강 및 위생 관리 등 기본저인 일상생활을 지속할 수 있는가? 내담자가 삶에서 자신의 책임을 다 하지 못한 이력이 있는가?

2) 기능 수준의 역할

나는 기능 수준이 '스플래시' 예측의 유일한 변수는 아니지만, 실제로 일어난 사건에서 중요한 역할을 한다는 것을 알게 되었다. 대부분의 저기능 내담자는 고기능 내담자보다 사용 가능한 내부 자원은 더 적고 직면해야 할 만성적인 과제들은 더 많이 떠안고 산다. 예를 들면, 늘 공황의 언저리에서 불안 불안하게 살아가던 내담자 사라는 공황발작으로 완전히 빠져드는 바람에 직장의 중요한 회의를 놓쳐 버렸다. 사라는 공황장애와 다른 어려움들에 대처할 수 있는 건설적인 전략들을 개발하기 위해 치료에 매우 열심이었다. 매일 자신이 얼마나 공포에 시달리는지 다른 사람이 알게 될지도 모른다는 생각으로 수치심을 느꼈고, 자신의 문제가 타인에게 불편을 줄지도 모른다는 생각도 싫었다. 그러나 때로는 자신의 고민을 혼자 간직하고 싶은 강한 욕구에도 불구하고, 다른 저기능 내담자들처럼 항상 다른 사람에게 피해를 주었다. 내 경험에 비춰 볼 때 사라는 '중간 스플래시'라고 할 수 있다.

그와는 반대로, 내가 만난 좀 더 기능을 잘하는 내담자들은 문제는 더 적고 적응 기술은 더 좋아서, 자신이 원하면 다른 사람에게 끼치게 될 영향을 조절할 수 있었다. 예를 들면, 고기능의 자기애성 내담자인 존은 자신이 깊은 인상을 남기고 싶어 하는 사람을 대할 때는 '낮은 스플래시'였고, 자신이 모욕하거나 불편을 끼쳐도 자신에게 해가 되지 않을 것으로 여겨지는 사람에게는 그 대상이 누가 되든지 '높은 스플래시'였다. 그에게는 '스플래싱'이 선택이었던 것이다.

3) 동기의 역할: 프라이버시를 지키려는 욕구와 공감능력

내담자의 대인관계 패턴과 자신의 문제를 타인과 어떻게 공유하고 재연하는지 또는 숨기는지를 자세히 살펴보니 내담자의 프라이버시에 대한 욕구와 공감능력이라는 두 가지 차원이 중요하다는 것을 알게 되었다. 다른 모든 요인이 동일하다면, 프라이버시에 대한 욕구가 높고 (기능 수준에 상관없이) 공감능력도 높다면, 자신의 개인적인 문제로 다른 사람에게 부담을 주지 않기 위해 스스로 할 수 있는 일이라면 가능한 한 다 하는 것 같았다. 반대로, 공감능력이 낮고 사생활 유지에 전혀 신경을 쓰지 않는 내담자는 다른 사람에게 '스플래시'를 할 가능성이 가장 높았다.

- 프라이버시

내담자들 가운데 어떤 이들은 사생활을 매우 중시하며, 자신의 문제를 다른 사람이 알기를 원하지 않는다. 어떤 이들은 부끄러워서, 또 다른 이들은 자신의 공적인 이미지를 세심하게 관리하고 싶어서, 또 어떤 이들은 독립에 대한 욕구가 강해서 자신의 프라이버시를 중요하게 생각한다. 프라이버시에 대한 이런 욕구는 내담자의 기능 수준이나 진단에 상관없이 나타나는 현상이다. 내 내담자들 가운데 기능 수준이 좀 높은 사람들은 자신의 문제를 누가 알고 있는지 신경 쓰지 않는가 하면, 또 다른 이들은 매우 신경을 쓴다. 저기능 내담자들도 마찬가지였다.

- 공감

공감 차원과 관련하여 알게 된 사실은, 내가 만난 내담자들의 공감도 분포가 정상 곡선인 종 모양과 비슷하다는 것이었다. 한쪽 극단에 있는 몇 안 되는 내담자들은 다른 사람의 불편함을 마치 자신의 것처럼 예민하게 느끼는 것 같았다. 그 결과, 이들은 다른 사람을 잘 배려하고, 자기주장하는 것이 타인을 괴롭고 고통스럽게 할 것이라 상상하면서 자기주장하는 것을 어려워하는 경향이 있었고, 도움을 요청하는 것이 더 현명할 때조차도 문제를 알아서 처리하려는 것 같았다. 종 모양 곡선의 반대쪽 끝에는 '비참해지면 친구가 필요해(Misery loves company).'라는 모토를 가진 내담자들이 있었다. 이들이 괴로움을 경험하게 되면, 자기 주위 사람들이 고통받기를 적극적으로 바라는 것 같았다. 대부분의 내 내담자들은 중간 범위에 속했다. 이들은 다른 사람에게 고통을 주려는 의도는 없지만, 대체로 사고로 인한 희생자들로 도움이 절실하다 보니, 자기 주변의 다른 사람에게 어떤 불편을 끼치게 될지를 생각해 볼 여유조차 없는 이들이었다.

4. 성격 적응과 스플래시

앞의 공식을 통해 예상할 수 있듯이, 가장 높은 '스플래서(splesher)'는 기능이 낮으며(생활 사건에 대한 스트레스 반응이 강하고 빈번하여 기능이 방해를 받는), 자신의 사생활 보호에 관심이 없고, 공감을 잘 못하는 경향이 있었다. 이런 '높은 스플래서'를 성격 적응이라는 관점에서 보면, 다음과 같은 4개의 진단 집단에 속하는 경향이 있다. 기능이 가장 높은 집단에서 가장 낮은 집단의 순서로 열거하면, ① 과시형 자기애성 내담자, ② 독성형 자기애성 내담자, ③ 저기능 경계선 내담자, ④ 혼돈스럽고 복합적인 진단을 받은 저기능 내담자로 나눌 수 있다.

1) 과시형 자기애성 내담자

이 유형의 사람들은 자존심을 유지하기 위해 사용하는 두 개의 주요 방어 수단인 과대자기와 평가절하로 인해 다른 사람들에게 '스플래시' 하게 된다. 자신이 특별하고 완벽하고 독특하다는 과대자기 방어로 특별 대우를 해 줄 것을 자주 요구하거나, 또는 단순히 일반적인 규칙은 자신에게는 적용되지 않는 것처럼 행동한다. 예를 들면, 어떤 내담자는 회기를 마치고 문까지 배웅해 주려고 하면, 늘 머뭇거리며 이야기를 계속한다. 다른 내담자가 치료받기 위해 기다리고 있다는 것을 알면서도 말이다. 또는 수표 책을 가져오는 것을 잊어버리거나, 다음 날 보내겠다고 약속하고 치료비를 보내지 않아서 여러 번 알려 주어야 하는 일이 생긴다. 내가 무심코 이들의 방어적인 과대자기에 상처라도 내면, 화를 내며 치료자인 나를 평가절하한다. 이들이 이해한 내용을 내가 동의해 주지 않고 다른 말을 하면 자기에 대한 비판으로 받아들여, 자신이 전적으로 옳고 내가 완전히 틀렸다는 것을 인정하라며 나를 괴롭히려고 한다. 내가 만난 심각한 자기애성 내담자들 중에는 회기 중에 나에게 소리치며 내 이름을 부르면서 치료비도 지불하지 않은 채 뛰어나가 버리던 이들도 있었다. 이들은 뭔가 나의 일 처리 방식에 불쾌감을 느껴서 그런 것인데, 심지어 어떤 내담자는 자기가 아는 다른 내담자에게 나에게 치료를 받지 말라고 하기도 했다. '높은 스플래시' 내담자를 구분하는 방법을 알게 되고 자기애성 성격 적응을 해 온 내담자를 효과적으로 치료하는 방법들을 알게 된 후에는, 이와 같은 불쾌한 사건은 줄었지만 '스플래시' 당할 수 있는 가능성은 늘 남아 있었다.

2) 독성형 자기애성 내담자

이들은 타인을 평가절하하며 가학적인 즐거움을 느낀다. 자신이 특별하다는 감정을 느끼기 위해 다른 사람에게 창피를 주고 공격한다. 나는 이들을 실패한 과시형이라고 생각한다. 자신의 업적으로 특별하다는 인정을 받기를 바라지만(성공적인 과시형이 종종 그렇듯이), 대중적인 탁월함을 가능하게 하는 지능이나 재치, 재능, 직업윤리가 이들에겐 부족하다. 자신의 기분을 달래기 위한 주된 방법으로 남을 업신여기며 안정감을 느낀다. 치료 과정에서 이들의 타깃은 치료자이다. 두 말이 필요 없이 모든 회기에서 어떤 형태로든 불쾌한 '높은 스플래시'가 나타난다.

3) 저기능 경계선 내담자

내가 만난 기능이 가장 낮은 경계선 내담자들은 일상을 위기 상태에서 보내는 경향이 있다. 이들은 한 고비를 넘으면 또 다른 위기로 비틀거리며 살아간다. 결과적으로, 자신이 의도했든 하지 않았든 주변의 다른 사람이 엄청난 '스플래시'를 겪도록 만드는 내담자들이 많다. 앞에서 보았던 남편이 바람을 피웠다는 사실을 알게 되었던 '높은 스플래시' 여성이 바로 기능이 몹시 떨어지는 경계선 내담자가 반응하는 방식을 보여 주는 좋은 예이다. '높은 스플래시' 내담자는 자신의 삶에서 경험하는 어려운 문제들을 치료 과정에서 반복적으로 재연하는 경향이 있다. 현실적인 재정관리를 못해 집세를 제때 내지 못하는 내담자는 치료비 또한 밀린다. 반복적으로 직장에 지각하는 이들은 회기 시간에 맞춰 정시에 치료를 받으러 오는 것도 건성으로 할 수 있다. 불안을 느낄 때마다 친구에게 무리한 요구를 하는 이들은 관심과 위로를 얻기 위해 회기 사이에 치료자에게 연락을 할 수 있다. 치료실 밖에서 드라마틱하고 위험한 행동을 해 온 이력이 있는 이들은 치료자도 끌어들일 가능성이 있다. 이들은 관심을 끌기 위해 자살 시도를 하고, 응급 조치로 입원이 필요하거나, 자신의 치료자를 법적 분쟁에 끌어들일 수 있다.

4) 혼돈스럽고 복합적인 진단을 받는 저기능 내담자

이들은 대개 혼란스러운 가정에서 성장하면서 어떤 방식으로 적응을 해도 결국 부모로부터 사랑과 돌봄을 받지 못했다. 이들의 부모는 대개 충동적이고 예측이 불가능하여, 자녀 양육은 고사하고 자신의 삶조차도 꾸려 나갈 수 없는 사람들이었다. 치료에서 이런 내담자는 겉으로 보기엔 저기능 경계선 내담자처럼 보일 수 있지만, 방어 수단을 사용하며 다른 성격 적응 문제들의 특성을 보인다. 보통 이들과 안정적인 치료 관계를 형성하는 것은 무척 어렵다. 치료자와 내담자 사이의 기본적인 신뢰를 쌓는 데 치료 시간의 많은 부분이 할애될 것이다. '스플래시'는 언제든지 그리고 어디서든지 발생할 수 있다.

5. 성격 적응: 높은 스플래시가 아님

1) 분열성 내담자

'높은 스플래시'라는 렌즈를 통해 내담자를 살펴볼 때, 내가 본 분열성 내담자들 중에는 한 명도 이 목록에 올라갈 사람이 없다는 점은 주목할 만하다. 대부분의 분열성 내담자는 극도로 사적이면서 지독하게 독립적이다. 보통 어린 시절 돌봄을 받던 양육자로부터 무관심, 경계 침범 또는 학대를 경험했다. 그 결과, 다른 사람과 거리를 둠으로써 자신을 보호하는 법을 배웠다. 이런 내담자가 가장 원치 않는 것은 다른 사람이 자신의 개인적인 어려움에 말려들거나, 심지어 자신의 삶에서 무슨 일이 일어나고 있는지 알게 되는 것이다. 사실, 프라이버시에 대한 지나치게 높은 욕구로 인해, 이들은 손 내 밀어 다른 사람의 도움을 청하지 못하는 경향을 보이는데,

심지어 그것이 당연한 상황일 경우에도 그렇다.

2) 경계선 내담자

이들은 치료가 어렵고, 경계가 흐리며, 치료자로 하여금 불쾌한 상황을 많이 경험하게 한다는 일반적인 믿음에도 불구하고, 내 경험에 의하면 저기능 경계선 내담자들만이 '높은 스플래시' 경향을 보였다. 심리치료자들이 수년에 걸쳐 이런 내담자들에 대해 갖고 있던 부정적인 평판에 맞지 않는 이들이 대부분이었다. 전반적으로 이들은 따뜻하고, 사려가 깊고, 함께 작업하기에 즐거운 이들이었다.

6. 치료자를 지치게 만드는 반복되는 스플래시

치료 과정에서 때로 '높은 스플래시'는 반복적으로 지치게 만드는, 즉 방울방울 떨어지는 불쾌감의 형태로 나타날 수 있다. 이는 결국 치료자를 지치게 만든다. 선한 의지를 가지고 치료를 지속할 수 없게 만드는 내담자의 사려 깊지 못한 일련의 작은 행동들이 거듭해서 일어나는 현상이다. 예를 들어, 내담자 조앤은 더 이상 직장 일을 할 필요가 없게 되자, 일상의 스케줄을 자신에게 맞추어 사는 자유를 누리게 되었다. 안타깝게도, 조앤은 내 스케줄도 자신의 스케줄에 맞춰 주길 바랐다. 내 일상적인 근무 시간 외에 자신을 위한 정기 스케줄을 잡아 줄 것을 반복해서 요구했고, 자신의 요구대로 맞춰 주지 않는 것은 불합리한 처사라고 주장했다. 그녀와 이 일에 관해 의논하는 것이 전혀 도움이 되지 않았고, 이 주제와 관련해서 자신의 이슈를 탐색하고 싶어 하지도 않았다. 대신 자신의 치료 스케줄이 불편하다면서, 일정을 회피하거나, 약속시간에 늦게 오거나 취소했다. 회기를 놓치게 되면, 스케줄 시간 때문에 치료를 받지 못한 거라며 자기 행동을 합리화하는 구실로 삼았다. 그뿐 아니라 조앤은 회기 중에 치료받으러 오게 된 자신의 이슈를 다루는 작업을 피하고 싶을 때마다, 이미 정해진 치료 시간들이 자신에게 얼마나 불편한지 다시 끄집어내고는 했다. 나는 조앤을 좋아했지만, 얼마 지나지 않아 더 이상 그녀와 작업하고 싶지 않았다. 그녀의 변명과 자기 몫의 작업에 대한 저항, 그리고 내 근무시간 외의 시간에 치료받게 해 달라는 거듭된 요청으로 인해 나는 지친 나머지 그녀를 다른 치료자에게 소개하게 되었다. 방울방울 반복되는 스플래시!

내담자의 '스플래시' 수준이 때로는 사무적인 일을 통해 드러나기도 한다. '높은 스플래시' 내담자들 가운데는, 내게 지불해야 할 치료비나 약속 시간, 또는 심지어는 보험 영수증을 어디에 두었는지 등에 관해 책임을 지지 않으려는 이들이 많다. 대신 나에게 전화해서 반복적으로 묻는다. 만약 내가 거절하지 않는다면, 나는 이들의 개인 비서 역할을 하게 될 것이다.

자기애성이 좀 더 심한 내담자들 가운데 어떤 사람은 내가 이미 보내 준 보험 영수증 사본을 다시 보내 달라고 요청하는 것을 아무것도 아니라고 생각했다. 그는 당연하다는 듯, "그게 내 책상 어딘가에 있는 것은 알지만, 찾으려면 너무 오래 걸릴 것 같아서."라고 했다. 자신의 시간과 에너지는 중요하고 나의 것은 중요하지 않다는 메시지를 건네 주고 있다는 것을 그는 알지 못하고 있는 것 같았다.

이런 유형의 '스플래시'는 치료를 받으러 오기 전부터 시작되기도 한다. 로라는 뉴욕으로 막 이사를 왔기 때문에, 그녀가 치료실을 찾아오는 길을 물었을 때 나는 별로 크게 생각하지 않았다. 그러나 전화를 두 번이나 했고 30분이 넘게 오지 않자, 나는 무슨 일이 있는 것인지 궁금해지기 시작했다. 첫 회기 통해 알게 된 것은 그녀가 새로운 일을 시작하고 있었고, 첫 회기 남은 시간의 대부분을 그 일에 대한 걱정과 마지막으로 일했던 곳에서 동료들과 있었던 불쾌한 경험에 대한 이야기로 시간을 보냈다. 그리고 마칠 때가 되자 로라는 치료비를 지불할 수 없다고 했다. 처음 전화했을 때, 이미 비용이 얼마인지 그리고 매 회기마다 바로 치료비를 지불해야 한다는 것을 알고 있었는데도 말이다. 그녀는 다음과 같은 이유로 지불할 수 없다고 했다. 돈을 가지고 올 생각을 하지 못했기 때문에, 그리고 치료비가 너무 비싸기 때문이라고 했다. 방울방울 반복되는 스플래시!

7. 스플래시 수준이 중요한 이유

젊은 시절 처음 치료를 시작했을 때, 나는 거의 모든 내담자와 작업을 잘할 수 있을 거라는 낙관적인 생각을 했다. 술에 취하거나 흉기를 들고 나타나지 않는 사람이라면 사실상 나는 누구든지 받았다. 순진하게도, 나를 찾아오는 모든 내담자가 자기 파괴적인 행동을 스스로 이해하고 변화되어 오래된 상처로부터 벗어나 새로운 통찰력을 얻기 위해 필요한 치료적 작업을 할 수 있을 거라고 생각했다. 왜냐하면 내가 받았던 분석과정을 통해 결국 내가 그런 작업들을 했기 때문에 그런 생각을 하게 된 것이다.

　이와 같은 순진하고 낙관적인 태도가 임상 첫 해를 넘기지 않았다고 말할 수 있었다면 정말 좋았을 것이다. 그러나 진실은 더 복잡했다. 만약 장차 만나게 될 내담자들을 좋아하거나 (나는 대부분의 사람들을 좋아하는데) 또는 그들이 흥미롭다는 걸 알게 된다면 (나는 대부분의 사람들이 흥미롭다고 생각하는데), 그들을 받아들였을 것이다. 대부분의 경우 나의 이런 태도는 옳았으며, 내담자와 나는 모두 결과에 만족했다. 하지만 몇 년 동안 나는 굉장한 치료적 실패와 극도로 불쾌한 경험도 하게 되었다. 그리고 그런 내담자를 내가 감당할 수 없었기 때문에 다른 치료자에게 소개할 수 있을 만큼 그들을 내가 충분히 이해할 수 있기를 바랐다. 나는 장차 만나게 될 내담자를 어떻게 평가해야 할지에 관해 다시 생각해 볼 필요가 있다는 것을 깨닫게 되었다. 단지 누군가를 좋아한다고 해서 치료 작업이 이뤄지는 것은 아니기 때문이다.

8. 스플래시를 이해함으로써 얻을 수 있는 혜택: 예측 가능성

　내가 치료해 온 내담자들을 '스플래시'라는 렌즈를 통해 자세히 살펴본 결과, 5~10%의 소수 내담자들을 위해 너무 많은 에너지를 쏟았다는 사실에 충격을 받았다. 이들이 바로 '높은 스플래시'라고 부르는 내담자들이었다. 만나게 될 내담자의 '스플래시' 수준을 알게 되면 다음과 같은 임상적인 의사결정에 도움이 된다는 걸 나는 알게 되었다. 어떤 내담자가 나에게 잘 맞는지, 치료 과정 중에 다뤄질 이슈들은 어떤 것인지, 치료가 얼마나 길고 복잡할지를 내가 예측할 수 있다. 또한 나의 치료 방식이 특정한 내담자에게 현실적으로 적절할지에 대한 감각을 얻는 데 도움이 된다는 것이었다. 이런 혜택의 대부분은 내가 '높은 스플래시'라고 부르는 내담자를 빠르게 식별할 수 있을 때 얻게 되었다.

1) 높은 스플래시 내담자는 치료적으로 많은 도전을 준다

내가 '높은 스플래시'라고 부르는 내담자는 치료하기가 매우 어렵다. 이들은 자신의 치료자에게 강한 진이 반응을 보이고, 치료자도 동일하세 내담사에 강한 부성적인 역전이 반응을 하게 된다. 내담자의 지속적인 도발과 불합리한 요구 앞에서 치료자가 긍정적인 태도나 중립적인 자세를 유지하는 것은 매우 어려울 수 있다. '높은 스플래시' 내담자의 치료는 (일반적으로 그들의 삶처럼) 정서적 위기 상황과 퇴행으로 인해 각종 위기로 가득 차 있으며, 치료 과정은 매우 느리다. 치료자에게 보상이 되는 것은 거의 없다. 게다가 많은 이가 치료를 조기에 중단하거나, 현재 자신의 정서적 위기 상황에 따라 치료를 받다 말다 한다. 이들은 또한 다른 내담자에 비해 치료자와 싸움을 자주하고, 발끈해서 떠나 버릴 가능성이 더 높다.

'높은 스플래시' 내담자는 다른 내담자보다 정서적 지원과 위기개입에 있어 치료자에게 더 의존하는 경향이 있다. 불쾌한 정서 상태를 비상사태로 경험하는 성향과 자신의 프라이버시에 대한 낮은 욕구, 경계없음, 그리고 치료자에 대한 공감 부족으로 이들은 밤낮을 가리지 않고 자신을 안심시켜 달라고 요구할 수도 있다. 밤늦게 문자메시지를 보내거나 전화를 걸어 울거나, 또는 근무하는 날이 아니거나 휴가를 즐기고 있을 때, 긴급 치료를 요청하는 이들이다. 긴급 치료를 구걸하며 전화를 했던 부부 때문에 현충일에 근무한 적도 있었다. 그때의 나는 순진했고, 그들이 늘 해 오던 일반적인 부부싸움에 내가 심판이 되어 주길 바라던 그 일을 하기 위해 휴가를 포기했던 것이다. 스플래시!

2) 높은 스플래시 내담자를 위한 최고의 치료자

'높은 스플래시' 내담자에게 최적의 치료자는 인내심이 매우 강하고 경험이 풍부한 치료자다. 이런 치료자들은 경계를 분명하게 잘 설정하고, 비교적 느리게 진행되는 치료 과정, 잦은 퇴행, 분노에 찬 공격과 극적인 위기에 비교적 동요되지 않는다. 높은 스플래시 내담자는 경험이 부족한 치료자나 단기 심리치료를 전문으로 하는 치료자, 혹은 내담자를 자주 만날 수 없는 치료자에게 내가 의뢰할 수 있는 이들이 아니다. 또한 이런 내담자를 치료하는 치료자는 가능한 한 공백 없이 매주 한 번 또는 두 번씩 꾸준히 만나 치료해 줄 것을 나는 권한다. 치료자의 휴가나 다른 치료적 공백으로 이런 내담자가 일상적인 기능을 유지하는 데 필요한 지지를 제대로 받지 못하게 될 수도 있다. 치료자가 휴가 중이거나, 또는 강한 불쾌한 감정으로 인해 흔들리는 위험한 인생 전환의 결정을 내리게 될 때, 이런 내담자는 퇴행할 가능성이 높다. 한 내담자는 내가 휴가 중일 때 일하러 가지 못했고, 또 다른 내담자는 내가 도시를 떠나 있던 주말에 자살 시도를 했었다.

9. 치료상의 딜레마

앞의 예들을 통해 알 수 있듯이, '높은 스플래시' 내담자가 자신의 충동과 감정을 조절하고, 자기 행동의 결과를 예측하도록 돕기 위해선 많은 치료작업이 필요하다. 이들은 자신이 다른 사람을 쫓아버리고 자기의 목표를 파괴하고 있다는 것을 전혀 알아차리지 못한 채, 다른 이들에게 돌봐 주기를 강요하며 살아간다. 이런 내담자는 또한 직면하고 있는 극적인 위기 상황에 너무 빠져 있어서, 같은 종류의 문제가 왜 자신에게 반복해서 일어나는지 자세히 들여다보고 싶어 하지 않는다. 내담자의 이런 점들이 치료자에게 도전이 되는데, 그 이유는 이상적으로 다음과 같은 두 가지 문제를 지속적으로 작업해 가야 하기 때문이다.

1) 이러한 내담자에게 반복적으로 문제를 일으키는 근본적인 핵심 문제들

정서적 통제력의 부족, 다른 사람의 경계를 무시하는 경향, 충동에 따라 행동하여 위험한 행동에 빠지고, 갈등을 증폭시키는 것 등이다.

2) 내담자가 중요하다고 판단하는 이슈들

최상의 치료에서는 이 두 종류의 이슈가 자연적으로 겹치게 될 것이고, 내담자가 이것들 간의 연관성을 볼 수 있지만, 자주 그런 것은 아니다. 많은 '높은 스플래시'

내담자가 자기에게 일어나고 있는 일에 자신이 일조를 하고 있다는 것을 보지 않는다. 자기애적 적응을 하는 내담자의 경우, 자기 반성이나 책임지는 일은 너무나 고통스럽고 수치스럽다고 느낀다. 결과적으로, 자신의 행동과 태도를 탐색하는 것을 적극적으로 기부할 수 있다. 대신 자신의 불행을 보통 다른 사람의 탓으로 돌리거나 또는 뭔가 다른 시도를 하기에 자신은 너무 무력한 사람이라고 생각한다. 이러한 내담자가 자기지지 작업이 필요하다는 것을 인정하기 위해서는 이들에게 상당히 많은 지지가 필요하다고 말할 수 있을 것이다.

이들이 가는 대로 따라 간다면, 회기 중에 이들의 전경으로 떠오르는 것만 작업하게 되고, 내담자의 구체적인 이슈들에 대해 당분간은 어느 정도 진전을 이룰 수 있을 것이다. 그러나 내담자가 타인의 경계를 존중하지 못하고, 자신의 감정과 충동을 억제하지 못하고, 심각하게 숙고해 보지 못한 채 파괴적인 행동을 하게 될 때마다 이런 진전은 사라지고 새로운 위기의 해일이 밀려오게 된다. 게다가, 치료실 밖에서 이들에게 어려움을 야기했던 융통성 없고 자기중심적인 사고방식이 치료 과정에서도 재연될 가능성이 높다.

만약 치료자가 '스플래시'로 이어지는 핵심 이슈들을 해결할 수 있는 효과적인 방법을 찾지 못한다면, 결국 치료자는 그 '스플래시'의 피해자가 될 것이고, 그것을 다룰 수밖에 없게 된다.

10. 결론

이 장에서 나는 '스플래시'라는 은유를 사용하여 치료자가 만나게 될 내담자를 평가해 볼 수 있는 새로운 방법을 제시했다. 이 '스플래시' 개념을 사용하여 치료자는 특정 내담자에게 자신이 적합한 치료자인지 여부를 명확히 하는 데 도움을 줄 수 있을 것이다. 잠재적인 내담자의 '스플래시' 수준이 치료에 어떤 영향을 미칠지에 관해 치료자가 현실적으로 깨닫게 된다면, 자신의 특정한 내담자와 작업하기 위해 필요한 치료자로서의 기술과 인내심, 끈기와 정서적인 지구력이 과연 자신에게 있는지 멈추어 생각해 보게 되고, 의사결정을 잘할 수 있게 될 것이다. 어떤 치료자는 '높은 스플래시' 내담자와 함께 일하는 것을 도전으로 즐기는 반면, 다른 치료자는 너무 압도적이라고 느껴 정서적으로 지치거나 시간 낭비라고 생각할 것이다. 치료자가 특정 내담자와 함께 작업을 할지 그 여부를 결정하려고 할 때 고려해야 할 일련의 이슈들을 나누면서 이 장을 마치려고 한다.

- 내담자의 '스플래시' 수준에 대한 지식은 내담자가 치료에 얼마나 잘 임할 것인지에 대한 좋은 예측 요인이 된다. "이 내담자는 치료를 잘 받을 것 같은가?"
- '높은 스플래시' 내담자는 충동을 조절하고, 감정을 처리하며, 행동의 결과를 예측하는 일에 더 많은 수정 작업이 필요하다. "이 내담자에게 얼마나 많은 수정 작업이 필요한가?"
- '높은 스플래시' 내담자는 보통 치료를 더 복잡하게 만드는 성격장애 진단을 받기가 쉽다. 서로 다른 성격적 이슈들은 서로 다른 치료가 필요하다. "치료자로서 내가 이 내담자를 적절하게 상대할 준비가 되어 있는가?"
- '높은 스플래시' 내담자는 치료자인 당신이 평소에 지켜 온 치료적 경계와 방침을 지키지 않을 것이다. "치료자로 내가 설정한 치료적 경계가 반복적으로 위반될 때 나는 어떻게 할 것인가?"

제**2**부

경계선 성격 적응

제6장

경계선 내담자 치유하기[5]

이 장은 경계선 내담자의 이해와 치유에 관한 것으로, 초점은 경계선 성격이란 무엇인가, 어떻게 해서 경계선 성격이 되었을까, 그리고 치료자로서 우리가 어떻게 도울 수 있을까이다.

1. 경계선 적응은 건강한 반응이었다

경계선 성격에 대한 나의 기본적인 입장은, 경계선은 건강하지 못한 가정환경에서 성장한 내담자의 건강한 적응으로 시작되었다는 것이다. 즉, 경계선 내담자가 된다는 것은 다음의 현대 의학의 문제에서와 같이 두 개의 악보다는 좀 덜한 상태로 적응하게 되었다는 것이다.

이러한 견해는, 현대 의학의 많은 문제가 우리로 하여금 더 위험한 질병들을 다룰 수 있는 면역을 강화해 준다는 요즘 의학계에 잘 알려진 생각과 유사하다. 예를 들면, 적혈구 빈혈증(주로 흑인에게 많은)을 유발할 수 있는 유전자는 말라리아를 예방할 수 있어서, 아프리카에서는 생명을 구하는 유전적인 특징으로 여겨진다. 북유럽 혈통의 사람에게 흔한 제1형 당뇨병과 다른 자가면역 반응은 림프절 전염병으로부터 살아남은 조상으로부터 특별하게 강한 면역체계를 물려받은 결과일 것이다. 알레르기 민감성조차도 위험한 벌레와 기생충으로부터 우리를 보호하려는 과정에서 의도치 않게 생겨난 부작용의 결과일 수 있다(Lear, 1988).

무엇보다도 아이가 자신을 사랑하고 돌볼 수 있기 위해서는 엄마를 사랑하고 신뢰할 수 있다고 느낄 수 있어야 한다. 만약 이런 가장 기본적인 욕구가 충족되지 않는 상황에서 살고 있다는 걸 알게 된다면, 이 아이는 본능적으로 자신이 할 수 있는 모든 자원을 동원하여 엄마의 사랑을 얻으려고 할 것이다(여기에서 내가 사용하는 '엄마'라는 말은 성인 주 양육자를 지칭하는 총체적인 의미다).

만약에 아이의 모든 방법이 실패해서 상황을 현실적으로 보게 되면서 엄마와 사랑의 관계를 이룰 수 없을 것 같아 절망하게 된다면, 아이는 현실을 회피하기 위해 가능한 어떤 방법(부인, 파편화, 해리)으로든 현실을 왜곡하게 될 것이다. 이처럼 우리가 치료 과정에서 만나 경계선이라는 라벨을 붙이고 있는 내담자는, 사실은 어린 시절에 살아남기 위한 대처 방법을 만들어 낸 건강한 이들이었다는 것이다. 그런데 어린 시절에 적응하기 위해 개발한 행동들은 성인이 된 후 건강한 삶을 찾는 데 방해가 된다. 이와 같은 경계선적인 딜레마를 버몬트주 러트랜드 인근 교차로의 한 유명한 표지판에 쓰인 다음과 같은 경고가 잘 표현해 주고 있다. "바른 길을 택하십시오. 이 길은 17마일(약 27m)이나 됩니다."(Sarnoff, 1987)

2. 누가 경계선 내담자인가

내가 경계선이라는 용어를 사용할 때는, 핵심 주제들이 정체성과 대인관계와 관련된 문제를 가진 내담자 유형을 말하는 것이다. 경계선 내담자는 자신의 어머니나 아버지로부터 완전히 분리 개별화하는 데 실패한 이들이다. 결과적으로, 성인으로서의 기능을 혼자 힘으로 효과적으로 할 수 없는 이들이다. 이런 발달적인 문제는 다양한 접촉장애, 자아 기능의 결핍, 원시적인 심리적 방어들(특히 파편화)을 동반하게 된다.

1) 전형적인 사례 히스토리

예를 들면, 사라는 경계선 내담자의 전형 가운데 하나인 '집착하는[또는 매달리는 (clinger)]' 유형이었다. 어렸을 때 그녀는 학교 가는 것과 어머니 곁을 떠나는 것을 싫어했다. 어머니는 다소 우울하고 외로웠으며, 아버지의 잦은 출장으로 사라에게 심리적으로 의존하는 경향이 있었다. 자신의 필요 때문에, 사라가 친구를 사귀고 엄마로부터 독립할 수 있도록 격려하지 않았다. 사실 사라는 어머니를 떠나서 자신의 삶을 즐기는 일에 죄책감을 느꼈는데, 자신의 독립적인 행동들이 어머니에게 고통을 주게 될 것이라고 생각했기 때문이다. 대신에 그녀는 자주 복통을 경험하고 다른 모호한 신체적 불편감을 호소했는데, 그로 인해 학교를 결석하고 어머니와 함께 집에 머물게 되었다.

사라는 일반적으로 새로운 상황과 새로운 사람을 만나는 일에 두려움이 있었고, 사회적인 상황에서 어색해지는 경향이 있었다. 그럼에도 불구하고, 그녀에겐 친구들이 있었고, 독립성이 많이 요구되지 않는 상황에서는 잘 해냈다. 집에서 멀리 떨어진 대학에 갔는데, 2학년 때는 몸무게가 30파운드나 늘었고, 학과 공부를 모두 따라가지 못해 뒤처지게 되었다. 그녀는 치료를 받기 시작했지만, 결국은 엄마가 있는 집으로 돌아갔다.

사라는 혼자일 때 공허감, 외로움, 부적절감을 느꼈고, 즐겁게 시간을 보낼 때는 막연하게 죄책감을 느꼈다. 결국 우울해지고 자기 돌봄도 하지 못하게 되었다. 그녀에겐 스스로를 돌볼 수 있는 자원이 없었고, 그런 자원을 개발할 수 있도록 어머니가 허용적이었다고 느끼지도 못했다. 혼자가 되면 자신이 버려지거나 방치된 아이처럼 느꼈고, 또는 그 반대로 자신이 어머니를 버리거나 방치하는 것처럼 느꼈다. 만약 또다시 그녀가 집과 어머니를 떠나는 일이 생긴다면, 다른 누군가를 만났기 때문일 것이다. 즉, 엄마 대신 그 사람을 돌봐 주는 대가로 자신이 매달릴 수 있는 누군가를 만났기 때문일 것이다.

존은 경계선 내담자의 또 다른 유형인 '회피형(distancer)'이다. 존은 어렸을 때 어머니가 자기를 버렸기 때문에, 자신이 못생기고 사랑스럽지 못하다고 확신하고 있었다. 거절당하게 될 것이라는 생각 때문에 누군가와 친해지는 일을 상대방과 무관하게 매우 조심스럽게 느꼈다. 여러 위탁 가정을 돌아다니며, 한 번도 안전하다거나 사랑받고 있다는 것을 느껴 보지 못한 채 성장했다. 이런 상황에 적응하기 위해 생각해 낸 것은, 자신이 나쁘고 부족한 아이였기 때문에 엄마가 자신을 그런 식으로 대했다는 것이다. 그래서 언젠가 스스로 그런 것들을 극복하면, 어머니의 인정과 사랑을 받을 수 있을 것이라고 생각했다.

존이 어머니를 '완전히 좋다(all-good)'고 보기 위해 자신을 '완전히 나쁘다(all-bad)'고 여겨 버린 이런 방식은 경계선의 일반적인 방어인 '파편화'의 한 예이다. 즉, '파편화'는 어떤 한 사람(또는 우리 자신)에 관해 우리가 갖고 있는 모든 복잡한 감정이 지나치게 단순화된 두 개의 범주로, 즉 완전히 좋거나 완전히 나쁜 것으로 이분화되고, 이 비현실적인 이분법적 분리를 반박할 수 있는 어떤 증거도 알아차리지 못하게 된다. 존의 경우, 언젠가는 자신이 갈망하는 어머니의 돌봄을 받을 수 있을 거라는 환상(그가 깊은 우울증에 빠지거나 사랑을 완전히 포기하는 것을 막아 줄 수 있는)을 유지하기 위해 그는 '파편화'와 '부인'이라는 방어를 했다. 존은 어머니로부터 버림받은 분노를 반전시켜 자신에게 향하도록 함으로써 어머니로부터 멀어지게 되었다. 성장한 지금에도 여전히 모든 나쁜 것은 자기에게 그리고 모든 좋은 것은 어머니에게 돌리고 있었다. 이로 인해 어머니에게 아주 기본적인 어떤 결함이 있어도 알아차리지 못하게 되었는데, 이런 패턴은 결코 변할 것 같지 않았다. 따라서 아마도 그는 자신이 그렇게 갈망하고 필요로 하던 돌봄을 어머니로부터 결코 얻지 못하게 될 것이다. 존은 10대 때 치료를 받으러 왔는데, 어머니가 그의 삶 속으로 다시 돌아왔을 때였고, 그가 직면해야 했던 것은 어머니를 향해 갖고 있던 이상적인 환상이 아니라 현실의 어머니가 정말 어떤 사람인지였다. 그리고 그가 부정했던 모든 분노와 실망이 표면화되었다.

3. 경계선 딜레마

경계선 문제의 본질은 병적인 가정에서 살아남기 위해 내담자가 자신의 참된 자기 발달을 억제하는 방식으로 적응하여, 어린 시절에 생존을 위해 필요하다면 그 어떤 존재라도 되어야 했다는 것이다. 이들의 정체성은 사랑받을 수 있을 거라는 희망과 생존을 위해 희생되었다. 그래서 이들에게 사랑과 친밀감이란 삼켜지거나 버림받아 자기를 상실하게 되는 위험을 연상시키는 것이 되어 버렸다.

예를 들면, 제니퍼가 처음에 치료받으러 왔을 때, 자신은 화가 난 적이 없다며 부인했다. 그녀는 '엄마의 착한 어린 딸'의 모습으로 자신을 적응시키며 살아 왔던 것이다. 그녀는 사람들이 자기를 좋아하도록 만들기 위해 심부름을 해 주겠다면서 많은 시간을 보내다가, 자신의 노력이 당연한 것으로 여겨지면 분개했다. 현재 자신의 모습이 진정한 자기 모습 같지 않다면서 불평했다. 자기가 원하는 것이 무엇인지 모르겠고, 청바지를 사거나 저녁 메뉴를 선택하는 것처럼 단순한 일상적인 일들을 결정하는 것도 우유부단하여 잘 못하고 짜증이 난다면서 불평했다.

제니퍼는 그 누구와도 정서적으로 가까워지지 못했는데, 자신의 진짜 모습이 겉으로 드러난 모습만큼 좋지 않다는 것을 사람들이 결국 알게 되어 거절당할까 봐 두려웠기 때문이었다. 처음엔 자기를 부인하고 우울한 어머니의 사랑을 최대한 얻어내기 위한 적응적이고 성공적인 방법이라고 여겨 시작한 행동이 이제는 습관화되고 부적절한 것이 되어 버렸고, 자기 스스로도 알아차리거나 통제할 수 없게 되어 버렸다.

경계선 내담자는 어린 시절 받지 못했던 사랑과 돌봄, 그리고 부모로부터 분리되고 개별화되기 위해 필요로 했던 수용을 늘 갈구하며 인생을 살아간다. 하지만 이들은 온 세상이 자신이 성장한 어린 시절의 가정과 같을 것이라고 생각하기 때문에(그리고 살아남기 위해 어린 시절에 구축한 복잡하게 얽힌 방어망으로 인해 자신은 장애자가 되어 버렸기 때문에), 비극을 반복하는 경향이 있다. 이들은 학대하는 연인과 친구를 선택하여 만족스럽지 못한 관계에 매달리며, 사랑을 쟁취하기 위해 자신의 참 모습을 억압해 버린다. 어떤 이들은 버림과 거절을 너무나 두려워한 나머지 다른 사람들과 가까워지는 것을 두려워한다.

4. MISERY로 고통받는 경계선 내담자

1) M(Mother problems): 어머니 문제

앞에서 언급했듯이, 경계선 내담자는 주 양육자로부터 완전한 분리 개별화에 실패한 이들이다. 정서적으로 이들은 아직도 어머니나 아버지의 관심과 인정을 얻기 위해 노력한다. 만약 부모 외에 다른 사람과 진지한 관계를 맺고 있다면, 선택된 그 사람은 아마도 이들을 실패하게 한 그 부모와 공통점이 많은 사람일 것이다.

유명한 집단치료자인 이빙 얄롬은 이런 상황에 적용할 수 있는 명백한 역설을 다음과 같이 주목하여 말했다.

> 극심한 갈등으로 고통을 겪고 있는 가족관계에서 성장한 사람들에게 무슨 일이 일어나는가? 그런 가정으로부터 빠져나올 때, 기뻐서 춤을 추며 나오게 될 거라고 기대하는 이들도 있을 것이다. 그러나 그 반대 현상이 일어난다. 가족이 혼란스러울수록 자녀는 떠나기가 더 힘들다. 그들은 분리할 수 있을 만큼 잘 준비가 되어 있지 않아서 가족에게 매달리게 된다 (Bauer, 1990, p. 245 재인용).

2) I(Identity Problems): 정체성 문제

경계선 내담자의 정체성은 기본적으로 다음과 같은 두 가지 문제가 있다.

(1) 통합된 자기 이미지가 결여되어 있다

이들은 자신과 타인에 대한 서로 모순된 견해를 통합하지 못한다. 아마도 어린 시절 어머니(혹은 주 양육자)에 대한 좋은 감정을 유지하기 위해 '파편화'에 의존했기 때문일 것이다. '파편화'란 심리적인 방어로, 자신 또는 다른 사람에 대한 서로 모순된 견해가 한 사람 안에 공존할 수 있다는 것을 알아차리고 수용하지 못한 채 서로 별개의 것이라고 생각하는 것을 말한다. 즉, 모순 그 자체를 알아차리지 못한다. 예를 들면, 엄마가 자기를 사랑한다고 느껴서 엄마와의 관계가 좋다고 생각되면, 엄마는 완전히 좋은 사람으로 인식되고, 아이 자신도 완전히 좋다고 느낀다. 엄마가 자기를 버렸다고 느끼면, 엄마가 완전히 나쁜 사람으로 그리고 자신도 완전히 나쁘다고 느낀다. 이처럼 두 개의 극단적인 관점을 통합하여 현실을 있는 그대로 보지 못한다. 이런 상반된 견해는 번갈아 나타날 수 있다. 즉, 어떤 날은 자기를 완전히 좋다고 느끼고, 다음 날은 완전히 나쁘다는 식으로 경험한다. 또는 주로 분열의 한쪽 면만 동일시할 수도 있다. 이로 인해 내담자는 자신을 극단적으로 비현실적이며 지나치게 단순화된 방식으로 보게 된다. 예를 들어, 사라는 자신이 뚱뚱하고 못생겼으며 사랑스럽지 못하다고 생각하면서, 자신의 이런 생각과 모순되는 그 어떤 것도 들으려고 하지 않았다. 그녀는 칭찬을 몹시 불편해했다. 때로는 "우리 엄마는 정말 좋은 사람"이고, "나는 끔찍한 아이였죠."와 같이 완전히 좋은 부분을 한 사람에게 또는 완전히 나쁜 부분을 또 다른 사람에게 투사했다.

(2) 이들의 정체성은 잘 개발되지 못했다

이들은 자신의 진정한 자아발달을 억압하면서 가정 형편에 맞도록 적응해 왔기 때문에 정체성이 제대로 발달되지 못했다. 대신 부모를 기쁘게 하고, 처한 상황에서 경험하는 고통으로부터 자신을 최대한 보호하기 위한 방식으로 세상에 존재하는 방법을 터득하며 성장하게 되었다. 경계선 내담자는 정체성이 발달되지 못하고 자신에 대한 시각이 통합되지 못하여 독립적으로 활동하며 진정한 자기 모습을 표현하는 상황에서 기능을 잘 못하는 어려움을 겪는다. 여기서 자기 힘으로 활동한다는 의미는 자신의 진정한 필요와 욕구를 확인하고 행동하며 그것들을 채울 때까지 의욕을 잃지 않을 만큼 자기 지지를 할 수 있는 능력을 말한다.

컨버크(1976)와 마스터슨(1976)은 경계선 내담자의 내면세계가 '부분-자기' 표상과 '부분-대상' 표상이라는 자기(그리고 타인)에 대한 수많은 통합되지 않고 서로 모순된 관점으로 가득 차 있다고 가정했다. 대인관계 상황에서 경계선 내담자는 시간이 갈수록 기본적인 정체성이 안정되어 가는 통합적이고 통전적인 개인으로 반응하는 대신, 오직 자신의 부분-자기들 중 하나로만 반응한다. 마찬가지로, 치료 과정에서도 치료자에게 반응을 할 때, 치료자인 당신이 통합된 전체로 지각되지 않고 단지 부분적인 대상으로만 지각될 수 있다. 전형적인 경계선 내담자의 부분-자기 표상의 몇 가지 예를 들어 본다면 다음과 같다. '완전히 착하고 순종적인 아이(완전히 좋은 부분-자기 표상)' 또는 '완전히 추악하고 사랑받지 못하는 아이(완전히 나쁜 부분-자기 표상)'이다. 그리고 치료자에게 투사되는 대표적인 부분-대상 표상은 '돌봐주는 완전히 좋은 어머니(완전히 좋은 부분-대상 표상)' 또는 '버리거나 삼켜 버리는 완전히 나쁜 어머니(완전히 나쁜 부분-대상 표상)'이다.

3) S(Splitting): 파편화(또는 분열)

경계선 내담자는 자신과 중요한 타자에 대한 좋은 감정을 지키기 위해 파편화(서로 모순되는 정서 상태들을 분리하는 것으로 부정적인 정서에 압도당해 긍정적인 정서를 파괴해버리는 것을 방지하기 위해서)와 다른 원초적인 방어들(행동화, 집착, 회피, 부인, 투사, 투사적 동일시)을 한다. 불행하게도, 이러한 방어들은 현실을 왜곡하여 자신과 타인을 정확하게 인식할 수 있는 능력을 방해한다.

이런 내담자가 누군가를 좋아하게 되면 그 사람의 좋은 점만 볼 수 있다. 자신이 좋아하는 사람의 결함을 알려 줄 수 있는 단서들은 그게 어떤 것이든, 완전히 좋은 사람이라는 전경의 배경으로 남게 될 뿐이다. 누군가를 좋아하지 않을 때는 그 반대 현상이 일어난다. 그 사람을 완전히 나쁘다고 인식하여 그 사람의 선한 면을 포함하여 자신의 인식과 모순되는 단서들은 보이지 않는 배경으로 남게 된다.

4) E(Engulfment & Abandonment Fears): 삼켜짐과 버려짐의 공포

이 두 가지 두려움은 경계선 내담자의 대인관계에서 지배적이다. 모든 친밀함이 이들에게는 위협이 될 수 있다. 왜냐하면 상대방에게 버려지면 어쩌나 또는 삼켜져 자신의 경계가 무너지면 어쩌나 하는 두려움을 자극하지 않을 만큼 편안한 대인관계 거리를 찾는 것이 이들에게는 어렵기 때문이다.

삼켜짐에 대한 두려움(다른 사람의 정서적인 필요로 인해 자신이 상대방에게 삼켜져 개인적인 자율성을 상실하면 어쩌나)이 지배적일 때는, 정서적·물리적 거리를 유지하며 상대방에게 반응한다. 이 경우 치료자는 내담자에게 융합과 돌봄을 요구하는 엄마처럼 보인다.

버려짐에 대한 두려움이 전경으로 떠오르게 되면, 그 고통을 덜기 위해 사랑과 지지를 지나치게 요구하며 매달리게 될 것이다. 만약 살면서 너무 많은 상처를 받아서, 이제는 거절당할 것이 뻔하다고 여겨지면 더 이상 매달릴 수 있는 능력조차 사라져, 거리두기와 철회가 지배적인 상황이 될 것이다. 매달림과 철회는 빠르게 번갈아 나타나는데, 회기 중에도 나타나지만, 보통은 이런 내담자의 일상적인 관계 패턴인 경우가 많다.

5) R(Rage): 분노

경계선 내담자는 매우 화가 난 사람들이다. 자기 내면의 중심부로부터 끝을 알 수 없는 분노를 경험하는 경향이 있다. 때로는 자기주장을 못하는 행동으로 나타나거나, 또는 내면의 그 모든 분노를 다 표출해 버린다면 영원히 걷잡을 수 없을 것 같다는 두려움으로 나타난다. 사실, 안전감을 느끼는 사람에게는 자주 분노 발작을, 그밖의 사람에게는 지나치게 친절한 이들이다.

경계선 내담자는 마가렛 말러가 '대상 항상성'이라고 하는 발달적 이정표를 넘어서지 못한 이들이다(Mahler, Pine, & Bergman, 1975). 대상 항상성은 두 부분으로 이루어져 있다. ① 어떤 사람과의 관계에서 화가 나거나 상처를 입었거나 실망했을 때라도 그 사람과의 긍정적인 정서적 유대감을 유지할 수 있는 능력, 그리고 ② 물리적으로 존재하지 않는 어떤 사람과 정서적으로 연결되어 있다고 느끼면서 그 사람의 얼굴을 기억하여 떠올릴 수 있는 능력이다.

이것은 경계선 내담자가 누군가에게 화가 나면, 그 사람에 대한 긍정적 감정을 유지할 수 없다는 말이다. 마치 이들이 좋아하던 완전히 좋은 사람은 모두 파괴되어 이들의 정서 세계에는 더 이상 존재하지 않는 것과 같다. 따라서 그 사람과의 관계에서 경험했던 정서적인 안전감도 완전히 사라져 버리는 것이다. 더구나 이들은 자기가 화를 냈기 때문에 그 사람이 자기를 벌하거나 버리면 어쩌나 하며 두려워하게 된다.

이 모든 것이 이들을 반전하도록 할 수 있다. 반전(retroflect)은 분노에 대한 방어로서 화가 난 사람이 그 동원된 에너지를 다른 사람이나 외부로 향하는 대신에 방향을 바꿔 자신에게 향하도록 하는 것이다. 비교적 기능을 잘하는 내담자의 경우, 반전이 신체 긴장이나 자기 파괴적인 생각이나 충동의 형태로 나타날 수 있다. 예를 들면, 이들은 자신이 쓸모없다고 생각하며 경멸할 수도 있다. 반면, 기능을 잘 못하는 내담자는 실제로 자신에게 상해를 입힐 수 있다.

6) Y(Yearning): 갈망

경계선 내담자는 완전한 단 한 사람을 갈망하며 인생을 살아간다. 자신을 무조건적으로 사랑하고 수용해 줄 수 있는 어떤 사람, 자신의 분리 개별화와 지속적인 성장을 허용해 줄 사람, 24시간 헌신하면서도 그 보답으로 아무것도 요구하지 않는 사람, 그리고 이 모든 것을 믿기지 않을 정도로 강렬한 일대일의 관계 맥락을 통해 해줄 수 있는 한 사람을 갈망한다. 간단히 말해서, 이들은 자신이 필요도 했던 적절한 부모의 지지를 충분히 받을 수 있도록 행복한 유아기 시절에 필요했을 경험을 재연시켜 줄 수 있는 어떤 사람을 원한다.

이 역할, 즉 완벽하게 사랑해 주는 부모의 모습이 자주 치료자에게 투사되는데, 경계선 내담자와의 치료 회기에서 나타나는 독특한 강렬함은 바로 이런 현상 때문인 것 같다. 이들은 치료자인 당신의 특별한 보살핌과 관심의 징후를 지속적으로 관찰할 것이다(또는 반대로, 치료자인 당신도 자신을 삼키거나 버리는 것은 아닐까 하며 관찰할 것이다).

5. 경계선의 역사

1) 유아 발달의 정상적인 단계

마가렛 말러와 동료들(Mahler, Pine, & Bergman, 1975)에 따르면, 정상적인 유아 발달은 예측 가능하고 질서 정연한 여러 단계를 거쳐 진행된다. 이 과정은 신생아가 출생과 더불어 부모의 돌봄에 전적으로 의존하면서 자신이 분리된 개체라는 것을 지각하지 못하는 데서 시작된다. 그리고 이상적으로는 결국 아이의 개별성이 통합되면서 끝나게 되는데, 이 과정에서 자신과 다른 사람을 아이가 통합된 전체로 볼 수 있고, 3~4세경에는 대상 항상성을 획득하면서 정상 유아 발달 과정을 마치게 된다. 다시 말하면, 모든 게 잘 되어 간다면 결국 아이는 엄마(또는 다른 주 양육자)가 자기와는 구별된 개별적인 존재라는 것을 분명하게 인식하게 되고, 엄마가 자기 앞에 없거나 또는 엄마에게 아이가 화가 났을 때라도 심리정서적으로 엄마가 자기를 위해 계속해서 존재한다는 것을 알게 된다는 것이다.

발달의 초기 단계에서 엄마의 적절한 돌봄은, 유아의 전적인 의존을 수용하면서 아이의 모든 신체정서적 필요를 적절하게 충족시켜 주는 것이다. 이렇게 되면 양육자를 향한 기본적인 신뢰감을 형성하게 되고 다른 사람을 사랑하고 신뢰할 수 있는 토대를 마련하게 된다. 후에 움직일 수 있게 되어 환경을 탐색하기 시작할 때도 여전히 양육자의 사랑과 지원을 필요로 하지만 좀 더 자율성을 주어야 한다.

말러에 따르면, 약 15~24개월 정도에 아이는 '재접근의 위기'를 겪게 되는데, 자신의 분리를 예민하게 자각하면서 동시에 극도의 취약함을 느끼는 단계이다. 이 단계에서 아이는 엄마와 하나가 되고 싶어 하면서 동시에 엄마로부터 분리되고 싶어 하는 것처럼 보이는 반응을 한다. 이 시기에는 아이가 짜증을 내거나, 슬픈 기분과 칭얼대는 것이 일반적이다. 이제 엄마가 할 일은 아이의 부정적인 반응을 상당히 관대하게 대처하며, 지속적으로 필요한 사랑과 지지를 하는 것이다. 엄마의 지지가 계속되는 가운데 필요에 따라 아이가 의존하면서도 독립할 수 있도록 허용해 준다면, 결국 이 어려운 시기를 잘 통과하여 자신을 엄마와 분리된 사랑스러운 존재로 인식하기 시작한다.

양육자로서의 엄마 역할이 쉽지 않고 많은 일이 잘못될 수 있음에도 불구하고 우리 대부분이 이 시기를 비교적 안정되고 적절하게 기능하며 통과해 왔다는 것은 인간으로서 우리의 타고난 강인함을 증명해 주는 것이다.

2) 경계선 내담자의 어린 시절의 발달 역사

일반적으로 정상 발달의 유아가 대상 항상성과 정체성 통합을 이루기 전에 보이는 정서 행동과 유사한 문제를 경계선 내담자가 보인다는 것에 많은 임상가가 주목하게 되었다. 즉, 유아와 경계선 내담자는 모두 한 사람 안에 선과 악이 동시에 공존한다고 보는 것이 어렵다는 것이다. 따라서 이들은 자신이 화가 나 있는 상대방과 긍정적인 정서적 유대를 유지할 능력도 없고, 자신의 힘으로 편안하게 기능할 능력도 없다. 이로 인해 일부 이론가들 중에는 성인 경계선 내담자는 과거 유아기에 해결하지 못한 발달적 어려움을 겪고 있다고 생각하는 이들도 있다(G. Blanck & R. Blanck, 1974, 1979; Kernberg, 1976; Mahler, Pine, & Bergman, 1975; Masterson, 1976, 1981, 1983).

이어서 설명하는 세 가지의 기본적인 유아기 발달 역사 가운데 하나를 경계선 내담자가 경험했을 거라는 것을 나는 임상을 통해 알게 되었다. 나는 여기서 엄마 역할의 중요성에 초점을 맞추고 있지만, 아버지의 행동이 상황을 긍정적으로 수정할 수도 또는 모든 것을 더 악화시킬 수도 있다는 것에 초점을 두고 있다. 이러한 발달 역사의 부정적인 영향은 부모 중 한 사람(또는 형제, 다른 양육자)에 의한 학대가 있다면 더욱 심각해질 수 있다.

(1) 초기 이별 또는 유기

내담자가 어머니와 3세 이전에 헤어진 경우다. 이들은 존이 그랬던 것처럼 자주 임시 위탁 가정에 맡겨진다. 아버지가 부재했거나 수동적이어서 무엇이든 어머니가 원하는 대로 내담자를 양육하게 된다. 이 첫 번째 유아 발달 역사에서는 아이가 부모와 떨어져 병원에 장기간 입원한 경우와 이런 중대한 시기에 어머니가 아프거나 또는 물리적으로 아이와 함께할 수 없는 경우도 포함된다.

(2) 독립하려는 아이를 방해하는 양육자

성장하려는 아이를 어머니가 적극적으로 방해하는 경우로, 주변 환경을 탐색하고 싶어 하는 아이의 욕구를 허용하지 않고, 부모가 과잉보호와 집착을 한 경우이다. 아버지의 부재나 소극성 또는 아버지와 어머니가 한편이 되어 양육하는 경우로, 사라의 경우가 이에 해당된다.

(3) 정서적으로 거리감 있는 양육

아이를 멀리 보낸 것은 아니지만, 어머니는 냉정하고 비판적이고 관심이 없었다. 어머니는 모성애가 있었지만, 아이와 정서적으로 함께해 주지 못했다. 아버지 역시 자기 방식대로 살면서(아버지가 알코올 또는 일 중독 등으로) 아이와 함께 하지 못했다.

3) 내담자의 발달 역사가 내담자 행동에 미치는 영향

앞에서 살펴본 세 가지 각각의 발달 역사(그리고 이와 관련된 수많은 변형과 조합)는 개인이 타고난 자질들과 상호작용하여 다음과 같이 서로 다른 임상적인 장면들을 만들게 된다.

(1) 발달 역사 유형 1: 버려진 아이

이 유형의 내담자는 버려질까 봐 두려워하고 거절의 징후에 극도로 민감하다. 실제로 그렇지 않을 때에도 거절당하는 상상을 할 수 있다. 이런 두려움으로 인해, 일찍 상황을 피해 버리거나 관계를 끝내 버리게 된다. 또는 받지 못했던 돌봄을 갈망하기 때문에, 자기를 돌봐 줄 사람이라는 상상을 하면서 부적절한 사람에게 애착을 느끼며 관계를 이어 가려고 할 것이다.

(2) 발달 역사 유형 2: 영원한 아이

이 유형의 내담자는 좀 어린아이처럼 보일 것이다. 자율적으로 기능할 수 있는 성숙한 개인으로 성장하는 것을 격려받지 못했기 때문이다. 수동적이며, 순응하는 법을 배우며 성장했다. 언제 어떻게 "아니요."라고 해야 할지 몰라 자주 어려움을 경험한다. 이런 유형의 발달 역사를 가진 성인 내담자는 여전히 집을 떠나지 못하고 부모와 함께 살고 있을 것이다. 어떻게 간신히 집을 떠난 경우라도, 어머니의 격렬한 반대를 무릅쓴 후에야 가능했다고 말할 것이다. 여전히 어머니와 긴밀한 접촉을 갖고 있을 것이다(예: 자주 집에 전화하기, 주말마다 집에 가서 저녁을 함께 하기 등).

(3) 발달 역사 유형 3: 비난받은 아이

이 유형의 내담자는 차갑고 비판적이거나 관심이 없는 어머니를 둔 이들로, 처음엔 자신을 차갑고 비판적인 모습으로 드러낼 수 있다. 다른 사람이 자신을 판단하면 어쩌나 하며 경계하는 것을 배우며 성장했고, 이러한 경계심이 처음에는 치료 과정으로 이어질 것이다. 그러나 치료자의 따뜻하고 무비판적인 관심에 자주 매우 긍정적으로 반응할 것이다. 치료자가 자신의 어머니처럼 자신을 판단할 것이라는 염려를 내려놓게 되면서 긴장을 풀고 마음을 열어 진정한 자신의 모습을 점점 더 보여주게 될 것이다.

4) 자기애성과 경계선 내담자

부모로부터 습관적으로 무시를 당했거나, 진실된 자신의 모습이 결코 적절한 인정이나 반응을 받지 못했다고 느끼는 내담자도 강한 자기애성 성격으로 발전할 수 있다. 부모가 아이를 공감하지 못하는 상황에 반복적으로 노출된 채 성장하게 되면, 나중엔 공감을 조금만 받지 못해도 극도로 민감해지게 된다. 또한 부모의 자기애성 성향으로 인해 아이를 공감해 주지 못하는 경우가 자주 있는데, 이 경우도 자기애성 행동의 모델이 된다.

물론 초기 발달 문제만이 원인의 전부는 아니다. 경계선 내담자도 다른 사람과 마찬가지로 새로운 장애물을 만나고 극복하면서 일생 동안 발달을 계속한다. 따라서 경계선 내담자 개개인에 대한 하나의 정확한 치료법이 있다고 할 수는 없다. 그러나 경계선 성격 적응에 관한 일반적인 이해와 내담자의 발달과정과 기능 수준에 관한 몇 가지 기본적인 정보를 함께 고려하면, 치료자가 내담자를 체계적으로 이해하여 정리할 수 있고, 내담자에게 맞는 적절한 치료 개입을 선택하는 데 크게 도움이 될 수 있다.

6. 게슈탈트 치료자가 경계선 내담자와 겪는 일반적인 어려움

1) 게슈탈트 치료는 경계선 적응 내담자를 위한 치료법으로 만들어지지 않았다

역사적으로 게슈탈트 치료(그리고 대부분의 다른 치료법들)는 주로 신경증적 문제 (또는 신경증적 문제라고 가정되는)로 어려움을 겪는 지나치게 지적인 내담자 치료를 위해 만들어진 것이다. 많은 치료 기법이 내담자가 느끼는 치료 경험의 강도를 증진시키고 신경증적 갈등에 대한 내담자의 방어를 가능한 한 속히 없애도록 돕기 위해 개발된 것이다.

경계선 내담자는 신경증적 이슈의 일반 내담자가 가진 그런 내적 자원들을 가지고 있지 않다. 심하게 스트레스를 받으면, 이들은 기능을 완전히 멈추게 될 것이다. 학생이라면 결석하고 하루 종일 잠을 잘 수도 있다. 직장인이라면 동료들과 얼굴을 맞대고 자기가 할 일을 제대로 해낸다는 것이 너무 버겁게 느껴져 전화로 병가 신청을 할 것이다. 회복하는 데는 며칠, 몇 주 또는 심지어 몇 개월이 걸릴 수도 있다. 일시적으로 정신증 같은 증상이 나타날 수도 있고, 심한 경우에는 실제로 자살의 위험이 있을 수 있다.

신경증적 이슈를 가진 일반 내담자보다 회복 속도는 매우 느리고 스트레스에 대한 반응은 훨씬 극단적이기 때문에, 치료적 개입은 훨씬 더 신중하게 이루어져야 한다. 어떤 순간의 감정적 강렬함을 높이기 위한 개입(예: "아버지에 관해 말하지 말고 아버지께 직접 말해 보세요. '너' 대신 '나'라고 말하세요.")은 어떤 경계선 내담자에게는 역효과일 수 있다. 자신이 이미 느끼고 있는 것보다 더 강렬한 것을 대처할 수 없는 경우가 많다.

이것은 우리가 하고 있는 대부분의 치료 방식에 많은 변화를 가져올 필요가 있다는 걸 말해 준다. 내담자가 더 기능을 잘할 수 있도록 돕기 위해 우리는 훨씬 더 천천히 가면서 더 많은 준비 작업을 해야 한다는 것을 나는 알게 되었다(이 문제에 대한 구체적인 제안은 이어지는 내용들을 통해 나누기로 하겠다).

2) 경계선 내담자는 보통 처음에는 치료보다는 관계 욕구 충족에 더 관심을 가진다

이들은 자주 현재 관계에 대한 불평과 그로 인해 자신이 얼마나 불행한지를 집요하게 나누면서 대부분의 시간을 보낸다. 그렇지 않을 때는 치료자에게 매달리며, 부모에게 받지 못했던 돌봄(재양육)을 부당하게 요구할 수도 있을 것이다(예: "왜 내가 원할 때마다 전화하면 안 되는데요?" "내가 정말 필요해서 추가 회기들을 한 건데, 왜 치료비를 내라고 하는 거죠?"). 또는 화가 나거나 두려워서 치료받지 않고 도망가 버리기도 한다.

우리가 보통 치료라고 부르는 작업(알아차림 증진, 자신의 행동과 선택이 어떻게 자신의 삶에 영향을 미치는지 이해하기 등)을 경계선 내담자가 하도록 하는 것은 매우 어려울 수 있다. 많은 내담자가 저항하고 대신 자신의 충족되지 못한 관계 욕구를 전경으로 떠올리며 다뤄 줄 것을 고집할 것이다. 치료자와 내담자 간의 이런 역동은 비생산적인 줄다리기로 이어질 수 있다. 치료자는 내담자의 파괴적인 대인관계 욕구와 재양육에 대한 요구를 포기하게 하는 데 실패하고, 반면에 내담자는 저항하며, 이해받지 못하고 비판당한다고 느껴 상처를 받는다.

이 딜레마에서 벗어날 방법이 있다. 게슈탈트 치료자로서 우리는 과거의 미결과제들이 현재를 압박하여 해결하고자 한다는 걸 알고 있다. 그리고 우리의 그 충족되지 못한 욕구들(음식, 양육)을 가장 잘 충족시켜 줄 것 같은 환경 장의 어떤 부분들이 전경으로 강하게 떠오른다는 것도 알고 있다. 경계선 내담자와 효과적으로 작업하기 위해서는, 내담자가 우선시하는 욕구를 징딩한 깃으로 수용해 주면서, 동시에 내담자의 삶에서 치료자의 역할에 대한 현실적인 경계를 유지할 필요가 있다. 즉, 이들의 우선순위를 타당한 것으로 받아들인다고 해서, 이들이 원할 때면 언제든지 전화를 할 수 있다거나, 추가 치료를 허락해 주거나, 원하는 어떤 것이든 우리가 되어 주어야 한다는 것을 의미하는 것은 아니다. 그것이 의미하는 바는 내담자의 개인적인 성장을 위해 필요한 것이 무엇인지 치료자인 우리가 내담자보다 더 잘 알고 있다는 잘못된 생각으로 인해, 이들의 삶이나 치료적 초점을 통제하지 않는다는 것을 말한다.

경계선 내담자가 발달과정에서 미결과제가 시작되었던 지점을 통과하기 위해서는 자신의 미결된 욕구가 마침내 충족되어 해결될 수 있도록, 어떻게 해서든 어린 시절의 상황을 먼저 재연할 필요가 있다는 것을 이들은 직감적으로 느낀다. 이러한 이유로 자신의 부모(특히 어머니)를 연상시키는 사람과 강렬한 관계를 반복적으로 추구하며, 삶의 다른 영역들(직업적 만족, 개인적 성장, 취미 등)을 희생시켜 가면서 이런 관계에 강박적으로 집착하게 된다.

대부분의 치료자는 경계선 내담자가 회복하고자 하는 이런 강렬한 관계들을 전적으로 병리적인 것으로 보는 실수를 한다. 그것이 비현실적이기 때문이고(그 어떤 성인도 좋은 엄마가 유아에게 줄 것 같은 그런 이타적인 사랑을 또 다른 성인에게 주지 않을 것이라서), 이들의 애인이나 친구들도 부모처럼 비슷한 결함들을 갖고 있는 사람들이기 때문이다. 그러나 이들의 이런 갈구를 유기체의 자기 조절능력과 회복을 향한 합리적인 시도로 존중하고 이해하고 수용한다는 것을 알려 주면, 자신의 삶에서 그런 충족되지 않은 욕구가 어떤 역할을 하고 있는지 찾는 일에 훨씬 덜 저항하게 된다.

3) 치료자의 역전이는 경계선 내담자 치료에 방해가 될 수 있다

경계선 내담자가 매우 요구적이며 애정에 굶주려 있기에, 대부분의 치료자는 매우 강렬하고 때로는 예상치 못한 감정적 반응을 하고 있는 자신을 발견할 수 있다. 이런 반응은 내담자의 요구와 비난에 대한 분노와 짜증부터 내담자의 삶에 끼어들어 돌봐 주고, 부모로부터 받지 못했던 모든 것을 해 주고 싶어 하는 것까지 다양하다.

이에 대한 나의 기본적인 입장은 다음과 같다. 치료 과정을 방해하는 내담자에 대한 치료자의 역전이 반응이 생기는 이유는, 게슈탈트 심리치료 수련기관이 전이, 역전이와 관련된 이슈들을 대체로 가르치고 있지 않기 때문이다. 좀 더 구체적으로 말하면, 치료자가 경계선 내담자를 대처할 만큼 충분히 준비되어 있지 않기 때문이다 (역전이와 경계선 내담자에 관한 보다 자세한 내용은 8장 참고).

7. 치료

경계선 내담자는 기본 욕구가 충족되지 못한 상태에서 치료받으러 온다. 치료가 성공적일 때는 충족되지 못했던 다양한 욕구들이 마침내 돌봄을 받았기 때문인데, 이는 다음과 같다.

- 진심으로 이들을 사랑스럽고 독특한 개인으로 여기며 인정해 주는 사람들과 강렬한 일대일의 관계를 경험
- 이런 내담자가 다시 성장할 수 있도록 분리 개별화가 허용되는 경험(그리고 그에 대한 안내 지침이 주어지는 경험)
- 안전하고 지지적인 환경에서 새로운 행동을 시도할 기회를 경험
- 이들을 숨 막히게 하고 현전하지(지금 여기에서 살지) 못하게 하는 복잡하게 엉킨 방어들을 풀어 낼 수 있도록 도움으로써 타인과 적절하고 즐거운 접촉을 경험

내가 처음으로 경계선 내담자들과 함께 작업을 했을 때는, 게슈탈트 치료 문헌을 통해 이들의 이슈를 구체적으로 다룰 수 있는 방법에 관한 정보를 거의 찾을 수 없었다. 경계선 장애를 이해하기 위해선, 고전적 정신분석학, 자아심리학, 대상관계 문헌이 일반적으로 더 도움이 된다는 것을 나는 알게 되었지만, 때로는 그들의 제안이 너무 모호하고(예: "자아를 발달시켜라." "분리 및 개별화를 시켜라."), 이해하기 어렵거나, 게슈탈트 치료자에게는 적합하지 않았다.

물론 구체적인 방법은 내담자마다 다르지만 다음에 이어지는 내용들을 통해 경계선 내담자를 어떻게 치료해 왔는지 가급적 상세하게 설명하려고 한다. 최선의 개입은 상황마다 다르기 때문에 사용하는 모든 개입을 여기에 다 수록할 수는 없지만, 내가 알게 된 중요한 방법들에 관한 구체적이고 명확한 정보들을 나누려고 한다. 개입 방법들에 관한 아이디어와 기술들은 내가 개발한 것들도 있고, 다른 치료자들이 제안한 방법들도 있다. 나에게 특히 도움이 되었던 것은 제임스 마스터슨(James Masterson, 1976, 1981, 1983), 마가렛 말러(Margaret Mahler, 1975), 제럴드 아들러(Gerald Adler, 1985), 게르트루드와 루빈 블랑크(Gertrude & Rubin Blanck, 1974, 1979)의 문헌들이었다. 경계선 내담자를 돕고자하는 이런 연구자들의 의지와 구체적이고 명료한 제안 모두가 내게 도움이 되었다.

1) 안전하고 신뢰할 수 있는 환경을 만들라

많은 경계선 내담자는 성인이라는 존재를 신뢰할 수 없는, 혼란스러운 가정에서 성장했다. 적절하고 일관성 있는 지지와 양육에 대한 기대를 할 수 없었다. 따라서 치료자의 신뢰성과 일관성은 치료의 중요한 요소다. 이들이 자신의 삶을 꾸려 가며 살도록 돕기 위해선 분명한 치료적 경계가 도움이 된다. 그러나 내담자마다 도움이 된다고 느끼는 것은 다 다를 수 있다. 안전하고 신뢰할 수 있는 환경을 만들기 위해서는, 내담자마다 다른 그들의 고유한 욕구에 민감하게 반응할 수 있어야 하고, 치료자에게 익숙한 일 처리 방식을 기꺼이 수정할 필요도 있다.

물리적 환경은 치료자인 당신을 내담자가 실제로 어떻게 느끼는지보다 훨씬 덜 중요하다. 이상적으로는 아들러(1985)가 말하는 소위 '안아 주는 자기-대상(또는 버텨 주는 자기 대상(holding self-object)]', 즉 내담자에게 안정감을 주는 대상이 되어 줄 필요가 있다. 이들이 자기 지지를 스스로 할 수 있을 때까지 내담자가 필요로 할 때 보이지 않는 손처럼 떠받쳐 주는 사람이 바로 치료자라는 생각을 나는 가끔 한다.

경계선 내담자에게 안전한 환경을 만들어 주는 일은, 문제의 본질이 대인관계에서의 불편함이기 때문에 어려울 수 있다. 상처를 좀 더 심하게 받고 성장한 경계선 내담자들 가운데는 치료자인 당신도 역시 자신의 정서적 필요를 채우기 위해 내담자를 포기하거나 거부하거나 삼켜 버릴 것이라고 생각할 수 있다. 그 결과, 또다시

'배신'당하지 않기 위해 자신을 보호하려고 할 것이다. 내담자들 중에는 치료 상황에서 일어날 수 있는 위험의 정도를 현실적으로 신속하게 평가하고 그에 따라 행동할 수 있는 이들도 많지만, 경계선 내담자는 판단력이 손상되어 있어서 종종 그렇게 하지 못한다.

치료자인 당신이 안전한 환경을 만들어 치료가 순조롭게 진행되도록 할 수 있는 일들은 다음과 같다.

(1) 내담자의 필요가 당신을 안내하도록

나는 어떻게 행동해야 할지에 대한 단서를 내담자로부터 찾고는 한다. 첫 회기가 시작될 때, 내담자가 나를 엘리노어 또는 그린버그 박사라고 불러도 된다고 말해 주고, 내담자를 내가 어떻게 불러 주길 원하는지 묻는다. 또한 내 치료실에는 앉을 수 있는 자리가 다양해서 내담자가 나와 얼마나 가까이 앉고 싶은지에 따라 선택할 수 있다. 예를 들면, 나와 거리를 두고 앉고 싶어 하고, 호칭을 두 사람 모두 이름 대신 성을 사용하길 원한다면, 나는 내담자가 다소 격식을 차리며 사적인 분위기를 선호하지 않을 거라는 가정을 하게 된다.

당신이 특정 내담자의 초기 양육과정에 관해 어느 정도 알고 있다면, 내담자가 무엇을 위험하다고 느낄지 상당히 정확하게 예측할 수 있을 것이다. 예를 들면, 어릴 때 엄마로부터 유기를 경험한 유형 1(버려진 아이) 내담자는 특히 아주 가벼운 거절에도 민감하다. 이들에게는 치료의 시작과 종결 시점, 그리고 치료자의 휴가 기간이나 또 다른 부재가 특히 어려운 시간들이다.

이런 내담자들 가운데 어떤 이들은 의식적·무의식적으로 회기 내내 치료자의 어조나 제스처를 해석하려고 애를 쓰는데, 이것은 자신을 향한 치료자의 표현되지 않은 기대가 어떤 것인지 혼자 상상하고 그대로 맞춰 주기 위해서다. 이러한 내담자는 과거의 양육자로부터 경험했던 분노 감정과 버림받음, 거절감을 피하기 위해 자신의 진정한 모습을 희생시키는 어린 시절의 패턴을 반복하게 된다.

어떤 내담자는 회기 중에 내가 화장실에 다녀오는 것을 자신의 이야기를 마땅치 않게 여기는 신호로 받아들이기도 했다. 또 다른 내담자는 내 표정이 바뀌면 화제를 바꾸고는 했다.

(2) 내담자가 당신과 거리를 두려고 할 때, 바로 직면하지 않도록

경계선 내담자는 대인관계에서 불편함을 많이 느끼고 상대방에 대한 신뢰도 없기 때문에, 거절에 대한 두려움이나 거리를 두고 싶어 하는 이들의 모습을 치료자가 알아차리게 되어도, 치료자인 당신과 좀 더 편해지고 치료가 잘 진행될 때까지 직면을 미루는 것이 가장 좋다.

당신은 이런 과정을 잘 경청할 수 있어야 한다. 기능을 좀 더 잘하는 내담자는 대인관계에서 자신이 경험하고 있는 어려움들을 상당히 잘 알아차리고 감당할 수 있다. 그러나 기능이 떨어지는 내담자는 너무 상처받기 쉽고 정서적으로 불안정해서 모든 상황을 부정함으로써 자신의 기능 수준을 유지하려고 한다.

(3) 치료자의 따뜻함도 내담자의 필요에 맞추어

① 유형 1: 버려진 아이

이 유형의 내담자가 치료자인 여러분과 관계 맺는 방식은 이들이 버림을 어떻게 받아들였는지, 그리고 학대로 인한 충격이 얼마나 심한지와 관련이 있다. 최상의 시나리오는 치료자로서 당신이 자신의 욕구를 충족시켜 줄 것이며, 갈망해 오던 '좋은 엄마'의 모습을 당신에게 투사할 수 있다는 희망을 갖는 것이다. 이런 상황에서 치료자가 따뜻하고 친근하면 내담자는 환영할 것이다. 다만 끝없는 돌봄에 대한 비현실적인 기대를 자극하지 않는 것이 최선이다. 당신은 내담자가 자신의 환상을 억제할 수 있도록 명확한 경계(회기 사이의 전화 통화, 정시에 치료 마치기 등에 대한 방침 등)를 가지고 있어야 할 것이다. 최악의 시나리오는 내담자가 학대와 과거의 유기로 인해 너무 심하게 상처를 받아, 관계 맺는 것을 주저하거나 또는 다시 거절당할 것이 뻔하다고 믿어서 어떤 관계든 시작도 하기 전에 적극적으로 파괴하려고 할 수 있다. 이들의 부정적 행동에도 불구하고 당신의 일관성 있는 관심이 도움이 된다.

② 유형 2: 영원한 아이

이런 내담자는 따뜻하고 친근하며 개방적인 모습을 자주 보인다. 만약 치료자인 당신이 따뜻하다면, 이들은 치료에 매우 열심일 것이고, 치료자로서 당신에 대해 매우 긍정적일 것이다. 그러나 치료자가 방심하게 되면, 이것은 오히려 치료의 덫이 될 수 있다. 치료과정에서 일어나는 모든 일이 실은 내담자의 긍정적 전이로 인해 치료자에게 따뜻한 인정을 받고 싶어서 순응하는 것처럼 보이는 행동을 하고 있는 것뿐인데, 치료가 순조롭게 진행되고 있다고 치료자가 쉽게 생각할 수 있기 때문이다. 이는 어머니와의 관계를 다시 재연한 것으로 보이는데, 내담자가 어머니의 욕구에 집중하면서 개별화를 못하고, 여러 면에서 어린아이의 모습으로 남게 된 것이다. 치료의 성패는 이들이 자신의 현실적인 문제를 기꺼이 다룰 의사가 있는지, 그리고 성인으로서 자신의 삶을 위한 적절한 책임을 질 수 있느냐는 것이다. 치료의 초점을 서로의 좋은 감정이 아니라 치료 과정에 맞추는 것이 중요하다. 그렇지 않으면 실제적인 치료적 변화를 기대하기 어려울 것이다.

③ 유형 3: 비난받은 아이

이 유형은 어머니는 냉정하고 비판적이며 지배적이고, 아버지가 소극적이거나 아버지 없이 성장한 경우이다. 치료 과정에서 이들이 가장 편안해지는 경우는 격식을 중요시하는 이들의 대인관계 방식에 맞추고, 실제적으로나 상징적으로 그들과 거리를 유지할 때인 것 같다. 이들은 나의 어떤 개인적인 일에 관해서도 알고 싶어 하지 않았다. 그렇게 한다면 내가 자신의 현실로 다가오기 때문이었다. 이들은 나를 오로지 치료자라는 역할로만 만날 필요가 있는 것 같았다. 친밀한 것이 실제로 자신과 관계가 있을 수 있다는 생각은 이들에게 너무 위협적일 것이다. 나는 내담자가 나를 만나면서 안전감을 느끼고, 일시적인 지지를 해 주기 위해, 심지어는 어떤 특정한 날에 따라 옷을 잘 차려 입거나 대충 차려 입기까지 했는데, 치료의 어떤 지점에서 이것이 내담자에게 필요하다고 생각했기 때문이었다.

예를 들면, 신시아는 옷을 매우 보수적으로 잘 차려 입었다. 그녀의 가족은 그녀에게 예의범절을 주입시켜 키웠다. 그녀는 좀 더 느긋하고 덜 비판적인 사람이 되기를 간절히 원했지만, 자신과 이질적인 사람들과 관계 맺는 것을 어려워했다. 신시아가 치료를 받으러 오는 날, 나는 그녀의 격에 맞게 옷을 갖춰 입었고, 그녀가 괴롭지 않도록 스타일을 살짝 바꾸기도 했다(보통 나는 지극히 캐주얼하고 활기가 넘치는 스타일이다). 치료에 진전을 보이면서, 사람들과 관계에서 그녀는 좀 더 안전감을 느꼈고, 치료자로서의 나보다 한 인간으로서 나를 알게 된 일과 그리고 자신이 경험하는 따뜻한 감정을 좀 더 받아들일 수 있게 되었다.

치료자로서 우리는 각자의 스타일이 있다. 당신의 스타일에 대한 내담자의 반응에, 특히 내담자보다 상대적으로 더 따뜻하거나 더 냉정한 당신의 태도에 대한 내담자의 반응에 주의를 기울이는 것은 중요하다. 당신의 냉정함과 격식을 차리는 스타일을 경계선 내담자들 가운데는 관심이 모자라는 것으로 해석할 수 있는 이들도 있다. 이들은 따뜻함과 관심에 굶주려 있다. 치료 과정에서 자신을 알아가는 일과 성인으로서 책임을 지는 일, 이 두 가지에 초점을 두면 이들이 치료자의 피드백과 격려를 생산적으로 활용할 수 있다. 이러한 경우 '치킨 수프'가 독이 아니다. 그러나 다른 내담자는 치료자의 따뜻함에 압도감을 느껴, 좀 더 중립적 분위기에서 치료에 더 잘 임할 수 있을 것이다.

2) 분노에 적절히 대처하라

안전한 환경을 만드는 또 다른 측면은 치료자인 당신에게 내담자가 화를 내도 괜찮다는 것을 경험하게 하는 것이다. 이것은 치료상의 다른 이슈들을 다루는 것과 근본적으로 동일한 방식으로 내담자의 분노를 탐색하고 명료화한다는 것을 의미한다. 경계선 내담자는 자신의 분노 감정을 다음과 같이 경험할 필요가 있다. 즉, 자신의 분노가 치료자와 내담자 그 누구도 파괴하지 않는다는 것, 회기 중에 분노 표출을 할 경우에도 치료자가 자신에게 화를 내며 방어적으로 보복하지 않으며 공감하는 방식으로 반응해 주는 경험을 할 필요가 있다. 아들러(1985)는 이 이슈를 민감하게 다루었다.

(1) 자학적 행동은 일반적이다

경계선 내담자는 화가 나면, 다양한 방식으로 자신에게 상해를 가하고 싶은 충동을 자주 경험하는데, 이런 방식들은 종종 부분적인 방어가 될 뿐이다. 자신의 머리나 몸의 일부를 반복적으로 찧거나, 칼로 팔을 긋거나 담뱃불로 지지거나, 유리를 깨부수거나 하는 등의 반전행동은 이들에게 흔히 나타나는 일이다. 실제로 자살할 위험도 있다.

자신의 분노를 겉으로 드러내어 행동화하지 않는 경우에는 자기 내면을 향해 반전한다. 즉, 자책하며 자기에게 끔찍한 말을 하거나("나는 사랑받을 수 없고 죽어 마땅해.”), 죽음이나 상실 또는 팔다리가 잘려 나가는 것 같은 무서운 환상으로 자신을 벌한다.

(2) 치료자가 개인적인 이유로 잠시 내담자 곁을 떠나 치료를 받지 못할 때마다 보이는 내담자의 분노와 철회를 예상하라

대부분의 경계선 내담자는 다양한 형태의 정서적인 버림을 경험한 이들로, 이런 유기를 감당할 수 있을 만한 자아 강도를 형성하기 전에 버려짐을 경험했기 때문에, 치료자인 당신이 내담자 곁을 잠시 떠날 때마다(휴가, 학회 참석, 병가 등), 철회하고 화를 내며 우울해질 수 있다. 처음에는 자신의 감정과 당신이 떠난 사건을 서로 연결시켜 깨닫지 못할 수도 있다. 내담자는 치료자가 잠시 떠난다는 것을 1개월 전에 미리 예상하고 철회를 시작했을 수도 있고, 치료자가 없는 동안 일시적인 정신증 증상들을 보일 수도 있고, 자신을 떠났던 것을 용서할 수 있을 때까지 여러 회기가 필요할 수도 있다.

이들은 발달과정에서 대상 항상성을 획득하지 못했기 때문에, 치료자가 떠나 있거나 혹은 치료자에게 화가 났을 때, 당신이 지속적으로 함께해 주는 정서적인 존재가 아닌 것처럼 느낄 것이다. 비록 치료자인 당신이 여전히 존재하며 또 돌아올 것이라는 것을 인지적으로는 알고 있지만, 이들이 느끼는 것은 그게 아니다. 때로는 당신이 어떻게 생겼는지 심지어 기억조차 할 수 없을 것이다.

(3) 과도기적인 대상을 활용하라

내담자를 떠나 있는 동안 당신이 현실로 남도록 돕기 위해서는, 과도기적 대상 (transitional objects)이 필요하다. 나는 가끔 내가 없는 동안 내담자가 돌볼 수 있도록 내 화분을 주거나, 우리가 함께 나누었던 책을 한 권 빌려 준다. 간단히 말해서, 나와 연결되어 있다고 느낄 수 있는 가시적이고 구체적인 것이라면 무엇이든 좋다. 가능하다면, 나는 내담자에게 내가 어디에 있을 것인지, 어떻게 나와 연락할 수 있는지 알려 준다. 내가 떠나 있는 동안 이들은 나에게 거의 전화를 하지 않는다. 버림받은 것처럼 압도하는 경험을 하게 되면, 그런 감정을 진정시키기 위해 자신이 할 수 있는 것이 있다는 것을 아는 것만으로도 충분히 위로가 된다는 걸 깨닫게 될 것이다.

(4) 성급하게 분노를 부추기는 것을 경계하라

대부분의 경계선 내담자가 대상 항상성을 획득하지 못했기 때문에, 이 발달적 단계에 도달했다는 것을 어느 정도 확신할 수 있을 때까지, 또는 이들의 삶에서 상당한 정서적 지지를 얻고 있다는 확신이 설 때까지, 내담자가 화가 나도록 만드는 것은 치료자인 당신(또는 중요한 타인)에게 좋은 방법이 아니다.

예를 들어, 새로운 내담자가 자신의 어머니를 '성자(saint)'라고 하면서, 그렇지 않은 모든 증거에도 불구하고 그렇다고 주장한다면, 자신을 거부했던 어머니를 향한 분노를 경험할 수 있는 적절한 시기가 아니다. 부모에 대한 이들의 한쪽으로 치우친 평가를 듣게 된다면, 이것은 아마도 경계선 내담자들이 공통적으로 사용하는 '파편화'라는 방어일 것이다. 즉, 어머니의 나쁜 면들을 내담자가 너무나 끔찍스러운 것으로 경험했기 때문에, 어머니에 대한 어떤 좋은 감정이라도 있다면 그걸 유지하기 위해서 그런 나쁜 부분들을 전적으로 부인한다. 그리고 그 나쁜 부분들을 다른 사람(아버지, 아이였던 자신이나 형제)에게 투사할 필요가 있었던 것이다.

가끔 아주 어린아이들은 동화책의 흔한 주제인 '좋은 엄마' 대 '마녀'라는 식으로 부모의 양면을 두 개의 완전히 서로 다른 별개의 것으로 경험한다. 성인의 경우, 부모의 '나쁜' 쪽에 대한 부인은 내담자가 여전히 그 부모에게 정서적으로 의존하고 있다는 것이며, 현재의 기능 수준을 유지하기 위해 내담자는 애착이 필요하다는 것을 보여 준다.

이런 내담자가 치료자인 당신(또는 다른 누군가)을 안정적인 내적 대상으로 수용할 수 있기 전에, 자신의 부모를 긍정적인 방식으로 경험할 수 있는 내담자의 이런 습관화된 적응 방식을 너무 빨리 없애려고 한다면 심한 불안과 우울을 촉발하게 될 것이다.

(5) 빈번한 퇴행을 예상하라

만약 내담자가 당신과 꽤 좋은 관계를 맺고 치료에서도 어느 정도 진전을 보인 다음에, 치료자에게 심각하게 화날 일이 생긴다면, 이전의 모든 치료가 완전히 사라져 버린 것 같은 수준까지 내담자가 퇴행할 수도 있다. 이런 경우 아마도 내담자는 매우 놀라게 될 텐데, 당신에게 의존하거나 당신을 좋은 대상으로 내면화함으로써 얻을 수 있었던 정서적인 안정감이 갑자기 사라져 정서적으로 의존할 수 없게 되었기 때문이다.

예를 들면, 내담자 로잘리는 스케줄 변동으로 인해 그녀와의 회기를 다른 시간대로 옮겨야 했기 때문에 나에게 매우 화가 났다. 내가 허리를 다쳐 물리치료를 받기 위해 그녀의 시간을 변경해야 했던 것이다. 우리의 좋은 관계는 갑자기 사라져 버렸고, 동시에 로잘리가 그때까지 이룬 모든 치료적 진전도 함께 사라져 버렸다. 그녀는 예전의 패턴으로 다시 돌아가 '파업'에 돌입했다. 회기를 빼먹기 시작했고, 치료 과정에서도 생산적인 작업을 거의 하지 않았다. 로잘리는 내가 자신의 스케줄을 변경한 것을 일종의 유기로 해석했고, 자신을 보호하기 위해 분개하며 철회했던 것이다.

처음에는 이러한 퇴행을 해결하는 데 몇 달 심지어 몇 년이 걸릴 수 있다. 그러나 치료가 계속되는 과정에서 자신을 위해 치료자가 함께해 주는 경험을 거듭하면서, 자신의 분노와 공허감에도 불구하고 결국 퇴행의 심각성과 지속 시간은 짧아지게 될 것이다.

(6) 내담자가 자신의 분노를 이해할 수 있도록 도우라

내담자는 자주 무엇이 자신을 화나게 만드는지 알아차리지 못한다. 화가 나면 어떤 사건으로 그렇게 화가 난 건지, 왜 화가 난 건지 이해할 수 있도록 도와준다. 만약 이것이 어린 시절의 상처로 인한 반복된 패턴의 일부라면 아마도 그럴 것인데, 이런 패턴 또한 탐색되고 명확히 밝혀져야 할 것이다. 아마도 나는 다음과 같이 말할 것이다. "내가 2주 후에 휴가를 떠난다고 했을 때, 나에게 매우 화가 났었죠. 내가 당신을 충분히 돌봐 줄 맘이 없어서 여기 머물며 치료를 계속해 주지 않는 것이고, 자신을 버릴 것이라는 뜻으로 받아들였다는 생각이 드네요. 지난번에 휴가 갔을 때도 이번과 같은 문제가 생겼다는 걸 기억하시죠."

(7) 위험 상황에 대비해 미리 준비하라

내담자는 때때로 자신의 분노로부터 치료자가 자기를 보호해 줄 거라는 믿음, 그리고 자신이 다른 사람이나 자기를 스스로 해치지 않을 것이라는 확신이 필요하다. 만약 이처럼 내담자의 보호 욕구가 이슈가 된다면, 나는 내담자에게 어떻게 하면 가장 맘 상하지 않게 자신을 보호할 수 있는지 제안해 보라고 한다. 예를 들면, 자신이나 타인을 상해하려던 어떤 내담자는 신체적인 제지를 당해야 한다는 생각에 공황 상태에 빠졌다. 그러나 동시에 신체적 제지로 인해 자신이나 타인을 해하려는 자신으로부터 보호를 받고, 자신의 이런 위험한 행동이 진정이 되는 대로 바로 풀려날 것이라는 사실을 말로 설명하여 안심시켜 준다면 참을 수 있을 것이라고 했다.

이들에게 제안해 보라고 요청함으로써 치료사는 내담자의 분리 개별화를 격려하게 되고, 또한 내담자가 아이 상태로 남게 되는 것을 피할 수 있다. 또한 그것에 관해 함께 토론하고, 그들도 자신의 의견을 제시했기 때문에, 그 아이디어는 한결 익숙해지고, 혹시 실제로 그런 일이 일어나더라도 덜 두려운 일이 될 것이다. 자신이 통제할 수 없는 잠재적인 행동을 다룰 수 있는 절차가 있다는 것을 아는 것만으로도 충분히 안심이 되기 때문에 그런 행동을 피할 수 있다. 예를 들면, 앞의 예시에서처럼 그런 절차에 관해 서로 의견을 나눠 봄으로써 내담자는 실제로 신체적인 제지를 당하거나 입원할 필요가 없었다.

만약 자살의 위험이 있다면, 그 문제를 숨기거나 또는 막연히 사라질 것이라고 바라지 말라. 자살의 위험이 얼마나 현실적인지 알아보기 위해, 나는 조심스럽게 그 가능성을 탐색해 보려고 한다. 이를 위해서 얼마나 자주 자살에 관해 생각하는지, 어떤 상황에서 그러는지, 어떤 방법을 생각하고 있는지, 시도해 본 적은 있는지 등과 같은 질문을 한다. 자살 충동을 어떻게 처리해야 할지 계획을 세우는 과정에 가능한 한 내담자를 참여시키려고 한다. 보통 나는 이들이 치료를 받는 동안, 자살하지 않고 대신 나에게 도움을 청할 것이라는 약속을 하도록 한다.

엄밀히 말하면, 내담자가 자기 파괴적인 충동을 통제할 수 있도록 당신이 도와줄 것이라고 안심시키는 것은 당신이 이들의 '보조 자아 기능(auxiliary ego function)'을 수행해 주는 것이다. 즉, 내담자가 혼자 힘으로는 전혀 할 수 없는 어떤 것을 할 수 있도록 내담자 자아를 확장해 주는 역할을 치료자가 하는 것이다. 이것은 아주 어린 아이를 위해 엄마가 하는 역할과 매우 유사하다.

3) 필요한 경우 보조 자아 기능을 수행하라

경계선 내담자가 기능을 잘하는 내담자와 구별되는 것 중 하나는, 다른 사람의 도움이 없이는 심리정서적인 안정을 유지할 수 있는 능력이 많이 떨어진다는 것이다. 어떤 순간에 내담자가 자기 힘으로 할 수 없는 것들을 치료자가 함으로써 보조 자아의 역할을 할 필요가 있다. 그리고 이들의 기능 수준은 날마다 크게 다를 수 있기 때문에, 변화하는 내담자의 요구에 민감할 필요가 있다. 즉, 절대로 필요한 것 이상 해주지 않으면서 동시에 충분히 보호해 줄 수 있을 만큼 해 주는 것이다.

앞에서 언급한 것처럼, 내담자의 자살 충동을 통제하는 과정에서 치료자의 제안을 통해 돕는 것이 바로 '보조 자아 기능' 역할의 한 예라고 할 수 있다.

(1) 필요한 경우 내담자에게 당신의 알아차림을 빌려주어 내담자를 보호하라

집단치료 과정에서는 치료자가 경계선 내담자들을 위한 보조 자아 작업을 할 수 있는 기회가 많다. 여러 집단원이 한 집단원과 작업할 때 효과적인 선을 넘어서까지 작업을 계속하는 경우가 있다. 경계선 내담자들 가운데는 자신이 다른 집단원들로 인해 언제 압도당하는지를 알아차리지 못하고, 또한 다른 집단원들에게 멈춰 달라고 요청할 능력도 없는 이들이 많다. 치료자로서 내담자에게 잠재적으로 압도적일 수 있는 상황을 예측하고 알아차릴 수 있는 능력을 빌려줄 수 있다. 이런 식으로, 이들이 자신을 위해 아직은 스스로 할 수 없지만 필요한 보호를 대신해 줄 수 있다. 또한 이런 과정을 통해 자기주장을 할 수 있다는 것을 모델링하게 되며, 이들이 자신의 내적인 신호에 주의를 기울이도록 가르쳐 주고 있는 것이다.

예를 들면, 플로렌스가 처음 나와 함께 집단에 들어갔을 때, 집단원들이 개인적인 질문을 많이 하자, 정서적으로 자주 압도되었다. 플로렌스는 자신이 각성된 것을 그때까지 인식할 수 없었고, 집단원들의 질문이 생산적이기보다는 파괴적이 되어 가고 있는 상황인데도 다른 집단원들에게 말할 수가 없었다. 나는 이걸 알아차리고, 끼어들어 플로랜스가 아직 혼자 힘으로 할 수 없는 일을 하기로 했다. 집단원들에게 계속해서 플로랜스에게 질문을 하기 전에, 잠시 멈추고 그녀의 마음이 어떨지 확인해 보라는 요청을 했다.

만약 플로렌스가 덜 심각한 만성적 성격 문제를 가진 내담자였다면, 또는 좀 더 기능을 잘하는 내담자였다면 나는 그녀가 자신의 감정과 행동을 알아차릴 능력이 있을 것이라고 생각했을 것이다. 그런 경우라면 자신이 압도당하고 있다는 것을 알아차렸을 때, 왜 집단원들에게 멈추라고 하지 않았는지에 초점을 두고 치료적 탐색을 해 갔을 것이다. 플로렌스는 자신을 잘 알아차리지는 못했지만, 집단에서 책임을 회피하거나 계속 소극적인 자세를 취하지 않는 것이 분명해 보였다. 그녀는 할 수 있는 한 열심히 작업에 참여하고 있었지만, 자신을 보호하기 위한 도움이 그녀에게 정말로 필요한 상황이었다.

(2) 내담자를 달래 주라

경계선 내담자들 중에는 화가 났을 때, 자신을 어떻게 진정해야 할지 모르는 이들이 많다. 그래서 자기 머리를 쥐어뜯거나, 칼로 긋는 식의 자기 파괴적인 행동을 한다. 자신이 어떤 상황에 처해 있는지 알지 못한 채, 자주 공황 상태에 빠지거나 히스테리 상태가 된다. 이런 상황에서는, 이들을 보호하기 위해 치료자가 자신의 자아 기능을 빌려주었던 것처럼 내담자를 달래 줄 수 있다.

치료자마다 다르듯, 내담자도 다르지만, 일반적으로 다음과 같은 것들이 내담자를 진정시키는 데 도움이 된다. 차분하고 안심이 되는 목소리로 대화하는 것, 이들이 잊고 있던 상황, 즉 상황을 덜 암울하게 만들었던 기억을 상기시켜 주는 것("지난번에 따님이 일주일 동안 전화를 하지 않았을 때, 따님이 아팠기 때문이 아니라 새로운 남자친구가 생겼기 때문이었죠.") 그리고 이들의 주의를 확장하여 새로운 관점으로 회복하도록 도와준다("알아요. 당신의 관점에선 존이 일부러 당신을 무시하는 것처럼 보였을 겁니다. 그가 당신에게 '안녕하세요.'라고 인사하지 않았던 다른 이유를 생각해 볼 수 있을까요?").

치료자가 반복해서 달래 주는 경험을 통해 내담자는 대개 치료자의 방식을 내면화하게 되고, 결국은 스스로 진정할 수 있는 능력을 갖게 된다. 처음에는 그런 과정을 한 단계씩 거쳐 가기 위해 당신을 의지하지만, 갈수록 점점 더 자율적이 된다. 극심한 스트레스 압박으로 가끔 퇴보할 수도 있지만, 이미 얻은 능력으로 약간의 도움을 통해 다시 '알아차리고 확인'하며 스스로를 돌볼 수 있게 된다.

4) 자아를 발달시키라

자아 발달은 광범위한 영역으로, 내담자 자아의 취약점들을 구체적으로 평가하고, 이들의 자아를 성장 개선하는 데 도움이 되는 기술들을 자연스럽게 훈련할 수 있는 기회가 언제인지 알아차리고 주의를 기울이는 것을 포함한다(G. Blanck & R. Blanck 1979). 나에게 유익했던 몇 가지를 소개한다.

(1) 감정에 적절한 이름을 붙여 주고 다른 감정들과 서로 구분할 수 있도록 한다

경계선 내담자는 '파편화'를 주요 방어 수단으로 사용하며, 어떤 면에서는 매우 어린아이들처럼 기능하기 때문에, 단순하게 범주화하는 방식으로 현실을 왜곡한다. 즉, 좋거나 나쁘거나 식으로 중간이 없다. 예를 들면, 루이스는 모든 부정적 감정들을 분노라고 부르는 경향이 있었다. 내가 보기엔 화가 난 것보다는 약간 짜증이 났거나 슬퍼 보였다. 그래서 나는 이런 차이점들을 알려 주곤 했다.

(2) 단순하게 라벨링하지 않도록 하라

홀리는 자신을 포함하여 자기가 화가 난 모든 사람을 '얼간이'라고 부르고는 했다. 누군가를 '얼간이'라 부를 때, 어떤 의미로 그렇게 부르는 것인지 잘 모르겠다면서 좀 더 설명해 달라고 했다. 아니면 그가 항상 '얼간이'였는지 물어볼 수도 있을 것이다. 시간이 지난 다음에 홀리가 또 '얼간이'라고 한 후에 갑자기 멈추더니 이전과 다른 방식으로 말했다. "그가 늘 진짜로 얼간이는 아니었죠. 단지 내가 좋아하지 않는 일을 했고, 그래서 나는 화가 났을 뿐이죠."

(3) 생태학적으로 생각하라

분노나 상처로 속상할 때처럼 한 가지 범주의 감정에 내담자가 지나치게 의존하게 되면, 그런 패턴이 방어기능이 되어 버릴 때가 가끔 있다. 내담자 존은 슬픈 감정이나 속상한 감정만 인정하고 화난 감정은 전혀 인정하지 않았다. 화를 내는 건 나쁜 거라고 내사했기 때문이다. 그리고 나쁘다는 것은, 그의 본능적인 추론에 따르면, 쓸모없고 살 가치가 없는 것이다. 이것이 말해 주는 것은, 내담자를 변화시키려고 하기 전에 내담자의 이런 특정 태도나 행동이 내담자 개인이 살아온 생태계에서 어떤 기능을 했는지를 가능한 한 충분히 먼저 이해할 필요가 있다는 것이다.

(4) 내담자가 파편화를 사용하는 것을 알아차리도록 도우라

내담자가 어떤 사람에 대하여 무조건 감탄하다가 또 극도로 비판하는 행동을 반복해서 한다면 나는 다음처럼 말해 줄 것이다. "지난주에는 당신은 해리가 완전히 사랑스럽고 친절하다고 말했는데, 이번 주엔 한 가지 좋은 점도 찾을 수가 없군요. 그게 어떻게 가능하죠? 짐과 빌에 대해 한 말들이 바로 이런 식이었죠. 당신은 처음엔 그들이 멋지다고 하더니, 그들을 또 미워했어요. 무슨 일이 일어나고 있는 것 같아요?" 또는 "해리에 대해 한 가지 좋은 점이라도 생각해 볼 수 없을까요?"라고 말할 것이다.

(5) 내담자의 완벽주의를 탐색하라

많은 경계선 내담자는 행동에 대한 오직 두 가지 관점—완벽한(100% 옳은) 그리고 끔찍한—만 갖고 있다. 100% 옳지 않은 것은 그게 무엇이든 가치가 없는 것이다.

이것은 부분적으로는 모호함을 다룰 수 있는 능력이 없기 때문이다. 그렇지만 자주 완벽해야 한다는 욕구는 이들의 어린 시절 환상에서 비롯된 것으로, 즉 만약에 자신이 좀 더 깨끗하고, 더 예쁘고, 더 똑똑하고, 더 운동을 잘하고, 더 착하고, 어떻게든 좀 더 잘했더라면 부모로부터 버림받거나 무시당하거나 착취당하지 않았을 것이라는 환상에서 시작된 것이다. 이들은 완벽주의에 매달린다. 그것이 어린 시절에 경험한 비참함에 대한 설명이 되고, 또 앞으로 해결할 수 있다는 희망을 주기 때문이다. 일단 완벽하다면 갈구하던 사랑을 받을 수 있을 것이라고 생각하는 것이다.

(6) 내담자가 자기 행동의 결과를 예측할 수 있도록 도우라

대부분의 경계선 내담자의 행동은 조금 충동적이다. 자신이 한 행동의 부정적인 결과를 종종 예측하지 못한다. 이들이 받아들일 수 있는 방식으로, 미래에 일어날 수 있는 결과에 관심을 갖도록 치료자의 자아 기능을 빌려줄 수 있다.

예를 들면, 폴라는 부정적이고 논쟁적인 태도 때문에 일자리와 승진의 기회를 여러 번 놓쳤다. 그녀가 또 다른 새로운 일을 이제 막 시작하려고 할 때, 나는 폴라에게 자신이 상사라면 부하 직원이 어떻게 자신을 대해 주면 좋겠는지에 관해 함께 나눔으로써 부하 직원으로서 그녀가 새 직장에서 경험할 수 있는 곤란한 일을 미리 피할 수 있도록 도울 수 있었다. 자신의 어린 시절의 드라마를 직장에서 재연할 수 없다는 것을 깨닫게 되면서, 그녀의 말과 행동은 더욱 신중해졌다.

(7) 행동화 대신 감정을 언어로 표현하도록 격려하라

이 언어 표현은 여러 형태로 나타날 수 있다. 내담자가 자기가 하는 행동의 의미를 알아차리지 못할 수도 있기 때문에, 마치 제스처 놀이처럼 내담자의 행동이 당신에게 무슨 말을 하려는 건지 이해하기 위해 처음엔 노력을 해야 한다. 일단 내담자가 알아차리게 되면, 중요한 문제는 이제 자신의 감정을 말로 표현하도록 돕는 것이다.

5) 내담자의 분리와 개별화를 격려하라

경계선 내담자는 보통 부모와 다른 자신만의 특별한 자질과 능력 그리고 자기가 선호하는 것이 있는 독특한 개인으로 성장해 가는 것을 적극적으로 격려받지 못한 이들이다. 양육자로부터 받을 수 있었던 사랑과 인정, 심지어는 양육자의 인내심까지도, 그것을 얻기 위해서 부모나 양육자의 욕구와 상충되는 자신만의 독특한 개인적인 표현들을 억압하며 성장하게 된다. 모든 아이가 부모와 사회의 기대에 부합하기 위해서는 자신의 어떤 측면을 억압해야 하지만, 경계선 내담자의 경우는 극단적인 억압을 강요당하며 성장했다. 자기 표현에 대한 처벌의 결과는 종종 신체정서적 유기와 학대였다.

경계선 내담자들 가운데는 자신을 대하는 부모의 마음 저변에는 자신이 태어나지 않았기를 바라는(경계선 내담자의 원시적인 논리로 보면, 이것은 자신이 지금 죽기를 바라는 것과 거의 동일하다) 숨겨진 소망이 있을 거라는 두려움을 가진 이들이 있다. 따라서 마스터슨(1987)이 '진짜 자아'라고 부르는 자신의 진정한 모습을 활성화하는 일이, 이들에게는 어머니의 손에 죽을 수도 있는 위험한 일이 되어 두려움을 느끼게 한다. 한 여성 내담자는, 부모가 원치 않아 버림받은 아이였던 자신의 상황을 잘 묘사했다는 책, 『그래서 그 마녀가 나를 잡아먹지는 않을 거야(So the Witch Won't Eat me)』(Bloch, 1978)를 치료 회기에 가져온 적이 있었다.

치료 과정에서 탐색하다 보면, 이런 두려움은 때로는 내담자 내면의 어떤 것이 자기를 싫어하고 실패하고 죽기를 바란다는 느낌으로 표현된다. 이런 두려움은 '두 의자' 작업을 매우 꺼리게 만든다. 왜냐하면 지나치게 처벌적인 '상전(top dog)'(이들의 실패에 대한 멘트를 하고 더 잘하도록 강요하는 부분)이 이길 것이고, 자신에게 상처를 줄 위험이 있다는 것을 직감적으로 알기 때문이다. 이런 두려움은 꿈속에서 마녀나 괴물 석상과 같은 것들로 변신해 나타나, 꿈속의 주인공을 쫓아다니거나 잡아먹으려고 할 수 있다. 또는 자신을 삼켜 버리는 어머니의 모습이 좀 더 가장된 형태로 나타날 수도 있다. 어머니로부터 증오 감정을 자주 경험했던 한 여성은, 어떤 모래 구덩이 속으로 자신이 급속하게 빨려 들어가는데도 결코 빠져나올 수 없었던 꿈을 반복해서 꾸었다. 어떤 내담자는 어린 시절 잔인하게 구타당하거나 추행을 당했는데, 이런 두려움과 기억들을 가지고 회기에 온다. 다음은 이들의 분리 개별화를 격려하기 위한 몇 가지 제안이다.

(1) 자신의 인생 길을 선택하도록 격려하라

내담자의 분리 개별화를 돕는 방법은 여러 가지 형태를 취할 수 있지만, 자신이 선호하는 것과 자신만의 의견을 알아차리고 표현할 수 있도록 격려하고, 자신이 살아갈 길을 발견하고 그걸 따라 사는 것, 그리고 타인의 지시보다 자기 내면을 지향하도록 격려하고 힘을 주는 것이 본질이다.

산드라는 극도로 수동적이며 자기주장을 하지 못하는 젊은 여성이었다. 그녀는 세상을 자신이 알게 된 대로 그대로 받아들여야 한다는 생각을 갖고 있는 것 같았다. 때로는 자신에게 맞도록 바꿀 수 있다는 생각을 심어 주기 위해, 작은 것으로 시작해 특별히 감정적이거나 갈등의 소지가 없고 그녀가 선호하는 것들에 초점을 맞추기로 했다. 치료실에 그녀가 들어왔을 때 나는 산드라에게 가장 편안하게 느껴지는 곳으로 의자를 옮겨 보라고 했다. 또한 천장 조명이나 스탠드 램프 등을 더 밝거나 어둡게 자신에게 맞춰 조절해 보라고 했다. 결국 그녀는 스스로 주도권을 갖기 시작했다.

(2) 내담자가 "아니요."라고 말할 수 있도록 도우라

많은 경계선 내담자가 타인의 달갑지 않은 요구에 "아니요."라고 하는 것을 두려워한다. 왜냐하면 이런 형태의 자기 표현을 하지 못하도록 부모 중 한 사람이나 두 사람 모두가 적극적으로 좌절시켰기 때문이다.

래리의 어머니는 음식을 먹을 때 그가 배가 부른 데도 계속 먹도록 했다. 말 그대로 그의 입을 억지로 벌리고 음식을 꽉꽉 쑤셔 넣어 주곤 했다. 그가 입을 꼭 다물 수 있을 정도로 성장해 힘이 생겼을 때는, 그의 머리에 음식을 쏟아 붓고는 높은 의자에 그대로 앉혀 두었다.

조니의 부모는 그녀가 자신의 경계를 정하는 것을 좀 더 교묘한 방식으로 거절했다. 그녀의 어머니는 조니가 경계를 지키려고 할 때면 '모욕당했다'고 느껴 철수한 채 왜 화가 난 건지 조니에게 한 마디도 하지 않은 채 며칠씩이나 지내곤 했다. 조니는 어머니를 그렇게 힘들게 한 것에 죄책감을 느끼며 자신이 한 행동 중에 어머니가 인정하지 않았을 것 같은 모든 일을 머릿속으로 떠올려 보면서 다시는 그러지 않겠다고 맹세 하고는 했다(조니의 아버지는 어머니가 이런 식으로 행동하는 것을 결코 비난한 적이 없고, 조니에게 엄마가 왜 화가 난 건지 알려 준 적도 없다).

한쪽 또는 양쪽 부모 모두의 건강이 자주 통제 수단으로 이용된다. "아버지를 화나게 하지 마라. 아버지 마음이 얼마나 상했는지 너는 알고 있어." "어머니를 화나게 해서, 어머니가 술을 너무 많이 마시면(그래서 미치고, 기절하고, 죽게 된다면), 넌 네 자신을 탓할 수밖에 없다."

이런 내담자는 "아니요."라고 하는 것이 당연히 불편하기 때문에, 달갑지 않은 요구로부터 좀 더 복잡한 방식으로 자신을 보호하려고 한다. 즉, 애초에 친구를 만들지 않거나, 직장 동료만 만나거나, 누가 자기에게 요구하면 바로 도망치는 방법을 사용한다.

예쁘지만 고도 비만이었던 젊은 여성 패티는 성적인 요구에 "아니요."라고 하기 위해 자신의 몸무게를 사용했다. 그녀가 자신을 뚱뚱하고 매력적이지 않도록 유지하는 한 자기 의견을 내 세울 필요가 없었고, 남성들에게 "아니요."라고 말할 필요가 없었다.

(3) 사용하지 않는 것은 사라진다

칼은 식사를 어디에서 할 것인지, 어떤 영화를 볼 것인지를 언제나 다른 사람들이 선택하도록 했다. 의견을 물으면, 그는 다음과 같이 말하고는 했다. "뭐든지 너희가 원하는 대로 해. 나는 상관없어." 칼의 집에서는 그가 원하는 것이 무엇인지 누구에게도 중요하지 않았다. 칼은 계속 "아니요."라는 말을 들으며 거절당하는 고통을 느끼기보다는 자기 욕망의 크기를 줄이는 법을 배웠다. 지금까지 그는 자신이 정말로 원하는 것이 무엇인지 몰랐다.

게슈탈트 치료 용어로 말하자면, 칼의 전경은 모호해서 배경으로부터 생생하고 강렬하게 부각되지 않은 것이다. 자신이 선호하는 것을 더 이상 분명하게 알아차릴 수 없었기 때문에, 다른 사람이 원하는 것에 "아니요."라고 말한다면 죄책감을 느꼈을 것이다. 그의 논리는 '내가 원하는 것이 무엇인지 알 수 없는데, 왜 내가 다른 사람이 원하는 것을 거절해야 하겠는가?'라는 것이었다.

이들과 함께 치료하는 과정에서 내담자가 자신의 "아니요."와 "예."를 모두 찾을 수 있도록 돕는 일에 상당한 시간을 집중적으로 투자할 필요가 있다. 이들은 자신이 느끼고 원하는 것을 다시 배울 수 있는 기회가 필요하다. 그리고 때로는 자신의 의견을 다른 사람에게 목소리 높여 말함으로써, 자신이 원하는 것을 얻거나 원치 않는 것을 피할 수 있다는 것을 알게 되는 것이 필요하다. 게슈탈트 치료가 강조하는 점들인 자기 알아차림(그리고 그걸 돕는 많은 치료 기법들도 포함하여)을 증진하고 개인적인 책임을 지는 일들은 이들에게 도움이 될 수 있다.

경계선 내담자들 중에는 부정적이고 논쟁적인 태도를 취함으로써 자신의 흔들리는 정체성에 힘을 실어 주려는 이들도 있다. 이들은 너무 많은 논쟁에 휘말리고 독단적인 견해를 표현하기 때문에 자신의 의견을 개진하는 것처럼 보일 수도 있지만, 실은 그렇지 않다. 이런 내담자의 관점을 면밀하게 들여다보면, 자신이 주장하는 견해를 깊이 경험하고 있기보다는 피상적으로 알고 있다는 것을 알 수 있다. 이런 내담자가 논쟁을 하는 것은 자신을 주장하고 독립된 존재로서의 흔들리는 자기 정체성을 지지하기 위해서이다. 마치 유아가 "아니야."라고 반복해서 말하는 것이나 십대 청소년이 부모와 논쟁하는 그런 것처럼 말이다. 보통 이런 내담자에게는 현재 논의되고 있는 주제보다 "아니요."라고 말할 수 있는 자신의 권리를 주장하는 것이 더 중요하다.

6) 자존감 세우기

경계선 내담자는 보통 자존감이 낮은 상태에서 치료를 시작한다. 대부분은 자신이 한 가지 이상의 영역에서 기능을 제대로 하지 못한다는 것을 알고 있다. 즉, 의학적인 필요와 돌봄, 프로젝트를 마무리하는 것, 자신의 정서적인 안정을 유지하는 것 등의 영역들에서 말이다. 이들은 보통 자신의 부적절함에 죄책감을 느낀다. 상황을 더 어렵게 만드는 것은, 이들 중에는 부모로부터 끊임없이 못생겼다, 사랑스럽지 못하다, 가치 없다라는 말을 들으며 성장해 온 이들도 있다는 것이다.

하비의 부모는 하비가 너무 못생겨서 병원에서 집으로 데려오지 않을 뻔했다는 말을 했다. 자넷은 얼굴에 점이 너무 많아 어떤 남자도 그녀와 결혼하고 싶어 하지 않을 것이라는 말을 들었다. 로레인과 테리는 방청소를 하지 않기 때문에 절대 결혼하지 못할 것이라는 말을 들었다. 한 내담자는 아버지가 자기 애완견 이름인 '멍청이'로 자신을 부르기도 했다고 한다. 이런 예들은 사소해 보일지 모르지만, 보통 이런 사소한 일을 통해 기억되는 것은 의견 충돌이라는 반복적인 패턴이다.

치료에 희망적이면서, 치료자인 당신의 지지를 활용할 준비가 되어 있는 경계선 내담자의 자존감을 돕는 일은 좀 더 쉽다. 이들은 대체로 자녀를 지나치게 학대하지 않았던 가정에서 성장하여 좀 더 기능을 잘한다. 사람을 좀 더 쉽게 신뢰하고, 대상 항상성과 전체 대상관계라는 치료적 성과를 별로 어렵지 않게 경험한다. 또한 치료적 진전에 적극적이고, 치료자인 당신과 당신의 치료법을 긍정적으로 생각하며, 자신을 좀 더 긍정적인 시각으로 볼 수 있는 기회를 제공하는 치료적 개입을 환영할 것이다.

그러나 기능이 떨어지는 일부 경계선 내담자는 자신이 추하고 사랑스럽지 못하다는 뿌리 깊은 신념을 가진 채 치료에 온다. 치료자인 당신이 자기를 알게 되면 그 즉시 자신을 거부할 것이라고 확신하고, 치료자의 동기를 의심하면서 자기 이미지를 바꿔 줄 수 있는 치료자의 모든 시도에 적극 저항할 것이다. 이런 내담자는 자신의 모든 나쁜 면을 재연하면서 치료를 시작하고, 자주 당신을 모든 면에서 나쁜 사람으로 본다. 많은 이들이 치료 과정을 통해 자기 혼자만 알고 있던 모든 것이 그대로 다 노출될 것을 두려워한다. 즉, 자신을 탐색하게 되면 결국 자신이 정말로 추하고 부적절하며 사랑스럽지 못하다는, 최악의 공포를 확인하게 될까 봐 두려워한다. 또 다른 내담자는 삶이 너무 불안정하여, 자신이 의지할 수 있는 몇 안 되는 것 중에 하나가 바로 모든 것이 나쁘다는 자신의 이미지다. 이런 이미지를 바꾸려면 이들에게 안정감을 줄 수 있는 다른 자원들을 찾는 일이 필수적이다.

이처럼 좀 더 심하게 상처를 경험한 많은 내담자가 도움을 받을 수 있다는 걸 알게 되지만, 그 과정은 대단한 인내와 끈기가 요구된다. 또한 치료자는 이런 내담자가 스스로 만든 실망스러운 자화상을 받아들이지 않도록 해야 한다. 신뢰를 쌓는 데는 오랜 시간이 걸리고, 치료의 진전은 느리고, 내담자의 퇴행은 언제나 일어난다. 그러나 고통스러울 정도로 느린 치료 속도와 내담자의 저항을 치료자가 감내해 나갈 수 있다면, 이들이 서서히 달라져 가는 것을 보는 것은 매우 만족스러운 일이 될 것이다.

경계선 내담자의 치료가 진전을 보이면서, 이들의 자존감도 높아질 것이다. 다음은 이 과정을 수행하는 데 도움이 되는 몇 가지 제안들이다.

(1) 내담자의 긍정적인 특성을 인정해 주라

이들이 진심(가식적이거나 아첨하지 않는)이라고 인정할 수 있는 방식으로 이들의 관심을 끌어라. 치료자인 당신과 자신을 동일시하게 될 때, 내담자는 자신의 그런 긍정적인 특성들이 현실이라는 걸 실감하게 되고 스스로 인정할 수 있는 능력을 점점 더 얻게 될 것이다.

(2) 자기에 관해 좋아하는 것이나 잘하는 것을 알아차리고 당신에게 그걸 말하도록 격려하라

이 제안은 건강한 과시적 자기애와 자긍심을 내담자에게 불러일으킨다. 또한 이런 점들을 치료자와의 관계에 연관시키면 내담자가 그것들을 좀 더 현실적으로 경험하게 되는 경향이 있다. 이렇게 함으로써, 아이가 엄마와 함께하며 엄마의 관심과 인정을 기쁘게 누리던 유아(15~24개월) 시절의 재접근의 단계를 어느 정도 다시 재연하게 된다. 이것은 분리 개별화 단계에서 반응을 적절하게 하지 못했던 내담자에게 교정적 정서 체험이 될 수 있다(Mahler et al., 1975; 정상적인 유아 발달과정, 즉 엄마에 대한 전적인 의존에서 독립적인 한 인간으로의 완전한 분리 및 개별화에 대한 구체적인 설명을 참고).

(3) 내담자가 이룬 치료적 진전에 주의를 환기시켜 주라

자기 알아차림의 증진과 정서조절 능력은 그 자체로 자존감의 원천이 될 수 있다. 내담자가 치료에 진전을 보이면, 나는 '이미지 쇄신'을 제안한다. 즉, 자기 이미지를 현재의 현실에 맞춰 점검하는 것을 말한다. 예를 들면, 마리가 치료를 시작할 때는 자신을 화가 난 부적응자로 보았다. 여러 해 동안 상당한 치료적 진전을 보였지만, 그녀는 아직도 자신을 오래전 방식대로 보고 있다는 것이 분명해 보였다. 나는 그녀에게 '이미지 쇄신'을 하는 방법을 알려 주고, 현재 자신의 행동에 비추어 자신의 이미지를 점검해 보라고 했다. 그녀는 직장에서 새로운 친구들을 사귀었고, 더 이상

부적응자가 아니며, 지난 몇 년 동안 심각하게 화를 내지 않았다는 것을 깨닫게 되었다. 마리는 자신의 낡은 이미지는 버리고, 현재의 자신을 바탕으로 새로운 자기 이미지를 형성해 갈 필요가 있다는 것에 동의했다.

(4) 부정적인 것을 긍정적인 것으로 재구성하라: 부채가 능력이 된다

인간의 속성에는 긍정적인 면이 있다고 나는 믿는다. 따라서 모든 사람에게는 많은 재능이 있다. 이러한 재능이 알아차림 없이 또는 부적절한 방식으로 사용되기 때문에 자주 문제라는 꼬리표가 붙는다. 예를 들면, 신체화 장애를 보일 만큼 자신의 신체 기능에 영향을 줄 수 있는 내담자는 신체 기능 조절법을 배우기 위해 수년간 수련하는 인도의 요가 전문가들과 비슷한 능력을 가진 이들이다.

위대한 최면치료사 밀턴 에릭슨(Milton Erickson)이 이 개념을 도입하여 '재구성(reframing)'이라고 명했고, 신경언어학(neurolinguistic) 프로그래머들이 이것을 상당히 잘 가르친다(Bandler & Grinder, 1982 참고). 간단히 말해서, '재구성'이란 어떤 사건과 행동 또는 속성의 의미는 우리가 그것을 인식하는 틀(frame)이나 맥락에 따라 결정된다는 것이다. 프레임을 바꾸면 의미가 바뀐다. 어떤 관점에서 보면 부채(liability)처럼 보이는 것이 다른 관점에서 보면 단순하게 능력이 된다.

예를 들면, 다음과 같다. 나는 한 내담자의 뛰어난 기억력을 칭찬하곤 했다. 왜냐하면 그녀는 습관적으로 과거의 실수를 자책했기 때문이다. 또 다른 여성은 부모에 대한 분노와 그것을 떨쳐 버리는 일에 어려움을 겪고 있었다. 그녀는 지속적으로 박탈감과 분노를 느꼈다. 나는 그녀가 살아남기 위해 집에서 많은 기술을 배웠다고 알려 주었다. 그녀는 특히 사람들의 목소리와 얼굴로 표현되는 뉘앙스를 읽어 내는 데 능숙했다(어린 시절의 경험에 감사할 일이었다). 지금까지 그녀는 이런 기술들을 부정적인 방법으로 사용하고 있었다는 것도 알지 못했지만, 그처럼 부정적으로 사용하는 것만이 유일한 방법은 아니었다. 그렇다, 그녀는 고통을 겪었고 그것은 수치스러운 일이었지만, 그녀의 어린 시절에서 그녀가 얻은 것이 전혀 없는 것은 아니었다. 재구성을 통해 나는 그녀의 어린 시절의 고통(그녀가 쓸모없는 고문으로 여겼던)에 유익함과 의미를 부여하도록 도왔다. 그 후로 그녀는 자신의 어린 시절에 관해 어느 정도 내적 평화를 이룰 수 있었다.

(5) 내담자가 자신의 어린 시절을 재구성하도록 도우라

내 경험에 따르면, 어린 시절에 버림받거나 학대를 당한 거의 모든 아동이 자기에게 어떤 결함이 있거나 자기가 나쁘기 때문에 그런 고통스러운 일이 생겼다고 믿는다. 경계선 내담자의 낮은 자존감은 대부분 어떤 끔찍한 결점 때문에 부모가 자신을 원하지 않았다는 끈질긴 믿음에서 비롯된다. 어린 시절 가정에서 무슨 일이 일어났는지를 내담자와 함께 이야기하는 것이 매우 도움이 된다는 것을 알게 되었다. 이런 과정을 통해 보통 자신에게 뭔가 문제가 있다는 인식을 재평가하게 되고, 또 다른 한편으로는 부모의 어려움에 대한 통찰도 얻게 된다. 이것이 치료의 중요한 돌파구가 될 수 있다.

(6) 자존감을 조절하는 걸 가르치라

내담자가 자기 스스로를 위로하도록 가르칠 수 있듯이, 자존감을 조절할 수 있도록 가르칠 수 있다. 내담자의 긍정적인 속성을 다시 일깨워 주고, 화가 나게 한 사건들은 거리를 두고 볼 수 있도록 도우면서, 내담자가 자기 스스로에게 하는 말이 자신을 어떻게 느끼도록 만드는지 그 연관성을 볼 수 있게 해 준다.

많은 내담자가 자신을 향해 느끼는 감정에 변화를 주기 위해 자신이 어떤 것이든 할 수 있다는 것을 알아차리지 못한다. 예를 들면, 자신을 향해 느끼는 나쁜 감정과 스스로에게 (또는 다른 사람에게 큰 소리로) 하는 비판적인 말들을 서로 연관시키지 않을 수도 있다. 빌은 거울에 비친 자신을 보면서 자기 몸에 흠집이 있는지 조사하고는 했다. 흠집 하나를 발견하고, 자기 스스로를 질책하고, 그 흠집 하나로 인해 우울증의 소용돌이에 빠져들게 되었다. "내 엉덩이는 너무 펑퍼짐하고, 가슴은 너무 작고. 나처럼 못생긴 사람을 아무도 사랑하지 않을 거야. 난 항상 혼자일 것이고 그걸 참을 수가 없어. 차라리 포기하고 자살하는 게 나을 거야."

7) 지나치게 처벌적인 초자아와 부정적 내사를 변화시키라

내사와 관련된 이 영역은 대부분의 게슈탈트 치료자들에게 책임이 많은 부분이다. 일반적으로 우리는 '해야 한다(should)'라는 당위에 의구심을 갖고 내사를 단념하도록 훈련을 받아 왔다. 그러나 경계선 내담자의 이런 지나치게 부정적이고 억압적인 '해야 한다'라는 당위를 우리는 단념이 아니라 좀 더 적절한 것으로 대치할 수 있도록 도와줄 필요가 있다.

우리는 이런 내담자에게, 자신을 잘 대접해 주고, 위험을 적절하게 감수하고, 또 어떤 일을 잘하면 자신을 긍정적으로 인정해 '주어야 한다'는 것을 공개적으로 자유롭게 말해 줄 필요가 있다. 사회생활에서 좀 더 적절한 기준이 될 수 있는 초자아의 목소리는 내사하도록 격려할 필요가 있고, 동시에 이들의 지나치게 부정적이고 억압적인 초자아의 명령에는 의구심을 갖도록 해야 한다. 경계선 내담자를 재교육하는 과정에서 잠정적으로 적응적인 내사를 내면화하도록 돕는 것이 필요하다.

어떤 치료자는 적절한 초자아적 기준이 무엇인지에 관해 내담자보다 자신이 더 잘 알고 있다는 입장을 공공연하게 취하는데, 이런 태도는 문제가 될 수 있다. 기준을 정하는 것은 보통 내담자의 역할이라고 믿도록 우리는 훈련을 받아 왔다. 물론, 결국은 맞는 말이긴 하지만, 그럴 수 있기 위해서는 경계선 내담자가 아직 도달하지 못한 정서적 · 심리적 발달을 어느 정도 이루어야 한다. 즉, 어느 정도의 정서적 안정과 현실적인 방향감각, 충분한 분리 및 개별화가 필요하다.

다음은 지나치게 부정적인 내사를 변화하도록 돕기 위한 기본적인 단계들이다.

- 안전하고 신뢰할 수 있는 환경 구축하기
- 내담자의 관점을 이해하고 있다는 것을 보여 주기
- 내담자가 자신을 적절하게 칭찬하거나 건설적으로 비판할 때 지지하기
- 내담자가 자신에게 적절치 않게 가혹하거나 파괴적으로 비판적일 경우, 이를 알아차리도록 돕고 실험이나 연습을 통해 체험하고 알아차릴 수 있도록 한다.
- 내담자로 하여금 파괴적이고 비판적인 생각을 의도적으로 건설적이고 현실적인 생각으로 대체하도록 돕는다. 만약 내담자가 아무것도 생각할 수 없다면, 몇 가지 제안을 한다.
- 앞의 작업들을 내담자가 회기 중에서 할 수 있게 되면, 다음엔 회기 밖에서 해 볼 수 있도록 하라. 이들의 초자아에 변화를 주려는 이런 시도들이 효과가 있다는 것을 알 수 있는 단서는 내담자가 당신의 말을 머리로 이해하는 것이 긍정적이며 격려가 된다고 보고하는 것이다.
- '해야 한다'라는 단어를 치료자가 사용하는 것을 두려워하지 말라. 내담자가 자

신을 잘 대해 주고, 자신에게 공정하고 동정심을 가지고 '대해야 한다'고 공공 연하게 제안하라. 이들은 결국 이러한 '해야 한다'의 객관화를 통해 맹목적으로 내사했던 자신의 초자아 메시지를 결국 자신의 것으로 통합할 수 있게 된다(즉, '너는 내 자신에게 친절해야 해. 그렇게 하는 것이 더 좋다고 치료사가 말해서가 아니라, 그것이 옳은 일이라고 내가 생각하기 때문이야.').

치료자로서 당신의 역할은 내담자의 신념 체계를 처음에는 치료자의 권위를 통해, 그 다음에는 내담자 스스로가 추론을 통해 동화와 내면화 과정을 거치면서 바꾸도록 돕는 것이다. [치료자가 이 역할을 '해야 한다'는 것을 아들러(1985) 덕분에 알게 되었다]

앞에서 열거한 방법들로 쉽게 수정되지 않는 지나치게 가혹한 내사들은 의식 · 무의식적으로 어떤 중요한 사람과 연관되어 있을 수 있다. 이런 내담자에게 그 중요한 사람을 향한 자신의 믿음(이들의 자존감에 너무나 파괴적인)을 포기하라는 것은 바로 그 중요한 사람을 포기하는 것으로 경험될 것이다. 이들의 내적인 삶은 너무나 황량해서, 그런 내적 대상이 없으면 완전히 외롭게 버림받았다고 느낄 것이다. (경계선 내담자의 행동이 겉으로 보기엔 적응을 못해 병적으로 보이지만, 바로 이런 점이 실제로는 이들에게 긍정적으로 작용한다는 것을 보여 주는 또 다른 예가 될 것이다.) 내담자에게 진정으로 도움이 되기 위해서는, 치료자가 이들의 행동 너머 마음 저변의 동기를 헤아려 보려는 노력이 매우 중요하다. 이런 특정한 종류의 자기 비판적인 가혹함과 사랑하는 사람과의 연관성을 보통 잘 알아차리지 못한다. 자신의 지나치게 가혹한 내면의 목소리가 어떤 중요한 사람과의 관계를 유지하려는 시도였다는 것을 치료자의 도움으로 알아차리고 분명하게 표현하게 되면, 내담자는 그 대상으로부터 비롯된 파괴적이고 비현실적으로 내사된 기준들은 받아들이지 않으면서도 그 대상에 대한 기억을 생생하게 간직할 수 있는 방법을 찾게 된다.

8) 기술 훈련을 통해 대인관계에서의 편안함 증진하기

경계선 내담자들 가운데는 적절한 사회기술이 없는 사람이 많다. 어떤 내담자는 이런 자신의 부족함을 알고 있지만, 많은 이가 그렇지 않다. 다른 사람과의 관계가 좋지 않은 것은 운이 없거나, 또는 과거에 지은 죄에 대한 형벌 때문이라고 여기는 경우가 많다. 이에 관해서는 적절하고 민감하게 개입하는 것이 도움이 된다.

그러나 내담자가 여러분의 개입에 어떻게 반응할 것인지 예측할 수 있기 위해서는 내담자에 관해 충분히 아는 것이 중요하다. 이를 위해 내담자의 행동이 어떤 맥락에서 생겨난 것인지 그 기능을 생태학적으로 이해하기 위해 과거로 거슬러 올라갈 필요가 있다. 만약에 갑작스러운 거친 행동이나 옷을 형편없이 입는 것과 같은 행동들이 무지의 산물이라면, 내담자는 대체로 도움을 환영하고 치료적인 효과도 있다. 하지만 이 행동들이 내담자의 자기표현의 한 방법이거나 독립을 향한 반항적인 제스처라면, 치료자는 변화시키려고 하지 말고 이런 행동들이 내담자의 욕구에 어떤 기능을 하고 있는지 무비판적인 태도로 탐색해 볼 필요가 있다.

9) 직면을 적절하게 사용하라

나는 여기서 '직면(confrontation)'이라는 말을 매우 특별한 방식으로 사용하고 있다. '직면'은 마스터슨(1976, 1981)이 개발한 방법으로, 치료자가 비판하지 않으면서 경계선 내담자가 부인하는 자기 파괴적인 행동을 전경으로 떠올릴 수 있도록 돕는 것이다. 마스터슨은 직면을 경계선 치료의 기본으로 생각한다. 마스터슨에 따르면, 직면은 직관적이며 공감하는 방식으로 이루어져야 하며, 내담자가 지금 여기에서 내놓고 있는 자료와 일치하는 것이어야 한다. 일단 내담자가 부인(denial)하지 않게 되면, 자신의 진짜 감정들을 다시 접근할 수 있게 되어 치료의 전경이 될 수 있다.

직면의 내용은 두 가지 형태의 전이에 따라 '집착하기[또는 매달리기(clinging)]' 대 '거리두기(distancing)'로 구분된다. 마스터슨이 말하는 '집착하기 전이'에서 내담자는 관계를 유지하기 위해 관계의 부정적 측면을 보는 것을 피한다. 치료자는 파괴적인 행동에 대한 부인을 직면해야 하는데, 이런 행동은 보통 회기 밖에서 일어나지만 때로는 회기 중에서도 일어난다. '거리두기 전이'의 경우에는, 회기 중에 일어나는 내담자의 적대적이고 부정적인 치료자를 향한 투사를 직면해야 한다. "왜 내가 조용할 때마다 당신은 내가 화가 났다고 생각하죠?" 적절한 직면이 경계선 내담자의 부인과 행동화를 방해하여, 방어하던 모든 부정적 감정들을 경험하도록 하는 것이 마스터슨의 생각이다.

경계선 내담자는 내면의 고통으로부터 벗어나 잠시 안도감을 얻기 위해 일시적으로 기분이 좋아지는 자기 파괴적이고 부적절한 행동을 자주 한다. 이러한 행동들은 어떤 형태로든 나타날 수 있는데, 어떤 행동은 분명히 더 역기능적이다. 즉, 특정 대상에게 자기를 돌봐 달라는 부적절한 요구부터 강박적인 식습관, 오락성 약물 사용, 성행위, 부적절한 사람과 충동적인 관계 맺기 등과 같은 위험한 행동들까지 그 예가 다양하다. 이들은 또한 현실의 삶 대신 환상으로 만족할 수도 있다.

이들은 역기능적인 자신의 선택으로 인해 생긴 문제들을 알아차리는 걸 회피하기 위해 부인을 사용한다. 어떤 경우에는 자기 파괴적인 행동과 그에 따른 대접을 받는 일에 너무 익숙해져 그걸 비정상적인 상황이거나 또는 바꿀 수 있는 상황으로 인식하지 못한다. 치료자는 내담자가 자신의 상황을 새로운 방식으로 볼 수 있도록 돕기 위해 치료자의 현실 인식을 내담자에게 빌려줄 수 있다.

예를 들면, 매력적인 29세의 미혼 여성 린다는 혼자 있는 것을 매우 두려워했고, 누구와 헤어질 때마다 극단적인 유기 우울증에 시달려 가장 가까이 있는 사람이라면 누구라도 강박적으로 매달렸다. 현재 그녀는 자신을 때리며 바람을 피우는 남자와 관계를 맺고 있다. 그녀는 남자와 헤어지는 것을 피하기 위해 경계선 내담자가 흔히 하는 파편화와 부인이라는 방어를 사용하고 있었다. 그래서 린다에게는 그 남자도 그와의 관계도 아무런 문제가 되지 않았다. 그가 만약 학대하고 있었다면 린다가 그를 자극시킬 만한 어떤 잘못을 한 것이 틀림없다. 학대를 당하고 자신을 탓하게 되면서 그녀에게 조금 남아 있던 자존감마저 빠르게 잠식되어 갔다. 그와의 관계를 지키고 자신의 진실된 감정을 직면하지 않기 위해 그녀가 사용했던 파편화와 부인으로 인해, 린다는 자신의 상황을 분명하게 볼 수도 스스로를 도울 수도 없었다.

이런 상황에서 몇 가지의 적절한 직면이 얼마든지 가능하다. 어떤 치료자는 린다의 파편화에 초점을 맞추고, 모든 싸움에 대한 전적인 책임이 늘 그녀에게 있다는 것이 얼마나 이상한 일인지에 관한 이야기를 시작할 수도 있을 것이다. "그 사람은 결코 잘못한 일이 없나요?" 아니면, 린다의 부인에 대해서 "그가 당신을 때리고 다른 여자들과 잠을 자는데 왜 그 사람과 좋은 관계라고 말하는 거죠?" 그 작업 후에, 린다가 그와의 관계를 보다 현실적으로 보기 시작했고, 자신의 외로움과 절박함이 전경으로 떠오르면서 혼자 남게 되는 것에 대한 두려움이 학대당하는 것을 간과해 버리게 했다는 것을 이해하게 되었다.

폭력적인 관계에 집착해서 생긴 파괴적인 결과를 인식하게 되면서, 린다는 자신의 문제에 보다 적응적인 해결책을 찾는 데 도움을 받을 수 있게 된 것이다. 그 과정에서 치료자와 치료 상황을 지지 자원으로 사용할 수 있을 것이다. 그에게 매달리는 대신 일시적으로 치료자인 당신에게 매달릴 수 있을 것이다. 추가 회기나 전화로 연락할 수 있는 시간을 제안하거나, 기분이 나쁠 때마다 치료자인 당신에게 편지를 쓰라고 제안할 수도 있다. 비록 그 편지를 보내지 않더라도, 편지를 씀으로써 그녀는 좀 더 치료자와 연결감을 느끼고 외로움을 덜 느끼게 될 것이다.

경계선 내담자가 자신의 정서신체적 안녕을 위태롭게 하고 병적인 사고에 너무 갇힌 나머지 스스로를 돕지 못하는 상황에서, 이런 이슈들을 꺼낼 수 있는 사람은 치료자가 되어야 할 것이다. 이것은 또 다른 형태의 보조 자아 역할이다. 만약 내담자가 이슈를 먼저 내놓을 때까지 기다리거나, 자신에게 문제가 있다는 것을 인식할 때까지 기다린다면, 심각한 손상을 방지하기에 너무 늦을 수도 있다.

그러나 내담자로 하여금 자신의 파괴적인 태도와 행동으로 인한 결과를 창의적이고 민감하게 직면하도록 돕는 것과, 내담자의 삶에 개입하여 개인적인 부적절감을 강화하고, 통제를 당한다는 두려움을 자극하는 것과의 차이는 종이 한 장 차이다. 그래서 직면이 효과적이기 위해서는, 치료자가 판단적이라고 생각되지 않고, 내담자의 개인적인 선택에 대한 치료자의 이해관계가 없다고 느낄 수 있어야 한다.

부적절하거나 시기가 적절치 못한 직면을 조심할 필요가 있다. 예를 들면, 당신의 생각이 아무리 정확해도, 화가 나 있는 상태에서 직면하는 것은 현명하지 않다. 그런 경우 내담자가 직면을 공격으로 인식하고 반응할 것이다. 그리고 어떤 이유로든, 내담자가 조언으로 해석할 수 있는 내용을 당신이 전하게 된다면, 그것은 단지 고려할 만한 추가 정보일 뿐 꼭 그렇게 해야 한다는 것은 아니라는 것을 내담자에게 분명히 하는 것이 중요하다. 경계선 내담자는 보통 치료자가 자신의 부모처럼 반응할 것으로 생각한다. 그래서 부모가 하라는 대로 맹목적으로 따라하는 융합 반응을 하지 않았을 때, 부모가 화를 내거나 정서적인 철회를 했던 것처럼 치료자인 당신도 그렇게 행동할 것이라고 생각할 것이다.

10) 내담자의 사랑스러운 점을 찾으라

내 경험에 비춰 보면, 내담자의 독특한 속성을 알아차리고 치료자가 진정으로 그

것을 느끼며 알아주고, 또 내담자에게서 진심으로 감탄하고 좋아할 만한 것들을 찾았을 때, 치료가 가장 잘 된다는 것을 알게 되었다. 만약 내담자가 사랑스럽게 여겨지고, 그들의 독특함을 존중하며 적절한 개입으로 스스로 성장하고 개별화할 수 있는 여유를 허용해 준다면 오래된 상처들이 치유되기 시작할 것이다.

8. 게슈탈트 치료법을 경계선 내담자에게 적용하기

1) 내담자가 현재 경험하고 있는 정서를 잘 대처할 수 없을 경우, 정서를 증폭시키는 방법을 사용하지 말라

예를 들면, 기능을 잘 못하는 경계선 내담자에게 나는 대체로 다음과 같은 제안을 하지 않는다. '너' 대신 '나'라고 말하라고 하거나, 또는 내담자가 스스로 자신을 진정시킬 수 있고 자신의 정서적 각성을 좀 더 감내할 수 있는 능력이 있다는 것을 확인하기 전까지는, 두 의자 기법에서 내담자가 돌아가신 어머니에게 말하게 하는 대신 자신에 관해 말하게 한다.

2) 가능하면 주 2회 치료에 올 수 있도록 하라

일주일에 한 번 만나는 게슈탈트 치료의 일반적인 규정대로 내담자를 만난다면, 이들에게 부족한 자기 지지와 스트레스 상황에서 충동적으로 행동하는 성향으로 인해 회기와 회기 사이에 퇴행할 수도 있다. 물론 이런 퇴행을 그 다음 회기에서 다룰 수 있겠지만, 내담자가 자기 지지 능력을 상실하기 전에 다시 만날 수 있다면 좀 더 빠르게 일관성 있는 치료적 진전을 이룰 수 있을 것이다.

3) 치료자인 당신에게 가지고 있는 내담자의 판타지 유대감을 섣불리 깨 버리지 않도록 주의하라

내담자가 자신의 중요한 타자와의 관계와 치료자와의 관계를 분리하여 정확히 인식하도록 돕기 위해 회기마다 내담자의 전이감정을 해결하려고 하는 것은 보통 경계선 내담자에게 역효과이다. 예를 들면, 내담자가 치료자인 당신을 자애로운 어머니로 보면서 자신에게 긍정적인 변화와 안정감을 줄 수 있는 지주로서 당신에 대한 환상을 이용하고 있다면, 당신은 그의 어머니가 아니라고 내담자에게 말하지 말라.

4) 경계선 내담자가 취할 수 있는 개인적 책임의 양에 관해 현실적이어야 한다

게슈탈트 치료에서는 때론 내담자의 실제 능력과 욕구에 대한 적절한 평가 없이, 내담자의 개인적인 책임을 별 생각 없이 강조하는 경우가 있다. 많은 경계선 내담자의 기능 수준은 거의 발달이 되지 않은 상태라서 이들이 삶을 살아가기 위해서는 상당히 많은 도움을 필요로 한다. 만약 당신이 내담자에게 어떤 일에 책임을 지라고 한다면 내담자는 그 말을 이해하지 못할 수도 있다.

예를 들면, 신디는 치료를 시작하기 전에 'EST(Erhard Seminar Training: 2주 60시간의 훈련으로 변혁과 개인적인 책임감 등을 강조하는 세미나)' 수련을 받았다. 신디의 사고는 극단적으로 형이하학적이라서(일부 경계선 내담자에게 흔히 있는 일이지만), 'EST' 트레이너들이 일어난 모든 일과 모든 선택에 대한 책임이 그녀에게 있다고 말했을 때, 그녀는 바로 우울증에 빠졌다. 신디의 심리적 기능 수준에서는 자신이 책임을 지는 것과 자신이 잘못한 것을 구분하기 어려웠다.

5) 적절하다면 개인적인 질문에 답을 하라

내담자가 자신의 현실과 투사를 구별할 수 있도록 돕는 것이 중요하다. 어떤 경계선 내담자는 어느 특정 순간에 상당히 편집적이 되어 치료자인 당신이 무슨 생각을 하고 있는지 정말로 알아야 할 필요가 있다. 만약 내담자가 투사하거나 반사적인 반응만 하다가 마침내 질문을 할 수 있다면, 이것은 큰 치료적 진전이다. 만약 당신이 내담자의 솔직한 질문에 대해서 "그리고 내가 지금 생각하고 있는 것에 대한 당신의 판타지는 뭘까요?" 식의 진부한 말로 대답한다면, 당신은 필요 이상으로 내담자를 불안하게 만들어, 내담자가 치료를 시작하기 전의 기능 수준으로 퇴행할 수도 있을 것이다.

　내담자가 나와 대립하게 될 때, 가능한 한 나는 당황스러워도 정직하게 반응해 주려고 한다. 내담자가 나에게 속아서 자신이 지각하는 것을 의심하게 되는 것보다는, 어리석거나 호의적이지 않다고 내가 인정하는 것을 내담자가 경험할 수 있는 것이 낫다고 나는 생각한다. 내담자가 제안하는 것에 조금이라도 진실이 있다면, 나는 그 진실만큼 정확하게 인정하도록 노력할 것이다. 만약 나의 관심이 다른 곳에 가 있어서 내담자가 "제 말을 듣고 있는 것처럼 보이지 않네요."라고 말을 한다면, 나는 방어하기보다 인정해 줄 것이다. "그래요, 당신은 관찰을 정말 잘하네요. 그때 내 마음이 딴 데 가 있었죠."

　다시 말하자면, 내담자의 질문에 답할 때는 판단을 잘해서 반응해야 한다. 어떤 내담자는 개인적인 질문을 하기도 하는데, 치료에 별로 도움이 되지 않는 질문들을 하기도 한다. 신디는 내 가족에 관해 묻고는 했는데, 자신이 우리 가족 수준에 맞는지 비교해 보기 위한 것이었다. 그때 나는 질문에 대한 답을 피하고 대신 그녀의 경쟁심과 낮은 자존심에 초점을 두었다.

6) 전이 · 역전이 반응이 전경이 된다

　과거의 미해결 과제가 '두 의자' 작업이나 다른 게슈탈트 실험들을 통해 다뤄지던 좀 더 전통적인 게슈탈트 치료와 달리, 경계선 내담자의 미결과제는 치료자에게 투사된다. 경계선 적응 방식이 더 원시적일수록 전이감정은 더 강렬할 것이다(그리고 치료자에게는 잠재적으로 더 방해가 될 수도 있다). 치료의 많은 부분이 내담자와 치료자가 서로 강렬하게 반응하는 것을 이해하는 과정이 될 수도 있다.

7) 나는 때론 잠정적인 내사를 장려한다

　나는 일반적으로 내담자가 나의 행동 기준을 내사하는 것을 장려하지 않고, 자기 스스로 성찰하고 생각해 보도록 격려한다. 하지만 때로는 저기능 경계선 내담자에게는 예외를 둔다. 이런 내담자가 자신을 잘 돌볼 권리가 있다는 말을 해준 사람은 아마도 이들이 존경하는 사람들 가운데 내가 첫 번째 사람일지도 모른다. 나는 그저 단순히 다음과 같이 직접 말하기도 한다. "자신을 다치게 하는 것은 괜찮지 않아요."

8) 상호작용이 이루어질 수 있는 집단치료 형태가 더 유익하다

집단원들 간에 자발적인 상호작용이 거의 이뤄지지 않고, 주로 치료자가 내담자 한 사람과만 작업하는 전통적인 형태의 게슈탈트 집단치료는 실제로 경계선 내담자의 치료적 진전을 방해할 수 있다. 이러한 작업 방식은 대부분의 치료적 제안이 치료자로부터 시작되고 치료자가 책임을 지게 됨으로써 집단 구성원들이 어린아이처럼 수동적이 되도록 하는 경향이 있다. 그렇지만 내담자가 집단 작업을 할 만큼 준비가 되어 있는지 평가하는 것이 중요하다. 고려해야 하는 몇 가지 쟁점들은 다음과 같다.

- 내담자가 한 번에 두 사람 이상 관계할 수 있는가? 나는 가끔 내담자가 집단에 참석한 다음에야 집단 상호작용이 내담자의 현재 기능 수준을 넘어선다는 것을 알게 되기도 한다. 내담자는 참여 대신 안절부절못하거나 침묵하거나 방해하는 행동을 할 수 있다.
- 내담자가 치료자인 나를 다른 사람과 공유할 수 있는가? 집단 작업은 치료자가 내담자에게만 속해 있지 않다는 것을 선명하게 보여 준다.
- 내담자가 나를 실제로 3차원적인 사람으로 경험하는 것을 감내할 수 있는가? 그렇지 않다면, 다른 집단원들이 나에게 하는 다양한 반응, 그리고 내가 집단 전체와 교류하면서 보여 주는 나의 다양한 모습들이 이들에게는 정서적으로 도전이 되고 가끔은 위협적으로 느껴질 수도 있다.

9. 결론

경계선 성격 적응이란 현상은 다음과 같은 게슈탈트가 형성되면 가장 잘 이해될 수 있다.

- 심리 내적인 정신구조: 자신과 타인에 대한 서로 상반되는 관점을 통합하는 데 어려움이 있고, 지나치게 징벌적인 초자아와 미발달된 정체성의 특징을 보인다.
- 세상을 대하는 특별한 방식: 재양육(특정 대상을 통한 돌봄)을 바라면서 강렬한 일대일 관계를 지속적으로 추구하며, 편안한 대인관계 거리를 찾을 능력이 없이 버림받거나 삼켜짐에 대한 두려움으로 부적절한 집착이나 거리두기 행동으로 특징지어진다.
- 일련의 특징적인 문제들: 나약하고 파편화된 정체성, 극도로 혼란스러운 개인적인 관계 패턴의 경향성, 현실을 왜곡하는 원시적인 방어에 대한 지나친 의존(파편화, 부인, 투사 등), 충동 조절의 어려움, 낮은 자존감, 내면의 공허감 등을 포함하는 일련의 특정한 문제들로 인해 혼자 있는 것이 어렵고, 거의 통제할 수 없는 분노를 경험하게 되고 편하고 자발적인 접촉을 적절하게 할 수가 없다.

치료자로서 우리는 특별한 치료 방식을 경계선 내담자에게 맞게 조율함으로써 치료 효과를 높일 수 있다. 보다 효과적인 치료를 위해서는 경계선 게슈탈트(Gestalt of the borderline)를 이해해야 한다. 이들의 내적 세계, 대처 방식, 이들이 보이는 전형적인 문제들을 이해해야 한다. 가장 중요한 것은 이들이 심리치료를 통해 효과적으로 치료받을 수 있다는 것을 이해해야 한다는 것이다. 이들에게 선천적인 결함이 있는 것이 아니다. 이들의 문제는 본질적으로 건강한 시도에서 비롯된 것이었다. 즉, 살기 어려운 환경에서 자신의 정서적인 생존을 극대화하기 위한 적응적 반응에서 시작된 것이다.

제**7**장

목표와 경계선 내담자: 게슈탈트 치료 접근법[6]

어느 항구로 향하는지 모른다면 어떤 바람도 좋은 바람은 아니다.

—로마 철학자 세네카(Seneca)—

경계선 적응을 하는 내담자는 자주 개인적으로 의미 있는 목표를 확인하고 성취하는 것을 어려워한다. 목표를 확인한 후에도, 그 목표에 도달하기 위한 구체적이고 현실적인 계획을 세우지 않고 모호하게 설명하는 경향이 있다. 목표와 관련하여 내담자가 스스로 알아서 하도록 두면, 일반적인 이슈들을 몇 회기에 걸쳐 나눈 다음, 그 후 몇 달 동안 자신이 세운 목표와 관련된 주제를 다시 꺼내지 않을지도 모른다. 또는 구체적인 목표(예: 약 4.5kg 감량하기, 술 끊기, 외국어 학습)를 언급하고, 목표를 이루기 위한 잠정적인 단계(다이어트 시작하기, 알코올 중독자 익명 모임 가입, 수강 신청)를 거친 다음엔, 실제로 목표에 도달하기 전에 해야 할 모든 것에 관해 이들은 '잊어버리는' 것처럼 보일 수도 있다. 목표에 도달할 수 있는 어떤 중요한 진전도 없이 이런 과정이 반복적으로 일어날 수 있다.

1. 게슈탈트 치료 이론과 전경-배경 형성

게슈탈트 치료 이론의 기본은, 유기체/환경 장에서 어떤 순간에 일이니는 무수히 많은 자극 가운데, 우리에게 가장 강렬한 욕구나 두려움과 관련된 구체적인 것을 전경으로 떠올리게 된다는 것이다. 프리츠 펄스(Fritz Perls, 1976)가 말했듯이, "유기체의 지배적인 욕구는 언제든지 전경을 이루고, 그 외의 다른 것들은 적어도 일시적으로 배경으로 물러난다."(p. 9) 따라서 경계선 적응 내담자가 개인적인 목표를 이루려는 과정에서 경험하는 어려움을 게슈탈트 형성 관점에서 개념화해 볼 수 있다. 목표와 목표에 도달하고자 하는 내담자의 모든 개인적인 이유는 다음의 둘 중 하나로 정리될 수 있다. ① 경계선 내담자의 목표는 막연해서, 선명하고 강렬한 전경이 된 적이 결코 없다. 왜냐하면 다른 정서적이고 현실적인 욕구들이 동시에 이들의 관심을 끌기 때문이다. 또는 ② 잠정적으로 목표는 분명한 전경이 되지만, 그걸 이루는 데 방해가 되는 내적·외적 장애물들과 마주치는 즉시 이들의 목표는 보이지 않는 배경의 일부로 사라져 버린다. 따라서 경계선 내담자가 혼자 힘으로는 이 난국을 헤쳐 나가지 못하는 경향이 있다(2장 '사랑, 찬사, 안전' 참고).

2. 다섯 가지 기본 질문

경계선 내담자가 개인적으로 의미 있는 목표를 찾고 그 목표를 성취하도록 돕기 위해, 나는 치료자가 사용할 수 있는 간단한 방법으로 다음의 다섯 가지 질문들을 개발하였다. 물론 이 시스템은 개인적인 목표를 달성하는 데 어려움을 겪는 모든 사람을 돕는 과정에 적용할 수 있다. 이 질문들은 내담자가 자신의 목표와 목표에 도달하는 데 필요한 각 단계에 집중하고, 자신을 성찰하고 목표를 이루는 과정에서 필요한 의미 있고 명확한 전경을 유지할 수 있도록 돕기 위한 것이다. 물론, 이런 질문들과 그리고 연관되는 근본 문제들에 접근할 수 있는 다른 잠재적으로 유용한 방법들도 많이 있을 것이다. 다음의 5단계는 처방전이 아니라 모델로 제시한 것이다.

① 목표: 현재 당신의 삶에서 어떤 변화가 일어나길 원합니까?

② 구체적인 단계: 그런 변화를 시작하기 위해 이번 주에 당신은 구체적으로 무엇을 할 수 있을까요?

③ 현실 점검: 이번 주에 당신이 그런 구체적인 조치를 취하는 데 어떤 내·외적 장애물이 있을까요?

④ 장애물 다루기: 이번 주에 일어날 수 있는 장애물들을 당신은 어떻게 다룰 수 있겠습니까?

⑤ 동기 점검: 이번 주 목표 달성을 위해 당신이 지금 계획한 일을 실천할 마음의 동기는 얼마나 될까요?

3. 구조화된 접근 방식의 내면화: 목표는 목표가 아니다

다섯 가지 질문(그리고 그 질문들 통해 나타나는 계획과 절차)은 경계선 내담자가 개인적으로 의미 있는 목표를 확인하고 그것을 성취하기 위해 필요한 절차들을 현실적으로 계획하도록 도울 수 있다. 여기서 나의 의도는 내담자가 자신의 목표에 접근할 수 있는 구조적인 방법을 숙달할 수 있도록 돕는 것이다. 내담자가 이런 구조적인 방법을 일단 내면화하고 개인적으로 사용할 수 있을 만큼 숙달된다면 평생 치료실 밖에서도 활용할 수 있을 것이다. 여기에서 중요한 것은 내담자가 이런 구조를 배우는 것, 즉 스스로 생각하고 계획하는 방식과 내·외적 방해들을 극복하는 방법을 알고 익히는 것이지 어떤 특정한 목표를 달성하는 것이 중요한 것이 아니다. 역설적으로, 목표는 목표가 아니라고 할 수 있겠다.

내담자나 타인의 안전이 위험에 처하는 긴급 상황(정신증, 폭력 등)을 제외하고, 내담자가 목표를 스스로 정하고 구체적인 계획을 설정하는 것이 지극히 중요하다. 이렇게 하면 저항이 줄어들게 되고, 자기 힘으로 이룬 성과에 대한 주인 의식이 높아지게 된다.

4. 치료자의 역할

치료자의 역할은 다음과 같다.

• 내담자의 자기성찰과 문제해결을 격려하는 질문들을 하라.
• 장애물에 대한 내담자 자신의 생각과 해결책을 끌어내도록 도우라.
• 의미 있는 목표에 도달하기 위해 내담자가 고려할 필요가 있는 질문들을 치료자가 모델링해 주라.
• 이러한 과정에서 필연적으로 발생할 수 있는 정서적 문제를 내담자가 해결할 수 있도록 지원하라.

이 모든 과정은 오래 걸리며 단조롭게 반복될 수 있다. 어렵고 재미도 없어 보이는 어떤 새로운 일을 해야 할 때 보통 우리 모두가 경험하게 되는 저항 외에도, 경계선 내담자에게는 자신의 목표를 향해 가는 데 방해가 되는 비현실적인 기대와 욕망들도 있다. 많은 이가 돌봄을 받고 싶어 하고, 성인으로서의 책임들(예: 세탁, 청구서 지불)은 적극적으로 지려고 하지 않는다. 또한 삶에 대한 확인되지 않고 비현실적인 많은 믿음과 기대를 가지고 있다. 마스터슨은 경계선 내담자의 인생 모토를 "인생은 쉬워야 하고, 어려운 일은 나를 위해 다른 누군가가 해야 한다."라고 했다.

어떤 내담자는 치료의 다른 영역에서는 상당한 진전을 보이면서도, 자신이 설정한 의미 있는 한 가지 목표를 달성하기까지 수년에 걸쳐 시작과 중단 그리고 재시작이라는 과정이 필요할 수도 있다. 사실 치료 과정을 통해 보여 준 이들의 핵심 이슈들과 관련된 변화들(즉, 자신을 더 잘 이해하는 것, 자신의 정서적 고통과 과거의 상처를 다루는 것, 내적 갈등을 해결하고 좀 더 통합이 되어 온전해지는 것과 같은 변화들)은 삶의 보다 구체적인 다른 목표에서 진전을 이룰 수 있게 해 준다. 이런 과정에서 내담자의 저항이 나타나면, 치료자는 이를 끈기 있게 반복적으로 탐색하며 다뤄 가야 한다.

5. 치료자가 하지 말아야 할 일

이런 과정이 얼마나 지루하고 긴 과정인지 현실적으로 인내하며 이해하는 것이 중요하다. 내담자가 자신의 목표에 진척이 별로 없다는 불평과 그들에게 도움이 되고 싶어 하는 치료자의 욕구로 인해 치료자가 지름길을 택하고 싶을 수도 있다. 그렇게 되면, 내담자가 자신을 스스로 활성화하여 자신의 진정한 욕구와 동기에 접촉하도록 하는 대신, 치료자가 내담자의 목표를 대신 제안해 주고 목표 달성을 위한 계획의 세부 절차들을 수행하게 될 수도 있다.

기억하라. '목표는 목표가 아니다'. 내담자가 할 일을 치료자가 하는 것은 내담자 자신의 부적절감을 강화하게 될 뿐이고, 목표를 자기 힘으로 달성해 가는 데 필요한 내적 구조를 세워 줄 수 없다. 마치 내담자와 함께 체육관에 가서 역기를 대신 들어 주고, 이들의 신체가 더 강해지기를 기대하는 것과 같다.

6. 더 큰 목표를 주간 단위로 나누라

이 다섯 가지 질문에서는 주간별 목표들을 의도적으로 사용했는데, 이는 대부분의 큰 목표들이 더 작은 구성요소로 세분화될 필요가 있기 때문이다. 그리고 요즘 대부분의 내담자가 치료자를 주 1회 만나기 때문이다. 따라서 이런 질문들은 내담자를 위한 의미 있는 과제를 개발하는 데 사용할 수 있고, 그 결과 회기와 회기 사이에도 치료 작업이 지속될 수 있다.

1) 내담자 레이첼

다음은 임상과정에서 질문을 어떻게 사용할 수 있는지 보여 주는 사례다. 레이첼은 31세 여성으로 좋은 친구들이 모두 이사를 가 버려 외롭다는 호소를 자주 한다. 다음과 같이 대화를 통해 레이첼은 잠정적인 해결책을 확인하게 된다.

레이첼: 난 정말 좀 더 자주 외출해서 더 많은 사람을 만나고 싶어요.

치료자: 그럼 이번 주에 무엇을 해야 할까요? (질문 1은 이미 레이첼이 한 말에서 암묵적으로 대답이 되었기 때문에, 치료자는 질문 2로 건너뛰어서 세부 사항을 질문하고 있다. 앞서 설명한 5개의 질문 내용을 참고할 것)

레이첼: 모르겠어요. 아마도 더 많은 사람을 만날 수 있는 어떤 행사에 갈 계획을 세울 수 있겠죠. (애매하고 일반적인 대답)

치료자: 특별히 염두에 두고 있는 구체적인 행사가 있나요? (치료자는 어떤 제안도 하지 않고, 다시 구체적인 계획에 관해 묻는다.)

레이첼: 직장에서 누군가가 금요일 밤에 파티를 열 거예요. 제가 갈 수 있을 것 같아요.

치료자: 그다지 크게 관심이 있거나 확실해 보이지가 않군요. (생길 수 있는 방해물에 주의를 환기시키는 과정: 질문 3.)

레이첼: 글쎄요……. 먼저 직장 동료가 초대해 줄 건지 답장을 받고 난 후에, 입을 옷을 찾아봐야 하겠죠. 내 옷들은 모두 더럽거나 적절하지 않거나 뚱뚱하게 보이게 하는 옷들이죠. (방해물 목록)

치료자: 파티에 가기 위해 두 가지 정도 구체적으로 해야 할 일이 있는 것 같군요. 어떻게 할 계획인가요? (질문 4, 방해물 다루기)

레이첼: 초대 여부는 문제가 아니죠. 사실, 내가 나타나도 아무도 신경을 안 쓸 거예요. 그렇게 공식적인 행사는 아니니까요. 그냥 정말 한번 만나는. 와인 한 병이나 맥주를 사 가면 모두가 기뻐할 거예요. 문제는 옷을 입고 있는 내 모습이 너무 싫다는 거예요. 나는 너무 뚱뚱한 것 같아요. (정서적인 방해)

치료자: 당신의 외모에 좀 더 만족하기 위해, 당신이 파티에 가기 전에 할 수 있는 일이 무엇일까요? (질문 4, 방해물을 다루고 그녀의 신체 이슈로 토론이 곁길로 빠지지 않기)

레이첼: 쇼핑하러 가야 할 것 같아요. 아니면 그냥 세탁을 좀 해야 할 것 같아요. 여기서 나가 집에 가면 바로 세탁소에 갈 수 있을 거예요. 그런 후에는, 적어도 내가 입어도 괜찮을 것 같은 옷들이 있다는 걸 확인할 수 있겠죠. 기다렸다가 쇼핑 가면 아무것도 찾지 못할지도 모르니까요. 시간이

나면 어쨌든 언제든지 쇼핑하러 갈 수 있겠죠. 만약 내가 정말 불안해진
다면, 파티 전에 백화점에서 화장을 할 수 있겠죠.

치료자: 세세한 부분까지 계획은 다 정리가 된 것 같은데요. 정말로 실천할 마음
은 어떤가요? 정말 그 모든 것을 하고 파티에 갈 건가요?

레이첼: 그래요. 난 분명히 그렇게 할 거예요. 나는 외롭고 더 많은 친구가 생기면
좋겠어요. 보통 나는 구체적인 것들을 확인하고 지키지 못하곤 했죠.

7. 내담자가 '잊어버린 목표': 무엇을 할 것인가

어떤 때는 내담자가 치료실에 와서 자신의 목표에 완전히 방해가 되는 일에 대해
말하게 될 것이다. 목표는 내담자의 경험에서 밀려나 배경이 되어 버렸고, 이제 다
른 욕구와 감정이 전경이 되었다. 목표가 보이지 않는 배경의 일부가 되었기 때문
에, 지금 자신이 계획하고 있는 것과 자신의 목표 간에 어떤 모순이 있는지 알아차
리지 못하게 된다. 치료자가 내담자의 목표가 다시 전경이 되도록 도울 수 있는, 내
가 만든 간단한 개입 방법을 소개하겠다. 이를 3단계로 나누어 보면 다음과 같다.

- 1단계: 내담자를 공감하는 진술을 한다. 이는 내담자가 느끼고 있는 것을 당신이
  이해한다는 것을 보여 준다.
- 2단계: 내담자가 자신의 목표를 다시 알아차리도록 한다. 이 단계에서 기본적인 생각
  은 두 아이디어(내담자의 장기 목표와 지금 하려고 하는 것)가 동시에 전경이 되도
  록 함으로써 내담자가 그 둘 사이에 어떤 모순이 있는지 분명하게 알아차리도록
  하는 것이다. 이 과정에서 치료자가 원하는 것을 말하거나 내담자에게 무언가
  를 하라고 하지 않고, 내담자의 목표가 전경이 되도록 하는 것이 중요하다.[7]
- 3단계: 내담자가 숙고해 볼 수 있는 질문을 한다. 내담자가 지금 계획하고 있는 일이
  좀 더 장기적인 목표에 미치는 영향을 숙고해 보라고 한다.

내담자가 실제로 나에게 했던 말들을 기초로, 내가 이 3단계 과정을 어떻게 진행
해 가는지 보여 줄 수 있는 임상 사례들을 소개하겠다. 물론 내가 하는 방식은 처방

전이 아닌 안내 지침으로만 의미가 있다. 다른 모든 치료 개입과 마찬가지로, 내 지침들은 내담자와 상호작용하는 '당신만의 독특한 방식과 말투 그리고 당신의 타이밍 감각에 충실할 때 가장 효과적'일 것이다.

1) 내담자 질

질은 32세의 미혼 여성으로, 여성편력이 있는 남성들과 짧은 관계를 맺어 온 내담자였다. 그녀는 혼자 있는 것을 힘들어하여 술을 지나치게 마시고 잘 알지도 못하는 남자들과 충동적으로 관계를 맺는 식으로 외로움을 달래는 경향이 있었다.

질의 현재 치료 목표는 다음과 같다. "나는 적절치 않거나 나와 함께 있고 싶어 하지 않는 남자들을 쫓아다니면서 시간을 낭비하는 것을 그만하고 싶다. 내가 누구와 사귀든 지금부터는 그 사람이 정말 나를 원한다는 것을 보여 주기 바란다. 그리고 결혼으로 발전할 수 있는, 서로가 만족하는 관계를 만들어 갈 준비가 되어 있는, 나에게 맞는 그런 사람을 찾고 싶다."

질은 치료 회기에서 다음과 같이 말했다. "어젯밤 술집에서 새로운 사람을 만났어요. 그 사람은 내가 평소에 좋아하는 타입은 아니고, 나보다는 좀 어리지만 우리는 함께 술 몇 잔을 마셨고, 나는 그 시간을 즐겼죠. 그러지 말았어야 한다는 것을 알았지만, 나는 그의 집으로 갔고 우리는 '성관계'는 하지 않았지만 모든 것을 했죠. 잠시 후, 그가 다음날 새벽에 약속이 있다면서 나에게 택시를 타고 집에 가도 괜찮겠냐고 물었죠. 내 전화번호를 묻지 않았어요. 어쩌면 그냥 묻는 걸 잊었을지도 모르겠죠. 나는 그 사람이 일하는 곳을 알고 있고 잠시 들려서 놀라게 할 생각인데요, 어떻게 생각하세요?"

(1) 치료자를 위한 단계

- 1단계: 내담자를 공감하는 진술을 한다. 나는 당신이 지금 정말 외롭다는 것과 서로가 사랑할 수 있는 누군가가 있었으면 좋겠다고 바라고 있는 것을 알고 있어요.
- 2단계: 내담자가 자신의 목표를 다시 알아차리도록 한다. 그렇지만 당신이 자신을 위해 새로운 치료 목표를 세웠다는 것을 기억하는데요. 이성관계에 관한 것과 당신이 데이트하고 싶은 남자들에 관한 목표였죠. 기억나시죠? (이제 치료자는

질이 자신의 목표에 관해 말하기를 기다린다. 만약 그녀가 목표를 '잊어버렸다'면, 치료자는 이전 회기 노트에 적었던 것을 읽어 준다.)

• 3단계: 그녀가 계획하고 있는 것이 자신의 좀 더 장기적인 목표에 미치는 영향을 숙고해 볼 수 있도록 다음과 같이 질문한다. 질이 숙고해 보면 좋겠다고 생각하는 질문이 몇 개 있어요. 그의 행동은 당신이 세웠던 장기 목표와 어떻게 일치하나요? 그가 좋은 짝이 아닐지도 모른다는 어떤 사인이 있을까요? 또는 과거에 이와 같은 일을 했을 때 무슨 일이 일어났었죠?

> 질: 글쎄요, 잘 아시겠지만 난 이것에 관해 생각하고 싶지 않아요. 하지만 생각을 해 봐야 할 것 같아요. 과거에 헤어지기 전에 내 번호를 묻지 않거나, 또 다른 데이트 약속을 하지 않을 때, 내가 원하는 만큼 나에게 별로 관심이 없다는 걸 알게 되었죠. 그리고 이번에 만난 그 남자는 나에게 너무 어려요. 만약 그가 정말로 성숙하고 나를 진지하게 대할 준비가 되어 있다면, 아마도 만날 수 있겠죠. 그의 행동으로 봐서는 그렇게 보이지 않았죠. 내가 원해서 또 다른 데이트를 하게 된다고 해도 그 사람은 너무 어리고, 내 타입이 아니에요. 그리고 나에 대해 너무 양가적이라서 나의 모든 바람이 허물어져 버릴 거예요. 그가 일하는 곳 근처에 가게 된다면, 전처럼 똑같은 일을 반복하게 되겠죠.

2) 내담자 짐

짐은 42세의 남성으로 가족과 함께 일하고 있다. 그는 화를 참지 못하고 사람들에게 마구 욕을 하다가, 그들이 더 이상 자신을 좋아하지 않을 때는 놀라는 식으로 살아왔다. 그의 행동은 매우 공격적이고 충동적이며, 감정이 올라오는 상황에서는 현실 파악을 못했다. 친구 몇 명이 짐이 한 말로 인해 짐과 말을 하지 않게 되었다. 가족과의 관계도 같은 이유로 어렵다. 이로 인해 그는 상처를 받았고, 자신이 버려지고 사랑받지 못한다는 느낌을 갖게 되었다.

짐의 현재 치료 목표는 다음과 같다. "내가 원하는 모든 것은 사랑받고 돌봄을 받는 것인데, 그것을 얻기 위해 나는 무엇이든 기꺼이 할 것이다. 첫 번째 목표는 내가 누군가에게 실망하거나 화가 났을 때 말이나 행동을 하기 전에 멈춰서 생각하는 것이다. '내가 하고 싶은 말이나 행동이 이 사람과의 관계에 도움이 될까 아니면 해가 될까?'와 같은 질문을 스스로 할 것이다."

집은 치료 회기 중에 다음과 같이 말했다. "내 형은 징말 지겨워요. 매사에 늘 사기가 옳다고 하죠. 오늘도 일터에서 그 자식은 날 본 척도 하지 않았죠. 도대체 그 자식은 자신이 뭐라고 생각하는 걸까요? 그 자식을 제가 어떻게 생각하는지 이메일을 써 보낼 거예요. 그리고 지난 몇 년 동안 내게 했던 그 모든 쓰레기 같은 행동들을 내가 어떻게 생각하는지 알려 줄 거예요."

(1) 치료자를 위한 단계

- 1단계: 내담자를 공감하는 진술을 한다. 나는 짐이 지금 형에게 얼마나 화가 났는지 그에게 폭발해 버리고 싶다는 것을 알고 있어요.
- 2단계: 내담자가 자신의 목표를 다시 알아차리도록 한다. 하지만 당신이 새로운 대인관계 목표를 세웠다는 것을 기억하죠. 기억나세요? (이제 치료자는 짐이 자신의 목표를 언급하기를 기다린다. 만약 그가 그것을 '잊어버렸다'면, 치료자는 이전 회기 노트에 적어 둔 것을 그에게 읽어 줄 것이다.)
- 3단계: 그의 새로운 계획이 좀 더 장기적인 목표에 미치는 영향을 숙고해 볼 수 있도록 다음과 같이 질문한다. "짐, 이런 말들을 형에게 하는 것이 형과의 관계에 어떤 영향을 미칠 것이라고 생각하나요?" 또는 "형이 알게 된다면 어떻게 느끼고 어떻게 반응할 것이라고 생각하나요? 궁극적으로, 이것이 형과 서로 사랑하고 돌보는 관계를 갖고 싶어 하는 당신의 목표에 도움이 될까요, 아니면 방해가 될까요?"라고 질문한다.

> 짐: (웃으며) 글쎄요, 그렇게 말씀하시니, 제가 또 바보 같아 보입니다. 아마도 저는 그것을 받아들이고 좀 더 참으려고 할 거예요. 언젠가 저에게 말씀해 주셨죠. 내 생각들 중 어떤 것들은 나만 알고 간직할 수 있다고. 어쩌면 제가 이 상황에서 그걸 시작해야 할 것 같아요. 그리고 다정하게 굴면서 그런 일이 일어나지 않았던 것처럼 행동하는 것이 좋겠어요. 그에게 소리를 질러서 좋을 일이 없죠.[8]

8. 기본 지침

1) 내담자가 목표를 스스로 정하도록 하라

만약 치료자인 당신이 내담자를 위해 목표를 정해 준다면, 그들의 개인적인 부적절감을 강화시켜 수동적이 되게 할 것이다. 그것은 또한 자신의 '상전(top dog: 내담자 마음의 한 부분으로 여기에서는 치료자가 하라는 것을 하고 싶어 하는 부분)'을 당신에게 투사하도록 하는 동시에, 저항하며 '하인(under dog: 치료자가 하라고 하는 것을 회피하고 싶은 마음)'의 역할을 재연하게 한다.

2) 다음 회기에서의 후속 조치를 하라

만약 내담자가 지난 회기 이후에 무엇을 했는지 자발적으로 알려 주지 않을 경우, 내담자가 설정한 목표를 이루기 위한 조치들을 취하는 데 성공했는지 치료자가 직접 물어본다. 그 파티에 관해 언급하지 않았는데요, 어떻게 되었나요?"

3) 내담자에게 자신의 목표를 상기시켜 주라

경계선 내담자는 지속적으로 목표를 추구하는 것을 '잊어버리는' 경향이 있다. 내담자가 하는 대로 맡겨 둔다면, 몇 주나 몇 개월 동안 다시 언급하지 않을 수도 있다. 그러므로 만약 이들이 목표에 관해 말하지 않는다면, 스스로 세웠던 목표를 상기시켜 줄 수 있는 말을 다음과 같이 할 수 있다. "레이첼, 당신이 많은 사람을 만나 보고 싶다고 했는데요, 그 일에 관해 더 이상 말하지 않고 있네요." 또는 "파티에 갔던 일 외에 좀 더 자주 밖에 나가 더 많은 사람을 만나기 위해 또 다른 일을 한 것이 있나요?"라고 물어볼 수 있다.

4) 지금의 현실에 충실하라

내담자가 정한 목표와 그것을 성취하기 위해 지금 자신이 현실적으로 무엇을 할 수 있는지에 질문의 초점을 두라. 그렇지 않으면 경계선 내담자의 경우, 목표를 미루면서 다루려고 하지 않을 것이다. 이들은 목표를 성취하는 과정에서 느끼는 두려움과 장애물들이 아무런 노력도 없이 마법처럼 다 처리된 어떤 가상의 이상적인 시간이 올 때까지(즉, 자신이 늘씬하고 아름다워지고, 부자가 되어 좀 더 자신감이 생길 때까지, 또는 자신이 상상하는 그 어떤 일들이 현재 자신의 목표 달성을 좀 더 용이하게 해 줄 때까지 등의 이유를 대면서) 자신의 목표를 다루는 것을 미루는 경향이 있다.

9. 공통 장애물

기능을 잘하는 경계선 내담자는 목표를 설정하고 달성하는 방법에 대한 안내를 받는 것을 좋아하며, 상당히 빠르게 치료적 진전을 보일 수 있는 반면에, 또 다른 내담자는 자신에게 이익이 되는 것이 명백할 때조차도 자신의 삶에 어떤 변화를 가져오는 일에 매우 저항적일 수 있다. 다음은 경계선 내담자들이 실제로 나에게 했던 말들과, 치료적 진척을 위해 내가 어떻게 반응했는지를 보여 주는 예들이다.

1) 사례 1: 비논리적인 사고로 인한 수동성을 합리화하다

(1) 내담자의 목표: 건강해지기

내담자: 의사는 내가 운동을 더 많이 해야 한다고 했어요. 무릎 수술을 피할 수 있도록 무릎 주위의 근육을 강화하기 위해 물리치료를 다시 받아야 한다고 했구요. (의사를 만나러 가는 것은 질문 2에 대한 반응으로 그녀가 2주 전에 확인했던 목표 달성을 향한 구체적인 절차였음) 난 정말 수술하고 싶지 않아요. 물리치료를 받으러 가야 한다는 건 알지만, 잠을 잘 못 자요. 무릎 통증 때문에 자다가 깨곤 하죠. 잠을 좀 더 잘 잘 수 있을 때까지 기다려 볼까 생각 중이죠. 너무 피곤해서 갈 엄두도 못 낸답니

다. 오늘 여기도 못 올 뻔했어요. (내담자의 비논리적 사고가 명백하지만, 알아차리지 못한 채 배경의 일부로 남아 있는 상태 같음)

치료자: 당신이 생각하고 있는 것을 내가 제대로 이해했는지 모르겠는데요. 만약 잠을 못 자는 이유가 무릎 통증 때문이라면, 어떻게 무릎을 고치지 않고 좀 더 편히 쉴 수 있을까요? (이 장애물을 어떻게 다룰 것인가에 대한 내담자 사고의 잘못된 점을 강조하여 전경이 되게 함)

내담자: 글쎄요. 가끔은 저절로 좋아질 때도 있어요. 항상 이렇게 나쁜 건 아니예요. (조치를 취하지 않는 것에 대한 변명)

치료자: 하지만 이렇게 나쁘지 않았을 때도 당신은 아무것도 하지 않았던 걸로 나는 기억하는데요. 왜냐하면 뭔가 해야 하겠다는 마음이 들 만큼 나쁘지는 않다고 나에게 말했어요. 기억하나요? (내담자가 과거에도 행동을 취하지 않으면서 변명했던 것이 전경으로 떠오르게 하여, 목표에 도달하기 위한 자기 계획의 잘못된 점과 씨름하도록 하기 위해)

내담자: 네. 선생님 말씀을 들어 보니, 그렇게 하면 내가 무릎을 절대 고칠 수 없을 것 같다는 생각이 들어요. 싫지만, 바로 물리치료 받으러 갈 방법을 찾아야겠습니다. (목표가 자기 것이란 생각을 다시 갖게 함)

2) 사례 2: 정서적 필요로 인한 자기 파괴적 행동화를 합리화하다

(1) 내담자의 목표: 여자친구와 건강하고 안정적인 관계 맺기

내담자: 어젯밤에 여자친구와 싸운 후에 헤어졌어요. 내가 다른 여자들을 만나고 있다고 의심하고 있었기 때문이죠. 난 여자친구에게 너무 화가 나서 밖에 나가 술을 마시고 전화를 했죠. 전화를 받지 않았기 때문에 메시지를 길게 남겼어요. 그녀에게 뚱뚱하고, 못생긴 실패자에다 너무 늙어 어떤 남자도 매력을 느끼지 못할 거라고 했어요. 어쨌든 난 그녀와 결혼하지 않을 거라고 남겼어요. 지금은 그녀가 다시 돌아오길 바라지만, 전화를 받으려고 하지 않네요.

치료자: 다른 여자들을 만나고 있었나요? (현실이 전경이 되게 하기)

내담자: 네. 그러나 그녀가 그걸 확실히 알 수는 없었어요. 어쨌든, 내가 그런 말

들을 했지만, 나에겐 정말 그녀밖에 없어요. 다른 여자들은 나에게 아무 의미도 없어요. 그녀가 여행을 떠나 있는 동안 난 정말 외로웠어요.

치료자: 그렇다면 왜 그녀에게 그런 말들을 다 한 거죠? (잠깐 자기 성찰과 함께 다른 여자들을 만나는 문제를 잠시 접어 둠)

내담자: 글쎄요, 어떻게 그렇게 날 버릴 수가 있어요? 참을 수가 없었어요. 난 뭔가를 해야 만했죠. (그것이 자신의 목표를 방해하는데도 자신의 행동을 정당화하고 있음)

치료자: 정말요? 그리고 (회의적으로) '그 뭔가'라는 게 당신을 취하게 만들었고, 당신을 미워하게 만들 그 긴 메시지를 남기도록 한 건가요? (그 상황을 어떻게 대처해야 할 것인지에 대한 선택권이 그에게 있었다는 사실을 강조함)

내담자: 글쎄요, 내가 다른 일을 할 수도 있었을 텐데요, 그게 뭘까요?

치료자: 당신의 '정서 도구 상자'에 있는 활동들이라면 어땠을까요? (이전의 치료 회기에서 그가 만든 활동 목록인 '정서 도구 상자'에는 자신을 위로하거나 진정시킬 필요가 있을 때 할 수 있는 생산적인 활동들이 많이 있음)

내담자: 그때는 그런 생각을 못 했어요. 나는 그 순간에 충실했을 뿐이죠. 그저 너무 아프다는 것뿐 다른 것들은 모두 잊은 거죠.

치료자: 설령 그녀를 되찾는다 하더라도, 그녀로 인해 상처받거나 버림받았다고 느끼는 경우들이 아마 또 있을 겁니다. (장기적인 현실을 전경으로 만들기) 바람피우지 않고 술에 취해 관계를 해치는 말을 하지 않는다면, 당신은 무얼 할 건가요? (더 현실적이 되도록, 앞으로 일어날 수 있는 장애물과 어떻게 극복해야 할지 구체적으로 물어보기)

내담자: 어떻게 될지 두고 봐야 할 것 같아요. 어쩌면 이게 저절로 풀릴지도 몰라요. (저항)

치료자: 그런 식의 접근이 도움이 많이 되었나요? (자기 성찰과 현실에 집중하도록)

내담자: (웃음) 아닌 거 같아요.

10. 결론

앞의 내담자 사례들을 통해 알 수 있듯이, 경계선 내담자가 개인적으로 의미 있는 목표를 확인하고 달성하도록 그 과정에 머물고 집중하도록 돕는 일은 쉬운 일이 아니다. 어느 순간 대부분의 내담자는 처음에 자신이 왜 그런 목표를 세웠는지조차 잊어버리고 치료자인 당신도 그 목표를 잊어버리길 바란다. 자신의 삶에서 책임감 있는 참여자가 되고자 하는 내담자의 부분과 뭐가 되었든 가장 쉬운 것을 그냥 하고 싶어 하는 내담자의 또 다른 부분 사이에는 분명한 분열이 있다. 내가 어떤 내담자에게 말했듯이, "치료 예약은 어른이 했는데, 치료실에는 아이가 오는 것 같네요."와 같은 느낌이 든다.

이 모든 것은 치료자의 입장에서 엄청난 노력을 필요로 한다. 치료자는 내담자가 될 수 없는 것이 되어야 한다. 안정적이고, 신뢰할 수 있고, 집중을 잘하고, 현실적이고, 끈기가 있어야 한다. 치료자는 처음에 내담자 현실의 전 영역, 즉 내담자의 과거 경험, 현재의 목표, 그리고 내담자의 현재 태도와 행동으로 인해 생겨 날 수 있는 장기적인 결과 등을 염두에 두고 치료를 시작해야 한다. 사실 경계선 내담자 치료의 성공 여부를 측정하는 신뢰할 만한 방법 가운데 하나는, 시간이 갈수록 치료 작업의 부담이 치료자에게서 내담자에게 옮겨 간다는 것이다.

제8장

역전이: 얽힌 감정 풀어 내기[9]

경계선 내담자들의 이슈는 치료하기 가장 어려운 문제들 가운데 하나로, 치료자가 좌절감을 경험할 수도 있다. 치료 과정에서 이들은 다음과 같은 반응을 번갈아 보여 준다. 즉, 치료자에게 자주 돌봄을 요구하며 "내가 살면서 얻지 못한 모든 것, 그걸 나를 위해 해 주세요."와 같은 식으로 집착하며 매달리거나, 이런 욕구가 채워지지 않아 실망하게 되면 치료자를 신뢰하지 못해 격분하며 관계를 철회해 버리기도 한다.

문제가 덜 심각한 내담자의 경우에는 일반적으로 치료 과정에서 전이 반응을 점차적으로 형성하여, 주변에 편한 상대가 있다면 그 사람이 누구든지 전이 감정을 투사할 준비가 된 채로 치료를 시작하게 된다(Masterson, 1976). 그 결과, 경계선 내담자는 처음부터 치료자와의 관계가 중요한 주제가 되어, 자신의 인생에서 가장 중요한 관계 가운데 하나로 인식한다.

이 모든 것이 치료자에게는 엄청난 부담이 된다. 그 결과, 많은 치료자가 경계선 내담자에게 극도로 강렬하고 때로는 예기치 못한 정서적인 반응을 하고 있는 자신을 발견하게 된다. 이 장을 통해 경계선 내담자의 치료 과정에서 발생할 수 있는 일반적인 역전이 상황들에 관해 나눌 것이다. 즉, 치료 과정에서 무슨 일이 일어나는지, 무엇을 할 수 있는지 나눌 것이다.

1. 역전이의 정의

전통적으로 역전이라는 용어는 치료자의 과거 미결과제의 일부로, 현재 내담자를 향한 치료자의 부적절한 정서 반응을 말한다.

오늘날에는 일반적으로 좀 더 확대된 정의가 사용되는데, 치료자가 내담자를 향해 경험하는 모든 정서적 반응을 역전이라고 한다. 이 새로운 정의를 나도 선호한다. 특히 피터 지오바치니(Peter Giovacchini, 1989)가 구분한 '일반적 역전이 반응(homogeneous countertransference reactions: 치료자 내담자 관계에서 일반적으로 예상되는 반응들)'과 '독특한 역전이 반응(idiosyncratic countertransference reactions: 대부분의 치료자들이 해가 없다고 느끼는 상황에서 특정 치료자가 과하거나 독특한 방식으로 하는 반응)'을 선호한다. 이 장에서는 기본적으로 '일반적 역전이 반응', 즉 경계선 내담자와 작업하는 과정에서 치료자가 피할 수 없이 가장 일반적으로 경험하는 반응에 초점을 두고 있다.

2. 경계선 내담자를 이해하는 것이 중요하다

나의 경험에 비추어 볼 때, 치료 진전에 방해가 되는 역전이 반응들은 치료자가 경계선 내담자를 다룰 수 있을 만큼 준비가 되어 있지 않았기 때문이었다. 그 결과, 내담자의 결정적인 치료적 이슈들을 치료자가 오해하거나 간과해 버리게 되고, 내담자의 태도나 행동을 방심하여 자신도 모르게 허를 찔리게 되어 역전이를 경험하게 되는 것이다.

치료자와 내담자가 경험할 수 있는 정서적 혼란을 좀 더 쉽게 예측하도록 돕기 위해 치료자가 흔히 경험하는 역전이 문제들을 나누고, 역전이 상황에 기여하는 경계선 이슈들과 간단히 연결해 보기로 하겠다. 그런 다음에 이런 문제에 어떻게 접근할 것인지에 대한 몇 가지 '해결책'을 제안할 것이다.

비록 내 제안에 '해결책'이란 이름을 붙이긴 했지만, 이는 어떤 특정한 치료 상의 어려움에 관해 생각해 볼 수 있는 시작점에 불과할 것이다. 내담자와 치료자의 모든 만남은 독특한 것이다. 치료자는 자신의 풍부한 지식과 경험을 바탕으로 내담자를 만난다. 그래서 나의 제안을 처방전이 아니라 일종의 격려 정도로 이해해 주기를 바란다.[10]

3. 일반적인 역전이 문제들

경계선 내담자를 향해 치료자가 경험하는 역전이 반응들은 다음의 다섯 가지라고 할 수 있다. 나는 그것들을 미칠 것 같은(mad), 나쁜(bad), 슬픈(sad), 기쁜(glad), 두려운(scared) 반응이라고 본다. 이런 반응들 가운데 하나의 감정만을 경험할 수도 있고, 여러 감정을 한꺼번에 경험할 수도 있다. 치료 과정의 한 지점에서 어떤 하나의 감정이 지배적으로 나타날 수도 있고, 또 다른 때는 다른 감정들이 서로 다른 상황 조건에 반응하여 우세할 수도 있다.

1) 미칠 것 같은(mad)

만약 당신이 내담자에게 미칠 것 같은 감정을 느끼고 있다면, 여기서 내가 말하는 미칠 것 같은 감정은 억울함에서 격렬한 분노까지 모두를 포함하는데, 그렇다면 당신은 다음과 같은 흔한 시나리오 가운데 하나에 빠져 있을 수 있다.

(1) 시나리오 1

내담자는 매우 가난하고, 당신에게 집착하여 매달리며 요구적이다. 치료자로서 당신은 그녀가 요구하는 것을 충족시켜 주기 위해 일상적인 방식에서 벗어난 행동을 반복해 왔다. 아마도 추가 회기들을 해 주고 치료비를 청구하지 않았거나, 자주 집으로 전화하도록 허락해 주었거나 또는 내담자가 위기 상황에 처할 때 점심시간이나 주말에도 스케줄을 잡아 치료해 주었을 것이다. 그런데 내담자는 감사 대신 당신에게 더 많은 것을 요구하며, 심지어 자기에게 해 준 것이 별로 없다고 불평하면서 화를 냈을 것이다.

이 시점에서 당신은 지치고 화가 나게 된다. 당신이 경험하고 있는 감정의 깊이와 타고난 스타일에 따라, 내담자로부터 정서적으로 거리를 두면서 내담자에게 벌을 주고 싶거나, 격렬하게 방어하고 있는 자신을 발견할 것이다.

또는 만약 내담자를 향한 그 비난이 해결되지 않은 자기 의심이나 부정적인 내사를 건드리게 되면 내담자의 투사와 자신을 동일시하여 분노를 반전하게 되고, 내담자 대신 자신을 공격하고 있는 자기 모습을 발견하게 될 것이다. 다음과 같이 말이다. "나는 정말 끔찍한 치료자야. 난 절대 제대로 해내지 못할 거야. 아마 좀 더 수련받아야 할 것 같아. 다른 치료자라면 이 내담자와 이런 문제를 겪지 않을 거야." 이렇게 미칠 것 같은 감정뿐 아니라 슬프고 자신이 못되게(bad) 느껴질 때까지 자신을 비난할 것이다. 내담자는 자신이 갈망해 온 방식으로 자기를 돌봐 주기를 바라면서 이상적인 엄마 역할을 당신에게 투사하고 있었는데, 당신은 이런 내담자의 투사를 치료 과정을 통해 탐색하는 대신, 그것에 반응하여 행동했던 것이다.

경계선 내담자는 자신이 위기 상황에 빠진 것을 드러내어, 다른 사람이 자기의 '구세주' 역할을 하도록 만드는 데 능숙하다. 당신이 그런 구세주 역할을 떠맡았기 때문에, 이제 내담자의 환상, 즉 자기를 돌봐 줄 수 있는 그 한 사람이 바로 당신이라는 환상을 채워 준 격이 된 것이다. 내담자 입장에서 보면 이것이 묵계가 된다. 뒤늦게 경계를 지으려는 치료자의 시도가 이들에겐 배신으로 느껴져, 당신에게 화를 내는 것이 정당화된다.

더구나 경계선 내담자의 '파편화'[11]로 인해, 같은 사람이 동시에 선하며 악하다고 보지 못하기 때문에, 당신의 모든 것을 선한 것으로 여기다가, 게슈탈트 전경이 변하여 이제는 모두 나쁘다고 여기게 된 것이다. 이 시점에서 내담자는 자신의 미해결된 모든 분노 감정을 당신에게 쏟아 붓는 것이 정당하게 느껴진 것이다.

• 해결책: 치료자는 현재의 어려움을 내담자에게 인정할 필요가 있다. 이때 치료자는 내담자의 감정에 민감하게 반응하면서, 내담자를 비난하지 않는 방식으로 인정할 수 있어야 한다. 어떤 식으로든 내담자를 잘못 인도하여 초래된 어려움을 사과하고 구두로 책임을 지는 것이 중요하다. 물론 내담자가 원하는 것이라면 무엇이든 해 주어야 한다는 내담자의 바람에 동조하라는 것은 아니다.

현재 치료자가 겪고 있는 어려움을 방어하지 않으면서 내담자에게 말로 표현하고, 그것을 초래한 치료자의 역할을 인정하는 것(확실한 경계 설정을 하지 못한 것, 내담자에게 추가적인 도움을 주는 것이 결국 얼마나 치료자 자신을 억울하고 고갈되게 만들었는지를 예상하지 못한 것)이 경계선 내담자를 돕는 데 중요하다.

　치료자로서 내담자와 이렇게 진솔하게 나눔으로써, 내담자 스스로가 자신의 생각과 감정 가운데 어떤 것들이 투사였으며, 또 어떤 것들이 정확한 판단이었는지를 생각해 볼 수 있는 현실적인 기반을 제공하고 있는 것이다. 이런 과정을 통해 또한 당신이 내담자를 성인으로 대하며, 회기 운영을 서로가 합의할 수 있는 방식으로 정하는 데 내담자가 직접 참여할 수 있다는 치료적 분위기를 만들게 된다.

　이 외에도, 당신은 내담자가 가족 관계에서 경험해 온 만성화된 패턴인 피상적인 상호작용을 하면서 그 이면에서 실제로 벌어지고 있는 일들은 부인하는 패턴을 깨트려 주고 있는 것이다. 현재 처한 상황을 개방하고, 차분하게 의논하는 방식의 새로운 행동 모델을 이들에게 보여 주는 것이다. 당신은 이들에게 자신의 실수를 인정하는 법과, 화가 나면 관계를 끝내 버리는 대신에 현재 맺고 있는 관계의 변화를 통해 관계를 지속하는 법과, 상대방을 공격하지 않고 자신의 나쁜 감정을 직접 말하는 법을 보여 주고 있는 것이다.

　그리고 내담자가 어떻게 할 수 없는 그런 상황을 개선하기 위해 당신이 책임을 지며 능력과 신뢰감을 보여 주게 됨으로써 내담자가 앞으로는 치료자를 더 신뢰할 수 있겠다는 확신을 갖게 될 것이다.

　현재 상황에 대한 당신과 내담자의 관점 모두를 서로 나눈 다음에, 실제로 당신이 지켜 낼 준비가 되어 있는 새로운 치료 계약을 제안할 필요가 있다. 이 과정에서 매우 명료할 필요가 있다. 모든 것을 상세하고 명확하게 설명해야 한다. 즉, 누락된 회기들을 어떻게 처리할 것인지, 예약 취소를 며칠 전까지 하면 치료비를 청구하지 않는지, 내담자가 어떤 상황에 있을 때 치료자의 집으로 전화할 수 있고(그리고 언제 할 수 있는지) 등을 설명해 주어야 한다. 그리고 어떤 부분은 협상이 가능하고, 어떤 부분은 그렇지 않은지를 분명히 해야 한다.

　이 과정에서 내담자가 화 낼 것을 대비하도록 하라. 내담자에게 "예."라고 하는 듯하더니 "아니요."라고 함으로써 결국 무한한 사랑과 지원을 해 줄 것이라는 그녀가 소중히 간직해 온 환상을 포기하도록 치료자가 요구하는 것이기 때문이다. 그리고 이런 내담자의 분노는 자신의 가장 깊은 욕구와 갈망이 무엇이고, 자신의 삶과 다른 사람들과의 관계가 어떻게 형성되는지를 비판하지 않고 탐색하도록 도울 수 있는 시작점이 될 수 있다.

(2) 시나리오 2

지난 회기는 매우 잘 진행되었다. 내담자의 진척에 대해 당신은 칭찬까지 했었다. 둘이서 정말 한 팀으로 함께 작업하고 있으며, 진정한 접촉이 이루어지고 있다고 느꼈다. 그리고 이제 이번 주 회기가 시작되었는데, 내담자는 퇴행으로 인한 분노로 당신을 신랄하게 비판하면서, 심지어는 자신의 필요를 채워 주는 치료자가 아닌 것이 분명해졌기 때문에 치료를 그만두겠다고 위협을 하고 있다. 당신은 충격을 받아 화가 나고 방어적이 된다. 뭐가 어떻게 된 거지?

아마도 다음 세 가지 상황 가운데 하나가 진행되고 있을 것이다.

① 지난 회기를 마친 후, 내담자의 미결과제인 삼켜짐에 대한 두려움 또는 버려짐에 대한 두려움이 다시 활성화되었을 것이다. 당신과의 친밀감이 커지자, 치료자와의 관계에서 다시 한번 '안전한' 거리를 유지하기 위한 방법으로 그가 분노와 비판을 사용하고 있다.

② 지난 회기를 마친 후, 내담자가 이전 회기에서 그랬던 것처럼 항상 협조적이고 유능하고 성숙하게 행동하기를 치료자가 기대하게 될까 봐 두려워하게 되었다. 그러자 그는 치료자인 당신이 자신의 '나쁜' 부분들을 거절하고 있다는 상상을 하게 되었고, 이 거절에 화가 났다. 그리고 지금은 자신의 두려움과 분노를 행동으로 보여 주면서, 단지 자신의 '좋은' 부분뿐 아니라 자신의 모든 부분들이 드러나도 자신을 수용할 수 있을 것인지를 시험하고 있다. 아니면 그는 단순히 치료자의 기대에 부응하지 못할까 봐 두려워서 그 두려운 감정을 회기 중에 나누는 대신, 퇴행으로 행동화하는 모습을 보여 주고 있다.

③ 지난 회기는 매우 잘 진행되어, 내담자가 자신의 '나쁜' 부분을 당신에게 보여 주는 위험을 감수하기로 했다. 내담자의 이 부분은 어머니로부터 거절이나 처벌을 피하기 위해, 또는 어머니가 너무 연약하여 내담자의 분노를 받아들일 수 없을 거라고 인식하여 내담자가 숨겨 온 부분이다. 다시 말해, 이것을 두 사람이 함께 치료적 진전을 이루고 있는 것으로 치료자가 느끼고 있다면 그것은 맞다.

• 해결책: 이러한 상황들은 각기 다른 치료적 대응을 요구한다. 그러나 지난 회기와 비교할 때, 이번 주 회기의 시작이 치료자인 당신에게 얼마나 다르게 느껴지는지 인정하는 것에서 출발하는 것이 좋을 것이다. 경계선 내담자는 파편화를 방어 수단으로 사용하며, 시간의 연속성을 거의 느끼지 못하는 경우가 자주 있기 때문에, 내담자는 회기와 회기 사이의 이와 같은 차이점을 알아차리지 못할 수도 있다. 내담자가 자신을 판단하지 않으면서도, 습관적으로 사용하는 파편화에 관심을 갖도록 하여, 이전 회기와 현재 회기에서 보여 주고 있는 방식의 차이를 연결하여 생각하도록 돕는다. 이런 과정을 통해 내담자가 자신에 대한 이질적인 관점을 통합하도록 도울 수 있을 것이다.

이것은 지난 주 회기를 마친 후, 내담자가 어떻게 느꼈는지에 관해 나눔으로써 이어질 수 있다. 그가 당신과 가깝게 느꼈는지? 그렇다면 언제 그게 바뀌었는지? 전에도 이런 일이 일어난 적이 있는지? 즉, 처음에는 누군가와 가깝게 느꼈다가, 뚜렷한 이유도 없이 철회하거나 화가 난 경우가 있었는지? 이 모든 것은 내담자에게 습관화되어 있어서 의식 수준에서는 통제할 수 없다는 것을 알아차리도록 돕는 것이다. 또한 이런 종류의 질문들은 이전의 가설들(또는 내담자 동기에 대한 또 다른 가능성에 대한 가설들) 가운데 어떤 것이 가장 사실일 가능성이 높은지를 알아내는 데 도움이 된다. 그런 다음 이런 가능성에 맞춰 앞으로의 개입을 조절할 수 있다.

예를 들면, 만약 내담자가 삼켜짐에 대한 두려움을 경험하고 있다면, 그가 당신으로부터 분리되고 그의 자율성을 허락하는 개입이 도움이 될 것이다. 만약 내담자가 자신의 나쁜 부분을 당신이 거절할 것을 두려워한 나머지 버림받을 수도 있다는 것을 예상하여 먼저 당신을 거절해 버린다면, 내담자의 그런 행동에 대한 비판을 삼가고 대신 최대한 중립적인 태도를 취하면서 이 이슈에 대해 내담자와 나눌 필요가 있다.

(3) 시나리오 3

내담자가 당신이 이끄는 집단 치료에 자원해서 참여했는데, 치료의 초점이 그녀에게 맞춰지면 작업이 전혀 이루어지지 않고 방향을 잃게 된다. 어떤 방식으로 탐색을 하든, 또는 아무리 영리하게 새로운 방식의 실험을 시도해도 아무런 효과가 없다. 당신은 그녀가 일부러 치료자를 실패하도록 만들고, 화를 내면서 치료자를 '곰 포획하

기(bear trapping: 작업을 하려는 의도 없이 대신 치료자를 좌절시키려는 숨은 동기를 지닌)'
를 하고 있다고 생각하고 있다. 이런 시나리오는 개인 회기에서도 발생할 수 있다.

- **해결책**: 많은 일이 진행 중일 수 있지만, '곰 포획하기'는 그중 하나일 뿐이다.
  - 만약 내담자가 정말로 당신에게 좌절이나 굴욕감을 주려는 의도에서 일부러 '곰 포획하기'를 하고 있다면, 이 문제는 내담자와 함께 작업할 필요가 있다. 하지만 현재 드러난 주제에 관한 작업을 하는 대신에 작업의 초점을 바꿔서 지금 벌어지고 있는 일의 진정한 의미가 무엇인지를 알아차리는 일에 집중을 할 필요가 있다. 그녀가 이전에 무시와 창피당했다고 생각한 일로 수동-공격적인 복수를 하고 있는 것인가? 내담자의 부모가 어린 시절 자기를 대하던 방식대로 치료자를 대하고 있는 것인가? 내담자가 자신의 힘을 과시하고자 하는 것인가? 이런 이유들 가운데 어떤 한 가지 모든 이유 때문일 수도 있고, 또는 전혀 다른 이유일 수 있다.
  - 내담자는 단순히 당신의 주의를 끌고 싶었던 것인데, 관심을 끌 수 있는 다른 방법들을 몰랐을 수도 있다. 내담자가 의도를 잘못된 방식으로 드러내고 있지만, 치료자를 해치려는 것은 아니라는 당신의 인식이 맞다는 말이다. 내담자는 자신의 욕구를 충족시키기 위해 상황을 조정하고 있는 것이다. 치료 작업의 초점은 내담자가 자신의 욕구를 알아차리도록 돕는 것이어야 하고, 또한 어떻게 하면 좀 더 직접적인 방식으로 치료자의 관심을 끌 수 있는지에 맞춰져야 한다.
  - 내담자가 치료 작업에 대해 갈등을 경험했을 수도 있다. 상황이 달라지기를 바라면서 한편으로는 두려웠을 수도 있다. 자신의 정체성이 너무 불안정해서 변화를 지나치게 위협적인 것으로 인식했을 수도 있다. 또는 지금은 치료를 받아 '점점 회복되고 있어서', 내담자가 전혀 받아 보지 못했던 부모로부터의 적절한 양육을 받고 싶다는 모든 희망을 포기해야 하는 것으로 생각했을 수도 있다. 갈등이 어떤 것이든지 내담자의 갈등이(치료자의 감정이 아니라) 치료 과정의 전경이 될 필요가 있다.
  - 내담자는 실제로 치료를 정말 하고 싶지 않았지만, 치료자를 기쁘게 해 주거나 비위를 맞춰 주기 위해 자원했을 수도 있다. 다시 말하자면, 여기에서 드

러난 내담자의 의도는 거짓된 것이지만 치료자에게 해를 끼치려는 것은 아니
었다. 내담자로 하여금 자신의 진정한 감정을 알아차리도록 치료의 초점을
다시 변경할 필요가 있다.

물론 이러한 예들이 경계선 내담자에 의해 당신에게 일어날 수 있는 모든 경우를
다 말해 주지는 않는다. 그러나 일반적으로 치료자가 경계선 내담자를 더 잘 이해할
수록, 또 이들에 대해 보다 현실적인 기대를 가질수록 내담자의 행동을 더 잘 감내
해 갈 수 있다는 것을 알게 되었다.

2) 나쁜(bad)

'나쁜'이라는 말을 나는 다음 두 가지 의미 중 하나로 사용한다. 즉, 자신이 가치
없고, 무력하고, 불안하고, 부적절하고, 통제할 수 없다고 느껴지거나, 또는 자신을
가학적이고, 앙심을 품은, 또는 신뢰할 수 없는 치료자로 느끼도록 만드는 행동을
내담자에게 하고 싶은 유혹을 받고 있는 자신을 발견한다는 의미다.

(1) 시나리오 1

내담자는 자신이 나아지고 있는 것 같지 않고, 얼마나 고통스럽고 절박한지, 치료
가 얼마나 도움이 되지 않는지 끊임없이 불평한다. 내담자는 수동적으로 매달리며
무기력하게 행동한다. 내담자가 그렇듯, 당신도 정신이 나간 것처럼 무력감을 느끼
기 시작하면서 내담자를 도울 만한 충분한 능력이 있는지 의심하기 시작한다.

(2) 시나리오 2

내담자를 위한 어떤 시도도 효과가 없는 것 같다. 앞의 시나리오처럼, 내담자는
자신이 얼마나 고통스러운지, 상황이 얼마나 절박한지, 얼마나 치료 효과가 없는지
에 대해 자주 불평한다. 이전 시나리오에서는 내담자의 딜레마에 당신이 동정심을
느꼈지만, 그 이슈를 적절하게 다룰 수는 없었다. 그런데 이 상황에서 당신은 내담
자에게 공격을 받고 있다고 느낀다.

내담자의 고통을 어떤 방법으로든 속히 제거해 주지 못한 것에 대해 치료자를 대

놓고 비난하고 있다. 심지어 당신을 나쁜 치료자라고 하면서, 적절하게 수련받지 못했거나, 의도적으로 도움을 주지 않고 있거나, 자신의 고통에 무관심하다고 비난할 수도 있다. 이 같은 지속적인 비난 세례로 치료자로서의 적절성을 의심하기 시작했고 개입을 주저하면서, 추가 수련을 받으러 갈 생각을 하며 매 회기를 두려움 가운데 맞게 된다.

(3) 시나리오 3

내담자는 자신이 극도로 취약하다고 느끼고 있다. 두려움 때문에 다른 사람과 가까워진 적이 없었다고 털어 놓았다. 왜냐하면, 만약 타인에게 자신의 취약함과 가장 두려워하는 것을 드러낸다면, 그들은 이것을 이용하여 자기에게 상처와 모욕감을 주거나, 또는 자신을 거절하기 위해 이용할 것이라고 생각하고 있었다. 당신은 내담자가 두려워하고 있는 그 최악의 공포를 느끼도록 해 주고 싶어 하는 자신을 발견하고 충격과 혼란을 경험하고 있다. 지금 무슨 일이 일어나고 있는 것일까?

앞의 모든 상황은 대체로 투사적 동일시의 결과다. 투사적 동일시(Ogden, 1982년)에서, 내담자는 자신이 원치 않거나 위험하다고 느끼는 자신의 부분들을 무의식적으로 부인하면서 그 부분을 치료자에게 투사하려고 한다. 그런 후에 내담자는 자신이 투사한 대로 당신이 그에 부합하는 행동을 하고 생각하고 느끼기를 기대한다. 이런 투사적 감정들은 매우 강력해서 치료자가 그대로 해야 할 것 같은 느낌을 경험하는데, 저기능 경계선 내담자와 작업하는 치료자가 흔히 경험하는 것으로, 이런 투사적 감정에 자기도 모르게 공명되어 자신에게 익숙하지 않은 방식으로 행동하고 느끼고 있는 자신을 발견하게 된다. 그것은 마치 내담자가 당신에게 최면을 거는 것과 같은데, 치료자와 내담자 모두가 알아차리지 못하는 가운데서 벌어지는 일이다.

시나리오 1의 내담자가 자신이 수동적이고 무력하고 불안정하다고 느꼈던 상황에서, 치료자도 같은 방식으로 느끼게 되었다. 이것은 내담자가 무력하고 부적절한 아이라는 자신의 내적 부분—자기표상과 동일시하면서, 바로 자기의 그런 부분을 당신에게 투사한 것이다. 치료자는 이 투사에 공명하게 되면서 통합되고 능력 있는 성인 치료자로서의 자기감(sense of self)을 상실하게 된다. 그리고 두 사람 모두가 내담자와 치료자가 아니라 부모가 필요한 무력한 두 아이가 된 것이다.

시나리오 2에서 당신이 내담자를 비판적이고 공격적이라고 경험했던 상황에서, 내담자는 아마도 자기 내면의 부분-대상 표상이었던 자신을 학대하던 어머니와 자신을 동일시하면서 당신에게는 무력하고 나쁜 아이라는 자신의 부분-자기 표상을 투사한 것이다. 치료자로서 당신은 이런 내담자의 투사와 자신을 동일시함으로써 자신이 너무 무력하고 두렵고 부적절해서 치료 회기를 이끌어 갈 수 없다고 느끼게 된 것이다.

시나리오 3에서 내담자는 무력한 희생자라는 부분-자기 표상과 자신을 동일시하고 있으며, 자신을 학대하던 부모의 부분-대상 표상을 당신에게 투사하고 있다. 당신은 이 무서운 표상을 동일시하고 있다는 것을 알아차리지 못한 채, 평소에 억압하여 표현하지 못했던 자기 본성의 가학적인 부분을 표출하고 싶은 유혹을 느끼게 된 것이다.

• 해결책: 이런 문제들을 해결하기 위한 첫 단계는 당신이 내담자의 투사에 공명하고 있다는 것을 알아차리는 것이다. 일단 내담자가 파편화 방어를 사용하고 있는 것을 당신이 깨닫게 된다면, 보통 자신의 감정을 내담자의 감정으로부터 분리해 내는 것이 더 쉬워진다.

비록 투사적 동일시가 적대적이거나 불편한 요소들을 포함할 수 있지만, 보통 원시적인 의사소통의 한 형태이며, 그리고 당신 자신과 연결되는 가장 효과적인 방식으로 간주된다. 오그던(Ogden, 1982)이 말하는 '구체적이고 내적인 대상관계의 대인관계적 재연'이다. 투사적 동일시는 당신에게 내담자의 내적 정신세계에 대한 중요한 정보를 제공해 주며, 그리고 그 내담자가 된다는 것이 어떤 느낌인지를 알려 준다. 당신의 역할은 그 투사된 감정대로 행동화하는 것이 아니라 투사된 그 감정을 담아내는 그릇의 역할을 하는 것이다. 결국, 당신이 원하는 것은 내담자가 당신과의 관계에서 무슨 일이 일어나고 있는지 알아차리도록 도울 수 있는 위협적이지 않은 방법을 찾아내는 것이다.[12]

경계선 내담자와 작업을 할 때 당신이 쉽게 자신을 나쁘다고 느낄 수 있는 또 다른 경우는 구원자 환상과 관련이 있다. 우리 중 많은 이가 다른 사람을 도움으로써 우리 자신과 가족을 상징적으로 고쳐 주려는 열망에서 치료자가 되었다. 만약 당신이 '구원자'이고 당신의 경계선 내담자를 충분히 돕고 있지 못하고 있다고 느끼거나, 또는 내담자가 자신이 심각한 곤경에 빠져 있는데 빠르게 회복되지 않는다고 불평하고 있다면, 당신은 다음 시나리오에서와 같이 정말 나쁜 기분을 경험하게 될 것이다.

(4) 시나리오 4

내담자가 좋아지지 않고 있어 당신의 기분이 몹시 나쁘다. 당신은 내담자의 고통과 동일시하면서 더 잘 도와주어야 한다고 생각하고 있다. 내담자가 치료가 더디다며 당신 탓을 하건 안 하건 그건 당신에게 그리 중요한 일이 아니다. 당신은 스스로를 탓하면서 회기가 거듭될수록 자신을 더 나쁘다고 느끼게 된다.

• 해결책: 내담자의 고통과 자기를 구해 달라는 내담자의 요구의 강도가 심각하지만, 그럼에도 불구하고 내담자가 처음 치료를 시작했을 때 겪고 있던 불편감이나 즉각적인 위험을 이제 더 이상 경험하고 있지 않다는 것을 상기하는 것이 도움이 될 수 있다(이것은 현재는 내담자가 자해하거나 자살 시도를 하고 있지 않다는 것을 전제로 하는 말이다). 치료자로서 스스로에게 시간과 공간적 여유를 주기 위해 치료적 진전에 관해 알게 된 것을 이렇게 사용한다. 치료자가 치료를 잘해야 한다는 등의 압박감을 느낄 경우, 좋은 치료는 이루어지지 않는다.

또한 좀 더 잘 구조화되고 문제가 적은 일반적인 내담자와 작업할 때와 경계선 내담자와 작업할 때 소요되는 치료 기간이 다르므로, 더 오래 걸리고 더디다는 것을 기억하는 것이 중요하다. 당신이 치료를 잘하고 있을지라도, 저기능 경계선 내담자의 삶이 충분히 향상을 보일 만큼 의미 있는 진전을 이루기까지는 몇 년이 걸릴지도 모른다. 그리고 경계선 내담자의 경우 이들의 수많은 퇴행에 치료자가 대비할 필요가 있다. 반복은 치료에서 중요하고 필요한 부분이다.

만약 당신이 자주 그리고 지나치게 내담자와 동일시하게 된다면, 자신의 경계를 유지하고 경계선 내담자에게 필요한 느리고 반복적인 치료 작업을 견딜 수 있도록 스스로를 돕기 위해 개인분석과 수퍼비전이 필요할 수도 있을 것이다.

3) 슬픈(sad)

(1) 시나리오 1

내담자는 자신의 상황을 극도로 우울하고 절망스럽게 느끼고 있다. 치료자가 자신을 도울 수 없을 것이며 치료가 실패할 수밖에 없는지 계속해서 묻고 있다. 실제로 내담자는 자살에 관해 매우 설득력 있는 주장을 할 줄도 안다. 치료자 또한 슬프고 절망적인 기분을 느끼기 시작한다. 내담자와의 치료를 중단하는 것을 생각하고 있다. 왜냐하면 그녀를 도울 수 있는 방법이 아무것도 없다는 확신이 들었기 때문이다.

이것은 치료자도 무력하고 부적절감을 느낀다는 '나쁜' 감정 시나리오 1과 유사하지만, 여기서 다른 점은 일종의 슬픈 감정이 지배적인 느낌이라는 것이다. 이 상황에서 다른 경우와 마찬가지로 내담자는 자신의 무력하고 우울한 아이의 부분—자기표상을 당신에게 투사하면서, 자기 자신과의 관계를 계속 확인하고 있다. 당신의 자아 경계는 우울한 것들의 공격으로 인해 약해지고 있고, 내담자와의 지나친 동일시로 인해 융합된 상태가 되었다. 이것은 마치 당신이 내담자에 의해 최면에 걸려 그녀처럼 되는 것과 같다. 유일한 해결책인 치료를 중단하려는 당신의 생각조차도(또 다른 종류의 포기인) 자살에 대한 내담자의 생각과 유사하다.

• 해결책: 치료자로서의 개별성과 역량에 대한 감각을 되찾기 위해 당신은 뭔가를 해야 한다. 치료자는 내담자에게 없는, 활용가능한 자신의 모든 자원과 당신과 내담자를 구별해 줄 수 있는 모든 것을 스스로에게 상기시킬 수 있어야 한다. 처음엔 절망스러워 보이거나 유난히 어려워 보였으나 결국 치료적으로 성공했던 지나간 모든 임상적 상황들을 마음속으로 다시 떠올려 보도록 한다.

회기들을 통해 당신은 내담자의 절망감을 탐색할 필요가 있다. 당신은 내담자가 자신의 힘과 접촉하고 그 힘을 소유할 수 있도록 도울 수 있다. 내담자는 현재 자기 성격의 소극적이고 무기력한 피해자 측면과만 동일시하고 있다. 자신의 내적 강인함을 자신을 절망케 하는 데 사용하고 있다는 것과, 만약에 이 힘을 잠재적으로 다른 용도로 사용할 수 있다는 사실을 내담자가 어느 정도 깨닫게 된다면, 더 희망적으로 느낄 수도 있다. 어떤 내담자는 꿈과 환상을 통해 서로 다른 역할을 수행해 봄으로써 이 강력한 에너지를 재소유하고 그 에너지와 동일시할 수 있다. 이들은 보통 자신들이 동일시하는 부분인, 무력하고 수동적이며 슬픈 부분과는 다른 어떤 역할 극을 해 봄으로써, 좀 더 완전하게 살아날 수 있다.

또 다른 잠재적 방향: 내담자는 자신을 무력한 모습으로 보여 주고 있지만, 당신에게 영향을 미치는 데는 아주 능숙하다. 이것이 반복되는 패턴인가? 내담자는 처음에는 낙관적이던 다른 사람에게 자신의 절망적인 상황을 설득시킨 것인가?

4) 기쁜(glad)

여기서 말하는 '기쁜'이란, 좋은 치료자의 능력을 방해하는 내담자를 향한 치료자의 모든 긍정적 감정을 말한다.

(1) 시나리오 1

당신은 이 내담자를 매우 좋아한다. 치료 대신 서로의 관심사에 관해 내담자와 자주 수다를 떠는 자신을 발견한다. 내담자의 치료 문제에 집중하는 것을 매우 꺼린다. 어느 정도 죄책감을 느낀다. 그리고 치료적 동맹을 형성하는 방법이라면서 자신의 행동을 합리화하고 있다. 더구나 내담자는 당신의 이야기에 진심으로 관심이 있는 것 같고, 치료 회기들이 매우 즐겁고 도움이 된다고 말한다.

• 해결책: 이런 상황에서는 자신에게 두 가지 질문을 던질 필요가 있다. "왜 내가 지금 이러고 있는 걸까?" "내담자는 왜 내가 이렇게 하도록 만드는 걸까?"

당신은 이 시기에 특히 외로울 수도 있고, 치료에 지쳐서 잠시 동안 그저 해안가로 가고 싶다는 유혹에 빠질 수도 있다. 내담자는 아마도 자신의 부모 중 한쪽과 맺었던 관계, 즉 자신이 부모처럼 되고 부모와 같은 취향을 공유할 때 사랑과 인정을 받던 그런 관계를 무의식적으로 당신과 재연하고 있을 것이다. 아니면, 내담자는 외로워서 치료자보다는 친구를 더 원하고 있는 것일 수 있다. 또는 내담자가 당신에게 버림받거나 거절당하는 것을 두려워하여 감히 다른 방식으로 관계를 맺지 못할 수도 있다.

이유가 무엇이든 치료에 다시 초점을 맞추어야 한다. 이것은 열린 문장으로 끝나는 질문처럼 간단할 수 있다. "나는 우리가 치료보다는 서로의 관심에 관해 나누면서 더 많은 시간을 보내고 있다는 것을 이제야 알아차리게 되었네요. 어떻게 생각하세요?"

만약 이 내담자를 지금 막 만났고, 그가 특별히 상처받기 쉬운 내담자라고 생각한다면, 이 문제에 집중하는 것을 좀 더 오랫동안 미루고 싶을 것이다. 이 경우, 두 사람이 길을 잃었다는 것을 주목하지 않은 채 단순히 치료적인 주제로 되돌아가 안내하고 싶을지도 모른다.

경우에 따라서는 치료적 동맹을 구축하고 있다는 치료자의 합리화가 정확할 수도 있다. 정말로 쉽게 상처받는 내담자는 접촉을 너무 불안해하고 두려워하기 때문에 정상적인 치료적 중립을 치료자가 자신을 좋아하지 않는 것으로 또는 차갑다고 오해할 가능성이 있다. 이들이 치료 작업을 할 수 있을 만큼 치료자를 편안하게 느낄 수 있도록 당신이 이들의 특별한 친구라는 환상을 보존해 줄 필요가 있다. 치료자로서 당신은 이것을 직관적으로 감지하고 작업하는 방식을 바꾸었을지도 모른다.

만약 자신의 동기를 정직하게 살피고 이것이 그런 경우라고 해도, 자신의 우선순위를 염두에 두고 부드러운 치료 작업을 할 수 있는 기회에 깨어 있는 것이 도움이 된다. 아무리 상처를 쉽게 받는 내담자라 할지라도, 치료자가 조심스럽게 내담자의 불안 수준을 모니터링하면서 치료적 개입을 선택한다면, 내담자는 자신의 문제에 대한 의미 있는 이야기를 할 수 있을 것이다.

(2) 시나리오 2

내담자는 당신이 보기에 상당히 건강해 보인다. 당신은 그녀와의 회기가 즐겁다. 심지어 그녀가 왜 치료받기를 원하는지 이유가 궁금하기까지 하다. 그녀의 호소문제에 관해 생각하려고 하면 기억하기가 매우 어렵다. 그녀의 문제보다 당신은 자신의 감정적인 문제를 훨씬 더 선명하게 떠올릴 수 있다.

내담자 문제에 대한 모호함과 그녀를 향한 일방적인 호감이 함께 떠오른다는 것은, 아마도 당신이 어떤 부인과 분열을 경험하고 있다는 사인일 것이다. 내담자를 지나치게 긍정적인 시각으로 보게 되어, 그녀가 실제로 경험하고 있는 어려움의 정도를 무시하거나 과소평가하게 된다.

당신은 아마 내담자를 무척 좋아하여 그녀의 문제가 개선되기를 너무 열망한 나머지 내담자가 전달하려고 하는 많은 것을 무시하게 될 것이다. 이것은 또한 당신의 어린 시절의 어떤 상황을 재연한 것일 수도 있는데, 즉 어린 시절 성인 양육자의 어떤 중요한 실체를 그대로 보는 것이 두렵고 불안했기 때문에, 그것을 피하고 싶어서 부인하거나 분열이라는 방어기제를 사용했을 것이다.

또 다른 가능성은 이 내담자가 당신의 어떤 면들을 상기시키는데, 치료자가 그러한 면들을 완전하게 해결하지 못했기 때문에 내담자에게 중요한 문제들을 간과할 수 있다.

이런 유형의 내담자들은 뭔가 잘못되었다는 것을 마음속 깊은 곳에서는 느끼면서도, 자신을 자주 완벽하고 완전히 통제할 수 있는 모습으로 드러내는 경향이 있다. 이런 내담자의 문제가 무엇인지 당신이 정확히 파악할 수 없는 것은, 내담자가 자신의 문제를 제대로 볼 능력이 없다는 것을 알려 주는 것이다.

이런 모습을 보여 주었던 한 내담자는 자신을 텔레비전 아나운서 제인 폴리(Jane Pauley)와 동일시했다. 겉으로 보기에 이 내담자는 새로운 유형의 슈퍼우먼처럼 보였는데, 즉 성공적인 직업과 자녀 양육을 병행하며 멋져 보였고, 수십 개의 프로젝트에 관여하고 있었고, 늘 옳은 말만 하는 그런 사람처럼 보였다. 그런데 이 내담자의 경우, 이런 자기 이미지가 전적으로 부인되고 있었다. 완벽하게 보이는 이면에, 도움을 어떻게 청하는지도 모르고, 자신을 더럽고 사랑스럽지 못하다고 느끼며 괴로워하는 어린 소녀가 있었다.

• 해결책: 나는 낙관적인 방향으로 치우쳐 실수를 하는 경향이 있기 때문에, 편견 없는 제2의 의견을 얻는 방법으로, 어떤 내담자에게는 가끔 미네소타 다면적 인성 검사(Minnesota Multiphasic Personality Inventory: MMPI)를 실시하는 것이 도움이 된다는 것을 알게 되었다. 대부분의 경우, 나는 내담자에게 검사 결과 사본을 보여 주고, 앞으로 있을 추가 작업에 이를 사용한다.

내담자의 꿈에 세심한 주의를 기울이는 것도 객관성을 회복하는 데 도움이 될 수 있다. 왜냐하면 부인되어 소유하지 못한 부정적 감정과 특성들을 선명하게 드러내 주기 때문이다. 예를 들면, 어떤 내담자는 자신의 기능 수준을 내가 과대평가하고 있다는 것을 말해 주는 방법으로, 기형아들과 학대당한 동물들에 대한 꿈을 반복해서 보고하기도 했다.

(3) 시나리오 3

내담자는 당신에게 매우 매력적으로 느껴진다. 당신은 내담자와 연애하거나 성 관계를 갖는 환상을 갖고 있는 자신을 발견하게 된다. 당신은 이 내담자와의 회기를 기대하고 그와 함께 있을 때의 분위기는 성적 긴장감으로 가득 찬 느낌이다.

이성의 경계선 내담자(또는 치료자가 동성애자인 경우 동성의 내담자와)와 함께 작업 하는 치료자는 특히 이런 내담자에 대한 낭만적이고 성적인 환상에 취약하다는 것 이 나의 지론인데, 경계선 내담자와의 치료 회기에서 경험할 수 있는 독특한 강렬함 은, 적어도 치료자가 긍정적인 역전이를 경험하는 동안은 초기 어린 시절 사랑에 빠 졌던 경험과 닮았기 때문이다.

여기 두 사람은 완전히 서로를 감싸 안고 있다. 자신들 밖의 세상은 일시적으로 멈춰 버렸고, 둘의 관계만이 중요하다. 경계선 내담자는 치료자가 모든 면에서 완벽 하다는 상상을 하며, 심지어는 데이트를 하거나 결혼하고 싶다는 표현을 할 수도 있 다. 방심하거나 순진한 치료자는 자신을 향한 내담자의 이 모든 긍정적인 관심을 무 비판적으로 즐기며, 그 밖의 현실에서의 관계들을 무미건조하고 따분하다고 여길 지도 모른다. 이와 같은 로맨틱한 분위기에서 치료자가 방심을 하게 되면, 완벽한 배우자를 향한 치료자의 좌절된 열망이 자극을 받을 수 있고, 그 열망은 내담자에게 투사될 수 있다. 그렇게 되면 내담자와 치료자 모두 자신들이 경험하고 있는 이런 일들의 의미를 탐색하는 대신, 이런 환상의 부적절함을 부인하고 파편화하는 무의 식적인 방어로 인해 알아차리지 못하게 된다. 이런 일이 일어나면 모든 생산적인 치 료는 중단된다. 말할 것도 없이 이 일이 계속된다면, 두 사람 가운데 누구에게도 끝 이 좋지 않을 것이다.

그 외에도 어떤 경계선 남성은 우리 문화 안에서의 로맨틱한 주인공의 모습과 일 치한다. 과거에 어떤 비밀스러운 상처로 여성을 믿지 못하게 되고, 극심한 고통에 시 달리며, 기분 변화가 심한 바이런식의 인물 말이다. 수백 편의 로맨스 소설들이 이런 유형의 인물들을 주인공으로 묘사하고 있는데, 에밀리 브론테(Emily Bronte)의 『폭풍 의 언덕(Wuthering Heigts)』의 히스클리프가 가장 잘 알려진 사례 가운데 하나일 것이 다. 심리적인 주제로 나는 티셔츠 문구를 하나 개발하려고 한 적이 있었다. 그 첫 번 째 티셔츠 레터링이 "히스클리프는 경계선(Heathcliff was a Borderline)"이었다.

게다가 많은 경계선 내담자는 자신의 유아기적 욕구를 충족시키려고 애쓰는 것인데, 성인들과의 로맨틱한 관계나 성적인 관계에 관심이 있다는 환상을 불러일으키는 데 능숙해지게 되었다. 이들은 자신과 다른 사람들을 온전하게 통합된 존재로 볼 수 없기 때문에 어른스러운, 진정한 상호 관계를 맺을 수가 없다.

　많은 경계선 내담자가 성적으로 매우 활성화되어 있는데, 진정한 성적 매력 때문이기보다는 다음과 같은 이슈들에 대한 혼돈 때문인 것 같다.

- 어떻게 하면 성관계를 갖지 않고도 다른 사람과 가깝게 느낄 수 있나?
- 어떻게 자신이 존경하고 감동받는 사람들처럼 될 수 있을까?
- 어떻게 하면 안길 수 있을까?

　경계선 내담자의 이런 성행위는 이들의 퇴행과 유아적 욕구를 비교적 안전하고 눈에 띄지 않게 충족시킬 수 있게 해 주는 것 같다. 자신을 돌봐 주는 어머니의 젖을 빠는 환상을 성기를 빨거나 가슴에 키스하는 행동을 통해 얻을 수 있다. 경계선 내담자는 종종 자신이 존경하거나 가까워지고 싶은 그 누구와라도 성별에 관계없이, 성적 매력을 느끼지 못해도 성관계를 가질 수 있을 것이다. 아니면 성행위가 안전한 융합에 대한 욕구를 충족시켜 줄 수 있기 때문에 강박적으로 성행위를 하게 될 것이다. 즉, 이런 현상은 상대방과의 공생적 합병(symbiotic merger)을 통한 자기 상실 경험이다.

- 해결책: 지금까지 나눈 내용들을 알아차리게 되면 치료자가 충분히 자신의 관점을 회복하는 데 도움이 될 것이다. 하지만, 만약 여전히 당신의 내담자에게 많은 매력을 느끼고 있다면, 그는 아마도 당신의 '나쁜' 타입일 것이다. 이런 사람은 당신이 반복적으로 관계를 맺는 경향이 있는 타입인데, 당신 내면의 어린아이가 부모 중 한쪽으로부터 받지 못한 사랑과 관심을 지금도 찾고 있기 때문이다. 그런 타입의 사람과 한쪽 부모와의 유사성 때문에 당신이 반복적으로 관계를 맺고 싶어 하는 것이다.

　이럴 경우 당신의 감정(혹은 내담자의 환상)이 회기를 지배하지 않도록 특별한 노력을 기울여야 할 것이다. 이런 내담자와 함께 작업하며, 충분한 객관성을 유지하기 위해 수퍼비전이 필요할 수 있다. 그것은 또한 매력을 느끼는 타입의 사람들의 겉모습 뒤에 무엇이 있는지 배울 수 있는 기회가 된다는 점에서 성장 경험이 될 수 있다. 또한 미래의 로맨틱한 관계에서 건강한 현실감을 갖도록 해 줄 수 있다.

5) 두려운(scared)

이 범주에는 치료자의 모든 두려움이 포함된다. 즉, 내담자는 자살할 것이다. 치료를 그만둘 것이다. 내담자는 좋아질 것이고 나를 떠날 것이다. 나는 이 내담자에게 아주 형편없는 치료를 하고 있다. 내담자가 좋아지도록 돕지 못하고 내가 내담자처럼 될 것이다. 내담자는 나를 배임죄로 고소할 것이다. 내담자가 신체 공격을 할 것이다. 그녀는 내가 얼마나 나쁘고 부적절한지 모든 사람에게 말할 것이다 등이다. 경계선 내담자와 함께 작업하면서 발생할 수 있는 두려움의 목록은 잠재적으로 무궁무진할 수 있지만, 대부분의 두려움은 다음 시나리오들 가운데 하나일 것이다.

(1) 시나리오 1

내담자는 일시적인 정신증, 자살 시도, 또는 자해 충동과 같이, 과거에 행해 왔던 병력을 가지고 치료를 시작한다. 회기 중에 내담자는 기능이 떨어지고 극도로 취약해 보인다. 당신은 치료자로서 시기적절하지 않은 말이나 개입으로 인해 자살이나 상해와 같은 불행한 사건들이라도 촉발되어 사실상 효과적인 치료를 못할까 봐 몹시 두려워하고 있다.

• 해결책: 이 내담자와 함께 작업하는 것을 덜 두려워할 수 있는 일이 무엇인지 생각해 볼 필요가 있다. 경계선 내담자에 대한 더 많은 정보가 필요하고 이 내담자와의 치료에 대한 수퍼비전을 받을 필요가 있다. 또는 당신의 우려를 내담자와 함께 탐색해 보기를 원하고, 내담자가 자기 파괴적인 충동을 느끼거나 심각한 기능 문제를 보이기 시작하면 어떻게 해야 할지에 대한 일종의 합의를 얻고 싶을 수도 있다.

내담자가 외부 지원이 많지 않은 상태에서 장기간 기능을 못한 이력이 있는 경우, 보충 서비스 없이 일주일에 한 번 개인 치료를 받는 것은 부적절할 수 있다.

(2) 시나리오 2

내담자가 치료자인 당신이나 타인을 해치는 환상을 보고하고 있고, 결국 그런 행동을 할까 봐 두렵다. 당신은 이런 자신의 두려움에 대해 어떻게 해야 할지 확신이 없고 치료자로서의 유능감이 떨어지고 있다.

• 해결책: 이 내담자와 작업을 계속하려면 어떤 식으로든 지금의 상황을 바꿔서 당신이 더 안전하다고 느낄 수 있도록 해야 한다. 내담자의 폭력 가능성에 대한 당신의 인식을 확인하기 위해 내담자가 심리검사를 받도록 보내거나, 또는 다른 치료자에게 자문을 받도록 내담자를 보내고 싶을 것이다. 또한 내담자가 과거에 누군가를 해친 적이 있는지 여부를 물론 탐색하고 싶을 것이다.

경계선 내담자는 다른 많은 유형의 내담자들보다 억압을 덜 하고, 다른 내담자가 알아차리지 못하거나 인정하기를 극도로 꺼릴 수 있는 생각들을 나눌 수 있다는 것을 기억하는 것이 중요하다. 이들은 자주 자신이 실제로 전혀 실행하지 않을 행동에 대한 환상을 품는다. 그리고 자신의 환상을 당신과 나눌 것이다. 왜냐하면 그런 환상이 자신을 불안하게 하고, 또는 자신의 적개심을 표출하는 하나의 방법이라고 생각하기 때문이다.

내가 임신했던 때, 내담자 중 한 사람은 자주 나에게 내 배를 걷어차고 싶은 충동이 생긴다고 했다. 하지만 그는 폭력 전력이 없었고, 그가 나를 실제로 해칠까 봐 두려워한 적이 전혀 없었다. 폭력적인 환상을 내게 보고했지만, 자신을 통제할 수 있다고 했다. 더구나 나를 당황하게 만든 자신의 심술궂은 말에 내 표정이 변하는 것을 보면서 자신의 충동이 만족되었다고 했고, 나도 안심하게 되었다.

내담자가 어떤 특정한 사람을 해칠 것이라고 믿는다면, 책임에 대한 법적 조언이 당신에게 필요하다. 미국 법원에서는 과거에는 치료자가 비밀보장을 깨고 상대방의 위험에 대한 경고를 해야 된다고 했다. 그렇지 않으면 법적인 결과에 대한 책임을 치료자가 스스로 져야 한다고 판결했다. 치료자는 거주하고 있는 지역의 현재 법적 기준을 확인해 봐야 한다. 두려운 분위기에서는 결국 치료를 할 수 없기 때문에 당신은 자신의 본능을 따라 행동해야 한다.

(3) 시나리오 3

자아 경계가 낮은 내담자와 장기간에 걸쳐 상호작용하면서 당신의 경계가 침범 당하기 시작했고, 내가 정체성을 잃게 되면 어쩌나 하는 원시적인 두려움을 경험하 고 있다.

• 해결책: 만약 이런 일이 자주 일어난다면, 경계선 내담자와 효과적이고 편안한 작업을 하기 위해서 개인 분석이 아마 당신에게 필요할 것이다. 만약 이 내담자와의 경우에만 그렇다면, 다른 내담자와의 작업에는 없는 구체적으로 어떤 일이 일어나 고 있는지 확인할 필요가 있다. 예를 들면 다음과 같다. 내담자가 당신과 비슷한 면 이 있어 어떤 의미 있는 방식으로 자신을 상기시키는가? 아니면 이 내담자를 '구제' 해 주기 위해 당신이 지나치게 관여했기 때문에 적절한 경계를 긋지 못한 것인가? 이 내담자는 특별히 어렵고 요구적이라서 "아니요."라고 말하기가 곤란한가?

이런 식의 퇴행을 당신 안에서 스스로 용인할 수 있다면, 이것은 자주 긍정적으 로 사용될 수 있다. 이런 경험은 내담자가 당신을 어떻게 느끼고 있는지(아마도 상 당히 당신처럼 느끼고 있을 것이다)에 대한 많은 정보를 줄 수 있다. 내담자의 수준에 서 그들을 만나게 되면, 둘 사이에 유대감을 형성할 수 있고, 내담자의 기능을 천천 히 끌어올려, 결국 내담자가 좀 더 성숙한 수준에서 기능할 수 있게 된다. 이것은 마 치 물에 빠진 채 수영을 못해 자기 힘으로 빠져나오지 못하는 사람을 구해 내는 과 정에 비유할 수 있는데, 물에 빠진 사람이 있는 곳까지 잠수해 내려가 그 사람을 붙 잡아 구해 낸 뒤 천천히 수면까지 데려오는 것과 비슷하다. 지오바치니(Giovacchini, 1989)는 원시적 정신 상태에 대한 다양한 역전이 반응에 관해 쓰고 있는데, 이런 반 응을 적절히 다루면 치료적 진전으로 이어질 수 있다고 보았다.

(4) 시나리오 4

내담자는 치료에 진전이 없다고 불평하면서 당신을 형편없는 치료자라고 비난하 고 있다. 아마 이 내담자는 또한 자기 인생의 어떤 문제들을 당신 탓으로 돌리고 있 을 것이다. 예를 들면, 이혼, 직장 이직, 오르가슴을 느끼지 못하는 것들이 모두 당 신 탓이다. 치료자로서 당신은 배임으로 고소를 당하고, 면허증을 잃게 되고, 공개 적으로 창피를 당하는 환상을 경험하게 된다.

• 해결책: 이 시점에서 현실 점검을 하는 것이 중요하다. 내담자 말이 맞는가? 이 상황에 당신이 후회할 만한 어떤 역할을 한 것인가, 아니면 내담자가 단순히 책임 전가를 하려고 하는 것인가? 내담자가 이런 식으로 책임을 전가한 이력이 있는가? 내담자가 누군가를 고소한 적이 있는가?

만일 현실 점검을 한 후에 두려운 일이 실제로 일어날 것 같지 않다는 판단이 섰다면(그런데 아직도 두렵다면), 내담자는 자신의 선함과 적절감을 유지하기 위해 아마도 파편화를 사용하고 있을 것이고, 자신의 나쁘고 부적절한 부분을 당신에게 투사하고 있을 것이다. 결국 당신은 이 투사에 공명하고 있는 것이다. 왜냐하면 당신 내면의 어떤 부분이 당신의 전문성에 대해 의구심을 갖고 있기 때문이다.

물론 앞의 시나리오들이 역전이와 관련하여 모든 것을 말해 주는 것은 아니다. 치료자들이 좀 더 자주 경험하는 역전이 상황들 가운데 단지 일부를 소개한 것이다.

4. 역전이를 당신의 친구가 되게 하라

내가 아는 한, 역전이는 부정적인 것도 긍정적인 것도 아니다. 당신이 그걸 어떻게 사용하는가에 따라 치료 과정의 자산이 될 수도 있고 부채가 될 수도 있다. 내담자와의 관계에서 경험하는 모든 반응은 내담자를 더 잘 이해하고 치료 과정에 도움이 되는 추가 정보가 될 수 있는 가능성이 있다.

예를 들면, 내담자가 아기 원숭이처럼 나에게 찰싹 매달리게 될 거라는 비합리적인 두려움을 느끼기 전까지 나는 그가 정말 얼마나 유아적이고 심리적으로 궁핍한 사람인지 알지 못했다. 겉으로 드러난 그의 모습은 성숙하고 지나치게 지적인 성인이었다. 내가 그의 기능 수준을 과대평가하고 있다는 것을 알아차리는 데 역전이 반응이 도움이 되었다. 나는 우리가 성인 대 성인으로 관계를 맺고 있는 줄 알았는데, 그는 어른인 척만 하고 있었던 것이다. 속으로는 내가 마치 자신의 엄마처럼 자기를 돌봐 주기를 간절히 바라는 아주 무력한 어린아이처럼 느끼고 있었던 것이다.

역전이 감정을 효과적으로 사용하기 위해서는 느끼는 대로 행동하려는 당신의 충동을 조절할 필요가 있다. 자신의 역전이 반응에 대해 생각해 볼 수 있어야 하고,

그 역전이 반응이 당신의 내담자에 관해 알려 주는 정보를 분석할 수 있어야 한다.

예를 들면, 내담자에 대한 역전이 반응은 당신이 내담자를 진단하는 데 도움을 줄 수 있다. 경계선 내담자는 치료자가 자주 보호하고 돌봐 주고 싶다는 마음이 들게 하고, 또는 반대로 이들의 끊임없는 결핍으로 인해 치료자가 두려움과 화를 경험하게 한다. 앞에서 언급했듯이, 경계선 내담자는 치료자가 자신의 치료적 객관성을 잃어버리고 대신 내담자를 돌보고 싶도록 만드는 위기 상황을 만들어 내는 데 능숙하다.

만약 당신이 어떤 특정한 내담자가 유난히 가난하다고 생각하여, 추가 회기들을 더 낮은 비용으로 서비스해 주고, 직장을 얻거나, 데이트하거나, 아파트를 얻도록 돕기 위해 이들의 삶에 개입하고 싶은 마음을 느낀다면, 이들은 경계선 내담자일 것이다. 마찬가지로, 만약 내담자가 당신을 빨아먹어 '고갈'시켜 버리는 것처럼 두려움을 느끼거나, 혹은 당신에게 애착을 느끼며 달라붙어 당신이 영원히 책임져야 할 것 같은 원초적인 두려움을 느껴서 철수하고 싶다면, 내담자는 아마도 경계선 이슈로 씨름하고 있을 것이다.

역전이 감정을 당신은 서로 다른 진단을 분별하는 데 활용할 수 있다. 내담자를 돕고 싶게 만드는 경계선 내담자와는 대조적으로, 만약 당신이 내담자를 부러워하고 내담자의 성공한 인생 앞에서 자신감을 잃고 겁을 먹거나 또는 내담자의 기분을 상하게 할까 봐 두려워하거나, 혹은 내담자를 잘 치료해 주기에는 자신이 너무 이류 치료자가 아닌가 하는 마음이 든다면, 당신의 내담자는 아마 자기애성 내담자일 것이다. 자기애성 내담자는 자신이 중요한 사람이고 특별한 대우를 받을 자격이 있다는 것을 다른 사람에게 설득하는 데 매우 능숙하다. 이들은 또한 당신에게 매우 위협적일 수 있는데, 왜냐하면 사소한 일에도 이들은 경멸과 분노로 폭발할 수 있기 때문이다. 자기애성 내담자와 일할 때 치료자는 자주 마치 달걀 위를 걷고 있는 것처럼 느낀다.

5. 역전이로 인한 조기 종결

만약 당신이 최선을 다했는데도 (수퍼비전을 포함하여) 불구하고 역전이 감정으로 인해 치료 과정이 위태롭게 느껴진다면, 치료 종료를 고려해 볼 필요가 있다. 이런 상황에서 치료자는 내담자에게 이 상황은 내담자의 잘못이 아니고, 내담자가 치료에 실패한 것도 아니며, 지속적인 치료를 통해 도움을 받을 수 있다는 것을 확실하게 말해 주는 것이 중요하다. 왜냐하면 경계선 내담자의 최악의 공포가 버려지는 것이며, 자신은 본질적으로 나쁘고 사랑받을 수 없다는 두려움으로 인해 늘 몸부림치며 지내기 때문이다. 또한 내담자와 치료를 중단하고 싶다는 말을 하기 전에, 먼저 당신보다 더 효과적으로 치료를 잘할 수 있다고 생각하는 적절한 치료자를 찾아 의뢰할 준비를 하는 것이 좋은 방법이다.

만약 이전에 함께한 작업 중에 잘된 경우가 있었다면, 이에 관해 나누는 것도 중요하다. 왜냐하면 당신과의 치료가 나쁘게 끝난다면, 모든 것을 완전히 가치가 없었다고 생각할 수 있는 내담자의 흑백 논리 패턴(파편화 방어로 인한) 때문이다. 치료 과정 전체에 대한 토의에 내담자를 참여시킴으로써 이들의 파편화 방어를 막고, 치료 과정에 대해 보다 현실적이고 분별력 있는 관점을 갖도록 할 수 있다. 치료 과정에서 내담자는 무엇이 좋았는가? 치료자인 당신에 관해서는 어떤 점이 좋았는가? 혹은 내담자는 무엇을 배웠는가? 내담자가 당신과의 작업에서 어떤 치료법을 좋아하지 않았는가? 어떤 실망을 했는가? 이런 바람직하지 않은 상황에서 치료를 종료하는 일조차도 당신과 내담자 모두에게 학습의 경험이 될 수 있다.

의심할 여지없이 치료자에게도 이런 부정적인 경험이 반복되지 않도록 하기 위해서, 당신은 이 내담자의 어떤 점과 치료 과정의 어떤 점으로 인해 자신이 이런 상황에 빠지게 된 건지 이해하기 위해 노력할 필요가 있다. 추가적인 개인분석을 받아 가면서 이후로도 지속적으로 작업해 가야 할 일일지도 모른다. 그렇지 않다면 자신의 취약점이 무엇인지 확인하여, 자신에게 정서적으로 도전이 되는 내담자를 받지 않는 것도 필요하다.

자기애성 성격 적응

제**9**장

SPECIAL: 자기애성 성격 적응의 진단 및 치료[13]

만 약 당신이 치료자로서 특정한 내담자를 치료할 만 한 능력이 부족하다고 느끼고 있는 상황에서 내담 자는 최고의 서비스를 기대할 뿐 아니라 또 자신이 그런 대접을 받는 것이 당연하다 고 느끼고 있어서, 자신보다 좀 더 잘 알려진 치료자에게 의뢰하는 것을 고려하고 있다면, 그리고 이 내담자가 사소한 일로 자신을 무시했다며 믿기 어려울 정도로 격 분하여 당신을 공격할까 봐 두려워하고 있다면 당신은 아마도 자기애성 내담자를 치료하고 있는지도 모른다.

• 자기애성 내담자의 목표

게슈탈트 임상 훈련을 통해 배운 일반적인 치료 목표들을 자기애성 내담자들에 게 적용하기는 매우 어렵다. 일반적인 치료 목표란 여러분이 이미 잘 알고 있듯이, 내담자의 알아차림 증진, 미해결과제 완결하기, 새로운 삶을 위한 적절한 대처방법 숙달하기 등인데, 자기애성 내담자는 이런 목표에는 관심이 없다. 대신 이들은 치료자를 '자기대상'으로 이용하기 위해 치료자를 찾는다. 다시 말해, 자기애성 내담 자는 치료자를 통해 자존감 유지에 필요한 자신의 결핍된 부분을 채우기 위해 치료실에 온다(Kohut, 1971, 1977; Stolorow & Lachman, 1983). 일반적인 치료 개입을 통한 경험들이 이들에게 부적절하고 오히려 상처를 주기 때문에, 결과적으로 그런 치료적 개입에는 저항하며 화를 내게 된다.

• 건강한 자기애 대 방어적 자기애

건강한 자기애와 방어적(또는 병리적) 자기애를 구분하는 것은 중요하다. 건강한 자기애란 자신의 장점과 단점에 대한 현실적인 이해를 바탕으로 긍정적인 자기존중을 할 수 있는 것을 말한다. 건강한 자기애를 가진 사람은 다른 사람이 나를 어떻게 보는가에 크게 신경 쓰지 않는다. 그러므로 이들은 매일의 삶에서 일관성을 유지하면서 사소한 실수에 쉽게 흔들리지 않는다. 내가 이 책에서 사용하는 '자기애'의 의미는 건강한 자기애를 가진 사람, 즉 현실적이면서도 긍정적인 자존감을 가지고 적응적인 삶을 사는 사람을 가리키는 말이 아니다.

방어적이거나 병리적 자기애를 가진 사람의 중요한 특징은 자존감이 다른 사람의 견해에 좌우된다는 점이다. 따라서 자신의 가치에 대한 내적인 확신을 갖지 못하는 이들이다. 거만하고 우월하게 보이는 겉모습 이면에는 공허감과 수치심, 부적절감이 자리 잡고 있다. 살면서 경험하는 일이 이들이 방어적으로 추구하고 있는 자신의 특별함을 확인해 주는가 또는 그렇지 못하는가에 따라 비현실적인 양극단 사이에서 흔들리고 있는 자신을 경험하게 된다.

1. 자기애성 내담자 유형(과시형/벽장형/독성형)

자기애적인 사람은 다음의 세 가지 범주에 속하는 것 같다. 과시형, 벽장형, 독성형이 그것이다. 여기서는 각 유형에 관해 자세하게 설명하고, 각 유형이 치료과정에서 어떤 식으로 드러나는지 이해할 수 있도록 몇 가지 임상적 사례들을 제시할 것이다.

1) 과시형 내담자

과시형 내담자는 자신이 얼마나 중요하고 대단한 사람인지를 공개적으로 드러낸다. 특별 대우를 기대하며 무한한 권력과 부 그리고 미모 또는 이상적인 사랑을 향한 환상에 사로잡혀 있다. 다른 사람의 감정이나 웰빙에는 관심이 없다. 이들의 대인관계는 착취적이며, 치욕적이라고 여겨지는 사소한 일에 극도로 격분하는 태도로 반응한다.

예를 들면, 폴은 '구찌 자기애자'로 과시형의 전형이라고 볼 수 있었다. 린넨 바지에 스웨이드 구두를 신고, 롤렉스 시계와 곤색의 구찌 더블 재킷을 입고 치료실에 들어왔다. 나는 그것이 '구찌'라는 것을 알게 되었는데, 그가 회기 중에 그렇게 말했기 때문이다. 또한 자신이 얼마나 많은 유명 인사들을 알고 있는지 모른다고 했다. 사실은 'A급' 유명인들이 참석하는 파티에 다녀왔을 뿐인데 말이다. 자신이 하는 모든 일과 알고 있는 모든 사람이 엘리트이며, 중요하고 특별한 사람들이라는 식으로 말했다. 폴이 치료에 온 이유는, 이상적인 여성을 만날 수 없어서 치료를 통해 원하는 여성을 찾는 데 도움을 받고 싶었기 때문이었다. 그가 알아차리지 못하고 있던 진짜 문제는, 과대자기라는 겉모습 이면에서 경험하는 공허감과, 우울, 수치심 그리고 자신을 향한 완전한 부적절감이었다. 극도로 불안정한 자존감을 유지하기 위해 명품으로 자기를 휘감고 높은 지위를 상징하는 것들을 이용하고 있는 것이었다.

조나단은 또 다른 종류의 과시형 행동을 보여 주는 내담자였다. 어린 시절 자신을 못생기고 수치스러운 존재로 여겼으며, 고등학교 시절 그의 인기는 바닥이었다. 인기 있는 여학생들이 전혀 데이트하고 싶어 하지 않는 그런 존재였다. 자신이 유명해지면 무엇을 할 것인지를 상상하는 것으로 스스로를 위로하며 학창 시절을 보냈다. 현재 조나단은 엄청난 성공을 거두었고, 덕분에 그가 받았던 그 모든 모욕을 보상받을 수 있는 시간이 된 것이다. 처음 치료실에 왔을 때, 그가 턱과 광대뼈를 고치고 코의 크기를 줄이는 수술을 받은 상태라는 것을 알 수 있었다. 그는 상당히 잘생겨 보였다. 이제 자신을 완전히 부적절하다고 느끼는 대신 엄청나게 중요한 사람으로 느끼고 있는 것 같았다. 현재 그의 삶에서 가장 큰 기쁨은 학창 시절 자신을 거부했던 여자들을 만나 데이트를 한 다음에 공개적으로 모욕을 주는 것이었다. 그는 가학적이었고, 섹스를 통해 이런 여성들을 공개적으로 모욕하는 일을 즐겼다. 타인의 고통에 대한 공감도, 자신의 그런 행동에 대한 죄책감도 전혀 없어 보였다. 이런 무감각한 행동에도 불구하고, 조나단은 지적인 사람이었기 때문에, 첫 회기에 다음과 같이 말했다. "계속해서 이런 식으로 살아간다면 만족스러운 인간관계를 오래 유지해 갈 수 없을 거예요." 그는 자신이 선택을 할 수 있다는 것도 알고 있었고, 무엇인가 다른 삶을 선택해야 한다는 걸 알 만큼 스마트했다.

2) 벽장형 내담자

벽장형 내담자는 공개적으로 자기를 과시하는 것을 두려워하며, 자신이 갈구하는 타인의 인정과 찬사를 직접적으로 요구하지 않는다. 보통 어린 시절에 만성적으로 모욕을 당하며 성장한 이들이다. 이로 인해 타인의 주목을 받으면 심한 갈등을 느낀다.

자넷은 3년 정도 치료를 받은 다음에야 가까스로 아버지에게, "내가 좀 더 어렸을 때부터 훈련을 받았더라면, 난 좀 더 좋은 선수가 될 수 있었을 거예요."라고 말할 수 있었다. 그런데 아버지는 "아니야, 너는 절대 그럴 수 없었을 거야."라고 했다. 아버지의 이런 반응은 자넷을 오랫동안 낙담하게 만들었던 그의 전형적인 태도였다. 또 다른 벽장형 내담자는 다음과 같은 부모의 말을 끊임없이 들으며 성장했다. "네가 뭔가 좀 특별하다는 생각은 하지 마라." 그래서 그녀는 그렇게 생각하지 않았지만, 여전히 특별한 사람이 되고 싶었다.

벽장형은 대체로 이런 딜레마(즉, 타인에게 공격과 모욕을 당할 수 있는 두려운 상황에 노출되지 않으면서도 자신이 특별하다고 느낄 수 있는 방법을 찾는 과정에서 경험하는)를 자신이 이상화할 수 있는 사람이나 조직 또는 사상에 자기를 연합시킴으로써 해결하려고 한다. 이처럼 연합을 통해 자신이 특별하다고 느낄 수 있고 또 그 반사 영광도 함께 누릴 수 있는 안전한 방법을 택하는 것이다.

리처드는 'EST(Erhard Seminar Training)'를 받아들이고 개발시켜 자기 회사와 그 회사의 리더인 베르너 에어하르트(Erhard)에게 이상적이라고 느끼도록 변형시켰다. 그는 'EST'가 독특하고 특별하며 모든 문제에 대한 답이라며 만나는 사람들마다 말하고 다녔다. 리처드는 회사와의 연합을 자신의 가치를 높이고 자신의 공격적인 에너지를 발산하는 수단으로 이용하였다. 리처드는 자신의 욕구와 관련해서는 지나치게 내성적이 되어서 해야 할 말을 못했다. 그리고 이런 자신의 모습을 친구들이 자주 이용한다고 느꼈다. 그렇지만 'EST'와 관련된 일에는 매우 끈질기고 단호해질 수 있었다.

치료 과정에서 이 두 유형의 내담자들은 치료자가 자기 대상이 되어 자신의 투사를 공명해 줌으로써 깨어지기 쉬운 자신의 가치감을 감싸 줄 것을 기대한다. 이들이 치료자에게 바라는 것은 다음 둘 중 하나이다. 즉, 치료자가 자신을 중요한 사람으로 인정하여 과대 자기라는 방어를(앞에서 언급했던 과시형 내담자 밥과 조나단이 그랬던 것처럼)지지해 주거나, 또는 치료자를 이상화할 수 있도록 허용해 줌으로써 치료자의 반사 영광을 자신도 함께 누리도록 허락해 주길 바란다.

이 두 사례에서, 이들은 모두 사소한 무시에도 극단적으로 민감해지고 공감하지 못해, 치료적 개입을 쉽게 비판으로 해석해 버릴 수 있다. 그리고 자신에 대해 좀 더 기분 좋게 느끼고 무너진 자존감을 회복하기 위해서, 치료자인 당신을 무시하고, 모욕하고 평가절하할 수도 있다. 자기애적인 내담자에게 치료자인 당신은 단지 자신의 필요를 충족시켜 주기 위한 존재로, 더 이상 이용 가치가 없어지면 쓰고 버릴 휴지나 먹다 남은 햄버거처럼 폐기 처분 대상이 될 뿐이다. 따라서 치료자가 깨어 있지 못하면 쉽게 역전이라는 지옥에 빠져 있는 자신을 발견하게 될 것이다.

3) 독성형 내담자

자기애성 내담자들 가운데 치료자에게 오명을 남기는 이들은 내가 '독성형 자기애자'라고 부르는 이들이다. 이들은 주로 자신의 열등감을 다른 사람의 유능감을 파괴하는 방식으로 다룬다. 또는 자신이 가지지 못한 것을 치료자인 당신이 가졌다는 상상을 하면서 질투심으로 인해 지쳐 쓰러질 지경이 되어 당신을 맹렬하게 비난하는 식으로 나타난다.

예를 들면, 도나는 내가 치료자로서 얼마나 적절하지 못한지를 회기마다 지적하고는 했다. 나의 치료적인 실수들을 그녀는 비꼬듯이 말했다. 나를 바보로 만드는 일이 그녀의 일상에서 유일한 즐거움인 것 같았다. 가끔씩 그녀가 지적하는 내용들이 묘하게도 맞아 떨어지는 때가 있었는데, 그럴 때 내 기분은 더 상했다. 그러면 집중력이 떨어져서, 그녀가 하는 말의 포인트를 놓치거나 적절치 못한 타이밍에 치료 개입을 하게 된다. 나는 매 회기가 두려워졌고, 그녀와 함께 작업을 잘해 나가는 일이 점점 더 어렵게 느껴졌다. 그녀와 함께할 때면, 그녀의 공격으로 인한 역전이 분노와 상처받은 자기애로 인해 씨름을 해야 했다. 나는 마침내 도나와 좀 더 편하게 작업할 수 있게 되었는데, 그것이 그녀에게 도움이 되는 것 같았다. 그러나 나는 효과적인 치료적 자세를 유지하기 위해 안간힘을 썼고, 그로 인해 매 회기를 기진맥진한 상태로 마치게 되었다.

또 다른 내담자 더글러스는 자기에 비하면 내가 얼마나 많은 것을 가졌냐는 말을 끊임없이 했다. 치료실에 뭔가 새로운 걸 구입해 놓을 때마다, 그는 격분했다. 나는 심지어 그와의 회기엔 어떤 옷을 입어야 할지 걱정하게 되었다. 그가 부러워했던 것은 내가 가진 물건들만이 아니었다. 내 아이디어도, 심지어는 자신에게 도움이 되는 내용들조차도 분개했다. 누가 무엇을 가진다면 오로지 자신만이 유일한 사람이길 바랐다. 자신에게 도움이 되는 아이디어들을 포함하여, 내가 관찰하는 것들이 거듭해서 공격을 당하고 내가 제안한 실험들이 매번 묵살당하고 난 후에, 나는 결국 알게 되었다. 그에게 최선은 내가 2년여에 걸쳐 말없이 앉아 있으면서 그가 경험할 수 있도록 그리고 치료실 안에서의 나의 현전에 익숙해지도록 허락해 주는 것이었다는 것을. 그는 내가 말없이 그저 앉아 있을 때면, 두려운 표정으로 나를 쳐다보곤 했다. 어떤 때는 울기도 했다. 그는 자주 깊은 두려움을 느끼고 있다고 했다. 나를 공격하지 않을 때는 가끔씩 내가 자기 말에 귀를 기울여 주어 고맙다는 표현을 하기도 했다. 즉, 자기 말을 들어 주고 이해하려고 해 주어서 그리고 자기가 잔인하게 굴 때에도 내가 보복하지 않아서 고마웠다고 했다.

어린 시절 더글라스는 심한 수치감과 놀림을 당해서 그 누구와도 전혀 안전감을 느끼지 못했다. 그는 심한 열등감을 갖게 되었고, 자신이 다른 사람들을 통제하고 싶어 하듯이 모든 사람이 그렇게 자신을 지배하고 통제하고 싶어 한다고 확신하게 되었다. 우리가 서로 좀 더 편안한 관계가 된 다음에 알게 된 것은, 그가 그처럼 심하게 나를 공격했던 이유는 내가 자신을 분명히 깔볼 것이라고 믿었기 때문이었다. 즉, 자신은 나보다 돈도 지위도 힘도 없는데 나에게 치료를 받으러 오기 때문에, 자신을 얕잡아 볼 것이라고 혼자 생각한 것이다. 그래서 좋은 아이디어들이 떠오를 때마다 알려 주면 그것을 자신을 지배하고 자신이 바보라는 것을 드러내어, 내가 우월하다는 것을 과시하려는 것으로 여겼던 것이다.

4) 모든 자기애성 내담자가 불쾌한 것은 아니다

내가 좋아하는 내담자들 중에는 자기애성 내담자들이 많은데, 동료들은 이를 이상하게 여기는 이들도 많다. 자기애성 적응을 한 모든 내담자가 다 불쾌한 것은 아니다. 나는 창의적이고 지적이며 에너지가 넘치는 자기애성 내담자들을 좋아하는 편인데, 이들은 다른 사람을 돕거나 재미있는 일을 하는 과정에서 자신의 특별함을 끌어낼 줄 안다. 비록 사람들 앞에서 빛나고 싶어 하는 자신의 욕구 때문이기는 하지만, 다른 사람과 함께하는 모임에 생기와 재치를 불어넣기도 한다. 공격당하거나 비난을 받는다고 느끼면 자기애적인 분노로 반응하지만, 이런 결점을 커버할 만한 장점들을 가지고 있다.

예를 들면, 벽장형 내담자인 레이먼드는 친구들이 자기를 좋아하지 않는 것 같다고 느끼면 아직은 자기 지지를 할 수 없기 때문에 친구들에게 잘 보이려고 했다. 어떤 친구로 인해 불안해지면, 그 친구를 위한 특별하고 놀라운 일을 계획했다. 최근에 자기에게서 멀어진 친구로 인해 불안해지자, 특별한 테이프를 만들어 그 친구에게 보냈다. 우정을 주제로 한 여러 아티스트들의 곡들을 녹음해 특별히 만든 테이프였다. 곡마다 직접 재미있게 쓴 리뷰 노트도 함께 넣었다. 그뿐 아니라, 그 친구가 자신에게 얼마나 특별한 존재인지를 알리기 위해, 카드를 직접 디자인하고 만들어 함께 넣기도 했다.

내가 좋아했던 또 다른 자기애성 내담자는 내가 만나 본 사람들 가운데 가장 지적이고 직관력이 있는 사람들 중 한 사람이었는데, 그의 과대 자기와 가끔씩 폭발하는 분노에도 불구하고, 그처럼 열정적인 마음을 가진 이와 함께 작업하는 것이 즐거운 일이었다. 또한 그는 동기부여가 상당히 잘된 사람이었다. 이미 결혼에 한 번 실패했고 진정한 친구도 없는 그의 인생이 충분히 불행했지만, 자기 스스로를 돕기 위해서 무엇이든지 할 수 있는 준비가 되어 있었다.

5) 효과가 있다면 그 어떤 방법이든지

자기애성 내담자들이 모두 도나와 더글라스처럼 치료하기 어려운 것은 아니지만, 대부분은 낮은 자존감을 숨기며 무시당하는 것에 극도로 민감하기 때문에 매우 조심스럽게 대해야 한다. 그렇지만 치료자인 당신의 자존감을 상실하지 않으면서도 효과적으로 치료하여 이들의 자존감을 높여 줄 수 있는 방법들이 있다. 이런 내담자들을 식별하는 몇 가지 방법들과 내가 깨닫게 된 도움이 될 치료 전략들에 관해 이어서 나누게 될 것이다.[14]

대부분의 임상가들이 다른 이들의 업적을 통해 안내받고 영향을 받듯이, 나 역시 독자들에게 도움이 될 만한 나만의 독창성과 게슈탈트 치료자로서의 경험에서 나온 것들을 포함시켰다. 내가 하고 있는 방법들은, 폴 카터(Paul Carter)와 스티븐 길리건(Stephen Gilligan, 에릭소니안 최면술사)이 말했던 일종의 '효과가 있다면 그 어떤 방법이든지(Whatever It Takes라는, 즉 WIT) 치료'에 속한다고 나는 생각한다.

2. 진단: 특별한 신(SPECIAL God)

'SPECIAL God', 특별한 신은 여러분이 자기애성 내담자의 본질적인 특성을 기억하도록 돕기 위해 내가 붙인 연상기호다. 이미 살펴본 사례들을 통해 알 수 있듯이, 자기애성 내담자도 다른 모든 사람과 마찬가지로 한 사람의 개인이기 때문에 중요한 몇 가지 측면에서 구별되는 특징들을 가지고 있다. 따라서 이어서 소개하는 특성과 관련된 목록은 치료자가 더 효과적으로 개입할 수 있도록 내담자의 패턴을 알아차리는 데 도움을 주기 위한 지침일 뿐이라는 것을 기억하기 바란다. 어떤 내담자는 다른 내담자들보다 다음과 같은 특성을 더 많이 보일 것이다. 그리고 우리 모두에게는 좋은 날도 나쁜 날도 있어서 그런 상황에 맞춰 행동하듯이, 내담자도 그렇다는 것을 기억하는 게 도움이 될 것이다.

1) S: 지위(Status), 민감성(Sensitivity) 그리고 수치심(Shame)

만약 내담자가 자기애성 특성을 보이는지 분별하기 위해 세 가지의 정보만 사용해야 한다면, 나는 지위(status), 즉 서열을 의식하는 정도, 무시당하면 예민해지는 정도(sensitivity), 그리고 수치심(shame)에 취약한 정도를 기준으로 3 'S'의 관점에서 판단해 볼 것이다.

(1) 지위

내가 만났던 모든 자기애성 내담자는 지위 서열에 극도로 집착하는 패턴을 보였다. 많은 사람이 모인 방에 자기애성 특성이 강한 사람이 들어서면, 그는 집단 내 위계질서를 몇 분 만에 단번에 파악하고 자신의 위치가 어디쯤인지를 살피면서 모든 사람의 지위에 서열을 매기게 될 것이다. 예를 들면, 사회적 지위를 민감하게 의식한다면, 자동적으로 사회적 명성에 따라 각 사람의 서열을 매기는 반면, 문학적인 관심이 높다면 다른 사람들이 읽고 있는 책에 더 신경을 쓸 것이다. 내 치료 대기실에 있던 잡지들을 보고 나보다 우월하다고 느꼈던 문학적으로 예민했던 내담자를 만난 적이 있었다.

대부분의 자기애성 내담자는 지위 서열과 관련하여 상대방이 자신보다 서열이 높은지 낮은지 오로지 이 두 가지만 생각한다. 이들은 어떤 사람이 자신과 동등하다는 것을 용납할 수가 없다. 자신이 상대방을 좋아하거나 자신과 어떤 공통점이 있거나 그런 것과는 무관하게 서열상으로 자신보다 더 높은 위치에 있는 사람이라면, 그가 누구든지 가까워지고 싶어 하고 무조건 찬사를 보낼 것이다. 서열상 자기보다 낮다고 여겨지는 사람은 무시하거나 경멸적으로 대한다. 자신의 자기애적인 목적에 도움이 될 것 같으면, 지위가 낮은 사람의 의견이라도 받아들이기도 한다. 그러나 상대방과 자신이 동등하다는 생각이 들면, 극도로 경쟁적이 될 것이다. 이런 내담자는 상대방을 지배하거나 상대방으로부터 인정을 획득하기 위해 필사적으로 노력할 것이다.

만약 내담자가 이런 주도권 경쟁을 필사적으로 하는 상황에서 치료를 받으러 왔다면, 내담자의 다른 문제들은 뒤로 밀린 채, 그 상대방을 깎아내리거나 상대방의 인정을 얻어 낼 방법을 강박적으로 찾으려고 할 것이다. 회기를 거듭해 가며, 자신이 상대방보다 얼마나 우월하고 대단한지 주장할 것이다. 또는 상대방이 자신을 어떻게 어느 정도로 인정하게 되었는지가 내담자의 주제가 될 것이다. 만날 때마다 고통스러운 세부 사항들을 반복해서 말할 것이다. 이들은 상대방의 존재 자체가 자존감에 상처를 내는 것 같다. 자신이 특별하다는 것을 자신이 중요하다고 생각하는 방식대로 결국 그 상대방이 자기를 인정하도록 만들었다는 확신이 들지 않는 한, 이런 상황을 초연하게 내려놓는 일이 이들에게는 매우 어려운 것 같다. 자기가 선택한 지위 서열 내에서 자신의 지위와 인정을 위해 늘 경쟁한다.

(2) 민감성

자기애성 내담자는 극도로 민감하다. 취약한 자기감으로 인해 쉽게 상처받는다. 일반적으로 경험할 수 있는 무시나 약간 불쾌하다고 느낄 수 있는 행동이나 상황을 이들은 쉽게 자신이 무시당하고 평가절하와 비난을 당했다고 생각할 수 있다. 내 치료실에 대기실이 없던 시절에, 심각한 자기애성 내담자를 치료실 문 밖 복도에 몇 분 동안 기다리게 한 적이 있었다. 이 내담자는 이것을 참을 수 없는 모욕으로 느꼈고, 자기처럼 특별한 사람을 함부로 대하고 무시했다고 느꼈다. 내담자는 자기애적인 분노로 인해 치료 회기 내내 나에게 소리를 질렀다. 이런 자기애적인 민감성은 일방적이다. 이들은 다른 사람이 자신을 중요하게 여기지 않아 무시당한다고 느끼면, '절묘할 정도로 민감(exquisitely sensitive: 마스터슨의 용어)'하게 반응하지만, 반면에 다른 사람의 감정에는 놀라울 정도로 무감각하다. 다른 사람의 웰빙에는 무정할 만큼 신체정서적으로 냉담한 것이 전형적인 태도다. 비록 자신이 필요할 때는 그렇지 않은 것처럼 행동할 수도 있겠지만 말이다.

예를 들면, 조안은 따뜻하고 자상한 모습으로 자신을 가꾸며 살아왔다. 자기보다 자신감 있는 친구들이 일상적인 이야기를 할 때면 경청하며 끊임없이 들어 주는데, 반면에 조안 자신의 삶에는 무관심한 친구에게 은근히 질투를 느끼며 밉다고 했다. 조안은 '벽장형 자기애자'로, 특별해지고 싶은 자신의 욕망을 땅속에 묻어 버린 사람이다. 그녀는 특별해지고 싶었지만, 드러나게 과시적이고 이기적이 되는 것을 두려워했다. 대신 자신이 실제로 느끼고 있는 것보다 훨씬 더 많은 관심과 돌봄을 다른 사람에게 주고 싶어 하는 것처럼 행동했다. 조안은 자신의 있는 모습 그대로 다른 사람들과 함께하면서, 자신이 원하는 관심을 직접 요구하는 것을 두려워했다. 다른 사람에게 관심이 있는 척하는 것 외에는, 그들에게 뭔가 줄 수 있을 만큼 가치 있는 것이 자신에겐 없다고 느꼈기 때문이었다. 만약 자신의 진짜 모습을 친구들이 알게 된다면 모두 자신을 거절할 것이라고 확신하고 있었기 때문에 타인의 관심을 직접 요구하는 것이 두려웠던 것이다.

(3) 수치심

자기애성 내담자는 수치심에 매우 취약하다. 그래서 무시당하는 것에 극단적으로 민감하다. 다음과 같이 비교적 사소한 사건들, 즉 식당 종업원이 자신에게 신경을 쓰지 못한다거나, 치료자가 자신을 기다리게 한다거나, 파티에 초대받지 못하는 것과 같은 사소한 일로 자신의 가치를 의심하거나 깊은 수치심을 느낄 수 있다. 이런 감정들을 떨쳐 버리고 싶어서, 자신이 얼마나 특별한 존재인지를 자신과 모든 사람에게 확인시키기 위해 방어적인 방법으로 애를 쓴다.

이런 내담자가 우월감에 상처를 입게 되면, "똥 같다."라고 표현한다(12장 '똥, 수치심, 자기애' 참고). 자기애성 내담자는 자주 '똥' 꿈을 보고하는데, 사람들이 보는 앞에서 자기 몸에 온통 똥을 묻히고 있었다는 보고를 한다. 처음엔 아무도 그게 무엇인지 모를 거라고 생각했으나, 그런데 갑자기 다른 사람들이 자신의 똥을 보게 되고 냄새를 맡을 수 있다는 걸 깨닫게 되었다고. 너무 창피하고 수치스러운 감정을 느끼면서 잠에서 깨어난다고 했다. 한 여성 내담자는 치료가 거의 끝나갈 무렵 자신의 '똥'을 손에 들고 다니는 꿈을 꿨다고 했다. 그녀는 꿈을 꾸는 동안 손에서 똥을 내려놓아야 할지 말지 마음을 정하지 못했다고 했다. 너무나 많은 내담자가 자신의 부정적인 감정을 표현하는 수단으로 '똥'이라는 단어를 사용했기 때문에 나는 이것을 자기애성 성격의 진단 지표로 사용하게 되었다.

치료 과정에서 자기애성 내담자는 무시에 민감하고 수치심에 취약한 경향성으로 인해 자신을 도우려는 치료자의 시도를 잘못 해석할 수 있다. 즉, 치료자가 돕기 위해 한 말이 자신을 비난한다고 느낄 수 있다. 심지어는 어떤 칭찬까지도 이들의 수치심을 촉발할 수 있다.

내담자 버트는 비교적 단기간에 많은 치료적 진전을 보였다. 내가 좋아졌다고 하자, 그는 방어적이 되었다. 내 칭찬에 기분이 좋아진 대신, 이전의 자신이 정말로 형편없이 나쁜 것처럼 느껴진다고 했다. 좋아졌다는 것을 아직 기뻐할 수 없었던 것이다. 좋아졌다는 말은 과거에 자신이 완벽하지 못했다는 것을 인정해야 하기 때문이었다. 완벽하지 못했다는 것을 인정하게 되면 자신은 수치스럽고 모자란 존재가 되는 것 같기 때문이었다.

2) P: 완벽한(Perfect)

자기애성 내담자는 자신과 자신이 이상화하는 대상들을 전적으로 완벽한 존재로 보고 싶어한다. 자신이 결점을 가진 존재라는 어떤 증거도 자각하지 못하도록 자기도 모르게 배제시켜 버림으로써, 방어적인 과대 자기라는 겉모습 아래 감춰진 자신의 심각한 부적절감을 보상하려고 한다. 자신이 불완전하다는 것을 어떤 식으로든 인정할 수밖에 없는 경우에는, 마치 바늘에 찔린 헬륨풍선처럼 이들의 자존심도 바로 쪼그라들어 위축되어 버린다.

경계선처럼 자기애성 내담자도 한 사람의 내면에 선과 악, 재능이나 결점과 같이 서로 상반된 자질들이 동시에 공존한다는 통합된 자기 존재감이 없다. 통합을 못하는 이 문제를 경계선 내담자는 다음과 같은 파편화된 방식으로 풀어 간다. 즉, 자신이 사랑받는지, 삼킴을 당하는지 또는 버림받는지 여부에 따라 자신과 타인을 완전히 좋거나 완전히 나쁘다는 식으로 번갈아 가며 경험한다. 자기애성 내담자는 이처럼 통합이 되지 않는 문제를 또 다른 형태의 파편화를 통해 해결하려고 한다. 이들이 생각하는 완전히 좋은 것이란 그 누구보다 자신이 특별하고 우월하다고 느끼는 감정과 연관이 있다. 벽장형 내담자라면, 현재 자신이 이상화하고 있는 그것(사람/조직/물건 등)이 가장 우월하다는 주장을 할 것이다. 이들은 그 반대편의 모든 증거를 무시한다. 그리고 사회적인 서열에서 자기보다 아래에 있다고 여겨지는 사람에게 자신의 부적절감을 투사한다(모든 나쁜 부분을 파편화함으로써). 이들에게 좋은(선한) 것이란 오직 서열적인 관점에서만 이해될 수 있다. 자기애성 내담자에게는 우월하다는 것과 좋다는 말이 동의어이다.

만약 여러분이 정말로 자기애성 내담자에게 모욕을 주고 싶다면, 그 사람에게 '보통(average)'이라고 하면 된다. 이들에게 '보통'이라는 것은 그저 많은 대중 가운데 흔히 볼 수 있는 사람이라는 의미로, 이들의 관점에서 보자면 열등하다는 것이다. 자기애성 내담자는 치료자에게 다른 내담자들을 소개해 줄 수 있는 훌륭한 자원이 되기도 한다. 왜냐하면 무엇이든지 자신이 가진 것이 최고라는 것을 자신과 세상 모든 사람에게 알리는 것을 인생의 미션으로 생각하기 때문이다. 이런 내담자는 어떤 친구가 치료가 필요하다면, 그 친구가 자신이 추천하는 치료자를 선택하는 것이 매우 중요한 문제다. 만약에 당신이 치료하고 있는 내담자가 자신이 중요시하는 사람을 아주 우월하고 완벽한 존재라고 말하고 있다면, 비슷한 이유로 지금 만나고 있는 내담자를 자기애적이라고 생각해도 별 문제가 되지 않을 것이다. 예를 들면, 어떤 내담자는 첫 회기에 그동안 자신이 훌륭한 의사들을 만날 수 있었으니 자기는 얼마나 운이 좋은 사람인지 모른다고 했다. 이 내담자가 만났던 치료자들은 모두

비범한 사람들이었고, 사실상 의학적 천재들이었다. 물론 나도 방금 그 군단에 포함된 것이다.

3) E: 특권의식(Entitlement)과 질투(Envy)

(1) 특권의식

자기애성 내담자는 모든 사람이 자신에게 특별 대우를 해 줄 것으로 기대하며 세상을 살아간다. 이런 특권의식으로 인한 기대가 충족되지 않을 때 자기애적 상처를 받고 격분하게 된다.

어떤 내담자는 내 치료실 건물을 방문할 때, 건물 입구에서 경비원이 다른 사람들에게 하듯 서명해 줄 것을 요청하자 크게 화를 내며 격분했다. 일반적인 절차를 따르는 것뿐인데 왜 그렇게 화가 난 것인지 물었는데, 그런 제지를 당하는 것이 상당히 치욕적으로 느껴진다고 했다. 이어서 "그 경비원은 내가 어떤 사람인지, 또는 그런 서명을 요구할 수준의 사람이 아니라는 것을 나를 보고 알았어야죠."라고 했다. 이 내담자의 사회적 지위 서열에 따르면, 자기를 제지했던 그 경비원은 사회적으로 자기보다 열등하기 때문에 자기를 특별 대우함으로써 자신이 우월하다는 것을 인정했어야 했던 것이다.

이처럼 특별 대우를 기대하는 이런 패턴은 심리치료 과정에서도 그대로 드러난다. 예를 들어, 우리 센터에서는 회기를 마치면 지정된 절차에 따라 치료비를 지불하도록 되어 있는데, 극단적인 자기애성 내담자들 중에는 이것을 자기애적인 손상으로 여기는 사람들이 많다. 이런 현상은 이들이 치료를 받고 있다는 사실(따라서 자신이 '불완전하다'는 것)을 인정하도록 강요당하는 느낌이 들게 하기 때문이라고 생각한다. 또한 내가 치료비를 요구하는 것은 자신에 대한 지배권이 나에게 있는 것으로 여기기 때문이라고 생각한다. 이들은 치료비 지불을 자신이 하고 싶을 때 하거나 또는 센터의 기본방침을 우회할 수 있는 기발한 방법들을 찾아냄으로써 자신은 치료받고 있는 것이 아니라는 환상을 유지하고 싶어 하거나, 내가 패배당했다고 느끼고 싶어 한다.

마찬가지로, 자기애성 내담자들 중에는 갑자기 전화를 걸어 시간적 여유도 주지 않고 아주 사소한 이유를 대면서 다급하게 약속 시간을 취소하거나 변경해 달라고 하는 이들이 많다. 나는 이런 내담자들이 치료실에 오는 것을 머리 손질하기 위해 미용실에 가는 것보다 덜 중요하게 여긴다는 것을 알기 전까지는, 이들이 위기에 처하지 않는 한, 이러한 취소나 변경 요청에 상당히 수용적이었다. 이들은 자신이 특별한 대접을 받을 자격이 있다고 느끼면서 다른 사람의 감정에는 매우 무관심하다. 그래서 치료자인 당신의 삶을 자신에게 맞춰 자신의 변덕을 수용해 달라고 요청하는 것에 전혀 거리낌이 없으며, 치료자가 설정한 치료적 구조에 들어오도록 하는 치료자의 시도에 격분할 수도 있다.

(2) 질투

자기애성 내담자는 다른 사람을 향한 질투가 너무 심하여 정상적인 대인관계에서 어려움을 경험한다. 이들은 자신이 원하는 것을 다른 사람이 가지고 있는 것을 알게 되면, 그 사람을 미워하면서 자기가 부러워하는 그것을 그 사람이 누군가에게 빼앗겨 버리면 좋겠다고 남몰래 생각하기도 한다. 내가 첫 아이를 임신했을 때 눈에 띌 정도로 표가 나자, 한 자기애성 내담자는 내 배를 걷어차고 싶은 충동을 느끼곤 한다고 했다. 그는 자신이 가지지 못한 어떤 것을 내가 가지고 있는 것이 싫다고 했고, 나의 관심을 끌 만한 경쟁자라면 누구든지 그를 없애 버리고 싶다고 했다.

자기애적 질투는 심리치료에 방해가 된다. 어떤 자기애성 내담자는 자신이 모르는 것을 치료자가 알고 있다는 것이 견딜 수가 없다고 했다. 그래서 자신의 문제에 대한 치료자의 통찰력에 감사하기보다 경쟁심을 느끼며, 치료자가 능력이 있다는 것을 알게 되면 자기애적인 상처를 입게 되는 것이다.

4) C: 냉정하고(Cold) 계산적인(Calculating)

이들은 자신과 현재 자신이 이상화하고 있는 대상을 제외한 그 누구와도 진정한 따뜻함을 경험하지 못한다. 이들이 보여 주는 따뜻함은 다른 사람을 속여서 자신이 원하는 것을 얻기 위한 계산된 행동이거나, 누군가의 찬사로 인해 현재 자기가 느끼고 있는 기분 좋고 따뜻한 일광욕처럼 일시적인 것이다. 이처럼 이들이 "사랑한다." 고 말할 때, 그 진정한 의미는 "바로 지금 내가 느낄 수 있도록 해 준 당신의 그 방식을 사랑해."라는 의미이다. 이들에게 대부분의 사람은 언제나 교체 가능한 대상이라서, 현재 긍정적 감정을 느끼고 있는 대상이라도 상황이 바뀌면 바로 버려질 수 있다. 어떤 자기애성 내담자는 회사의 중역이었는데, 새로운 상사가 올 때마다 떠받들며 마치 연인에게 구애하듯 그 상사의 환심을 사려고 애썼다. 그는 이런 방식으로 자신이 그 상사를 진심으로 좋아하며 평생의 친구가 되어 줄 거라는 확신을 심는 일에 성공하곤 했다. 그는 상사와 저녁 식사를 하고, 그의 인생 스토리에 귀를 기울이고, 그의 아내에게 꽃을 보내고 아이들의 생일을 기억했다. 그러나 상사가 회사의 다른 직책으로 이동한 후 새로운 상사를 맞이하는 순간, 이전 상사에게 가졌던 따뜻한 감정들은 사라져 버리고, 즉시 새 상사와 또 다시 그 모든 과정을 되풀이했다.

자기애적인 남성은 여성들과 나누는 사랑을 '득점하기(scoring)'로 여기는 태도에서 좀처럼 벗어나지 못한다. 이들은 여성을 향해 끈질긴 구애를 하면서 사랑에 빠진 남성의 역할을 설득력 있게 할 수 있다. 그러나 이들이 정말로 스릴을 느끼는 것은 유혹하고 정복하는 과정이다. 보통 어떤 여성을 향해 가졌던 관심은 그 여성의 사랑을 확인하게 되면 바로 사라져 버리고, 그 시점에서 이들은 그녀를 갑자기 버리게 된다.

자신을 회원으로 받아 주는 클럽이 있다면 그게 어떤 클럽이든지 가입하고 싶지 않다고 했던 그루초 막스(Groucho Marx)의 오래된 조크는 좋은 예라고 할 수 있다. 과대자기라는 이면에서 이들은 공허감과 부적절감을 느낀다. 소유할 수 없는 연인만이 취할 만한 가치가 있다고 믿는다. 자신을 사랑하는 사람은 자신의 자기애적인 행동에 속아 넘어가는 바보이거나, 자신보다 훨씬 더 열등한 사람이라고 믿는다.

내가 좋아하던 자기애성 내담자들은 내가 왜 자신들을 좋아하는지 전혀 이해하지 못했다. 내가 그들을 좋아하는 것을 특히 황당하게 생각했는데, 자기들에 비해 내가 열등하거나 속고 있다고 볼 수 없었기 때문이었다. 이들은 싸이코패스와 매우 비슷하게 행동할 수 있다. 그러나 자신의 이득만을 위해 다른 사람을 조정하며 다른 사람이 자신을 어떻게 생각하는지 전혀 개의치 않는 사이코패스와 달리, 자기애자들은 자기 스스로를 좋다고 느끼기 위해 다른 사람의 인정과 찬사를 필요로 한다.

5) I: 이상화 전이와 거울전이
(Idealizing Transferences & Mirroring Transferences)

(1) 이상화 전이

'이상화 전이'는 내담자가 치료자를 우러러보며 본질적으로 완벽하다고 본다. 이 전이는 회기 중에 다음과 같은 방식으로 드러난다. 치료자가 자신의 말에 동의하는지 그렇지 않은지를 보여 주는 징후들을 민감하게 알아차리고 치료자의 반응에 영향을 받는 방식으로 드러나는데, 치료자를 다음과 같이 극도로 칭찬하는 식으로 드러낸다. "당신은 내가 아는 가장 현명한 사람입니다." "내가 만난 최고의 치료자입니다." 치료자의 실수를 간과하거나 그럴 만한 이유가 있을 거라고 이해하고 치료자의 지혜에 한계란 없다는 식으로 이상화 전이를 드러낸다.

어떤 내담자는 자신의 판타지를 다음과 같은 식으로 표현했다. 내 사진을 한 장 얻어서 자신의 침대 위 스승의 사진을 걸어 두었던 곳에 걸어 두는 상상을 한다고 했다. 도움이 필요할 때마다 내 사진을 보고 있는 자신을 상상하게 된다고 말했고, 또 다른 내담자는 내가 뭔가 나쁜 짓을 할 거라고는 상상도 할 수 없고, 자기에게 화를 낼 거라는 상상도 할 수 없다는 말을 자주 했다.

내담자에게 이상화 전이란 (모든 자기애적 전이가 그렇듯이) 아동기 초기에 자신이 원하는 대로 되지 않았던 상황을 바로잡고 완결 짓기 위한 시도라고 볼 수 있다. 내담자는 자신이 존경하고 사랑할 수 있는 사람(이 경우엔 치료자)이 진정으로 자신의 진짜 모습을 존중하고 사랑하고 수용해 주는 경험을 통해 긍정적인 자기상을 회복하려고 한다. 게슈탈트 치료 관점으로 말하자면, 내담자는 과거의 미결과제를 알아차리지 못한 상태에서 치료 회기를 통해 미결과제를 재연함으로써 이상화된 부모 역할을 치료자에게 투사하여 미결과제를 완결하고 자기상을 회복하기 위한 시도를 하고 있는 것이다.

자신을 좋아하는 것을 배워야 한다

많은 이론가에 의하면 성장과정에서 중요한 타자가 우리를 바라보던 방식을 우리가 어떻게 경험하여 동일시했는가에 따라 우리의 자존감(또는 자존감의 결핍)을 형성하게 된다고 한다. 이런 견해는 이미 오래전인 1902년, 사회학자 찰스 H. 쿨리

(Charles H. Cooley, 1965)에 의해 잘 표현되었다. 쿨리는 '비춰 주거나 보여 주는 거울 자아(reflected or looking glass self)'에 대한 개념을 설명하면서 다음과 같이 말했다. "우리는 거울 속에 있는 우리의 얼굴, 몸매, 입고 있는 옷을 보면서 그것들에 관심을 갖는데, 모두 우리 것이기 때문이다. 그리고 기뻐하거나 또는 다른 방식으로…… 다른 사람의 마음속에 있는 우리에 대한 생각들, 즉 남들의 눈에 비친 우리의 외모나 태도, 목표나 행동, 성격, 친구 등을 상상하면서 알아차리고, 그리고 그런 것들에 의해 다양하게 영향을 받는다."(p. 183)

있는 모습 그대로 사랑을 받아야 한다

어린 자녀가 부모와 다른 어른들을 현명한 신과 같은 존재라고 생각하며, 이런 신과 같은 존재들이 자신을 사랑하기 때문에 자신이 사랑받을 가치가 있는 존재라고 여기는 것은 당연하다. 결국, 진실되고 자율적인 자아를 수용하고 반응해 주는 부모와의 본질적이고 긍정적인 상호작용을 반복적으로 경험함으로써 안정감 있고 긍정적이며 통합된 자기 표상을 형성하게 된다. 이런 과정이 잘 진행되면 살면서 겪게 되는 어려움이나 타인의 모욕과 무관심에도 불구하고 자존감을 유지하고 조절해 나갈 수 있게 된다.

그렇지만 이 과정이 잘 진행되지 않거나 중요한 부모상의 부재(죽음, 상실 등)로 인해 이러한 정상 발달이 방해를 받게 되면, 자기감은 깨어지기 쉽고 자존감은 방해를 받고 쉽게 상처받게 된다. 그리고 평정심을 회복하기 위해 코헛주의자들(Kohutians)이 말하는 '자기 대상'의 역할을 해 줄 타인의 도움을 필요로 하게 된다(Kohut, 1971, 1977).

29세인 변호사 메리는 자신이 뭔가 잘못되었다고 느낄 때마다 어머니에게 전화를 걸어 조언을 구하곤 했다. 그녀는 자신이 내린 결정이나 직장에서 누군가에게 혹시 말을 잘못한 게 아닐까 해서 불안해질 때마다, 그 문제를 강박적으로 생각하다가 어머니가 자신이 한 일이 괜찮다고 안심을 시켜 준 다음에야 내려놓을 수 있었다고 했다. 그녀는 자신의 기분을 자기 힘으로 달랠 수가 없었다. 이런 상황에서 어머니가 특별하게 아는 것이 없는 경우도 자주 있었지만, 메리에게는 중요하지 않았다. 단순히 어머니를 이상화하고 있었기 때문에 어머니의 의견에 안심이 되었던 것이다.

역전이와 이상화

어떤 내담자에게는 잠정적으로 이런 방식으로 치료자를 이상화해야 할 필요가 있다는 것을 치료자가 알고 있어도, 이 정도 수준의 이상화를 수용하는 것은 매우 어려울 수 있다. 자신을 이상화하는 내담자에게 치료자가 불편함을 느껴서 성급하게 자신의 결점을 드러냄으로써 내담자의 이상화 과정을 방해할 수도 있다. 그런데 이상화 전이를 보이는 대부분의 내담자는 이러한 치료자의 시도를 무시하거나, 치료자가 정말 겸손하다는 걸 보여 주는 증거라고 여기면서 치료자의 가치를 한층 더 높이 사게 될 것이다.

• 게슈탈트 치료자는 이상화를 허락하기 어려울 수 있다

특히 게슈탈트 치료자에게는 내담자가 자신을 이상화하는 것이 어려울 수 있다. 왜냐하면 게슈탈트 치료는 본질적으로 수평적인 접근이기 때문이다(우리는 치료 회기 중에 이름을 사용하는 경향이 있으며, 집단에서는 치료자 또는 내담자 역할을 서로 바꿔 가면서 수련을 받기도 하고, 치료 작업의 일부로서 치료자의 자기 노출을 특별히 금하지도 않는다. 그리고 심리치료를 내담자와 치료자가 평등한 파트너로서 함께 만들어 나가는 과정으로 보는 경향이 있다). 우리는 치료 목적을 성취하기 위해 전이를 치료 방법으로 사용하는 것을 강조하지도 않는다, 그리고 우리 중 많은 이는 '전이'가 무엇인지도 잘 모르고, 그걸 어떻게 활용하는지도 잘 알지 못한다. 사실은 많은 치료자가 회기마다 전이를 해체하는 작업을 해야 하는 것으로 배웠다.

• 자신을 이상화하는 것을 두려워할 수도 있다

대부분의 치료자는 자기애성 내담자가 생각하는 것처럼 자신이 완벽하지 않다는 것을 알기 때문에 내담자가 치료자를 이상화하도록 허락한다면 이유가 어떻든지 내담자를 속이는 것 같고 자신이 무언가 잘못하고 있는 것처럼 느낄 수 있다. 또한 우리 중에는 내담자가 치료 초기에 치료자를 이상화하는 듯하다가 그들을 실망시키거나, 필요를 충족시켜 주는 다른 사람이 나타나면 갑자기 치료자를 경멸하는 태도로 돌변하는 유쾌하지 않은 경험을 한 치료자들도 많다. 어떤 내담자는 다음과 같은 식으로 적응을 해 온 이들도 있다. 처음에는 자신의 치료자, 교사 또는 친구들을 무비판적으로 이상화하다가, 후에 전경이 바뀌면서 자신이 이상화했던 동일한 사람들이 가치 없고 부정적으로 보이는 과정을 반복적으로 경험했을 것이다.

에스텔은 치료를 시작하면서, 자신이 과거에 만난 사람들을 처음에는 대단하다고 생각했지만, 결국 모든 사람이 이런 저런 이유로 자신을 실망시켰다고 했다. 치료자인 나 또한 얼마 가지 않아 그 대열에 합류하게 되었다.

그러나 자기애적 적응을 해 온 내담자들 가운데 많은 이가 이상화 전이를 상당히 안전하게 형성할 수 있다. 이런 내담자들의 경우에는, 치료자를 이상화하는 경험이 이들을 충분히 안정시켜 주기 때문에 중요한 치료적 작업을 가능하게 한다. 점점 더 자립적이 되어 자존감을 스스로 조절할 수 있게 되면, 이들의 치료자 이미지도 좀 더 현실적으로 바뀌게 된다.

(2) 거울 전이

'거울 전이' 상황에서 내담자는 치료자에게 내담자와 분리된 자신만의 주도적 삶이 없는 것처럼 행동한다. 내담자는 자신이 말로 표현했거나 표현하지 않은 욕구나 소망까지도 치료자가 직감적으로 알아차려서 완벽하게 반응해 줄 것을 기대한다. 그뿐 아니라, 치료자가 자신에 대한 관심을 100% 가져 주기를 바란다. 치료자가 하는 사소한 실수들(내담자 관점에서)조차, 즉 시계를 보거나 물을 한 모금 마시는 것조차도 내담자에게는 자기애적인 상처가 된다. 왜냐하면 치료자는 오로지 자신이 하는 말에 감동받고 인정해 주기 위한 위로자라는 자신의 환상을 이런 사소한 실수들이 깨 버리는 것으로 여기기 때문이다.

이들은 치료자가 전적으로 자신의 흐름에 동조하며 자기가 이끄는 대로 끊임없이 따라와 주기를 바란다. 이것은 마치 자신은 프레드 아스테어(Fred Astaire)이고 치료자인 당신은 진저 로저스(Ginger Rogers)가 되기를 바라는 것과 같다[역자 주: 아스테어와 로저스는 〈스윙 타임(Swing Time)〉이라는 댄스 영화의 남녀 주인공]. 만약 치료자가 내담자를 관찰하고 해석해 주고 치료적 실험을 제안하면서 내담자를 이끌어서 내담자가 원하는 방향과 다른 방향으로 가게 된다면, 내담자는 보통 이런 개입들을 치료를 방해하는 것으로, 혹은 자신에게 도움이 되지 않는 것으로 경험할 것이다. 그리고 내담자는 치료자의 조율능력이 모자라다고 느껴 짜증을 낼 수도 있다.

역전이와 거울 반응

'거울 전이'를 보이는 내담자와 작업하는 치료자는 지루해지고 무력감을 느낀다. 또는 내담자에게 통제를 당하는 것에 화가 날 수도 있다. 거울 전이를 보이는 내담자 가운데는 회기가 끝날 때까지 쉬지 않고 말을 하는 이들도 있다. 지난 주간 자신에게 일어난 일들을 피곤할 정도로 세세하게 이야기하는데, 치료자에게는 직접 한 마디도 하지 않으면서, 또는 자신만의 생각을 가진 또 다른 사람과 이야기하고 있다는 사실조차 인정하지 않는 것처럼 끊임없이 혼자 말을 계속한다.

• 내담자를 향한 부러움으로 인해 고통스러울 수 있다

아주 성공적인 삶을 사는, 일부 '거울 전이'를 보이는 내담자의 경우, 자신의 삶을 얼마나 부풀려 과장하는지, 치료자가 내담자를 부러워하게 되고 내담자의 이런 이야기들이 방어라는 것을 치료자조차 망각해 버리게 된다(즉, 내담자는 무의식적으로 부정적인 것은 어떤 것이든지 피해 가면서 자신의 정서적 고통으로부터 거리를 두기 위한 방어를 하고 있는 것이다).

내담자 중 한 사람은 자신의 삶을 어찌나 빛이 나게 이야기하는지 나는 그를 부러워하게 되었다. 나는 그가 치료를 받으러 온 이유를 잊어버렸다. 그의 가족은 정말 따뜻하고 서로 친밀했으며, 사는 동네는 너무 아름답고, 친구들은 정말 특별한 사람들이어서, 내 인생에 대해 나는 의문을 갖기 시작했다. '왜 내 인생에서 이런 사람들을 난 못 만난 걸까?' 역전이로 흔들리고 있었기 때문에, 나는 이 내담자가 자기애적인 어려움을 심각하게 겪고 있다는 것을 그때까지 진단해 낼 수 없었다.

사실 내담자는 그가 말했던 것처럼 완벽한 삶을 살고 있지 않았다. 그의 친구들이나 가족은 나나 그 어떤 사람들보다 특별히 나은 삶을 살고 있지 않았다. 그는 단지 자신의 삶을 그런 식으로 각색하여 바라볼 필요가 있었을 뿐이었다. 자기애적 적응을 해 온 내담자였기 때문이었다. 그는 정신적 고통을 회피하고 있었고, 완벽하며 또 완벽한 삶을 살고 있다는 자신의 투사에 내가 공명해 주기를 바라면서 나에게 자기애적인 과시를 했던 것이다. 결국, 나를 신뢰하게 되면서 내면의 부끄러운 감정들을 표면에 드러내게 되었고, 우리는 서서히 그것들을 작업해 가기 시작했다.

'내담자 부러워하기'라는 역전이를 치료자가 잘 다룰 수 있는 방법으로는, 우리가 양극의 한쪽 면만 보거나 느끼게 될 때, 결국은 그 다른 쪽이 드러날 것이라는 것을 기억하라는 것이다. 이것은 또한 치료에서 자신의 부끄러운 면만을 드러내는 내담자를 향해 경멸감을 느끼고 있을 때도 마찬가지다. 우리가 인내하며 치료를 잘 진행해 간다면, 내담자는 결국 자신의 좋은 자질들을 드러내기 시작할 것이다.

• 부적절감을 느낄 수 있다

또 다른 일반적인 역전이 반응으로는, 과대한 자기애성 내담자와 작업을 하면서 치료자가 자신을 부적절하다고 느끼는 경우이다. 이런 경우가 아니라면 성공적인 치료자인데, 만약에 당신이 어떤 특정한 내담자에게 감명을 받고 부러워하면서 자신이 그 특정 내담자를 치료해 줄 만큼 좋은 치료자가 아니라는 생각을 하고 있다면, 당신은 아마도 과시형 내담자를 만나고 있을 것이다. 이 과시형 내담자가 자기 내면의 우울하고 부적절하고 공허한 자기 표상을 당신에게 투사하고 있어서, 당신은 내담자의 투사에 공명을 하고 있는 것이다.

심한 과시형 내담자와 3년간의 치료를 성공적으로 마친 후에, 결국 그는 '과대자기'를 자신의 열등감을 방어하기 위해 사용했다는 것을 알아차리게 되었다. 자신이 자기애성 성격장애라는 것을 깨닫게 되었고, 자신의 삶에서 무슨 일이 일어나고 있는지 이해하게 되어 편안하다고 했다. 이 지점에서 그는 다음과 같이 말했다. "당신은 정말 나처럼 심각하게 자기애적인 사람들과 작업할 수 있다는 확신이 있나요? 당신은 결국 자기애성 내담자들과 그렇게 많은 경험을 한 것은 아니죠. 혹시 내가 좀 더 유명한 제임스 마스터슨 같은 치료자에게 가야 하지 않았을까요?" 아마도 그는 하인즈 코헛을 선택했어야 했을 터이지만, 그는 이미 세상에 없으니.

그 후에, 나는 조용히 물었다. '내가 정말 그를 치료할 준비가 되어 있었을까? 결국 나는, 마스터슨이나 코헛에 비하면 초보자에 불과하다.' 그러나 나는 안심하게 되었다. 그는 나를 만나기 전에 6명의 치료자를 거쳤다. 결국 안정을 찾았고, 치료를 잘하고 있었다. 그때는 그가 치료자를 바꿀 때는 아니었다. 그때까지 나는 그와 치료를 잘해 갔던 것이다. 그런데 왜 나는 치료를 계속 할 수 없을 것이라는 생각을 했던 것일까? 이런 질문을 하면서 깨닫게 되었다. 치료자를 바꿀 것을 고려하도록 만든 것은 그의 '과대 자기'였지, 내가 적절하지 못했기 때문이 아니었다는 것을.

• 내담자의 분노가 두려워질 수 있다

자기애성 내담자 내면의 분노 혹은 경멸감을 유발하게 될까 봐 두려움을 느낄 수 있는 치료자도 많다. 치료자가 느끼는 불안은 내담자를 돕는 데 방해가 되고, 극단적으로는 치료의 주도권을 내담자에게 넘겨 주는 결과를 초래하게 될 수도 있다. 그렇게 되면 내담자는 치료자를 괴롭히게 될 것이고, 곧 그들은 치료자를 신뢰하지 못하게 될 것이다. 만약 당신이 이런 상황에 처해 있다는 것을 알아차리게 되면, 좀 더 평정심을 찾을 수 있도록 이러한 내담자를 치료한 경험이 있는 수퍼바이저에게 반드시 도움을 청하는 것이 좋다.

• 내담자에게 화가 많이 날 수도 있다

내담자로부터 부당하게 공격을 받는다고 느낄 때 평정심을 유지하면서 내담자를 돕는 자세를 유지한다는 것은 어려울 수 있다. 우리 각자에게는 자신만의 독특한 '민감한 부분'이 있고, 다른 사람보다 민감하게 반응하는 상황이나 공격의 유형들이 있다.

회기 스케줄을 자신이 원할 때마다 어떤 이유에서 건 마음대로 바꿀 수 있는 특권이 있는 것처럼 생각하는 자기애성 여성 내담자에게 화를 내지 않는 것이 나는 매우 어렵다. 예를 들면, 한 여성은 다음과 같은 이유로 스케줄 변경을 요구했다. 손톱관리를 해야 한다거나, 자신의 개인 트레이너가 다른 시간에 맞출 수 없다거나, 재미있는 곳에 초대받아 가고 싶기 때문에 등으로 말이다. 전에 이미 예약했던 시간을 알려 주고 취소와 관련된 규정을 알려 주자, 그녀는 나에게 격분했다. 화난 모습을 보이지 않으려고 했지만, 나 또한 격분하게 되었다.

나는 어떤 내담자를 치료할 때 자주 졸립기도 했는데, 왜 그런지 알 수가 없었다. 마침내 나는 그 내담자가 남편과 아이들을 대하는 무신경한 태도 때문에 화가 났다는 것을 알아차렸다. 그런 그녀를 못마땅해하는 내 마음을 그녀에게 숨기려는 것을 내 자신에게도 숨겼던 것이다. 화를 내는 대신에, 내담자가 자신의 가족에 관한 이야기를 할 때마다 나는 졸음에 빠졌던 것이다.

임상실습 초기에 나는 여성에 대한 가학적인 태도를 가진 한 남성 내담자를 만난 적이 있다. 나는 그에게 치료적으로 도움이 되는 자세를 유지하려는 마음과 그에게 강의를 해 주고 싶은 마음 사이에서 괴로웠다. 그가 또 다른 여성을 굴욕적으로 대했던 이야기를 구체적으로 반복할 때마다, 나는 점점 더 화가 났다. 그를 도울 수 있는 능력이 나에게 없다는 사실이 병리적인 자기애성에 관해 좀 더 공부할 수 있는 계기가 되었다.

하지만 어떤 치료자는 화를 내고 짜증을 내는 자기애성 내담자를 그대로 두고 본다. 그 결과 물론 그들은 훨씬 더 많은 문제를 일으키게 되는데, 이 경우 어떤 치료도 일어나지 않고 주도권 싸움만 있을 뿐이다.

나는 전에 심리치료 연수원을 방문한 적이 있는데, 그곳에서 인턴십을 하는 것에 관해 연구소장과 이야기를 하고 있었다. 그런데 갑자기 치료자들 가운데 한 사람이 방으로 머리를 내밀더니, 어떤 학생에 대한 불평을 하기 시작했다. "그 녀석은 적대적이고 수업을 방해해요." 연구소장이 "그 학생을 내게 데려오세요."라고 하면서 "적대적이라는 게 어떤 것인지 내가 보여 주지요!"라고 했다. 분명히, 이 소장은 아주 강한 자기애자로서 교육보다는 주도권 싸움을 즐기는 사람이었을 것이다.

6) A: 찬사(Admiration), 관심(Attention), 인정(Acknowledgment)

자기애성 내담자의 주된 목표는 자기가 만나는 모든 사람으로부터 지속적인 찬사와 관심, 인정을 받는 것이다. 이 목표가 채워지면, 이들은 자신을 특별하다고 느끼며 적절하게 기능하며 세상을 살아갈 수 있다. 그러나 이들의 자기애를 채워 주는 공급원(찬사, 관심, 인정)이 사라지는 순간, 이들은 더 이상 자신을 좋다고 느끼지 못하고 공허감과 우울, 굴욕감을 느끼며 화가 나고 부적절감을 느낀다. 이들은 연료 탱크가 새는 자동차와 같다. 자주 연료 탱크를 채워 주지 않으면 달리지 못하고 멈추게 된다. 아무리 많은 성공을 거두고, 자신에 관한 좋은 말들을 많이 들어도, 그런 칭찬들을 내면화할 수가 없고, 비교적 안정적이고 긍정적인 자기감을 형성하지도 못한다.

(1) 집단치료

자신이 관심의 중심이 되지 못하는 것을 견디지 못하는 이들의 태도는 집단치료에서 아주 잘 나타난다. 자기애적인 내담자는 집단에 적응하는 데 어려움을 겪을 수 있다. 관심이 자신에게 집중되지 않을 때, 지루해지거나 때로는 놀랄 만큼 유치한 행동을 보이기 때문이다.

예를 들어, 젠은 처음 참석했던 집단 회기에서 다른 집단원이 말을 하고 있는 동안 참을 수 없다는 듯이 시끄럽게 발을 차기 시작했다. 이후에 의자에 앉아서 꼼지락거리거나 핸드백을 뒤지기 시작하더니 요란스럽게 사탕을 까서 입에 넣었다. 한 집단원이 그녀의 행동에 관해 묻자, 그것을 비판으로 받아들였고 화를 내며 집단을 평가절하하기 시작했다. "이곳은 마치 사교 모임 같네요. 여러분은 모두 의미도 없는 주제에 관해 말하고 있군요. 차라리 칵테일 파티에 가는 것이 낫겠어요!"

정도가 심한 자기애성 내담자가 집단치료에서 도움을 받을 수 있을 거라는 생각을 한다면, 상당 기간 개인 치료를 받아 치료 동맹이 강하게 형성될 때까지 기다렸다가 참석을 시키는 것이 필요하다는 것을, 나는 젠의 사례를 통해 어렵게 배웠다.

• 집단 내 과시형 내담자

어떤 과시형 내담자는 다른 집단원들이 자신에 관해 말하는 것을 가만히 앉아 들어주는 일이 거의 불가능하다는 걸 알게 되었다고 했다. 이들은 스포트라이트가 자신으로부터 사라지면 공허감이 들고, 화가 나고, 지루함을 느끼는 경향이 있다.

이 사람이 작업 중인 다른 집단원에게 뭔가 말을 할 때는 그 집단원에게 신경을 쓰는 것처럼 보이지만, 실은 관심을 자신에게 돌려서 자신이 다른 집단원들의 관심과 찬사를 받고 싶기 때문이다. 이들은 집단을 보통 경쟁적인 서열의 관점에서 보는데, 그 과정에서 자신의 목표는 치료자와 다른 집단원으로부터 자신이 '최고'의 집단원으로 인식되는 것이다. 개인적인 성장에서 가장 앞서 가며 가장 똑똑하고 가장 예리한 코멘트를 하는 집단원으로 알려지고 싶은 것이다.

• 집단 내 벽장형 내담자

벽장형 내담자에게 집단치료 상황은 좀 더 혼란스럽기까지 하다. 이들은 집단의 관심을 원하기도 하고 동시에 원하지 않기도 한다. 관심을 받게 되면 불안하고 불편해진다. 어떤 집단원이 관심의 중심이 되면 지루해지면서 부러워하게 된다. 보통 실제 생활에서 하는 것을 집단에서 그대로 한다. 자신이 작업을 하게 되면 다른 집단원들의 시간을 빼앗았다며 사과를 하거나, 자신에 관한 것은 그 어떤 것이라도 사람들이 지루해하고 관심 없어 할 것이라고 생각한다. 그래서 대체로 다른 집단원들을 지지하면서 '도움이 될 만한' 멘트를 하게 된다.

　어떤 벽장형 내담자는 슬그머니 뒤로 빠지는 기술을 너무나 잘 터득하여, 리더인 내가 이들을 집단에 참여시켜야 한다는 것을 기억조차 못할 정도로 집단의 배경에만 머물며 참여하지 않는다. 한 여성은 이런 패턴의 달인이었기 때문에 나는 속으로 그녀를 '닌자'라고 불렀다. 즉, 적 앞에서도 보이지 않는 일본의 전설적인 전사의 이름을 붙여 준 것이다. 매주 만나는 개인치료 회기에서 그 내담자는 내가 집단에서 자신을 무시했다며 불평했다. 그녀를 제외한 모든 집단원이 나의 관심을 받았다. 그녀는 키가 크고 매력적이고 나는 그녀를 좋아하는데도, 집단에서 그녀를 의식하는 것이 불가능하다는 것을 알게 되었다. 마침내 나는 그녀를 찾기 위해 방을 잘 둘러보아야 했다. 그녀를 의식하지 못하는 사람은 물론 나만이 아니었다. 이것이 그녀가 세상에서 끊임없이 경험하고 있는 것이었고, 남들 앞에 드러나는 것에 관해 그녀가 평소에 경험하고 있던 갈등이 집단 상황에 그대로 반영된 것이다.

7) L: 낮은 자존감(Low self-esteem)

　자기애성 내담자의 우월해 보이는 겉모습 이면에는 몹시 깨어지기 쉬운 자신의 존재감을 감싸고 지탱하기 위해 끊임없이 애쓰는 매우 불안정한 속사람이 있다. 이들의 자존감은 너무나 쉽게 흔들려 버리고 다른 사람이 지금 자신을 어떻게 생각하고 있는지에 지나치게 의존하기 때문에, 자신을 더 소중하다고 느끼게 해 줄 수 있는 방법들을 끊임없이 찾고 있는 것이다. 유명 디자이너 제품으로 치장하여 자신의 지위를 돈으로 사려고 하거나, 성공한 주요 인사들과 어울리면서, 또는 그런 사람들의 이름들을 대화 중에 자주 언급하면서 다른 사람을 지배하려고 한다.

3. 전지전능한 방어의 신

　자기애성 내담자가 다른 사람과 만나는 과정에서 굴욕감을 느껴 자신이 '특별하다는 느낌'이 사라지게 되면, 스스로를 기분 좋게 만드는 주요 방법으로 과대 자기를 동원하는 방법이 있다. 이것은 자기 존재감을 높임으로써 굴욕감을 극복하려는 시도이며, 때로는 이와 동시에 상대방을 깎아내리려는 시도이기도 하다. 이런 시도는 자주 잔인하고, 본인을 제외한 모든 사람에게 속이 들여다보일 정도로 뻔한 방식으로 이루어지는데, 그 불합리함의 정도가 거의 정신병적인 수준이다.

한 내담자는 지적이며 정상적인 수준의 기능을 잘하는 자기애성 내담자로, 첫 집단 회기에서 자신이 즉시 관심의 중심이 되지 못하자 매우 위축되고 굴욕감을 느꼈다. 처음으로 참석한 집단인데도, 그녀는 나와 집단원들이 제대로 하지 못한다면서 매우 거만하게 훈계하기 시작했다. 그런데 자신이 집단으로부터 어떠한 호응도 얻지 못하자(즉, 우리 위에 당당하게 군림하여 우위를 점하려던 시도가 소용이 없어지자), 매우 화가 난 상태로 여기서 무엇을 어떻게 해야 하는지를 그 누구보다도 자신이 더 잘 알고 있다면서 말도 안 되는 주장을 계속했다. 또 다른 내담자는 자신이 치료를 받게 된다는 것을 몹시 불안해하고 있었는데, 첫 회기에서 그는 자신이 신과 같은 존재로 말 그대로 자기가 원하는 것은 뭐든지 할 수 있다고 했다. 이 내담자는 정신증 환자는 아니었다. 자신이 어떤 사람인지, 그가 말하는 대로 내가 존중하면서 지배하거나 모욕하지 않는다는 것을(전형적인 자기애적 관심사) 느끼게 되자, 내가 자신을 초인(슈퍼맨)으로 인정해야 한다는 주장을 내려놓으면서 불완전하고 결함이 있는 자신의 부분들을 보여 주었다.

자기애성 내담자가 기능하는 이런 독특한 방식을 많은 이론가가 주목하고 설명하고자 시도해 왔다. 나는 마스터슨(1981)의 설명이 다양한 치료 개입에 대한 내담자의 반응을 이해하고 예상하는 데 도움이 된다는 것을 알게 되었다. 마스터슨은 대상관계 접근을 통해 자기애성 내담자의 행동과 관찰된 증상들이 어떻게 이들의 정신 내적 구조(intrapsychic structure)를 직접적으로 반영하고 있는지에 초점을 두고 설명했다.

1) 정신 내적 구조

마스터슨의 대상관계 이론 체계에 관해 언급하기 전에, 먼저 독자들에게 대상관계 용어가 이해하기 어려울 수 있다는 것을 말해 두고 싶다. 여러분이 끈기 있게 노력해 가길 바란다. 나는 다음과 같이 말하고 싶다. "대상관계! 대단한 생각들과 끔찍한 용어들이야!"

마스터슨(1981)은 자기애의 정신 내적 구조가 두 개의 분리된 '단위들(units)'로 구성되며, 각 단위는 융합된 자아(fused self)와 대상 표상(object representation)으로 설명된다고 했다. 융합된 자아는 다른 사람의 존재로 인해 야기되는 고통스러운 영향을 방어하기 위해 사용된다.

(1) 방어적인 또는 리비도적인 전능한 과대 자기 대상과의 융합된 단위

자기 표상은 '우월하고 엘리트적이며, 과시적이고, 완벽하고, 특별하고, 독특하다는 느낌'으로 구성되어 있는데, 이는 "강한 힘, 완벽함을 제공하는"(p. 15) 대상 표상과 융합되어 나타난다. 나는 이를 짧게 자기애성 내담자의 '신(God)' 방어기제라고 한다. 이들은 웅대하고 전지전능한 방어를 하며, 이 방어를 통해 자신이 전능한 신처럼 강력하다고 느낀다.

(2) 병리적이고 공격적인 또는 공허한 대상과의 융합된 단위

자기 표상은 "굴욕감을 느끼며 공격당하고 공허한" 느낌으로 구성되어 있는데, 이는 "거칠고 징벌적이고 공격적인" 느낌으로 구성되어 있는 대상 표상과, 마스터슨이 "유기 우울증(the abandonment depression)"(p. 15)이라고 부른 감정에 의해 연결된다. 유기 우울증은 분노, 수치심, 우울, 공허, 무망감 등의 강력한 부정적인 감정들을 경험하게 만든다. 다시 말해서, 과시형 적응을 해 온 이들의 내적 세계는 번갈아 나타나는 두 개의 상태로 구성되어 있다. 즉, 자신을 강력하고, 비합리적이며 넘치는 자신감을 가진, 완벽하고 특별한 존재로 느끼면서 이 세상이 자신을 그렇게 대접해 주기를 기대하거나, 자신을 평가절하하는 내적 공격으로 인해 자신을 전적으로 부적절하고 굴욕적이라고 느끼게 된다(그런데 대부분의 이런 감정은 방어적인 투사로 인해 자기 내면에서가 아니라 외부의 다른 사람들로부터 나오는 것으로 경험하게 된다).

일부 자기애자는 '과대 전능감 방어(grandios omnipotent defense)'를 동원하고 세상이 자신의 그런 모습에 반응(resonate)하도록 하는 데 상당히 성공적이라서, 이들은 늘 자신감이 넘쳐 보이며 피상적인 감정이 수용될 수 있는 많은 영역(정치, 비즈니스와 같이)에서는 기능을 잘하는 것처럼 보인다. 또 다른 자기애자는, '실패한 자기애자들(failed narcissists)'이라고 나는 생각하는데, 자신이 원하는 만큼의 찬사를 받을 수 있을 만한 재능과 지적 능력이 부족하거나, 자신이 특별한 존재라는 것을 설득력 있고 일관성 있게 내세울 수 없는 어려움들을 가지고 있다. 그 결과, 이런 자기애자는 일반적으로 훨씬 더 수행능력이 떨어지고 불안정하다. 이들은 여전히 찬사를 받을 자격이 있다고 느끼지만, 이들의 '공허하고 공격적인 자기와 대상 표상 간의 융합(empty-attacking unit)'이 우세하여, 이들은 우울감과 부러움 그리고 수치심을 자주 경험한다.

한 여성 내담자가 처음 치료받기 위해 왔을 때, 치료를 통해 얻고 싶은 것이 무엇이냐고 묻자, 그녀는 다음과 같이 말했다. "나는 당신이 가진 모든 것을 갖고 싶어요. 당신의 졸업장과 남편, 당신의 집과 임상 경험, 그리고 당신의 붉고 긴 머리까지요." 그녀는 이것을 결코 지나가는 말로 가볍게 하지 않았고, 그걸 듣고 있던 나는 몹시 섬뜩한 기분을 느꼈다.

(3) 자기애성 내담자는 발달 정지로 인해 고통을 겪을 수 있다

많은 이론가가 자기애성 성격 적응을 해 온 내담자들이 발달 정지(developmental arrest)로 인한 고통을 겪고 있다는 가설을 제시해 왔다. 발달 정지란, 사람이 살아가면서 필연적으로 겪게 되는 무시와 실망과 실패에도 불구하고, 비교적 안정감 있고 긍정적인 자아상과 그것을 유지하는 데 필요한 정신적인 장치를 내면화하지 못하고 실패함으로써 겪게 되는 발달 문제를 말한다(Kohut, 1971; Masterson, 1983; Stolorow & Lachman, 1983).

아마도 정상적인 기능을 하는 사람들은 어린 시절 양육자인 부모로부터 이해와 찬사를 받는 경험을 무수히 해 왔을 것이다. 반면, 자기애적으로 취약한 이들의 부모는 아이들을 그렇게 양육하지 못했을 것이다. 다른 사람의 감정이나 필요에 대한 자기애성 내담자의 공감능력의 부족은 양육과정에서 충분한 공감을 경험해 보지 못해 생겨난 자연스러운 결과로 볼 수 있다. 우리가 자신을 사랑하는 법을 배우는 것도 마찬가지다. 우리를 사랑스럽게 여기는 중요한 타자와의 동일시를 통해 그들의 가치관과 감정을 내면화함으로써 우리는 스스로를 사랑할 수 있게 된다. 앞에서 설명했던 쿨리(1965)의 '자기를 보여 주는 거울(looking glass self)'에서와 같이 말이다.

자기애성 내담자의 가장 두드러진 특징 가운데 하나는 자신이 받는 사랑과 인정을 내면화하는 데 실패한다는 것이다. 외부의 인정이 멈추는 바로 그 순간에, 이들은 이전처럼 다시 공허와 결핍감을 느낀다. 마치 좋은 일이 전혀 일어나지 않았던 것처럼 말이다. 이처럼 자신의 이미지로 통합되는 것이 아무것도 없다. 그 결과, 이들은 결코 만족하지 못하고, 내적인 평화도 오래 누리지 못하며, 타인의 관심을 향한 이들의 욕구도 결코 채워지는 법이 없다.

만약에 어떤 사람이 이상적인 인물과의 관계를 통해 자기 모습 그대로를 사랑받고 인정과 찬사를 받는 경험을 하게 되고, 그 인물과의 동일시를 통해 자신을 사랑하는 법을 터득하게 된다면 어떻게 될까? 왜 자기애성 내담자는 세상에서의 이런 긍정적 경험을 통해 자기를 사랑하는 법을 배우지 못하는 것일까? 아마도 그 답은 강렬한 모자간의 유대관계라는 속성을 통해 찾아볼 수 있을 것이다. 자신을 사랑하는 법을 배우기 위해 필요한 내면화 과정이 시작되기 위해서는, 어떤 최소한의 필요 조건이 충족되어야 하는 것 같다. 즉, 내담자가 감탄해 마지않는 어떤 사람과의 강렬한 일대일의 관계 맥락에서 그 사람으로부터 공감과 돌봄을 받을 수 있고, 그 사람이 내담자가 갈구하는 관심과 이해와 찬사를 기꺼이 줄 수 있는 조건들이 충족되어야 하는 것 같다. 즉, 이와 같은 최소한의 조건들이 충족되는 관계에서 내담자가 이상화하는 인물의 가치관과 정서를 내면화하는 과정이 일어날 수 있는 것 같다.

만약 이것이 사실이라면, 왜 자기애성 내담자가 다른 사람들로부터의 찬사를 끊임없이 추구하는지 그리고 왜 심리치료는 때때로 자기애성 내담자가 과대 자기를 좀 더 내려놓고, 좀 더 자립적이 되며, 남을 공감할 수 있도록 돕는 일에 성공적일 수 있는지에 대한 설명이 될 것이다. 즉, 개인 심리치료는 자기애성 내담자가 그토록 갈망하는 관심과 수용받는 경험을 강렬한 일대일의 관계를 통해 제공해 줄 수 있다. 그리고 경험이 많은 치료자는, 비록 내담자가 느끼기에 치료자가 자신에게 완벽하게 맞춰 주지 못하고 있다고 느끼는 바로 그 순간에 발생할 수 있는 피할 수 없는 혼란까지도 처리해 나갈 수 있는 능력이 있다. 이것의 의미는, 자기애성 내담자를 위한 이상적인 치료법은 코헛(1971, 1977)과 마스터슨(1983)이 추천한 방법과 비슷할 것이라는 것이다. 즉, 초기에는 거울 전이와 이상화 전이가 방해받지 않고 전개될 수 있도록 하면서, 내담자에 대한 공감 반응을 치료 개입의 주요 형태 중 하나로 강조하라는 것이다.

(4) 누가 자기애성 내담자가 되는가

다음에 설명하게 될 발달과정에서의 세 가지 경험이 지배적인 것으로 보이며, 어떤 경우에는 세 유형이 각기 순수한 형태로 나타나지만, 좀 더 복잡하고 미묘한 조합으로 나타나는 경우가 더 많다. 다음의 각 사례에서 내담자는 한 사람의 개인으로 여겨지지 않았으며, 주로 다른 누군가를 위해 내담자가 무엇을 할 수 있는지가 더 중요시되었던 것 같다.

① 특별한 아이(the special child)

이들은 한쪽 또는 양쪽 부모로부터 자신이 특별하고 독특하고 완벽하다는 말을 적극적으로 반복해서 들으며 성장한 경우이다. 부모는 이들이 성인이 되면 놀라운 성취와 무한한 부와 권력 또는 아름다움을 소유하게 될 것이라는 환상으로 이들의 마음을 채워 주었다. 내 내담자 가운데 매우 재능 있고 열정적인 어떤 예술가는 자신이 '가족을 대표하는' 사람이 되어야 한다는 말을 들으며 성장했다. 그의 가족은 자신들이 충분히 누릴 자격이 있다고 생각한 그 모든 대단한 것을 내담자가 누릴 수 있도록 해 줄 인물로 여겼다.

또 다른 내담자는 자신이 과학적 재능을 보여 주기 전까지 가족으로부터 주목을 받지 못했다고 생각했다. 그의 프로젝트가 학교 과학 박람회에서 우승을 거둔 다음부터 가족으로부터 계속해서 특별한 존재로 여겨졌다. 어머니와 아버지는 그가 이룬 것을 끊임없이 자랑했고, 다른 형제자매들보다 그를 드러나게 더 좋아했다. 그는 과학 자체가 좋아서 즐겨 하게 된 것인데, 이제는 계속해서 부모를 기쁘게 해 주고 가족 내에서 자신의 위치를 지키기 위해 성취를 해야 한다고 느꼈다. 결국, 누구를 위해 그걸 하고 있는지 혼란스러워졌다. 이처럼 자신의 필요와 욕구로부터 단절된 기분 때문에 치료를 시작했으며, 자신이 가짜라고 굳게 믿고 있었다. 자신에게 중요한 단 한 가지가 있다면 자신의 이력서에 적힌 것들이 분명하다고 했다.

② 자랑스러운 하인(the admiring servant)

이들은 부모가 매우 자기애적이고 통제적인 경우다. 어린 시절, 부모의 기분 변화에 맞추어 줄 때만 자신이 특별하다고 느낄 수 있었다. 부모가 싫증을 내는 순간, 갑자기 무시를 당하고 부모가 다시 자신을 원할 때까지 부모를 방해하지 말아야 했다.

예를 들면, 제임스는 아버지의 집안일을 도와주곤 했다. 그가 어렸을 때는, 아버지의 자랑스러운 조력자였다. 아버지는 주변 이웃들에게 그가 도구를 다루는 솜씨를 자랑하곤 했는데, 그럴 때마다 제임스는 자신을 매우 특별하게 느끼게 되었다. 그런데 제임스가 나이가 들면서 더 많은 주도권을 갖고 자신을 위한 일을 하고 싶어 하자, 아버지는 그가 "너무 건방져졌다."며 빈정대고 헐뜯었다. 그리고 제임스가 다른 일에 관심을 보이며 아버지와 함께 일하지 않을 것 같은 기미를 보일 때면, 바보라면서 업신여겼다. 제임스의 어머니는 수동적이며 좀 우울한 여성이었고, 남편을 화나게 하는 일을 두려워했고, 제임스의 동생들을 돌보느라 너무 바빠서 그에게 많은 도움이나 관심을 줄 수가 없었다.

③ 모욕 당한 아이(the humiliated child)

이들은 부모 중 한 사람 또는 모두에게 지속적으로 수치심과 모욕을 당하며 성장한 경우다. 부모는 이들이 마치 선천적인 결함이 있는 것처럼 느끼도록 했다. 어린 시절, 자신의 신체나 새롭게 성취한 것들에 대한 건강한 자기애라도 드러내게 되면, 부모는 조롱하며 자신을 부끄럽게 여기도록 만들었다. 못되고 못생겼고 멍청하고 죄가 많다는 말을 부모로부터 자주 들었다.

내 내담자 가운데 한사람은 벽장형 내담자였는데, 어머니로부터 "너는 근본이 나빠서 절대 태어나지 말았어야 했다."는 말을 들었다. 자신을 위해 무언가를 하려고 할 때마다 조롱을 받았다. 어머니의 인정을 받을 수 있는 유일한 경우는 집 안 청소를 하거나 여동생들을 돌볼 때였다. 사춘기가 된 후에도 모욕은 계속되었다. 그녀의 가슴은 너무 작고 다리는 너무 굵어서, 원하는 남자가 아무도 없을 것이라고 했다. 그 결과, 성인이 된 지금도 자신에게 선천적인 결함이 있다고 믿게 되었다. 그녀는 특별해지기를 갈망했지만, 타인의 관심을 구하는 것을 두려워했다. 그렇게 되면 분명히 더 많은 모욕을 당하게 될 것이었기 때문이다. 그녀는 가끔 자신감 넘치는 여성들과 친구가 되었는데, 그들처럼 될 수 있도록 친구들이 자기를 도와줄 거라는 희망 때문이었다. 그러나 친구들에게 도움을 청하는 대신, 자신의 비참한 감정을 숨긴 채 친구들의 삶의 이야기를 들으며 만족하는 척했다. 그런 다음에는, 질투와 자기 혐오로 인해 질식할 것 같은 감정을 느끼며, 자신이 느끼는 부정적인 감정들을, 어머니가 옳았다는 것을 확인해 주는 것으로 받아들였다. 선천적으로 나쁜 사람만이 친구들에게 이런 감정을 느낄 것이기 때문이었다.

4. 치료적 제안

심리치료에서 기본적으로 강조하는 두 개의 접근 방법이 있다. 첫 번째 방법은 내담자에 대한 어떤 선입견도 갖지 않고 치료를 시작하는 것이다. 이 접근에서는 어떤 진단적인 범주도 고려하지 않고, 전적으로 회기 중에 '지금 여기'에서 일어나는 사건들을 통해 치료 개입의 방법들이 자연적으로 생겨나게 된다. 이것이 전통적인 게슈탈트 치료 접근이다. 두 번째는 진단을 강조하는 접근이다. 이 접근에서 개입은 치료자의 내담자에 대한 이해에서 출발한다. 즉, 내담자의 어떤 특정한 사고와 감정 그리고 관계의 특징적인 패턴이 치료 과정에서 어떤 반응으로 나타나는지에 대한 치료자의 이해에서 비롯된다. 물론 회기 중에 일어나는 사건들은 여전히 가장 중요하지만, 이런 사건들이 더 큰 패턴의 한 예시라는 것을 입체적으로 볼 수 있는 치료자의 사전지식이 필요하다.

게슈탈트 치료자로서 나는 첫 번째 접근의 훈련을 철저히 받았다. 하지만 나는 더 이상 이 접근이 자기애성 적응을 해온 내담자에게 가장 좋은 방법이라고 생각하지 않는다. 극단적으로 예민한 자기애성 내담자를 치료하는 과정에서 내가 깨닫게 된 것은 관련 징후들을 초기에 알아차리는 것이 적절하고 효율적인 실험적 개입들을 선택하는 데 도움이 되었고, 또한 그런 치료 과정에서 내담자가 보이는 반응을 내가 이해하는 데도 마찬가지였다. 그리고 치료를 어떻게 해 가야 할지 몰라 막혔을 때, 그리고 내가 가진 모든 자원이 특정 내담자를 이해하고 생산적인 작업을 하기에 충분하지 않을 때, 관련된 정신분석 문헌들에 눈을 돌려 비슷한 내담자들에 대한 다른 치료자들의 경험을 접했던 것들이 나에게 많은 도움이 되었다. 이런 목적을 위해, 나는 게슈탈트 치료를 기반으로 하지만, 내 경험을 통해 도움을 받았던 정신분석 접근의 다양한 측면도 취하여 하나의 접근법을 개발하게 되었다.

여기서 나는 자기애적 적응을 해 온 내담자를 치료하는 내 접근 방식이 유일하게 도움이 되는 방법이라고 말하려는 것이 아니다. 하지만 우리가 서로 지식을 공유하는 것이 중요하다고 믿으며, 그렇게 함으로써 우리가 만나는 내담자에게 도움이 될 것이라고 믿는다. 이런 점에서 나의 치료적 제안은 여러분에게 일종의 지침이 될 것이다. 즉, 내 제안들을 참고하여 여러분 스스로가 자신의 생각들을 정리하고 자기애성 내담자와 함께 작업할 방법들을 개발해 가는 과정에서 나의 제안들이 길잡이가되길 바란다. 그리고 거의 모든 게슈탈트 치료자와 마찬가지로, 나의 최선의 개입은 내담자의 필요를 내가 알아차린 순간에 시도하게 되는 실험이기 때문에, 다음에 소개하는 치료적 제안들이 결코 내가 내담자들과 함께하는 모든 것이 아니라는 것을 말해 둔다.

1) 자기애성 내담자가 안전하고 이해받고 있다고 느끼도록 공감적인 조율을 통해 작업 동맹을 맺으라

이것은 자기 심리학자들에 의해 개발되고 다듬어진 기법으로, 이 기법은 내담자의 삶을 내담자의 눈을 통해 보자는 것이다. 그러기 위해서는 치료자의 관찰과 개입은 제한하면서 대신에 치료자가 내담자의 감정을 이해하고 있다는 것을 보여 줄 수 있는 반응을 하는 것이다. 치료자의 기본적인 자세는 공감이지, 내담자를 직면하거나 내담자로 하여금 좌절을 경험하게 하는 것이 아니다. 예를 들면, 나의 대단한 '구찌' 내담자인 폴은 화가 나고 굴욕감을 느낀 채로 치료 회기에 참여했다. 코너에 있는 카페 점원이 자신이 주문한 샌드위치에 케첩 대신 머스터드 소스를 준 것이다. 그 점원의 실수를 그는 자신의 자존심을 건드린 자기애적인 상처로 경험했던 것이다. 폴의 생각은, 자신이 정말로 중요한 사람이었다면, 그녀가 결코 이런 실수를 하지 않았을 것이라는 것이다. 점원에게 분노를 폭발하며 무능하기 짝이 없다며 카페 전체가 떠나갈 듯이 소리를 질렀고, 그녀가 해고당하게 하려고 했다. 나는 그 점원이 안됐다고 느꼈고, 내담자의 행동이 잔인하고 부적절하다고 느꼈다. 그러나 그렇게 말하는 것이 그에게 도움이 되지 않을 것이라는 것을 알고 있었다. 대신, 나는 그 점원이 샌드위치와 함께 잘못된 드레싱을 건네주었을 때 내담자가 얼마나 끔찍하게 느꼈을 것인지에 초점을 맞췄다. 나는 그 사건을 그의 시선으로 보기 위해 최선을 다했다. 그 결과, 그는 상당히 빠르게 안정을 찾았고 이해받은 느낌이라고 했다. 그가 평정을 되찾았을 때, 그런 상황들이 그에게 얼마나 고통스러웠는지 그리고 왜 그랬는지 우리는 함께 살펴볼 수 있었다.

2) 내담자가 치료자를 향해 이상화 및 거울 전이를 할 수 있도록 허용하라

앞에서 언급했듯이, 이런 내담자의 전이들은 자기애적 적응을 해 온 내담자와의 치료 과정에서 치료자에게 도움이 되는 필요한 기법이다(Kohut, 1971).

3) 내담자가 자신의 감정 기복을 자기 삶에서 일어난 일(사건)에 대한 직접적인 반응으로 이해할 수 있도록 도우라

이것은 이해하기 쉬운 내용이지만, 많은 내담자가 혼자 힘으로는 알아차리지 못한다. 한 남성이 자신의 기분이 하루 동안에도 좋았다 나빴다 급격하게 변하기 때문에 자신이 분명히 조울증 환자일 거라며 치료실을 찾아왔다. 본질적으로 자기애성 내담자는 일상에서 자신이 특별하다는 것을 확인해 주는 사건들이 생기면 자존감이 올라가서 기분이 좋아지고, 자존감을 건드리는 사건들이 생기면 자신이 나쁘다고 느낀다. 일단 이 남성은 이러한 내용들을 이해는 했지만 외부 사건들로 인해 자신이 그렇게 쉽게 취약해지는 것이 여전히 좋지는 않다고 했다. 그렇지만 자신의 기분 변화에 덜 당황하게 되었고, 또 심리치료를 통해 결국 스스로 관리하는 법을 배울 수 있을 것이라 좀 더 희망을 갖게 되었다고 했다.

마스터슨의 '자기애적 취약성에 관한 거울 해석'은 특히 도움이 되는 기법이다. 그는 그런 내담자를 치료하는 과정에서, 고통-자기-방어(pain-self-defense)의 세 단어를 염두에 두고, 이와 관련하여 공감적인 해석을 하라고 주장한다. 즉, 내담자가 치료자인 당신에게 자기애적인 상처(고통)를 이야기할 때, 내담자가 이 사건을 경험하는 동안 느꼈던 기분과 그 사건이 끝난 후에 내담자가 이 사건으로 인해 자신을 어떻게 느꼈는지(자기)를 연관시켜 주고, 그런 후에는 자신이 느꼈던 고통스러운 감정을 어떤 방식으로 방어했는지(방어)와 연관시켜 주는 것이다. 예를 들어, 점원이 샌드위치에 케첩 대신 머스터드 소스를 가져왔던 상황에 적용해 본다면, '거울 해석'은 다음과 같이 진행될 것이다.

점원이 당신이 원하는 것을 가져오지 않았다는 것을 알았을 때 정말 기분이 나빴을 것 같

아요(고통). 그 점원이 당신이 뭘 먹고 싶어 하는지 별로 신경 쓰지 않고 당신의 말을 주의 깊게 듣지도 않았다고 생각했을 것 같군요. 이것은 그녀에게 당신이 별로 중요하지 않은 사람으로 여겨졌다는 생각이 들게 하네요(자기). 아마도 당신의 기분이 나아질 수 있는 유일한 방법은 그녀가 점원으로서 그리고 한 인간으로서 얼마나 적절하지 못한지를 큰 소리로 카페 전체에 말해서 그녀에게 공개적으로 모욕을 주는 것이라고 느꼈을지도 모르겠군요(방어).

만약 치료자가 내담자를 공감하면서, 타인의 행동으로 인해 내담자가 얼마나 쉽게 상처받고 위축되는지, 그런 취약함이 스스로를 어떻게 평가절하하도록 만드는지 그리고 내담자의 취약함과 평가절하 간의 관계를 연결시켜 알아차리도록 돕고, 자신의 상처 난 자존심을 회복하기 위해 어떤 식으로 자기 방어를 하는지(다양한 방어 전략, 즉 자기와의 대화, 타인 경멸하기와 비웃기 등 가운데 하나를 택하여)를 알아차려, 앞의 두 과정(쉽게 상처받아 취약해지고 이어서 자신을 평가절하하는 패턴)과 연결하여 스스로를 알아차릴 수 있도록 도울 수 있다면, 결국 내담자는 자신의 내면에서 일어나는 과정을 갈수록 더 잘 알아차리게 될 것이다.

4) 어떤 상황이 이들에게 문제가 되는지 예측하도록 도와 현실에 더 잘 적응하도록 격려하라

젊은 동성애자인 레이는 벽장형 내담자로, 자기보다 나이 많고 극도로 자기중심적이고 히스테릭한 여성에게 애착을 느끼는 내담자였다. 그는 그런 여성을 우상화하며 기쁘게 해 주려고 했다. 그런 여성에게 깊은 인상을 남기기 위해 그는 상당히 많은 시간을 투자하며 애써 왔다. 그들의 심부름을 하기 위해 직장일까지 빼먹다가 직장에서 위기를 경험하기도 했고, 여성들이 한밤중에 전화해서, 자기를 필요로 하는 것 같으면 그들이 사는 곳까지 서둘러 달려가기도 했다. 레이는 자신을 필요로 한다는 것을, 자신이 중요한 존재라는 것으로 믿게 되었고, 그들에게서 자신이 얼마나 특별한 존재인지 모른다는 말을 들을 때는 정말 말로 다할 수 없는 기분을 느꼈다. 그런 후에는 자신이 특별한 존재라는 느낌을 느긋하게 누리곤 했다.

하지만 결국 이 여성들은 그에게 싫증을 내며 그의 도움을 당연시하기 시작했다. 자신이 특별하다고 느껴 오던 감정들은 사라져 버리고, 그는 화가 나고 위축되었다.

그 당시, 그는 마음이 몹시 혼란하고 심란해서 일하러 갈 수가 없었고, 기분을 좀 풀어 보려고 술을 마시고 과식을 한 후 설사약을 먹기도 하였다. 수개월의 치료를 통해, 레이는 자신의 이런 패턴이 얼마나 자기에게 파괴적이었는지를 분명히 알 수 있었고, 이러한 관계들로부터 벗어나기 시작했다. 또한 이전과 같은 파괴적인 관계들을 다시 맺지 않기 위해 정말 열심히 노력했다.

이 시점에서 레이의 자기애성이 '치료된' 것은 아니었다. 그는 우울증을 피하기 위해 여전히 특별하다고 느낄 필요가 있었다.

하지만 보다 적응적으로 행동할 수 있는 충분한 통찰력과 자기를 알아차릴 수 있는 능력을 갖게 되었다. '여왕의 하인'으로 살던 자신의 이전 역할에 덜 의존하게 되었고, 보다 평등한 관계를 찾아 나설 줄 알게 되었다. 그리고 이런 경험을 통해 이제는 알아차릴 수 있게 된 파괴적인 상황, 즉 자신이 위축감을 느꼈던 그런 상황들도 피해 갈 수 있게 되었다.

● 인식 단계

레이는 이제 치료에서 '인식 단계'에 있다. 이 단계에서 내담자는 내적 평정을 유지하기 위해 충동을 통제하려고 한다. 이제 그는 자신의 자기애성이 만성화된 상태라는 것을 알아차리고 있다. 그리고 타인을 통해 자신의 가치를 확인받고 싶어 하는 욕구로 인해 자신이 어떻게 통제당하는지 알고 있다.

앞에서 설명했던 '구찌 내담자' 폴은 이 단계에 이르자, 카페 샌드위치 사건과 같은 일이 일어나지 않도록 피하기 시작했다. 그는 아직도 카페 점원의 상황에 대한 어떤 공감도 하지 못하고, 자신의 필요에 관심이 없는 이들을 싫어하지만, 그런 사건들이 자신을 화나게 만들기 때문에 자신을 통제하는 것이 최선이라는 것을 알게 되었다.

● 훈습 단계

이 시점에서 치료자는 이 내담자가 치료를 더 받을 수 있는 능력과 그럴 마음이 있는지 결정을 내려야 한다. 많은 내담자가 좀 더 적응을 잘 하는 정도에서 만족하고, 좀 더 심도 있는 치료를 위해 필요한 매주 한 번 이상의 치료에 투자해야 하는 시간과 비용을 쓰려고 하지 않는다. 어떤 내담자는 성향상 자기를 성찰할 능력이 너무 부족하여 표면적인 치료 작업을 통과하는 것도 거의 불가능하다. 또 다른 내담자는 살아오면서 너무 많은 상처를 입어, 마스터슨이 '유기 우울증'이라고 하는 감정으로 인해 유발되는 고통을 참고 견디며 훈습 과정을 감당해 내기 어려울 수 있다.

만약 내담자에게 자신의 성격 변화를 위한 동기와 자원이 있는 것 같고, 그래서 좀 더 치료를 받게 된다면, 그 다음 치료 단계는 내담자가 고통스러운 감정을 느낄 때 그것을 피하기 위해 자기애적 방어를 언제 사용하는지를 좀 더 잘 알아차리도록 돕는 것이다. 내담자가 자신의 특정 방어 기제들을 더 많이 알아차리게 될수록, 그걸 사용하는 빈도는 줄어들게 된다. 그 결과, 방어로 회피해 오던 수면 아래 억압되어 있던 고통스러운 나쁜 감정들이 전경으로 떠오르게 되면서 그 감정들에 대한 치료가 회기 중에 가능하게 된다.

• 잃어버린 낙원

이 시점에서는 자기애적 방어를 포기하기 전보다 내담자의 기분은 훨씬 더 나빠진다. 전에는 방어로 회피하던 그 모든 고통을 내담자가 이제는 그대로 경험하게 된다. 이제는 자신의 고통스러운 감정에 머물면서 알아차리거나 또는 자기애적 방어로 고통스러운 감정을 회피하게 된다. 그런데 이 시점에서 내담자가 자기 탐색을 계속함으로써 자신의 불행했던 생활의 고통스러운 기억 속으로 들어가는 대신에, 이제 치료자인 당신을 공격할 수도 있다. 자신이 이전에 자기애적 방어를 하던 때를 '잃어버린 낙원'이라고 여기며, 그 상실감으로 인해 치료자인 당신을 원망하게 된다.

치료자로서 당신이 이와 같은 내담자의 퇴행에 대비하고, 고통 속에 영원히 갇히게 될 것이라고 여기는 내담자의 두려움에 흔들리지 않고 확고하면서도 공감적인 태도로 필요한 작업을 계속한다면 결국 내담자는 치료적 진전을 지속적으로 이루게 될 것이다.

• 자기 활성화

내담자들은 마스터슨이 '앉아서 하는 농성(sit down strike)'이라고 하는 것을 멈추고, 치료자나 다른 사람을 조종하여 자기를 위해 일하도록 하는 대신 자기 활성화를 하게 된다(Masterson, 1981). 회기 중에 내담자는 주도권을 가지고 의미 있는 작업을 스스로 하게 된다. 매 회기의 작업들 간에 연속성이 생겨난다. 지난 회기에서 탐색했던 주제들 중에서 내담자가 자발적으로 주제를 선택하게 된다. 그리고 회기 밖에 서는 자신이 전보다 더 자유롭고 자발적이고 활기차고 창의적으로 느껴진다는 보고를 한다.

5. 요약

자기애적 적응 내담자의 대부분이 치료가 성공적일 때 경험하게 되는 다섯 단계의 과정이 있다. 마스터슨은 심리 치료 과정을 통해 이들이 보여 주는 좀 더 큰 패턴을 보고 이를 글로 정리해 내는 능력이 뛰어나다. 이 5단계에 관해 내가 이해한 것들은 대부분 그의 연구 작업에 기초한 것이다(Masterson, 1983; Masterson & Klein, 1989 참고).

1) 행동화

이 단계에서 내담자는 자신의 문제에 대한 통찰력이 거의 또는 전혀 없으며, 자신의 문제를 다루기 위해 행동화(acting out) 방어를 한다(예: '과대 자기의 전지전능한 방어', 자신의 업적이나 자신이 아는 사람에 관해 자랑하기, 다른 사람을 평가절하하기, 약물·음식·운동 남용하기, 문란한 성관계).

2) 인식

이 단계의 내담자는 남들이 자신을 어떻게 보는지와 자신의 감정 기복과 자존감의 오르내림이 연결되어 있다는 것을 이해한다. 그리고 이전의 방어적 행동 패턴이었던 행동화를 벗어나 보다 적응적으로 행동하면서 새로운 존재 방식을 찾으려고 한다.

3) 잃어버린 낙원

이 단계에서 내담자는 이도 저도 아닌 중간 상태에 있다. 이들이 오랫동안 습관적으로 해 오던 방어가 이제는 자아 이질적이 되어서, 전에는 의식 못하고 습관처럼 익숙하게 해 오던 그러한 방어 행동들을 하려고 하면 이제는 자신의 그런 모습을 알아차리게 되어 더 이상 같은 방어 행동들을 할 수가 없게 되었다. 하지만 이들은 아직 자신의 자존감을 조절할 수 있을 만큼 충분히 '자기감'이 양육된 상태도 아니다. 무시당하면 여전히 쉽게 취약해지고, 그 결과 자신을 쉽게 과소평가한다. 이 단계에서 내담자들 중에는 자신의 치료 과정과 치료자를 향해 화를 내는 이들도 있다. 이전에는 내담자가 행동화(약물, 음식, 운동 등)로 방어해 오던 그 모든 감정을 이제는 있는 그대로 느끼기 때문이다.

4) 훈습

이 단계의 내담자는 자신의 부정적 감정을 불평하는 대신 그런 부정적 감정들을 정직하게 탐색하게 된다. 매 회기 간에 연속성이 있으며, 내담자는 덜 방어적이 되고 치료 작업에 더 적응을 잘하게 된다. 내담자는 치료자를 자기편으로 경험한다.

5) 자기 활성화

내담자는 다른 사람의 의견에 상관없이, 자신의 관심사를 추구할 수 있다. 이들은 자신의 삶을 더 자유롭고, 더 창의적이며, 즐겁게 느낀다.

내담자는 이와 같은 5단계를 엄격하게 순차적으로 경험하기보다는 순환적이고 반복적으로 또는 중복하는 방식으로 경험한다. 내담자의 알아차림이 증가됨에 따라 행동화 방어는 덜하게 될 것이다. 그렇지만, 고통이 너무 커서 스스로를 건설적으로 지탱할 수 없는 경우에는, 이전에 효과적이었던 방법으로, 머리로는 그것이 파괴적이라는 것을 알고 있으면서도 본능적으로 되돌아가게 될 것이다. 그런 다음에 자신의 감정을 더 잘 파악하게 되면, 좀 더 건설적인 치료 과정으로 다시 복귀하게 될 것이고, 이런 방식으로 반복적으로 진행되어 갈 것이다. 내담자가 마침내 '훈습'

단계에 도달하면, 오래된 방어 기제들을 점점 덜 사용하게 되고, 스스로 탐색이 필요한 고통스러운 감정들을 좀 더 기꺼이 참을 수 있게 된다. 이들의 자기 활성화 능력의 진전과 후퇴는 '훈습' 단계의 후반까지 지속된다. 마침내 내담자는 자신의 모습대로 활짝 피어나면서 진정한 자기의 관심사를 확인하고 추구할 수 있게 된다.

6. 맺음말

앞의 치료적 제안들은 절대 완전한 것이 아니다. 이런 나의 제안들을 '개요(outline)' 정도로 활용하길 바란다. 즉, 치료자가 각자의 임상과정을 통해 효과가 있는 부분은 간직하고 그렇지 않은 부분은 생략하거나 수정하고 바꾸어 가면서 나머지 부분들을 채워 갈 수 있는 개요 정도로 활용할 수 있기를 바란다. 나는 로렌스 엡스타인(Lawrence Epstein)의 기본 원리를 따라가는 것을 좋아한다. "환자가 진전되고 있다는 어떤 증거라도 보여 주고 있다면, 나는 현 상태 그대로 두는 것이 낫다고 생각한다."(Bauer, 1990, p. 81 재인용)

제10장

수치심의 소용돌이로부터의 회복:
자기혐오 우울증에 갇힌 자기애성 내담자와 작업하기[15]

심각한 자기애성 내담자 치료 과정에서 겪는 어려움 중 하나는 자존감에 대한 위협에 이들이 극도로 취약하다는 것이다.[16] 피상적인 겉모습뿐인 자신감에 구멍이 뚫리게 되면 이런 내담자는 급속하게 자기혐오적인 우울증의 소용돌이로 빠져들 수 있다. 자기애성 우울증은 특징이 뚜렷하여, '자기혐오 우울증(self-hating depression)'이라고 부른다. 이 증상을 경험하는 사람은 끔찍스럽다고 느끼지만, 이 우울증의 중요한 특징은 슬픔이나 애도가 아니라 자신에 대한 수치심이다. 그리고 대부분의 다른 형태의 우울증과는 달리 외부의 비판이나 칭찬에 반응하여 이 우울증상이 빠르게 나타났다 사라졌다 할 수 있다.

이와 같은 수치감은 자기애성 내담자의 자신에 대한 안정감과 현실적 통합 능력의 부족으로 인해 나타나는 현상이다. 발달과정의 이정표라고 할 수 있는 전체−대상 관계(whole-object rselations: 자신이나 타인 안에 좋고 나쁜 자질이 동시에 공존한다고 볼 수 있는 능력)를 넘어서지 못했기 때문에 비현실적인 양극단을 왔다 갔다 하는 경향이 있다. 즉, 자신을 완벽하고 특별하고 독특한 존재로, 그렇지 않으면 열등하거나 쓸모없는 쓰레기 같은 존재(Masterson, 1983)로 여기는 양극단을 오간다. 예를 들면, 클레어는 치료를 시작하면서 다음과 같이 말했다.

나는 너무 우울해요. 난 완전히 패배자처럼 느껴져요. 오늘 회사에서 실수를 했는데 상사가 그걸 눈치 채고 지적했죠. 그 일로 인해 계속 끔찍한 느낌이 들었죠. 다른 사람들도 다 지적받고 그러는데요, 전 달라요. 전 아무것도 제대로 할 수가 없어요. 제가 사기꾼 같은 기분이 들어요. 내가 얼마나 무능한지 모두가 알기 전에 그냥 일을 그만둬야 할 것 같아요.

클레어가 말을 많이 하면 할수록 기분은 극도로 나빠졌고, 진술은 점점 더 극단적으로 되어 갔다.

1. 전경-배경 형성과 자기애성 우울증

내가 생각해 낼 수 있었던 모든 치료 개입을 클레어와 같은 수십 명의 내담자와 시도해 본 결과, 게슈탈트 치료의 기본적인 전경과 배경 형성이란 개념이 내담자에게 도움이 될 수 있는 중요한 열쇠라는 것을 깨닫게 되었다. 전경-배경 형성이란 '우리는 주변 환경과 우리 내부의 너무나 많은 데이터로 인해 현재 우리가 가장 필요로 하는 것에만 주의를 기울이도록 설계되어 있다는 것'이다(Perls, Hefferline, & Goodman, 1951/1994). 우리가 가장 필요로 하는 것이 '전경'으로 떠오르고, 그 외 다른 모든 것은 배경이 되어 물러나게 된다. 이것은 우리의 관심사가 변해 감에 따라 현재의 전경에서 새로운 전경으로 변해 가는 연속적인 과정이다. 앞의 클레어와 같은 자기애성 내담자는 자신이 완벽하지 않다는 피할 수 없는 증거 앞에서 오로지 실패와 결점들만 전경으로 떠오르게 된다는 것이 분명했다. 이런 과정에서 갈수록 자신의 결점들을 더 떠올리게 되고 점점 더 끔찍하다고 느끼면서, 급격하게 자신에 대한 객관성을 상실하게 된다.

2. 알아차림의 변화로 전경을 바꾸는 방법

게슈탈트 치료 이론을 통해 우리는 변화를 위해 할 수 있는 모든 일이 알아차림을 촉진하는 것이라고 알고 있다(Perls, Hefferline, & Goodman, 1951/1994). 자기애성 내담자의 경우 이런 자각의 전환이 특히 쉽게 이루어질 수 있다. 이들의 자기감(sense of self)이 매우 유동적이고 환경적 요인에 의해 쉽게 영향을 받기 때문이다. 이것은 커트 레빈(Kurt Lewin, 1935)이 어린이와 환경의 영향에 관한 연구과정에서 관찰한 것과도 일치한다. 즉, 레빈에 따르면, 유기체의 "자기(self)와 환경 간의 벽이 기능적으로 얼마나 견고한지의 정도는 개인에 따라 다르며, 다양한 환경적 요인이 개인의 심리적인 요인들과 상호작용함으로써 그 개인의 안정감을 상대적으로 빠르게 증가시키거나 또는 감소시킬 수 있다"(pp. 108-109). 나는 자기애성 내담자가 이런 불안정한 자기감과 환경적인 영향에 취약하다는 점을 활용하여, 이들이 현재 알아차리고 있는 자신에 대한 부정적인 알아차림(완전하지 못하고 모자라다 등)과 그것을 촉발했던 환경 장으로부터 벗어나, 자아의 다른 측면(현재는 알아차리지 못하고 있는)으로 상대적으로 빠르게 내담자의 관심을 전환하도록 도울 수 있다는 것을 알게 되었다.

나는 다음과 같은 핵심 질문들을 스스로 해 보았다. '클레어가 알아차리지 못하고 있는 것이 무엇이지?' 그 결과 내가 알게 된 사실은, 그녀가 자기혐오 우울증에 빠지게 되면 자신의 이미지와 처한 상황에 너무 집중한 나머지 시야가 좁아져 자신의 결점들만 보게 되고 큰 맥락을 망각하게 된다는 것이다. 즉, 그녀의 ① 과거의 성공들, ② 강점과 재능 그리고 긍정적인 자질들, ③ 미래의 기회들, 그리고 ④ 유기체/환경 장을 이해하고 조직할 수 있는 다른 가능한 방법들을 알아차리지 못한다는 것을 깨닫게 되었다. 이 모든 것이 클레어에게는 보이지 않는 배경의 일부였지만, 내게는 분명히 보였기 때문에 치료 개입에 활용할 수 있었다.

내담자가 더 큰 맥락을 알아차리는 것이 특별히 중요한 이유는 수치심에 뿌리를 둔 자기혐오 우울증이 내담자의 내면에서 소용돌이 치기 시작하면 시야는 점점 더 좁아지게 되고, 갈수록 자신의 결점에만 집중하기 때문이다. 클레어의 자존심에 상처를 주었던 일을 좀 더 넓고 덜 위협적인 맥락에서 본다면, 그녀에게 보이지 않던 현실적이면서도 지지적인 정보들을 알아차릴 수 있는 더 큰 맥락으로 그녀의 관심을 돌릴 수 있게 된다. 어떤 현명한 정신분석가가 말했듯이, "환자에 대한 진실을 환자에게 말해주는 것이 분석가의 중요한 임무"(Dorpat: Bauer, 1990, p. 86 재인용)이다.

앞에서 설명한 모든 것이 적어도 네 가지(①~④)의 다른 개입 방법을 치료자에게 제공하는데, 이것은 내담자의 관심을 현재 상황을 포함하여 좀 더 큰 맥락으로 전환하도록 도움을 줄 수 있다. 이를 통해 내담자가 자신의 실패와 결점만이 아니라 더 많은 것을 담아 낼 수 있는 새롭고 현실적이며 더 지지적인 전경을 형성하도록 도울 수 있다. 또한 이 네 가지 가능한 방법들은 다양한 방식으로 결합하여 시너지로 작용할 수 있다. 모든 내담자가 이런 방법들로부터 혜택을 얻을 수 있는 것은 아닐 것이다. 치료자가 열린 마음으로 실험을 통해 어떤 내담자에게 그 순간 어떤 것이 효과가 있는지 알아차리는 것이 중요하다. 다음은 내가 이 방법들을 회기 중에 실제로 어떻게 사용하는지 보여 주는 사례들이다.

1) 클레어: 과거의 성공과 더 큰 맥락 사용하기

나는 클레어가 잊고 있던 자신의 성공 경험들을 상기시켜 주기 위해 그녀의 과거 능력들을 예로 들어 자신을 보다 현실적이고 균형 있게 볼 수 있도록 돕기로 했다. 나는 현재 그녀가 느끼고 있는 것을 공감하는 말로 시작했고(자기애적 상처를 다룰 때 언제나 좋은 방법이다), 보다 긍정적인 방향으로 향하는 과도기적인 진술을 했다. 그런 후에 그녀의 관심이 자신의 과거 성공 경험들과 더 큰 맥락인 자신의 전반적인 직장생활로 향하도록 도왔다. 이 과정에서는 가능한 한 세부적이고 구체적인 접근을 했다. 이 새롭고 긍정적인 전경에 그녀가 관심을 기울이고 있다는 피드백을 얻을 때까지 이 과정을 계속했다. 나는 다음과 같이 말했다.

> EG(Elinor Greenberg): 나는 클레어가 지금 기분이 나쁘다는 걸 알고 있어요. 그리고 상사에게 자신의 실수를 지적당하는 걸 좋아할 사람은 아무도 없을 거예요(그녀가 느끼고 있는 나쁜 감정을 타당화해 주기 위한 감정이입적 진술). 왜 기분이 우울한지 이해가 돼요(또 다른 감정이입 진술). 그러나 자신에게 좀 불공평하다는 생각이 드네요(화제를 부정적인 것에서 아직은 보이지 않는 긍정적인 방향으로 전환하기 위한 과도기적 진술). 당신은 회사에 많은 기여를 했어요. 지난주만 해도 상사가 일을 잘했다고 함께한 동료들 앞에서 당신을 얼마나 칭찬했는지, 그래서 자신이 얼마나 자랑스러웠는지 몰랐다고 말하던 기억이 나는데요(과거 성공 경험과 자부심 그리고 성취에 관심 기울이기). 그런 후에, 상사가 따로 불러서 그 프로젝트에 대한 당신이 한 모든 수고에 감사했었죠(자신의 부정적 모습 대신 긍정적 모습에 집중하

길 바라는 강화).

[주: 이제 나는 잠시 멈춰서 그녀가 관심을 보이는지 기다린다. 바닥을 응시하던 그녀의 시선이 내 얼굴을 향했기 때문에, 내 말을 진실이라고 지각할 수 있도록 더 긍정적인 태도를 유지하며 계속한다.]

EG: 만약 내가 기억하고 있는 구체적인 내용들이 정확하다면, 당신이 한 일들로 회사는 많은 새로운 수익을 얻게 되었죠(긍정적인 세부 사항).

[주: 고개를 끄덕이며 지금은 다소 희망적인 표정으로 열심히 듣고 있다.]

EG: 그 상사가 지난달에 당신의 성과가 좋았다고 알려 주었던 분 아니었나요? (긍정적인 세부 사항) 나는 그 상사가 당신이 한 일을 좋게 생각하고 있고, 작은 실수 때문에 그가 마음을 바꿀 것 같지 않다는 인상을 받았답니다(더 큰 그림 상기시키기).

[주: 자신의 실수를 좀 더 큰 맥락에서 볼 수 있도록 내가 돕는 걸 허락할 것인지를 알아보려고 한다. 즉, 전체적으로 볼 때 탁월한 업무 성과와 상사와의 좋은 관계라는 더 큰 맥락에서 자신의 실수를 내가 언급하는 것을 허락할 것인지, 아니면 실수를 언급함으로써 다시 완전히 부정적 시각으로 돌아가게 될 것인지를 보려고 한다(그녀의 반응을 기다림). 그리고 클레어가 자신을 좀 덜 비판적으로 보게 되었음을 알려 주는 말을 내게 건네 주었다.]

클레어: 네, 선생님 말이 맞아요. 내가 그 모든 걸 잊어버렸어요. 내가 존경하는 사람이 내 흠을 잡으면 나는 너무 화가 나요. 내가 그렇게 예민하지 않았으면 좋겠지만 어쩔 수가 없네요. 잘한 것들을 상기시켜 주시니 기분이 좋군요. 선생님께서 그것들을 기억하고 계시다니 기뻐요. 가끔 나는 그걸 확실하게 기억 못하거든요.

2) 밥: 알아차리지 못하고 있는 내담자의 강점 활용하기

밥은 과시형 적응을 심하게 한 내담자로, 처음에는 자신을 매우 거창하게 드러냈다. 자기애적인 상처를 입게 되면, 그의 첫 반응은 상처를 준 사람이 그 누구든지 또는 그 어떤 것이든지 공격하고 평가절하하는 것이었다. 그는 큰 소리로 모욕을 주고, 나를 포함한 모든 사람에게 소리를 질렀다. 그러나 이런 행동은 상처 입기 쉬운 그의 자존심을 보호하기에 충분하지 않았고, 몇 주간 계속될 수 있는 자기혐오적인 우울중에 빠져들곤 했다. 이와 같은 에피소드가 한차례 지나간 후, 밥은 자기가 고등학교 시절에 공부를 못했기 때문에 남몰래 자신을 바보로 생각했다고 털어 놓았다. 다른 학생들에게 돈을 주며 자기 숙제를 시켜야만 했다고 했다. 밥이 자신을 거창한 모습으로 방어하지 않을 때는, 다른 사람과 자신을 자주 부정적인 방식으로 비교했다. 하지만 그와 함께 작업을 해 가다 보니, 그가 정말 나와의 작업을 통해 치료가 '되었다'는 것을 알 수 있었다. 치료는 그에게 자신이 정말 바보 같지 않은 그 무엇이 있다는 것을 알려 주었다. 집단치료에서, 그는 한 집단원이 어떤 이슈에 대한 진정성 있는 작업을 하고 있을 때와 그저 불평을 하고 있을 때의 차이를 빠르고 쉽게 구분할 수 있었다. 그는 또한 "아하!" 경험을 하면서 기뻐했는데, 이런 경험은 좋은 치료 회기를 통해 얻어질 수 있는 한순간 갑자기 폭발하는 섬광 같은 경험이다.

그 후 어느 날 그가 다시 우울해지면서 자신을 '바보'라고 부르기 시작하자, 나는 그에게 다음과 같이 말했다.

> EG: 밥, 난 당신이 자신을 다시 바보처럼 느낀다는 걸 알아요(감정 이입 진술). 그리고 일단 그렇게 또 다운되기 시작하면, 자신을 정말 쓸모없는 사람으로 느끼게 될 겁니다(감정 이입 진술).
> 하지만 나는 당신이 어떤 면에서 정말 빠르고 똑똑하다는 것을 알게 되었죠(과도기적 진술). 예를 들면, 당신은 심리치료에 정말 소질이 있어요. 집단에서 당신은 누가 정말 작업을 하고 있고 누가 그저 스토리텔링만 하고 있는지 쉽게 알아차리더군요. 지난 회기에서 당신은 사라가 자신의 새 남자친구에 관해 말하는 것이 과거의 두 남자친구에 관해 말하던 방식과 정확하게 일치한다는 것을 가장 먼저 알아차렸죠. "사라, 어떻게 당신의 남자친구들은 모두가 그렇게 다 똑같을 수가 있죠?" 당신은 항상 우리에게 자기 남자친구가 얼마나 스윗하고 귀여운지 모른다고 하면서 그 외에 다른 점들은 별로 없다고 말했어요. 당신이 말한 바로는 그들이 서로 다른 사람들이라고 구별하기가 어려워요. 그들이 서로 어떻게 다른 거죠?" (그의 능력을 보여 주는 구체적인 좋은 예) 사라가 말했죠. 당신의 질문이 정말 도움이 된다고. 그리고 그 집단에서 모두 하나 같이 당신이 뭔가를 해냈다고 했죠(더

긍정적인 세부 사항). 사실, 당신은 이런 알아차림을 너무 빠르고 쉽게 하기 때문에 당신만큼 그렇게 잘 하지 못하는 다른 집단원들을 참아 주기가 좀 어려울 때가 있죠(현실적인 세부 사항).

[주: 밥은 고개를 끄덕이며 인정한다]

EG: 그리고 개인 회기에서 당신의 기분이 끔찍할 때조차도, 그래서 소리를 지르며 떠들 때라도 내가 타당한 치료 개입을 하면 당신은 "아하!" 경험을 정말 쉽게 했죠. 당신은 게슈탈트 실험의 치료 포인트들을 알게 되었고, 자발적으로 그런 점들을 활용할 수 있게 되었죠(또 다른 능력에 초점을 맞춤). 내가 실수한 것에 너무 화가 난 나머지 나에게 계속 고함을 치던 그때 기억나세요? 마침내 나는 자포자기한 심정으로 당신에게 의자에서 일어서 달라고 하고 나는 그 앞에 무릎을 꿇고 앉아 용서를 빌었죠. "내가 어떻게 해야 나를 용서해 줄 수 있을까요?" 당신은 멈칫하더니 웃음을 터뜨리며, "아마 어떤 것도 소용이 없을 걸요."라고 했죠(생생하고 구체적인 예시). 그런 후에 정말 생산적인 회기를 이어갔는데요. 그때 우린 내가 용서를 구하는 동안 당신이 나를 깔보며 내려다보는 일이 어떤 기분인지 함께 탐색했죠. 고맙게도, 당신의 유머감각이 뛰어나서 다행이었죠. 그렇지 않았다면 나는 그런 시도를 하지 못했을 거예요(또 다른 긍정적 속성에 대한 자연스러운 언급).

[주: 이걸 마지막으로, 나는 밥의 전적인 관심을 얻게 되었고, 밥의 기분이 바뀌었다는 것을 알 수 있었다. 그는 내가 자신에 관해 한 말이 사실이라는 것을 인식하고, 몇 가지 상세한 내용들을 비웃기도 하면서 자신이 이룬 것들에 대한 진정한 자부심을 경험할 수 있었다(방어적인 과대함과는 반대로). 이와 같은 개입들을 통해 그가 갈수록 더 안정되어 가고 또 현실적인 자기 가치감을 길러 갈 수 있도록 도왔다.]

3. 요약: 부정에서 긍정으로 전경을 바꾸는 방법

앞의 두 가지 사례에서 내가 한 일은 기본적으로 다음의 세 가지 단계로 나눌 수 있다.

- 1단계 공감하기: 내담자가 느끼고 있는 것이 무엇이며 왜 그렇게 느끼는지를 치료자인 당신이 이해하고 있다는 것을 보여 주는 공감적 진술을 2개 정도 하도록 한다.
- 2단계 과도기: 내담자의 관심을 얻고 난 후, 1~2개 정도의 과도기적 진술을 해 주는데, 이때 진술은 현실을 반영하면서 긍정적인 방향으로 이끄는 진술이 되도록 한다.
- 3단계 초점을 성공 경험으로 전환: 치료 노트나 기억 중에서 내담자가 했던 말을 가급적이면 그대로 많이 사용하면서, 내담자가 현재 알아차리지 못하고 있는 과거의 성공 경험들을 생생하고 현실적인 세부 사항들을 예로 들어가며 떠올려 주기 시작한다.

물론 이 과정들을 가급적이면 기술적으로 하는 것이 중요하다. 가끔씩 중단하고 내담자를 살핀 후에, 적절한 경우 내담자에게 반응할 수 있는 기회를 주면서 내담자의 비언어적 단서들에 주의를 기울이도록 한다. 내담자의 전적인 관심을 얻고 있는가? 당신이 한 말을 듣고 내담자가 더 편해진 것처럼 보이는가?

1) 긍정적이고 구체적이며 현실적인 사례 사용하기

이 기법을 사용할 때는 사실처럼 들리지만 의미 없는 칭찬이 아닌 실상을 생생하게 떠올리도록 돕는 것이 중요하다. 치료자가 제시하는 긍정적이고 상세한 실제 사례들에 내담자가 귀를 기울이게 되면서, 치료자의 도움으로 내담자의 관심이 전경이었던 부정적인 그림으로부터 보다 현실적이고 긍정적인 그림으로 전환하게 된다. 많은 경우, 내담자가 자기혐오 우울증으로부터 벗어나 좀 더 생산적인 심리치료 작업에 임할 수 있을 만큼 회복되는 것만으로도 이 과정의 효과는 충분하다.

2) 내담자의 강점과 성공 경험을 기록하여 보관하기

이 기법을 사용하기 위해서는 치료자가 내담자의 강점과 성공 경험에 대한 구체적인 내용들을 염두에 둘 필요가 있다. 내가 사용하는 방법을 하나 소개하자면, 회기 노트에서 내담자의 이런 사항들을 강조표시를 해 두고 정기적으로 그 내용들을 다시 보면서 그것들이 항상 나의 전경이 되도록 하는 것이다. 내담자가 자신이 성공했다고 생각하는 것을 보고할 때마다 내가 나중에 쉽게 찾을 수 있도록 기록한 내용 옆에 표시를 해 둔다.

3) 가급적 내담자가 사용한 어휘들을 사용하기

나는 또한 회기 중 나눈 사건들을 기록할 때 내담자가 사용한 어휘들을 사용해 기록하려고 한다. 나중에 내가 내담자의 전경을 바꿔 주기 위해 그 사건들을 떠올릴 때도 역시 내담자가 사용한 어휘와 묘사했던 내용을 사용하려고 한다. 이런 방법은 내담자에게 더 설득력이 있는데, 자신이 말했던 대로 듣게 된다면 부인하기가 더 어렵기 때문이다. 정신분석가들은 이 사실을 오래 전부터 알고 있었다. 1952년, 테오도르 레이크(Theodor Reik)는 "일단 우리가 한번 말한 것은 우리가 단지 머릿속으로만 생각하는 것과는 다르게 평가된다는 것은 놀라운 일이며 또 거의 주목받지 못하는 심리적 사실"(Bauer, 1990, p. 89 재인용)이라고 했다.

4) 강점을 반영해 주기

나는 또한 내담자의 강점, 재능, 역량을 알아차리고, 그것들을 회기 중 적절한 시기에 내담자에게 반영(mirroring)해 주는 버릇을 갖게 되었다. 이것은 이들이 좀 더 정확하고 균형 잡힌 자아상을 갖도록 돕고 또한 내담자와 나의 관계가 매우 긍정적이고 신뢰할 수 있는 관계가 되는 데 도움이 되었다. 많은 내담자에게 이것은 대단한 회복의 과정이다. 이것은 마치 어미 새가 새끼가 소화할 수 있도록 먼저 먹이를 씹어서 먹여 주는 것과 유사하다.

　내담자의 강점을 반영하는 방법은 자기애성 내담자뿐만 아니라 모든 내담자에게 도움이 되고 회기 중에 안전감을 느끼게 해 준다. 모든 사람은 함께 있는 사람이 자신을 좋게 생각한다는 것을 알 때 더 안전하다고 느낀다.

5) 질문하기

　내담자가 자신의 성공담을 확장할 수 있도록 질문해 주는 것도 도움이 된다. 치료 과정에서 가능한 한 생생하고 구체적인 정보들을 많이 얻도록 해 준다. 이런 생생한 정보들은 내담자 기억 속에 더 잘 남게 되고, 후에 치료자가 치료 작업을 더 잘할 수 있도록 돕는 자료가 될 수 있다. 또한 사건들에 현실감을 더하게 된다(Basch, 1980). 예를 들면, 당신은 다음과 같은 기본적인 질문들을 할 수 있을 것이다. "그게 어떻게 느껴졌나요? 거기에 누가 또 있었죠?" 신체 작업을 하게 된다면, 다음과 같은 신체 지향적인 질문을 포함할 수 있다. "당신의 신체 어디에서 이것을 느끼나요?"

6) 지나치게 부정적인 자기 평가에 도전하기

　나는 또한 내담자가 자신에 대해 지나치게 부정적인 평가를 하게 될 때도 부드럽게 도전한다. "결코 성공해 본 적이 없다고요? 단 한 번도?" 나는 우리가 자신에게 하는 말이 진실인지 거짓인지를 뇌의 감정 센터가 판단할 수 없다는 것을 내담자에게 상기시켜 준다. 즉, 단지 우리가 한 말에 따라 반응할 뿐이라고. 나는 이들이 "나는 어떤 일에도 성공한 적이 없다." 대신 "나는 항상 성공하는 것은 아니다." 또는 "나는 가끔 성공한다."라고 말하도록 한 후에 자신이 어떻게 느껴지는지 알아차려 보라는 실험을 할 수도 있다.

7) 방어적인 과대자기를 진정한 자존감으로 대체하기

　이 방법은 자기애성 내담자의 관심이 자신의 실제 성취와 진정한 감정에 반복적으로 집중하도록 돕는다. 자기애성 내담자가 자신의 진정한 성취감을 인식하고 내재화하기 시작하면, 자기 가치감을 유지하기 위한 방어적인 과대자기에 의존할 필요성을 점점 덜 느끼게 된다. 이런 식으로 시간이 흐르면 진정한 자존감을 세워 가게 된다. 이러한 자부심은 내담자가 실제로 성취한 것에 바탕을 두고 있기 때문에 방어적인 과대자기보다 안정적이고 쉽게 흐트러지지 않는다. 그렇게 되면, 심각한 자기애적 자기혐오 우울증을 점점 덜 경험하게 되고, 과대자기, 즉 과장된 자기 전능감이나 자기가 특별한 존재라는 주장도 줄어들게 된다. 자신과 자신의 경험에 더 현실적이 되고 전과는 미묘하게 다른 방식으로 자신에 대해 말하게 된다. 다음의 임상 사례는 이런 과정을 보여 주고 있다.

4. 자기혐오 우울증 해소의 5단계

내담자 밥의 치료적 진전이 상당히 전형적인 패턴을 따라서 진행되었기 때문에, 그의 치료 과정을 통해 자기혐오적 우울증이 어떤 단계를 거쳐 치료되는지 설명할 것이다. 명확한 이해를 돕기 위해 5단계로 설명한다. 현실에서 치료적 진전은 언제나 몇 걸음 앞으로 진전했다 다시 퇴행하고 또 다시 진전과 퇴행을 반복하는 것이 특징이다. 결과적으로 뭔가 내면화되면서 극단적인 퇴행은 점점 줄어들게 된다. 이 과정에서 내담자는 가끔 좀 더 안정적이고 현실적인 자기감을 발달시키기 시작한다. 그 결과, 이들은 외부 사건으로 인해 자신의 자존감이 흔들리는 일에 덜 취약하게 되고 다른 사람의 칭찬과 의견에 덜 의존하게 된다.

대상관계 이론의 관점에서 보면, 내담자는 두 개의 부분-자기 대상관계 일체(two part-self object relations unit: 비현실적으로 완전히 좋거나 또는 완전히 나쁘거나 하는 자신의 관점)로 인해 습관적으로 파편화하던 패턴에서 벗어나 전체 대상관계로 통합하게 된다. 즉, 보다 현실적이고 통합적이며 안정적인 자기 이미지를 갖게 된다(Hamilton, 1988; Greenberg & Mitchell, 1983). 게슈탈트 치료 용어로 말하자면, 내담자는 환경 지지(environmental support)로부터 자기 지지(self-support)로 변화하게 된다.

1) 1단계: 자기혐오와 절망

밥은 자기혐오 우울증에 빠진 채 회기에서 분노, 무력감, 절망감과 무가치함을 느낀다는 보고를 하곤 했다. 가끔씩 나에게 소리를 지르기도 했고, 치료가 도움이 되지 않는다며 불평도 했다. 그의 우울감은 어둡고 무거운 무게로 방안을 짓누르고 있었고, 나는 모든 치료 과정을 감당해야만 했다. 마치 팔에 감자 자루를 안은 채 거센 물살을 거슬러 헤엄쳐 가는 것처럼 느꼈다. 그의 관심을 끄는 일조차도 나의 열심이 필요했다. 여러 번의 시도 끝에, 마침내 나는 그의 관심을 끌 수 있었고, 그의 관심이 자신의 강점(또는 그가 알아차리지 못한 채 배경에 머물고 있는 그의 다른 면들)을 향하도록 할 수 있었다. 마침내 그는 "아하!" 경험과 함께 알아차리게 되었다.

그 결과, 그의 자기감과 기분이 보다 긍정적인 방향으로 움직이게 되었다. 회기를 마치고 떠날 때면, 더 낙관적이 되고 자신을 좀 더 긍정적으로 느끼게 되었다. 수많은 회기를 거쳐 이런 작업을 한 후에 2단계로 진입하게 되었다.

2) 2단계: 자기혐오 그러나 희망적인

밥은 여전히 자신은 가치가 없다고 느끼면서 자기혐오적인 우울증에 빠져들고는 했지만, 더 이상 희망이 없는 것은 아니었다. 이제 그는 회기 중 어느 시점에서, 자신의 어두운 기분에서 벗어날 수 있도록 내가 개입해 줄 거라는 기대를 갖게 되었다.

1단계와 2단계에서 아직도 밥은 자신의 전경을 좀 더 긍정적인 것으로 바꾸어 줄 치료자의 능력에 전적으로 의존하고 있다.

3) 3단계: 작업 동맹

더 많은 회기를 거친 후, 밥은 서서히 내가 자기를 도울 수 있는 방법을 찾기 시작했다. 밥은 자신이 도움을 받을 수 있다는 것을 내면화하기 시작했고, 그것은 단지 어떤 적절한 말들(도움되는 메모 카드)이나 개입을 찾는 일이 될 거라는 생각을 하게 되었고, 그렇게 되면 자신의 기분이 한결 좋아질 거라는 것도 알게 되었다. 이제 여기서, 우리는 함께 그를 돕기 위해 열심히 작업하는 진정한 치료 동맹을 맺게 된 것이다. 밥은 가지고 다닐 수 있는 메모 카드 세트를 만들어 회기 중에 자기에게 도움이 되었던 일들을 스스로에게 상기시키기로 결심했다. 그 가운데 한 카드에는 "그것이 내게 진짜처럼 '느껴진다'고 해서 그것이 정말로 그런 것은 아니다."라고 쓰여 있었다.

4) 4단계: 치료자의 지지를 내사

밥은 회기에서 자기혐오적인 우울증에 빠지는 순간 자신의 머릿속에서 상기시켜 주던 나의 목소리, 즉 상황을 좀 더 현실적으로 바라보라던 목소리를 들었다고 보고했다. 그가 스스로 이런 일을 해낸 것이 기쁘고 뿌듯하게 느껴진다고 나는 말했다. 우리는 함께 변화를 축하했다.

5) 5단계: 자기 지지

밥은 자신의 기분과 자존감에 대한 통제감을 느끼기 시작했다. 예를 들면, 어떤 동료가 모임에서 칭찬을 받으면 자신은 실패한 것처럼 느끼며 스스로를 질책하는 대신 자신의 그런 습관을 좀 더 쉽게 멈출 수 있게 되었고, '자신의' 강점과 과거의 성공들을 혼자 힘으로 더 잘 떠올릴 수 있게 되었다. 그 결과, 우울하게 보내는 시간이 점점 줄어들게 되었다.

5. 결론

내담자의 자기혐오 우울증을 해소할 방법을 찾는 것은 오랜 치료 과정의 첫 단계로, 심리치료 과정에서 필요로 하는 많은 다른 치료 개입 중 하나다. 그리고 모든 게슈탈트 치료 실험과 개입이 그렇듯이, 어떤 내담자는 치료자가 제공하는 것들을 상당히 빨리 활용할 수 있는 반면, 또 다른 내담자들은 시도조차 하지 않으려고 한다. 하지만 처음으로 치료 효과가 나타나 내담자의 정서적 탈선을 치료자인 당신이 막을 수 있다는 것을 경험하는 기분은 정말 놀라운 것이다!

이 개입과정에서 내가 가장 좋아하는 부분은 내담자의 심리적 결함(자기애성 내담자가 안정된 자기 가치감을 유지하지 못하는)이 내담자를 돕는 과정에 활용되는 것이다. 이들은 자신을 완전히 좋게 느끼는 감정으로부터 완전히 나쁜 감정으로 너무 빨리 뒤집혀 버리기 때문에, 동일한 원리로 감각 있고 숙련된 심리치료자의 도움으로 또한 쉽게 긍정적인 방향으로 뒤집힐 수 있다. 이러한 치료 과정을 우리는 감정적 유도라고 할 수 있을 것이다.

제11장

통찰이 상처가 될 때:
게슈탈트 심리치료와 자기애적으로 취약한 내담자[17]

게슈탈트 치료의 가장 기본적인 가정 가운데 하나는 알아차림의 증진 바로 그 자체가 치료적이라는 것이다. 이 생각은 바로 장이론에서 출발한 것으로, 우리가 어떤 새로운 것을 알아차릴 때, 우리 지각의 장이 새로운 것을 받아들이도록 필연적으로 재편성된다는 것이다. 이처럼 우리의 알아차림의 변화로 인한 변화는 매우 갑자기 일어날 수 있다. 선불교의 옛 스승들이 그랬듯이, 게슈탈트 치료의 많은 개입과 실험이 목적하는 바는 우리가 과거에 조직하던 방식이 파괴되고 순간순간 새로운 조직 방식을 창조해 나가는 것을 목표로 하고 있다. 그리고 게슈탈트 치료가 가장 추구하는 것 가운데 하나는 우리에게 "아하!" 경험을 제공해 주는 것이다. 즉, 한순간에 일어나는 자신에 대한 통찰로, 이전에는 보이지 않고 알아차리지 못했던 것이다.

내담자가 "아하!" 경험을 하도록 치료 작업을 하는 이유는, 이처럼 순간 떠오르는 알아차림의 증진이 내담자를 더욱 성장시키는 긍정적이고 유용한 경험이 될 것이라고 생각하기 때문이다. 대부분의 내담자에게는 그렇다. 그러나 이 경험이 도움이 되기 위해서는, 새로 등장한 지식이 과거의 경험과 통합될 수 있어야 하며, 내담자가 가진 기존의 개념 세계가 새롭게 등장한 또 다른 세계 앞에서 파괴되는 과정을 견뎌 낼 수 있을 만큼 충분히 강해야 한다.

1. 자기애적으로 취약한 내담자

수년간 게슈탈트 치료를 하면서 알게 된 사실은, 게슈탈트 작업으로 얻는 한순간의 통찰을 대부분의 내담자는 기뻐하고, 그 가운데 어떤 이들은 거의 중독까지 되는 데 반해 다른 내담자들은 동일한 경험을 엄청나게 불쾌하게 여긴다는 것이다. 그들은 자신이 경험한 통찰에 저항하거나 새롭게 얻은 알아차림을 자신에게 해가 되는 다양한 파괴적인 방식으로 사용하는 경향이 있다. 나는 통찰에 대한 이런 부정적인 반응을 "똥(Oh Shit)! 반응"이라고 부른다.

자신에 대한 새로운 알아차림을 동화시키는 데 가장 큰 어려움을 겪는 이들은 일반적으로 자기애적인 상처(자신에 대해 심한 수치심과 굴욕감을 느끼는 감정)에 특히 취약한 내담자라는 것을 알게 되었다. 자기애적으로 취약한 내담자는 자신을 완전하고 특별하다고 여기는 방어적인 과대자기를 발달시키거나, 동일한 방식으로 자신이 이상화하는 다른 사람과 자기를 동일시함으로써 자신의 무가치감과 싸운다. 새로운 알아차림은 이전까지의 자신에 대한 지식이 불완전했다는 걸 필연적으로 깨닫게 한다. 이 새로운 지식은 이제 이들의 방어적인 과대자기에 펑크를 내고, 자신은 전적으로 나쁘고 가치가 없다고 말하는 비판적인 목소리에 자신을 완전히 노출시키게 된다[Masterson, 1981, 1993; Masterson & Klein (Eds.), 1989; Greenberg, 1992; 이 책 9장 참고].

이러한 상황을 고려해 볼 때, 이들의 갑작스러운 자기 알아차림이 특히 타인에 의해 중재될 때, 그것이 몹시 고통스럽게 느껴지는 것은 이해할 만하다. 이들은 자신에 대한 통합적이고 현실적인 감각이 부족할 뿐만 아니라, 방어적인 과대자기에 의존하지 않고서는 자신을 달래거나 불편한 감정을 다스리지 못하는 경향이 있다. 그 결과, 자신에 대한 갑작스러운 통찰을 소화할 수 없는 것으로 여기며, 그런 통찰로 인해 자신을 더 좋게 느끼기보다 더 나쁘고 굴욕적인 것으로 경험한다. 즉, "아하!" 경험 대신에, 이들은 "똥!" 경험을 한다. 그런 다음, 수치심으로 인한 자기비판으로부터 자기를 방어하기 위해, 치료자인 당신을 비난하고 화를 내며 치료를 고만두는 경우도 드물지 않다. 치료를 계속해도, 자주 자기가 이해받지 못하고 비판을 받는다고 느끼며 치료적 혜택을 충분히 누리지 못한다.

예를 들면, 프랭크는 다른 사람이 자기를 비웃을 때 자신을 보호하기 위해 타인을 공격하는 화가 난 실패자로 자신을 보는 것에 익숙했다. 자신과 타인을 보는 그의 이런 기본적인 입장으로 인해, 다른 사람들이 자신에 관해 말하는 거의 모든 것을 불안한 자존감을 향한 가학적인 공격으로 여기게 되었다. 그래서 프랭크가 참여했던 게슈탈트 집단의 한 집단원이 최근에 프랭크가 얼마나 잘하고 있는지 칭찬하며 자신의 관심을 끌게 되자, 그 집단원의 피드백이 자기감 상승에 긍정적인 영향을 주기보다는 비판으로 여겨졌다. 그 결과, 그는 자신과 집단 전체를 공격하기 시작했다. "이게 좋다는 걸 보니, 그럼 당신은 이전의 나를 정말 끔찍하다고 생각한 게 틀림없군요."

프랭크에게는 자신을 향한 지지적인 말을 인정하고 통합할 수 있는 도식이 없었다. 집단원들의 칭찬으로, 자신과 타인에 대한 오래되고 고착된 신념이 도전을 받았을 때, 그에게는 두 가지 선택이 있었다. 하나는 이전의 자기 생각이 틀렸다고 판단하고, 자신과 타인을 보다 부드러운 시선으로 새롭게 보도록 해 줄 심리적인 재구성을 하는 것, 또 하나는 오랜 시간에 걸쳐 고착된 게슈탈트에 매달려 적대적인 세상에서 화가 난 실패자로 자기를 보는 방어를 계속하는 것이었다. 프랭크에게 걸림돌은, 심리적 재구성이 필요한 첫 번째 선택을 하게 된다면, 자신이 가졌던 과거의 생각들이 현실감이 부족했다는 것을 집단원들 앞에서 먼저 스스로 인정해야 한다는 것이었다. 프랭크의 현재 발달 단계에서는, 이러한 인정(이전의 그의 생각이 부족했다는)이 특히 다른 사람들이 보는 앞에서 감당하기에는 너무 치욕적인 것으로 느껴진 것이다.

또 다른 내담자인 사라는 자신이 미처 보지 못한 것을 내가 알아차릴 때마다 모욕을 당했다고 느끼며 토라졌다. 그녀는 나에게 경쟁심을 느꼈다고 했다. 내가 실험이나 관찰을 통해 그녀의 어떤 면들을 새롭게 보도록 도와서 성공할 때마다, 그것을 내가 이기고 자신이 진 것으로 받아들였다. 그래서 그녀는 치료자는 우월하고 자신은 열등하다고 인식하였고, 그럴 때마다 치료자가 자신을 이긴 것을 기뻐하거나 자신을 불쌍히 여길 거라는 상상을 했다. 나의 진심과 의도가 어떤 것인지 아무리 설명을 해도 소용이 없었다.

사라를 통해 나는 극도로 취약한 자기애성 내담자를 치료하는 방법에 관해 우연히 많은 것을 배웠다. 사라의 끊임없는 비판과 그녀를 도울 수 있는 실험을 찾지 못하는 나의 무능으로 인해 너무 의기소침해져서 회기 중에 오랜 시간을 나는 자주 침묵한 채 아무것도 하지 않고 앉아 있고는 했다. 다음에 무엇을 해야 할지 막막했기 때문이었다.

우리가 함께 앉아 있을 때, 나를 향한 그녀의 편집증적인 공격은 계속되었다. 그러나 그런 그녀의 불평 속에서 진실의 알맹이를 찾아 방어하지 않는 태도로 그걸 인정할 수 있을 때, 나를 향해 갖고 있던 그녀의 더 거칠고 미친 생각들(말 그대로 내가 자신을 목 졸라 죽이고 싶어 하고, 어떤 끔찍하고 섬뜩한 방법으로 파멸시켜 버리거나 내 치료실에 가둬 버리고 싶어 한다)이 점차 줄어들었다는 것을 알게 되었다. 그녀는 회기 중에 울기 시작했고, 내가 그녀와 함께 있으면서 보복을 하지 않은 것에 대해 감사하기 시작했다.

사라와의 작업에서 내게 도움이 되었던 것은 내가 무언가를 '하지 않았다(not doing)'는 것이다. 사라는 내가 무엇을 하던지 내가 자신을 이기려고 하는 것으로 느꼈던 것이다. 그녀는 내 선의에 대한 기본적인 신뢰도, 그리고 이 문제에 관한한 그 어떤 사람에 대한 신뢰도 없었다. 따라서 우리가 해야 할 첫 번째 일은 사라가 이해할 수 있는 방식으로 나에 대한 신뢰감을 확립하는 것이었다. 이것은 내가 기꺼이 그녀와 함께 앉아서, 그녀에게 떠오르는 일련의 생각들을 방해하지 않고, 그녀가 말하는 포인트를 인정하고, 나를 공격했을 때 보복하지 않으려는 나의 마음 자세에서 출발한 것이었음을 알았다. 몇 년에 걸친 작업 후, 사라와 나는 아주 잘 지내게 되었고, 그녀는 내 앞에서 자신에 대한 새로운 알아차림을 더 쉽게 받아들이고 통합할 수 있게 되었다.

사라와의 이런 경험은 내담자를 돕고자 하는 나의 열망에 새로운 알아차림을 주었다. 즉, 내가 중요한 게슈탈트 치료의 또 다른 원리인 내담자가 있는 바로 그곳에서 만나고 작업하라는 것을 무시해 왔다는 것을 알게 해 주었다. 내가 이전에 사라와 시도했던 두 의자 기법은 매우 부적절한 것이었다. 사라가 그저 내 앞에 편안하게 앉아 있게 되기까지 2년이 걸렸다. 말하자면, 그것이 사라에게 필요했던 '의자' 작업이었다. 도와주고 싶은 열망으로 인해 나는 아직 그녀에게 도움이 되지 않는 실험을 제안하고 있었고, 그녀에게 필요했던 단순하지만 기본적인 일은 간과하고 있었다.

2. 자기애성이 강한 내담자는 거짓 자아를 보인다

자기애적으로 취약한 내담자가 모두 프랭크와 사라처럼 확실하게 문제가 있는 것은 아니다. 많은 내담자가 자신감 있고 성공적이며 외향적인 것처럼 보인다. 그러나 겉으로 보이는 자존감 아래 숨어 있는 취약하고 불안한 자기 모습들을 치료 과정을 통해 탐색하고 노출하기를 두려워하는데, 그렇게 되면 필연적으로 공격과 거부 그리고 치욕감으로 이어지게 될 것이라고 확신하기 때문이다. 그 결과, 이들은 거짓되고 방어적인 자신의 모습을 세상에 보여 주기 위해 많은 노력을 한다. 이들은 스스로를 완벽한 모습으로 드러내거나(과시형의 경우), 혹은 스포트라이트를 완전히 피하기 위해 애를 쓰는데(벽장형), 자신의 모습이 분명하게 노출되면 동시에 자신의 결함이 드러난다고 생각하기 때문이다(Masterson, 1993). 이들이 두려워하는 것은 다른 사람의 경멸만이 아니다. 이런 내담자의 정교한 방어 전략이 실패하면, 내면의 가혹하고 가학적인 내적 대상이 자신을 고문한다. 이들이 다른 사람에게 외부로 투사하는 것은 바로 자기 내면의 공격적인 성향이다. 이런 현상은 앞의 프랭크와 사라의 사례에서 명백한데, 두 사람 모두 누군가가 자신을 공격하고 있다고 확신했는데, 모두 자신의 내적 현실을 외적인 학대로 착각하고 자신이 기분 나빠진 것이 다른 사람들 때문이라고 비난했던 것이다.

이 모든 것은 내담자가 자신의 진짜 모습을 억압하는 상태로 귀결되는데, 자신의 모습이 가치 없고 역겹다고 확신하기 때문이다. 치료 작업은 이런 내담자가 자기의 진짜 모습을 알아가고 표현하도록 돕는 것이다. 또 자신의 진짜 모습과 거짓된 모습, 즉 자신의 방어적이고 과대한 자아와 그 쌍둥이 격인 자신을 쓸모없는 쓰레기라고 경멸하는, 두 모습을 구별하도록 돕는 것이다. 이런 작업은 어려운데, 자기애적으로 취약한 내담자가 자신의 거짓 자아를 자신의 진짜 모습이라고 확신한 상태에서 치료를 시작하기 때문이다. 그리고 자신의 삶에서 오직 두 가지 선택, 즉 전지전능하고 완전하게 완벽해지거나 또는 비열하게 되는 것만이 가능하다고 확신하기 때문이다. 이들은 자신이 완벽하다고 느끼도록 치료자가 자신을 도와주기를 바라거나 자신의 과대자기에 감동받아 '찬사를 보내는 자기를 비춰 주는 대상(admiring mirroring object)'이 되어 주길 바란다(과시형 내담자). 혹은 치료자인 당신을 완벽한 어떤 사람으로 이상화하고 그 후광을 입어 자신도 특별한 존재로 당신과 하나가 되도록 자기를 도와주기를 바란다(벽장형 내담자). 당신이 이런 역할 중 하나를 하지 않으면, 그것은 내담자에게 '적대적인 행동'으로 느껴져서, 당신의 의도는 즉시 의심을 받게 된다. 일반적으로 이런 내담자의 진실된 감정, 특히 부정적 감정이 모두 표현될 수 있도록 환영하는 것이 종종 치료 기회를 열어 준다는 것을 나는 알게 되었다.

3. 자기애적으로 취약한 내담자와 함께하는 초기 치료 단계

자기애적으로 취약한 내담자를 치료하는 초기과정에서 필요한 것은 내담자가 자기 지지를 더 잘 할 수 있도록 돕고, 진실된 감정을 표현하고, 특히 다른 사람 앞에서 자신의 자존감을 유지할 수 있도록 돕는 데 초점을 맞출 필요가 있다. 내담자 자신을 강화해 주기 위한 이런 작업이 바로 통찰을 얻도록 돕는 작업으로 들어가는 것보다 처음에는 더 중요하고 도움이 된다. 내담자에게 중요한 알아차림은 이처럼 신뢰를 쌓아가는 초기 작업으로부터 이루어진다. 즉, 치료자를 신뢰함으로써 내담자는 자기표현과 자기 지지를 할 수 있다. 그러나 이런 작업이 점진적으로 진행되는 과정에서 내담자의 분노 폭발과 오해로 중단되기 때문에, 자기애적으로 덜 취약한 내담자와의 회기와는 훨씬 다른 패턴을 보이는 경향이 있다. 이런 내담자와의 작업에서 일반적으로 나는 훨씬 덜 적극적이 되고 직면도 절제하면서, 순간순간 바뀌는 내담자 경험에 많은 주의를 기울인다. 치료자로서 나의 역할은 내담자가 안전감을 느끼는 치료 환경을 조성함으로써 자신의 진정한 모습을 표현할 수 있는 다음 단계로 넘어갈 수 있도록 돕는 것이라고 생각한다. 자기애적으로 덜 취약한 내담자와 게슈탈트 치료를 할 때는 이와 같은 대인관계적인 안전감을 조성하는 데 시간을 훨씬 덜 쓰고, 통찰 위주의 실험에 더 많은 시간을 보내는 경향이 있다.

내담자 제니의 경우는 분노와 질투 그리고 억압적인 내담자의 초기 치료 단계를 보여 주는 사례다. 제니는 대가족 환경에서 성장했는데, 자기표현을 하면 비난을 받거나 무시당해 낙심하면서 자랐다. 그녀는 치료자인 나의 태도도 자신의 가족과 같을 것이라고 생각하며 치료를 시작했다. 그녀는 내가 뭘 하든지 그것을 거절이나 경멸로 해석할 만큼 극도로 민감했다. 그녀가 나에게 무시당했거나 모욕당했다고 느낄 경우, 나에게 직접 말하는 대신 일종의 철회와 경멸적인 표정을 짓는다는 것을 나는 알 수 있었다. 그녀가 표정으로 말하고 있는 자신의 그 감정에 집중하여 직접 나에게 표현할 수 있도록 도왔던 나의 모든 시도를, 그녀는 비판에 몹시 민감해져 내가 자신의 행동을 비난하는 것으로 받아들였다. 이 시점에서, 제니는 자신에 대한 통찰에 관심이 없었다. 그 모든 통찰이 그저 자신을 향한 더 많은 비판을 경험하게 할 뿐이라는 걸 확신하고 있었기 때문이다.

제니의 치료에서 이 순간에 효과가 있었던 것은 그녀가 철회하는 걸 내가 알아차리고 이 철회과정에 내가 기여한 것이 무엇인지에 집중하여 무엇이 그녀를 불안하게 해서 철회하게 되었는지를 재구성해 보려고 한 것이다. "제니가 말을 중단하고, 불행한 표정을 짓고, 어쩌면 조금 화가 난 것처럼 내게 보이네요. 좀 전에 내가 한 말이나 행동 가운데 혹시 싫어 하는 것이 있었을까 궁금하네요?" 그러자 제니는 처음으로 나의 분노에 찬 비난이 보통 어떤 것이었는지, 그리고 내가 치료 회기를 다루는 방식에 관해 나에게 말할 수 있었다. 이렇게 하면서 무언가 바뀌었고, 그녀는 또 다시 치료를 계속할 수 있었다. 수차례의 중단과 회복의 시간을 거쳐, 제니가 자신의 문제에 기여한 부분을 '소유'하게 하려고 내가 어떤 시도도 하지 않자, 우리 사이에 충분한 기본적인 신뢰가 쌓이게 되었고, 제니는 자신의 화난 감정이 일어날 때마다 그 감정에 대해 더 자주 자발적으로 말하기 시작했다.

모든 내담자는 물론 서로 다르고 치료는 어떤 정해진 방식대로 되지 않는다. 내담자를 위한 통찰 지향적인 치료를 하기 전에, 내담자와 신뢰를 형성하고 내담자의 자기 지지 역량을 강화하는 데 초점을 두는 방식이 자주 더 유익하다는 제안은 언제나 통하는 처방이 아니라, 내담자가 특히 자기애적으로 취약하다고 느낄 때 또는 치료 결과가 좋지 않다는 것을 감지할 때 사용할 수 있는 일반적으로 효과적인 방법이라는 것이다. 내담자가 치료되어 가면서 취약감을 덜 느끼고 치료자와 내담자 사이의 갈등을 치유하는 데 시간을 덜 보내게 되면, 치료는 점점 더 알아차림 지향적이 된다.

만약 사소한 무시에도 화를 내는 내담자의 경향으로 인해, 내가 내담자를 불쾌하게 만들까 봐 두렵다면, 그리고 자신을 완벽하게 보이고 싶어 하는 강한 욕구가 내담자에게 보인다면(또는 치료자인 나를 완벽하다고 본다면) 또는 시기나 분노 반응들이 나와 내담자 사이에서 큰 역할을 한다면, 이들은 내가 위에서 제안한 변형된 치료 방법이 충분히 정당화될 수 있는 자기애적으로 취약한 내담자 일 것이다.

내담자가 자기애적으로 취약한지를 판단하기 전에, 앞에서 언급한 기준은 연속선상에서 생각하는 것이 가장 좋다. 우리 모두는 정신적·정서적으로 좀 건강하다고 느낄 때가 있고, 치료는 상태가 가장 좋지 않을 때 찾는 경향이 있다. 이런 이유로, 상당히 많은 이들이 처음에는 자기애적으로 취약한 범주에 포함될 수 있다. 예를 들어, 자기애적 성격장애로 쉽게 진단될 수 있는 이들의 취약성이란 연속선상에서 극단에 속할 수 있고, 자신에 대한 어떤 새로운 정보를 받아들여 통합하는 데 매우 큰 어려움을 겪을 수 있다. 반면, 다른 내담자는 자신이 신뢰하는 치료자와 함께 통찰 위주의 개인 치료를 수용할 수 있지만 집단 환경에서는 그렇지 못할 수 있다. 이런 후자의 내담자의 경우, 개인치료에 잘 반응하기 때문에, 치료자는 이들이 집단 상황을 얼마나 위협적으로 느끼는지 깨닫기 어려울 수 있다.

예를 들어, 내가 만난 한 여성 내담자는 새 직장에서 압도감을 느껴 일을 잘해내지 못할까 봐 휴직계를 낸 경우였다. 여러 달 동안 치료가 순조롭게 진행되었고, 그녀가 상당한 진전을 보인 것 같아서 주말에 내가 다른 치료자와 함께 하는 집중 치료 워크숍에 참가하도록 초대했다. 나는 그녀가 낯선 집단 환경에서 작업할 이슈들이나 집단을 위해 제시할 이슈들을 전혀 예상하지 못했다.

첫 모임에서 집단원들이 '돌아가며 이야기(go round)'하는 동안, 그녀는 좀 더 경험이 많은 어떤 집단원이 원하지도 않고 또 적절하지도 않은 조언을 해 주려고 했다. 그녀의 충고가 받아들여지지 않고 집단원들이 '돌아가며 이야기하는 것'을 방해하지 말라고 합리적이면서도 친절하게 부탁하자, 그녀는 자기애적인 상처를 입게 되었고, 자신과 자신의 흔들리는 자존심을 지탱하기 위해 자기에게 말했던 그 여자 집단원, 집단 전체, 그리고 나와 다른 리더를 공격하기 시작했다. 그녀에 따르면, 우리 모두는 집단에 관해 분명 아는 것이 거의 없고, 모든 것을 다 잘못하고 있었다. 만약에 우리가 그녀의 말만 들었더라면, 모든 것이 훨씬 더 나았을 것이라는 것이었다. 이 특별한 내담자는 바로 방금 전에 자신이 집단 경험이 전혀 없다는 말을 한 상태에서, 우리가 그녀를 전문가로 받아들여야 한다는 말도 안 되는 주장을 한다는 점이 특히 놀라웠다. 이 비참한 주말을 보낸 후에, 관계 회복을 위해 무슨 일이 일어났는지 왜 그랬는지 내담자와 함께 작업하며 회복하는 데 몇 주가 걸렸다.

평소의 개인 치료에서 보았던 그녀의 상당히 높은 수준의 통찰력, 논리성과 자기 지지능력과, 그러나 집단 맥락에서 자신을 정서적으로 얼마나 지지하지 못하는지 현저하게 다른 모습이었다. 이 사건 이후, 나는 그녀의 높은 기능 수준은 대부분이 다른 사람의 지속적인 지지와 인정 때문이었다는 것을 알게 되었다. 개인 치료에서 그녀는 나로부터 지지와 인정을 받는다고 느꼈다. 이 외부 지지가 중단되자 그녀는 무너져 버렸다. 나는 이제 그녀의 새 직장이 왜 그녀에게 그런 문제를 겪게 했는지 훨씬 더 잘 이해하게 되었다. 이전 직장에서 그녀의 직속 상관은 그녀를 매우 좋아했다. 덕분에, 매우 높은 수준의 실적을 올렸으며, 부서에서 최고의 직원들 중 한 명으로 인정받았다. 새 직장의 직책에서 그녀는 아직 자신을 위한 멘토를 찾지 못했고, 아직 우수하다는 평판도 얻지 못했다. 자신이 적나라하게 노출되는 걸 느꼈다. 다른 사람들 앞에서 배우고 실수하는 것이 그녀에게는 믿기 어려울 만큼 부적절하게 느껴졌고, 제대로 기능하기 위해서는 자신이 특별하다고 느낄 필요가 있었다. 그 결과, 직장 초년생 시절에 어쩔 수 없이 저지르던 실수를 했을 때 그녀가 느끼던 그런 감정이 올라오는 것을 참을 수가 없었다. 이런 감정들은 너무 고통스러워서 자신을 달래기 위한 방법으로 그런 상황을 떠나거나(새 직장으로 이직) 자신이 대단한 사람인 것처럼 행동하며 다른 사람들을 위축시켰다(집단에서처럼).

자기애적으로 취약한 이들 가운데 저기능의 극단에는 조나단과 같은 내담자가 있다. 조나단은 수치감에 극도로 취약하여 치료와 관련된 모든 것이 자기애적인 상처가 되었다. 예를 들면, 나에게 전화 예약을 했다는 사실조차도 자신의 결함을 인정하는 것으로 여겨 치욕스럽게 느꼈다. 회기를 마치고 내가 (평소 관례대로) 치료비를 지불하라고 했을 때 그가 화를 냈는데, 치료비를 지불할 때까지 내가 기다리지 않고 먼저 말을 한 것은 자기를 믿지 않고 있기 때문이라는 것이었다. 내가 그의 보험 신청서를 작성했을 때, 보험 배상을 받기 위해 자신이 진단을 받아야 한다는 것이 모욕적이고 치욕적인 일이라고 생각했다. 그가 예민하게 반응하는 것이 너무나 분명했기 때문에, 그의 보험 배상 영수증에 조심스럽게 나는 그의 진단 번호만 기입했다. 조나단은 진단 매뉴얼을 어떻게 손에 넣게 되었고 진단 번호를 찾아보고 자기 진단명을 알아낸 다음 설명을 읽어 보았다. 그런 후 그는 치료비 지불을 중단하고, 만약 내가 자신을 그렇게 생각한다면, 분명히 나는 자신에게 맞는 치료자가 아니기 때문에 앞으로의 모든 치료 스케줄을 취소하는 것이라는 분노의 메시지를 남겼다.

앞에서 설명한 제니와 달리 조나단은 나와 치료 동맹이라는 판타지조차 형성하지 못할 만큼 자신을 스스로 지탱할 힘이 없었던 것이다. 그는 사소한 암시에도 극도로 민감해져서, 내가 제공하던 돌봄보다 한결 더 위로가 되고 자신을 인정해 줄 수 있는 치료 분위기가 필요했다.

이 일은 또 다른 이슈를 생각하도록 한다. 치료자가 훈련을 받고 내담자에게 제공해 줄 수 있는 것과 내담자가 필요로 하여 기꺼이 수용할 수 있는 것 사이에는 때로는 너무나 큰 간격이 있다. 때론 내담자로부터 배우며 상황에 맞게 즉흥적으로 대처하려는 의지가 그 간격을 줄여 줄 수도 있고, 또 어떤 경우에는 그 어느 것도 효과가 없다. 이런 실패는 내담자에게 만큼이나 치료자에게도 고통스러울 수 있다. 나는 나의 이론 스승이었던 이사도어 프롬(Isadore From)에게 조언을 구하러 간 적이 있다. 새 내담자와의 치료가 잘 되지 않고 있었는데, 그녀는 내 버전의 게슈탈트 치료보다는 요즘 인기 있는 생물에너지학(bioenergetics)이 더 도움이 될 수도 있을 거라는 제안을 했다. 난 의심으로 가득 차 있었다. 만약 나의 접근이 새 내담자에게 맞지 않는다면, 그가 원하는 것을 주기 위해 노력을 해야겠지. 이사도어는 치료자가 자신의 한계를 존중할 필요가 있다는 말을 해 주었다. "엘리노어, 당신은 부티끄야(역자 주: 요즘 용어로는 디자이너 브랜드가 적절할 것 같음) 백화점이 아니라." 이 충고가 이상하게도 나에게 위로가 되었다.

4. 자기애적으로 취약한 내담자와 작업할 때의 팁

1) 신뢰 구축

첫 번째로 할 일은 신뢰를 쌓는 것이다. 이런 내담자가 당신을(치료자 스스로가 생각하듯) 자비로운 사람으로 볼 것이라고 생각해서는 안 된다. 자기애적으로 취약한 내담자가 당신을 자기편이라 믿고 자기를 해칠 의도가 없다고 믿기까지 수많은 회기(때로는 수년)가 필요할 수도 있다. 이들 가운데 어떤 내담자에게는(조나단처럼) 첫 회기 예약조차도 엄청난 수치감을 불러일으킨다. 어떤 이들은 결코 치료받으러 오지 않는데, 이유는 치료받는다는 그 사실이 바로 자신에게 결함이 있다는 그렇게도 두려운 사실을 확인하는 것이라고 생각하기 때문이다. 조나단처럼 많은 내담자가 첫 회기를 마치고 그만두었는데, 자신이 너무 노출되어 버려서 치욕감을 느끼기 때문이었다.

로즈마리는 떠나지 않고 치료받았던 내담자인데, 여러 회기가 지난 후에야 첫 번째 회기 전날 밤 꾸었던 꿈에 관해 보고하면서 치료에 대한 자신의 초기 감정을 나누었다. 꿈속에서 그녀는 잡풀이 무성한 공터를 가로질러 가고 있었는데, 바지가 벗겨져 내리더니 더러운 똥이 듬뿍 묻어 있는 자신의 하체가 드러났다고 했다. 내가 자신의 가장 수치스러운 부분을 노출시키라고 요구하는 것 같았고, 이로 인해 올라오는 감정을 자신이 참을 수 있을지 확신할 수 없었으며, 내 앞에서 그걸 나눌 만큼 나를 신뢰할 수 없었다고 했다(Greenberg, 1993).

2) 내담자에 대한 치료자의 통찰은 치료 과정의 후기까지 보류하라

이런 내담자들은 타인으로부터 오는 모든 새로운 정보들을 비판적이고 수치심을 유발할 수 있는 것으로 여기기 때문에, 내담자에게 도움이 될 거라고 생각하여 나누기 전에 다시 한번 생각해 봐야 할 것이다. "일반적으로 우리는 남들이 알려 주는 것보다 스스로 생각해서 발견한 것을 더 확신하게 된다."는 마르셀 프루스트(Marcel Proust)의 말을 따르는 것이 현명할 것이다(cited in benShea, 1993, n. p. 재인용).

3) 내담자의 사고과정을 방해하면 싸움의 원인이 될 수 있다

내담자의 사고과정을 침범하는 거의 모든 것이 이들에게는 공감할 줄 모르는 불편한 침범으로 여겨진다. 이것은 치료자로서 당신이 하는 말뿐 아니라 현관벨이나 전화벨 소리와 같은 일상적인 일들도 포함되는데, 심지어는 자동 응답기가 돌아가는 소리나 다른 사람이 통화하는 소리까지도 방해라고 여긴다.

한 내담자는 내가 전화벨 소리를 끄지 않겠다고 했기 때문에 갑자기 회기를 중단했다. 다른 층에 있는 자동응답기가 두 번 벨을 울린 후에 전화를 받았고, 내가 소리를 줄였음에도 말이다. 또다른 내담자는 현관 벨이 울리는 소리에 너무 분개하여 이전까지 하던 자신의 생각들을 중단하고, 대신 자신에게 이런 일이 일어나도록 한 것은 배려가 부족한 것이라고 나를 질책하며 남은 시간을 보냈다.

많은 내담자가 처한 상황에 적응하려고 하지 않고, 상대방이 늘 해 오던 방식을 바꿔 자신에게 맞추는 특별 대우를 요구하는 데 대부분의 노력을 집중한다. 자신의 이런 요구에 맞춰 주는 것을 꺼린다는 사실을 알게 되면, 치료자의 그러한 태도는 자신을 돌볼 마음이 없으며, 자신에 대한 무관심과 적대적인 공격으로 여기면서 치료자로부터 자신을 보호해야 한다고 생각한다.

4) 인신공격에 대비하라

치료자로서 당신이 어쩔 수 없이 경험하게 되는 오해나 감정적 상처, 인신공격 등을 어떻게 다루느냐가 치료적 성공에 중요하다. 내담자의 관점에서 상황이 어떻게 보이는지 이해하고 있다는 것을 분명히 할 필요가 있다. 또한 어떤 실수를 하더라도 바로 그 즉시 방어하지 않고 인정할 필요가 있다.

예를 들면, 내담자가 화장실을 사용한 후 나에게 분개한 적이 있었다. 이유는 다른 사람이 사용하던 타올로 자기 얼굴을 닦을 수가 없다는 것이었다. 화가 나고 모욕감을 느꼈으며, 자신의 감정에는 전혀 신경 써 주지 않는 전문성 없는 썩어 빠진 치료자라고 생각한다는 것을 내가 알았으면 좋겠다며 공격했다. 그의 공격은 나의 경계심을 완전히 무장해제하도록 했다. 내가 내담자를 제대로 이해했는지 확신할 수 있도록, 내담자가 말하고자 하는 요점이 무엇인지 알려 달라고 했다. 그는 너무 화가 나 소리를 질렀다. 어떤 식으로든 나에 대한 그의 인신공격적인 분노에 반응하지 않기 위해 나는 최선을 다했다. 그가 본 대로 말하고 있는 것들을 나는 주의 깊게 들었다. 그가 말하는 요점들을 모두 이해하고 그의 관점에 내가 분명한 관심을 보이자, 그의 요란하던 비난이 잦아들었다. 그의 불만 사항을 내가 이해한대로 그에게 되돌려 알려 주자, 자신이 말하고자 했던 점을 내가 이해하는 것 같다고 했다. 화장실에서 그렇게 불쾌한 경험을 하게 되어 미안하다고 했고, 그는 당연히 내가 미안해해야 한다고 했다. 그런 후에 나는 어떤 방법이 좋은 해결책이라고 생각하는지 물었다. 내가 그와 싸우고 있거나 비난하는 것이 아니라는 걸 깨닫는 데 시간이 좀 걸렸다. 결국, 그는 타올 대신 일회용 종이 타올로 바꾸는 것이 좋겠다고 했다.

이 이슈로 우리는 한 회기 전체를 보냈다. 겉으로 보기에는 치료 작업처럼 보이지 않을 수도 있다. 나는 당시 그가 화장실 타올로 불평했던 사건의 좀 더 깊은 의미에 초점을 맞추거나, 또는 그의 삶에서 일어나고 있는 어떤 다른 일과 연관시켜 보려고 하지 않았다. 다른 말로 하면, 나는 '통찰'을 독려하지 않았다. 왜냐하면 이전 회기들을 통해 그는 나의 치료 개입들을 내가 자신보다 한 수 위라고 여기거나 자신의 행동에 대한 비판으로 여긴다는 걸 알았기 때문이다. 또한 나는 '빈 의자'에 내가 앉아 있다고 생각하고 그에게 말해 보라는 식으로, 고조된 감정을 내가 직접 해소시켜 보려고 하지도 않았다. 이 내담자에게는 자신의 불만을 진지하게 받아 주면서 그 대신 화를 내며 보복하지 않는 누군가를 지금 여기 실생활을 통해 만나는 것이 치료였다. 우리는 이런 회기들을 많이 가질 예정이었다. 즉, 나로 인해 그는 자기애적인 상처를 받아 나를 공격하고, 반면에 나는 그의 불평들을 방어하지 않으면서 듣고 반응해 주는 시도를 하는 회기들을 자주 가지려고 했다. 이런 일이 때로는 매 주마다 계속되곤 했다.

앞에서 보고한 회기 그 이후 회기들은 전형적이었다. 회기와 회기 사이에 내담자의 불평을 생각해 보면서 위생에 관한 그의 생각이 좋다는 마음이 들어서, 화장실에서 사용할 페이퍼 타올 한 통을 구입했다. 그가 와서 '화장실'을 사용하고서는 다시 불평했다. 손이 젖은 채로 몸을 돌려 타올을 뜯어내야 하는 것이 그에게는 불편했던 것이다. 만약에 내가 정말로 그의 편리를 위해 신경 썼다면, 페이퍼 타올을 세면대 가까이에 매달 방법을 찾았을 것이라는 말이었다. 이번에 나는 정말로 그의 불평에 준비되어 있었다(그가 감사하지 않는 것에 준비된 것은 아니지만). 왜냐하면 나도 그렇게 하려고 했지만 세면대 옆 공간이 충분하지 않다고 생각했기 때문이었다. 내가 이것을 설명해 주고 난 후 우리는 다른 방법들에 관해 함께 나눴다. 이 문제에 관해 나와 협력하는 그의 능력은 지금까지 그의 치료에 획기적인 사건이 되었다. 흥미롭게도, 우리가 화장실 타올 문제를 해결한 후에 그는 내 화장실을 거의 사용하지 않았다.

내가 하려는 말은 내담자가 당신을 괴롭히도록 내버려 두거나, 내담자가 당신에게 사과하라고 강요하는 것을 허락하라는 말이 아니다. 또는 당신에게 유익하거나 적절하지 않다고 생각하는 변화를 시도하라고 말하는 것도 아니다. 내가 말하고자 하는 것은, 내담자가 가끔 실생활의 이슈들을 가져오는데, 그들은 마음속으로 당신이 자기에게 신경을 쓰고 있는지 그리고 자신의 관점을 진지하게 생각하는지를 시험해 본다는 것이다. 이걸 잘 말해 주는 불교 속담이 있는데, 바로 "우리 자신의 삶이 바로 진리를 실험하는 도구"(Thich Nhat Hannh, 1994, p. 371)라는 것이다. 이런 내담자들의 대부분은 자신을 냉정하게 괴롭히며 조롱하는 부모를 둔 이들이다. 이들은 치료자인 당신도 그런 부모와 같을 것이라고 생각한다. 이들의 불평을 진지하게 받아들이고, 그들이 하는 말을 차분하게 경청해 줌으로써, 당신은 결국 이들이 자신의 투사(예: 모든 이가 자신에게 관심 없고 비판적이라는)와 내사(자신과 자신의 감정은 가치가 없다는)를 알아차리고 재고해 볼 수 있는 상황을 만들게 된다.

5) 실험은 아주 드물게 사용하라

일반적으로 실험은 자기애적으로 취약한 내담자에게 저항을 유발한다. 내담자의 자기 알아차림을 높일 수 있는 방법으로 실험을 도입할 계획이라면 자기애적인 내담자가 얼마나 방해받는 것을 싫어하는지, 타인이 지켜보고 있는 가운데 새로운 시도를 하는 것을 얼마나 취약하게 느끼는지 명심할 필요가 있다. 실험은 보통 수행 불안을 최소화하는 방식으로 사용하는 것이 가장 좋다. 실험을 작게 쪼개어 확실하게 알아볼 수 없게 만들면 좋을 것이다. 실험을 강조하면 할수록 위협적이 될 것이다. 이런 내담자는 그걸 해 보는 것이 자주 너무 당황스럽다고 할 것이다. 만약 이들이 하게 된다면, 그건 의미 없이 그저 따라하는 것일 수 있다. 기억하라, 이들의 초점은 통찰을 얻는 것이 아니라 완벽해 보이고 굴욕감을 피하는 데 있다.

예를 들면, 내담자가 갑자기 자신의 관점에서 말하다가 별 의식 없이 '나' 대신 '너'로 바꾸어 말한다. 이때 치료자가 "'너' 대신 '나'라고 말해 보면 어떨까요?"라고 말하는 대신, 왜 그 시점에서 '나'에서 '너'로 바뀌었는지 그 이유를 공감적으로 탐색하며 부드럽게 그의 관심을 이끌어 낸다. "혹시 자신의 관점에서 말하는 것이 갑자기 너무 고통스러워서 자신에 관한 이야기를 계속할 수 없었는지 궁금하네요." 치료자의 공감 반응은 보통 내담자가 이런 고통스러운 감정을 더 편하게 탐색할 수 있도록 해 줄 것이다. 다음에 그가 다시 '나'에서 '너'로 바꿔 말할 때, 당신은 부드럽게 다시 언급해 줄 수 있다. "지금 당신이 지난번처럼 느끼게 되었는지 궁금하군요." 심하게 둔감한 내담자가 아니라면 바뀐 것을 바로 알아차릴 것이다. 이런 방법으로 내담자의 불안을 유발하지 않고도 그의 알아차림을 증진시키고자 했던 당신의 의도가 도움이 될 수 있다.

6) 내담자에게 책임을 지도록 강요하지 말라

심각한 자기애성 내담자와의 초기 단계에서는 불쾌한 상황에서 내담자가 책임져야 할 부분을 '소유'하도록 하는 일에 초점을 맞추는 것은 보통 생산적이지 않다. 그럴 경우 치료자가 자기를 비난하거나 공격하는 것으로 여기고, 화가 나서 당신에게 반격하거나, 당신을 믿지 못해 철회하게 될 것이다. 아직 자신이 한 실수를 책임질 수 없는 이유는 그렇게 되면 자기혐오로 무너져버릴 것이기 때문이다. 이들의 발달 단계로 볼 때는, 자신에 대한 부정적 정보에 직면하는 상황에서도 자신이 좋고 가치 있는 사람이라는 기본적인 자기감을 유지할 수 없다. 자신이나 다른 사람을 통합된 전체로, 즉 우리 모두에게 좋은 부분과 나쁜 부분이 있다는 것을 이들은 아직 볼 수 없기 때문이다. 즉, 자신의 어떤 '나쁜 점'을 보게 되면 절망하여 자신이 완전히 잘못된 것으로 느낀다.

게리 욘테프(Gary Yontef, 1993)는 "과정 중심의 장이론 관점에서 보자면, 인격장애로 고통받고 있는 환자는, 특히 어떤 종류의 대인 접촉에서는 지금 여기라는 연속되는 순간에 응집력 있는 자아감을 갖지도 유지할 수도 없다."(p. 425)고 했다. 욘테프는 이어서 자기애적으로 혼란을 겪는 내담자가 팽창된 느낌("나는 위대해!")과 풀이 죽은 느낌("나는 쓰레기다!")의 양극 사이에서 '현상학적 널뛰기'를 하고 있는 것으로 설명했다. 그는 이런 부류의 내담자와 효과적으로 일하는 방법에 관한 많은 도움이 되는 제안을 했다.

7) 내담자가 주도하도록 하라

자기애적으로 취약한 내담자와 '리더를 따르라' 게임을 하고, 그들이 리더가 되도록 하라. 제임스 심킨(James Simkin, 1990)은 게슈탈트 치료의 두 가지 대안적인 방식에 관해 다음과 같이 말한다. 첫째, 내담자들이 가야 하는 곳으로 이끌어 주는 것을 치료자의 일로 본다. 치료자는 적극적이고 지시적인 리더로서 내담자가 따라간다. 둘째, 또 다른 방식은 '리더를 따르라'는 심킨 자신의 방식으로 그는 다음과 같이 말한다. "치료자는 내담자가 가고자 하는 곳이면 어디든지 따라간다. 그는 결코 내담자들이 가고 싶어 하지 않는 방향을 강요하지 않는다."

5. 결론

게슈탈트 치료의 기본 원칙 중 하나는 효과적인 치료 작업이 내담자와 함께 다양한 방식으로 이루어질 수 있다는 것이다. 이런 융통성 있는 접근이 게슈탈트 치료의 매력이라고 나는 생각한다. 어떤 치료자는 내담자의 꽉 움켜쥔 주먹을, 또 다른 치료자는 내담자가 스스로를 방해하는 습관을, 또 다른 치료자는 내담자의 단조로운 목소리에 주목할 것이다.

이 장에서는 자기애적으로 취약한 내담자와 작업할 때 좀 더 좋은 결과를 얻을 수 있도록 다음과 같은 제안을 했다. 즉, 치료자에게 강한 전경으로 떠오르는 것에 내담자의 관심을 집중시키는 대신, 내담자의 현재 자기지지 능력의 정도를 조심스럽게 평가해 보고, 그에 따라 개입 방법을 선택한다면 좀 더 나은 결과를 얻을 수 있을 것이다. 이것은 종종 치료의 초기 단계에서 특정한 통찰 중심의 개입을 피하고 대신 내담자와 신뢰를 쌓고 내담자가 현실에서 경험하는 것들을 표현할 수 있도록 돕는 데 초점을 두는 것을 말한다. 치료적 개입이 참으로 도움이 되기 위해서는, 다음의 두 가지가 함께 이루어져야 하는데, 하나는 내담자가 주목하고 인정할 수 있는 진정성이 필요하고, 다른 하나는 공감적인 자기 지지를 할 수 있는 내담자의 능력 이상을 넘어가지 말아야 한다는 것이다.

제**12**장

똥, 수치심, 자기애[18]

내가 만나온 자기애성 내담자들 가운데 많은 이가 치료과정에서 '똥'에 관한 이야기를 하기 때문에, 나는 이 단어의 빈번한 사용을 자기애성을 진단할 수 있는 하나의 사인으로 고려하게 되었다. 내담자들은 자신이 '똥'처럼 느껴지거나, '더럽게(shitty)' 느껴진다고 했다. 다른 사람들은 '모두 자신에게 똥을 싸려고' 하거나 '자기에게 똥을 한 자루나 먹이려고' 하는 사람들 같다고 했다. 이런 내담자들은 '똥'이라는 단어를 기본적으로 다음의 세 가지 방식으로 사용하는 것 같다. ① 자신에 대한 은유(metaphor)로, 즉 과대자기가 상처를 받아 자신을 수치스럽고 치욕적으로 느껴 기가 죽고 결함이 있는 존재로 느낄 때, ② 행동화의 동의어 또는 ③ 다른 사람을 평가절하하는 방법으로 말이다.

두 번째인 행동화로 사용된 경우는 특히 다음 두 내담자들의 꿈을 통해 분명하게 이해할 수 있다. 첫 번째 꿈은 아름다운 중년 여성의 꿈으로, 나이가 들어 자신의 매력이 사라져 가는 것을 자신의 힘(power)의 상실로 인식하면서, 힘들지만 그걸 받아들이기 위해 치료를 받았던 사례였다. 그녀는 자신의 삶에 관해 그리고 남편이 자기를 충분히 지지하고 이해해 주지 못한다면서 끊임없이 불평해 왔지만, 그녀 역시 그를 떠나거나 또 다른 만족을 찾고 싶어 하지는 않았다. 그녀가 자신의 여러 이슈, 힘과 완벽주의 그리고 다른 이들이 자신에게 맞춰 주기를 바라는 욕구를 다루기 시작했을 때, 이 꿈을 꾸게 되었다. "내가 똥을 쌌는데, 오른손에 똥을 들고 머리 위로 올린 채 숲 속을 혼자 헤매고 있었어요. 나무들 사이를 걸어가며 똥을 내려놓을 결심이 서지 않았어요." 그 꿈은 그녀가 똥을 내려놓는 결정을 하지 못한 채 끝이 났다.

또 다른 꿈은 자기애성 남성 내담자가 행동화를 하는 꿈으로, 그는 사람들을 지배하려는 욕망과 사람들이 자기를 사랑하도록 만들고 싶은 욕구 사이에서 갈등을 겪고 있었다. 그가 꾼 꿈은 "나는 사무실 책상에 앉아 누군가와 통화를 하고 있었어요. 통화 중에 나는 의자에 난 구멍 사이로 똥을 싸고 있었지요. 이렇게 하는 것이 나에게 별로 불편한 일이 아니었는데, 그런데 그때 갑자기 나와 통화하는 사람이 그가 누구든지 내가 생각하는 것보다 훨씬 더 가까이 있고, 나를 볼 수 있고 내 똥 냄새를 맡을 수도 있다는 것을 깨닫게 되었어요." 그는 들켜버린 것처럼 불안함과 수치심을 느끼며 잠에서 깨어났다.

여기서 '똥'이라는 단어는 평가절하된 내담자의 자아, 즉 "그들은 나를 볼 수도 있었다." 그리고 다른 사람들을 평가절하하는 그의 행동화에 대한 은유로 사용되었다. 이 꿈에 대한 기억들을 통해 그가 누군가와 통화를 하면서 몰래 똥을 싸는 것을 매우 즐겼다는 것이 분명해졌다. 다른 사람을 향해 은유적으로 똥을 싼다는 것을 자신이 알게 된 것이다. 하지만 들켜 버리자, 자신은 '더러운 사람'이 되었고, 자신의 행동으로 인해 부정적인 결과가 생길 것이라는 것을 느끼게 되었다.

나는 칼 에이브러햄(Karl Abraham, 1921)의 말이 생각났다. 아이들이 자신의 똥을 싸거나 참는 과정에서 전지전능한 쾌감을 느끼게 되고, 이것이 나중에는 어떻게 변기를 일종의 왕좌, 즉 권력의 자리처럼 여기게 되는지에 대한 설명이 떠올랐다. 왕좌를 소유하고 있는 사람이 물론 왕이고, 특별하고 독특한 사람으로 다른 사람들을 무한한 힘으로 지배하며 자기를 존경하라고 명령하는 사람이다. 바로 이것이 내담자의 소원이었다.

프로이트(Freud, 1908)는 이보다 더 먼저 이 주제를 다뤘다. 그러나 그가 강조했던, 질서정연, 인색함 그리고 완고함이라는 성격적 특성은 자기애성보다는 강박적인 내담자를 더 잘 설명해 주는 것 같다. 반면, 에이브러햄은 프로이트의 관찰을 확장하여 그러한 특성들을 내담자의 항문기적 성격 속성으로 여겼는데, 오늘날 우리 대부분이 전형적으로 자기애적이라고 여기는 특성이다. 가식과 오만, 타인을 과소

평가하는 경향, 자기 자신의 독특성에 대한 과장된 믿음, 자신의 선택권에 대한 외부 방해에 극단적으로 민감한 반응, 그리고 다른 사람들이 자신의 요구에 따라주어야 한다는 것 등. 평가절하된 과시형 내담자를 치료해 본 경험이 있다면 누구라도 에이브러햄의 내담자가 말했다는 "내가 아닌 모든 것은 오물이다."라는 말이 매우 익숙하게 느껴질 것이다.

마스터슨 연구소의 리처드 피서(Richard Fischer)는 많은 자기애성 내담자가 어린 시절 사람들이 보는 앞에서 공개적으로 똥을 싸는 더럽고 수치스러운 초기 기억을 가지고 치료에 온다는 것을 나에게 상기시켜 주었다. 이 주제와 관련된 많은 이슈가 있는데, 그 모든 것이 상처 입은 자존심과 관련이 있거나 다른 사람에 대한 혐오감(실제거나 상상이거나)과 관련이 있다. 한 여성은 학교에서 갑자기 설사를 해 어쩔 수 없이 팬티에 똥을 쌌다는 이유로 집으로 보내졌던 것을 기억했다. 또 다른 내담자는 자기가 싼 똥을 치우느라고 자신의 더러워진 밑을 닦아 주던 어머니의 혐오스러운 얼굴 표정을 기억했다.

나는 이런 사건들이 내담자가 후에 경험하는 자기애적인 어려움들을 설명해 주기보다는, 오히려 이들의 심리 내적 구조의 중요한 측면을 구체적으로 보여 주는 스냅 사진들로서 어린 시절의 부정적인 면을 강조해 주는 것으로 본다. 즉, 구체적으로 마스터슨(1981)이 '잠재하고 있는 병리적으로 공격적이거나 공허한 대상관계 융합적 합일체(underlying pathological aggressive or empty object relations fused unit)'라고 부르는 것이라고 본다. 이 합일체는 거칠게 공격하며 평가절하하는 대상 표상이 자기 표상과 융합된 것이다. 여기서 자기 표상은 버려짐으로 인한 우울증과 연관된 것으로, 치욕적이고 공격적이고 공허한 자기를 말한다. 이런 기억들을 하나씩 탐색하게 되면, 수많은 부모-자녀의 상호작용을 상징하는 것으로 이는 결국 내담자의 심리 내적 구조의 일부로 내면화된 것으로, 이것은 다니엘 스턴(Daniel Stern, 1985)이 말하는 '반복되어 나타나는 일반화된 상호작용(repeated interactions that are generalized over time: RIGS)' 또는 일반화된 상호작용 표상과 다소 유사하다.

자기애성 내담자들 중 어떤 이들은 치료 과정에서 자신의 생각과 감정을 알려 달라는 치료자의 요구에 반사적인 반응을 하는데, 마치 공개적으로 똥을 싸거나 더러운 자신의 뒷모습을 보여 달라는 요구에 반응하듯이 한다. 예를 들면, 한 여성은 치료받는 일이 자신의 오래된 꿈을 떠올리게 했다고 말했다. 꿈속에서 그녀는 공터를 가로질러 걸어가고 있었는데 갑자기 바지가 벗겨져 버렸다고 했다. 내가 그녀에게 이 꿈의 의미가 무엇이냐고 묻자, 자기 생각에 그 의미는 뻔한 것이라고 했다. 자신이 부끄럽게 여기는 더러운 똥이 묻어 있는 자신의 밑을 치료자인 나에게 보여 줄 것을 내가 기대할 것이고, 자신은 그걸 당연히 보여 주고 싶지 않다고 했다.

우리는 '똥'에 대해 아마도 앞으로 더 자주 듣게 될 것이다. 왜냐하면 일상생활에서 욕하는 것을 사람들이, 특히 여성은 더욱, 대체로 좀 더 자유롭게 느끼기 때문이다. 이전에는, 우리가 앞에서 살펴봤던 동일한 이슈들(즉, 자신이 평가절하된 느낌, 다른 사람을 지배하고 평가절하하려는 마음, 자신이 가치 없고 역겹게 느껴지는 감정)을 교육을 받은 사람들이 똥이란 말 대신 좀 더 완곡하게 표현했을지도 모른다. 만약 에이브러햄의 내담자가 오늘 말을 한다면, 그는 아마 다음처럼 말했을 것이다. "내가 아닌 모든 것은 똥이다." 어쨌든 나는 더 이상 '똥'이나 '더러운'이라는 말을 아무렇게나 하는 욕설로 듣지 않는다. 그런 말들이 내담자에게 잠재적으로 중요한 심리 내적이며 대인관계적인 의미가 있다고 보기 때문에, 좀 심각한 자기애성 내담자를 치료할 때 나는 그런 말들을 어떤 가능성 있는 사인으로 여긴다.

제**13**장

민감한 내담자를 위한 자기 돌봄:
자기애적으로 취약한 부분을 이해하고 돌보는 방법[19]

우리 가운데 많은 사람이 자신이 너무 예민하지 않나 하는 생각을 한다. 다른 사람의 행동에 자주 상처 받고 화가 나는 자신을 발견하게 된다. 만약 여러분이 자신의 자존심이 항상 위태롭다고 느낀다면, 다음의 짧은 질문들에 답해 보라. 그런 후 취약감을 덜 느끼도록 도와줄 수 있는 제안들을 어떻게 사용할 수 있는지 알아보라. 각 질문에 "예"라고 답할 경우엔 Y에, "아니요"라고 답할 경우엔 N에 동그라미로 표시하면 된다.

1. 너무 예민하다는 말을 자주 듣는가?	Y	N
2. 다른 사람의 행동에 자주 실망하는가?	Y	N
3. 다른 사람들이 당신이 자기들에게 너무 기대를 많이 한다고 하는가?	Y	N
4. 부정적 피드백을 듣기가 많이 힘이 드는가?	Y	N
5. 경멸이나 모욕감을 자주 느끼는가?	Y	N
6. 공공장소에서 나중에 후회할 일들을 자주 하는가?	Y	N
7. 자신이 모르는 것이 있다고 인정하기가 어려운가?	Y	N

8. 언제나 흠잡을 데 없이 완벽하게 보이는 것이 당신에게 중요한 이유는 그것이 세상으로부터 자신을 보호해 줄 수 있는 갑옷처럼 느껴지기 때문인가?	Y	N
9. 다른 사람들을 향한 진정성 있는 관심을 갖기가 어려워서 자신이 관심의 중심이 되지 않을 때 지루하게 느껴지는가?	Y	N
10. 다른 사람들이 바보 같다는 생각이 자주 드는가?	Y	N

'예'라고 답한 문항을 모두 더하여 점수를 매겨 보라. 당신의 점수는 다음의 어느 범위에 속하는가?

0~2:	당신은 아마 상당히 건강할 것이다. 당신은 다른 사람들이 왜 그렇게 민감한지 알아보기 위해 이 글을 읽고 싶을 것이다.
3~5:	사람들이 알지 못하지만 그들이 당신에게 더 많은 상처를 줄 것이다. 당신은 대인관계 스트레스를 줄이기 위해 몇 가지 방법들을 배우고 싶을지도 모른다.
6~8:	이렇게 예민한 것은 웃을 일이 아니다. 도움을 받고 방법을 배우려면 계속 읽어 보라.
9~10:	당신은 너무 신경을 쓰기 때문에 사회생활이 매우 어렵다. 왜 주변의 다른 사람들과 그렇게 자주 불편한지, 그것에 대해 무엇을 할 수 있는지 더 많이 이해하게 되면 기분이 훨씬 좋아질 것이다.

1. 자기애적인 취약성

만약 당신이 이 질문들 가운데 두 개 이상에 '예'라고 답했다면, 아마도 당신은 심리학자들이 말하는 자기애적인 취약성을 경험했을 것이다. 우리가 가끔씩 경험하는 그 끔찍한 기분, 바로 자신의 가치에 대한 확신 없음 그리고 흔들리는 자존감을 지탱하기 위해 다른 사람들로부터 인정과 찬사를 구하거나 또는 내가 그런 사람들보다 훨씬 낫다고 스스로를 토닥이던 때가 있었을 것이다. 기분을 좋게 만들기 위해 그토록 노력하는 이면에는, 그 순간 다른 사람이 나를 어떻게 보는가에 나의 존재 가치감이 달려 있기 때문이다. 그리고 그들에게 나의 취약한 부분들이 노출되면 거절당하고 치욕을 느끼게 될 것이라는 두려움이 있기 때문이다.

대부분의 사람은 가끔씩은 자신을 취약하다고 느낀다. 그런데 불안한 자존감이 삶의 방식이 되어 버린 이들도 있다. 어떤 남자는 저녁 식사 데이트 날짜를 미리 정할 수가 없었다. 당일 저녁에 자신이 어떤 기분이 될지 전혀 알 수가 없기 때문이었다. 자신의 자존심을 뒤흔들어 버릴 어떤 일이 생겨서 저녁 식사를 즐길 수 있는 자신감을 때 맞춰 다시 찾지 못할까 봐 두려웠던 것이다. 많은 사람들이 이와 같이 자신의 삶이 세상의 손에 달려 있는 것처럼 살아간다. 타인의 찬사와 관심이 자신에게 집중된다고 느낄 때, 이들은 자신감을 경험하고 기분이 좋아진다. 그렇지 않으면 자신을 가치 없게 느낀다. 이런 사람들에게 부족한 것은 남들이 자신을 어떻게 보는지와 무관하게 자존감을 조절하고 안정시킬 수 있는 내적인 메커니즘이다. 자기애적으로 취약한 이들의 자존감은 온도계의 수은과 같다. 자기 밖에서 무슨 일이 일어나는지에 따라서 올라갔다 내려갔다 한다. 밖이 따뜻하면(즉, 다른 사람들이 자신에게 찬사를 보낼 때)는 수은주가 올라간다. 밖이 차가울 때(다른 사람들이 자신에게 비판적이거나 무관심할 때)는 내려간다.

사람들이 자신의 내적 상태를 스스로 조절할 수 없을 때는, 자주 다른 사람이 자기 대신 조절해 주기를 바란다. 심리치료자들은 이런 경우에 '자기 대상'이라는 용어를 사용한다. 즉, '자기 대상'을 통해 자신을 스스로 확장하여 진정시키고 달래며 존재를 확인받는다. 그래서 어떤 일상의 사건들이 우리를 힘 빠지게 하여 정상에서 벗어났다고 느낄 때, 우리가 자신감, 침착성과 평정심을 회복할 수 있도록 다른 사람을 어떻게 이용하는지를 설명하기 위해 '자기 대상'이라는 용어를 사용한다. 거의 모든 사람이 어느 정도는 이처럼 자기 대상을 이용한다. 즉, 우리가 화가 났을 때 친구에게 전화를 걸어 나 대신 친구가 나를 안심시켜 주기를 바라는 경우처럼 가벼운 형태를 취할 때도 있다. 또는 좀 더 극단적인 방식으로, 다른 사람이 내가 말하지 않아도 내 마음을 알아서 원하는 것을 해 주기를 기대하면서, 그 상대방이 그렇게 해 주지 않을 때 상처받고 화가 나는 것과 같은 형태로 나타날 수도 있다. 이와 같은 극심한 형태의 타인 의존은 끔찍한 일이다. 이처럼 우리가 스스로를 안심시키거나 진정시키고 자신의 존재를 확인하는 방법을 모른다면, 우리는 화가 나게 된다. 누군가가 우리를 구조해 줄 때까지 또는 피곤이 몰려와 잠이 들어 버릴 때까지 말이다. 마치 기저귀가 젖고 배가 고파 우는 아기와 같다. 아기가 자신이 비참한 상태라는 것은 느끼지만, 무얼 어떻게 해야 할지 모르듯이 말이다.

　자신을 특히 취약하다고 느끼는 사람들 가운데는 습관적으로 다른 사람들이 자신의 기분을 완벽하게 맞춰 줄 것을 기대하는 이들이 있다. 그래서 이해받지 못하는 고통을 경험할 필요가 없도록 말이다. 이런 방식으로, 다른 사람들이 관심을 갖고 우리에게 맞춰 줄 의사가 없거나 맞춰 주지 않을 때, 우리는 상처받고 분노를 느끼며 그들이 우리를 신경 쓰지 않거나 상처 주고 싶어 한다고 생각한다. 특권의식이 잠재되어 있는 것이다. 상처를 쉽게 받고 상처를 스스로 치유할 줄 모르기 때문에, 다른 사람이 우리를 다치지 않게 하기 위해서는 우리에게 맞춰 주어야 한다고 생각한다. 다른 사람들이 자신의 방식까지 포기하고 심지어 자신의 욕구나 필요까지도 무시한 채 우리의 욕구와 필요가 우선이 되어야 한다. 이런 일들은 겉으로 보기에는 누구의 자존심도 위협할 것 같지 않은 일상의 소소한 대인관계에서도 자주 나타난다.

　예를 들면, 내 친구 마크는 말하는 동안 방해받는 것을 싫어했는데, 심지어 초인종 소리나 누군가가 질문을 하는 것까지도 방해로 여겨서, 자신의 생각으로 다시 돌아오는 것이 어렵다고 했다. 사람들이 정말로 자기의 말에 관심이 있다면, 방해하지 않을 것이라고 생각했다. 마크의 그런 이면에는 뭔가 재미있는 말을 할 수 있는 능력이 자기에게 있을까 하는 불안감이 잠재해 있었다. 따라서 말하는 동안 누군가가 산만해지면, 그걸 자기가 재미없는 사람이라는 증거로 받아들여 자기 가치감이 그 순간 곤두박질치며 사라지게 된다. 그런 다음에는 상대방에게 화를 내며 부주의하다는 이유로 공격하는데, 이때 마크의 진짜 이슈는 자신의 흔들리고 있는 자존감이었다.

1) 우울과 자기비판

상황을 더욱 복잡하게 만드는 것은 환경이 우리를 지지해 주지 못하거나 우리가 스스로를 지지할 수 없을 때, 사람들은 자주 증오스러울 정도로 자기 비판적이 되고, 그로 인해 우울증에 빠지게 된다는 것이다. 겉으로 보기엔 소소한 사건이라도 자기혐오적인 우울증으로 빠질 수 있는데, 촉발 사건과 전혀 어울리지 않는 과장된 반응이다. 이런 일은 다른 경우라면 합리적이고 지적으로 반응할 수 있는 사람들에게도 일어난다.

예를 들면, 수잔은 여자 친구들과 함께 앉아 있었는데, 자신이 잘 알지 못하는 주제에 관해 친구들의 이야기가 시작되자 거기 있던 친구들과 자신을 비교하면서 스스로 낙담하게 되었다. '어떻게 나는 이 일에 관해 아무것도 모를 수가 있지. 이 친구들은 알고 있는데? 여기 이렇게 앉아만 있는 내가 꼭 바보 같아. 이 친구들은 날 바보로 생각하거나 따분하다고 여기겠지.' 상황을 이런 식으로 보면서 점점 더 자신을 의식하게 되었고, 다른 친구들이 하는 말에 집중하기조차 힘들다는 것을 알게 되었다. 그날 밤 그녀는 침대에 누워 친구들과 했던 대화를 반복적으로 떠올리며 점점 더 기분이 나빠졌고, 자신을 미워하기 시작했다. 결국 다른 친구들이 자신을 어리석다고 생각할 것이고, 좋아하지도 않을 것이고, 자기가 떠난 다음에 자기 얘기를 했을 것이라고 확신하게 되었다. 다음날 아침 기분이 우울하여 침대에서 일어나기 힘들었다. 그때부터 그 친구들을 피했고, 그 이유를 친구들은 전혀 알 수가 없었다.

자신의 무지와 불완전함이 노출되는 것을 무의식적으로 두려워하는 사람들 중에는 자신을 안전하게 지켜 줄 것 같은 정교한 대화 전략을 개발하는 이들도 있다. 즉, 자기가 알고 있는 것보다 더 많이 아는 척을 한다거나, 다른 사람을 무시하거나, 자신이 더 잘 알고 있는 주제로 화제를 돌리거나, 또는 통제감을 유지하기 위해 대화를 주도하기도 한다.

2) 자신감이라는 가면

이러한 불안감을 가지고 있는 사람은 자신의 불안을 남들에게 숨기는 데 뛰어나다. 내가 '자신감 가면'이라고 하는 것을 쓰고 있는 이들이다. 이들은 자신을 보호하기 위해 자기 확신에 찬 자신감 있는 분위기를 풍긴다. 그 이면에서는 상처받기 쉽고 불안하고 가치가 없다고 느끼지만, 이들을 잘 알지 못한다면 누구라도 이들의 진짜 감정을 짐작하지 못할 것이다. 또 어떤 이들을 보고 자주 감탄하며 부러워하는

데, 자신도 그처럼 뛰어나고 자신만만했으면 좋겠다고 생각한다.

가면은 축복이자 부담이다. 안전감을 주지만, 또한 결함이 있는 자기 모습이 다른 이들의 시선에 노출될 수 있다는 두려움을 강화하기 때문이다. 다른 사람이 자신의 가면에 속아 자기를 동경할수록, 자신이 가짜로 드러나는 일이 생길까 봐 더 두려워하게 된다.

2. 어떻게 해야 하는가

만약 지금까지 설명한 내용들을 접하면서 자신을 알아차리게 되었다면, 갈등을 느끼고 있는 자신을 발견했을 것이다. 한편으로는, 자신이 느끼고 있는 것들을 다른 사람들도 경험하고 있다는 것을 알고 안심이 되기도 했을 것이다. 반면, 때로는 자신을 불완전하고 불안하게 느낀다는 것이 드러나서 부끄러워질 수도 있을 것이다. 이런 식으로 가끔 느낄 때도 자주 느낄 때도 있을 것이다. 그러나 어떤 일로 불안이 촉발되었을 때, 스스로를 돕기 위해 할 수 있는 일들이 있다.

1) 자신에게 친절하라

소중한 친구가 당신의 처지가 되었고, 어떤 일이 그 친구를 믿을 수 없을 정도로 불안하고 상처받게 했다고 상상을 해 보자. 당신은 아마 그 친구가 하는 말을 인내하며 들어주고 친절하게 안심시킬 것이다. 평소에 그 친구에 관해 좋아하던 몇 가지 긍정적인 점들을 상기시켜 줄 것이고, 그 친구를 앞으로도 무슨 일이 있어도 좋아할 것이라고 말해 줄 것이다. 그런 식으로, 우리는 언제 자신의 불안한 자아를 안심시키고 친절하게 대해 주어야 할지 알아차릴 필요가 있고, 또 스스로 그런 필요들을 채워 줄 수 있도록 준비할 필요도 있다.

2) 균형감을 유지하라

스스로에게 물어보라. "균형감을 유지하는 것이 나에게 정말 얼마나 중요한가?"

예를 들어 앞의 수잔의 경우처럼, 그녀 삶의 전체 맥락에서 그 한 번의 대화가 그렇게 중요한 것일까? 비록 그 친구들이 자신을 지루하다고 생각했다고 해도(실은 그랬다는 증거도 없는), 그녀의 삶에 별로 큰 영향을 미치지 않았을 것이다. 여전히 같은 직장에서 일을 하고, 같은 배우자와 결혼생활을 하고, 같은 집에서 살고 있었을 것이다.

3) 겁쟁이가 되지 말라

당신이 처한 상황이 미래에 어떤 영향을 미치게 될까 하는 식의 부정적이며 공허한 환상을 지속적으로 정교하게 펼치지 말라는 뜻이다. 당신은 더 우울해지고, 그런 상상을 하는 동안 완전히 잘못된 생각에 빠져들게 될 것이다. 정말 미래를 미리 준비하고 싶다면, 예를 들어 주식에 좀 더 투자할 수도 있을 것이다.

4) 당신이 언제 '파국적'이 되는지 알아차리고, 보다 현실적인 사고로 대체하라

파국적이 된다는 것은 상황을 극단적으로 받아들이고 발생할 수 있는 최악의 결과를 상상하는 것을 말한다. 예를 들면, 빌은 전에 우연히 알게 된 어떤 남자가 길에서 자신에게 인사하지 않은 일로 끔찍한 자기혐오 우울증에 빠진 적이 있다. 그가 자신을 일부러 무시한 것이라는 상상을 했다. 그런 후에, 별로 잘 알지도 못하는 사람이 왜 자기를 무시한 것인지 그 답을 찾으려는 과정에서 자신에 관한 끔찍한 말을 그가 들었을 거라는 상상을 했다. 빌은 자신이 숨기고 싶어 하는 모든 결점들과 부끄러워할 만한 행동들을 마음속으로 검열하면서 점점 더 두려워지고 우울해졌다. 그런 후 이 남자가 자신에 관해 다른 이들에게 말을 할 것이고 그들이 나를 외면하게 될 것이라는 상상을 했다. 자신을 알고 있는 모든 사람이 자기에 관해 말을 하면서 피하는 상상을 했다. 결국 한 명의 친구도 없이 외롭게 자살을 생각하게 될 자신을 떠올리게 되었다. 일주일 후 빌은 그 남자가 근시로 인해 자신을 전혀 보지 못했다는 것을 알게 되었다. 만약 이러한 파국적인 생각을 하지 않았다면, 그 남자가 인사도 없이 지나쳤을 때 어리둥절하며 상처를 받았겠지만, 그가 경험했던 그 깊은 공포와 우울로부터는 구원을 받을 수 있었을 것이다.

5) 당신이 다른 사람의 세계에서 중심이 아니라는 것을 받아들이라

그들은 당신과는 상관없이 자신 만의 관심거리와 문제를 가진 이들이다.

6) 사람들이 서로 주고받는 행동의 대부분은 '개인적 감정'에서 나온 것이 아니라는 것을 기억하라

바로 앞에서 언급한 제안의 당연한 귀결로 당신에게 그러한 일이 생겨서 상처를 받게 되면, 그것을 사적인 감정이 없다고 보기 어렵다는 것을 알고 있다. 그러나 아마도 그들이 자신에 관한 생각을 하고 있었고 당신에게 상처를 주려는 의도가 없다는 것을 기억할 수 있다면, 그렇게 화가 나고 우울해지지는 않을 것이다.

7) 당신의 행동이 당신에게 도움이 되는지 확인하라

예를 들면, 당신이 새 친구를 저녁 식사에 초대했다고 상상해 보자. 그런데 종업원이 주문하지 않은 음식을 가져왔고, 음식은 식었고, 계산서를 당신 대신 초대한 친구 앞에 놓았다. 당신은 당황하고 화가 나서, 충동적으로 그 종업원에게 소리를 지르며 관리자에게 말하겠다고 한다.

충동적으로 행동하기 전에 당신이 원하는 것이 무엇인지 스스로에게 물어보라. 친구와 함께 즐거운 저녁 시간을 보내는 것이 당신이 진심으로 원하는 것이라면, 두 사람 모두를 위해 당신의 행동이 그걸 망치지 않도록 하라. 내가 앞에서 제안했던 '균형감을 유지하라'를 적용하여, 일어난 모든 일은 단지 잘못된 식사일 뿐이었다는 것을 스스로에게 상기시키면서 균형감을 유지하도록 노력하라. 자신의 목표를 해치지 않는 방식으로 만족을 얻을 수 있는 다른 방법이 있는지 스스로에게 물어보라. 이런 경우엔 나중에 당신이 후회할 장면을 연출하는 대신, 서비스에 대한 불만 사항을 관리자에게 메모로 남기겠다고 생각할 수도 있을 것이다.

8) 상대방의 관점에서 보려고 하라

조앤은 친구 딸의 결혼식에서 그저 그런 자리라고 여겨지는 테이블에 앉게 된 것에 대해 몹시 모욕감을 느꼈다. 그녀는 친구들이 있는 테이블에 앉기를 기대했었다. 하지만, 좀 더 생각해 보니, 혼주인 친구가 아마도 해결해야 할 좌석 문제가 있을 수 있겠다는 것을 깨닫고 그 자리가 최선이라고 생각하게 되었다. 그녀는 이 중요한 시점에서 친구를 지지하고 자기의 불편함을 내려놓거나, 아니면 소란을 피우며 친구와의 우정을 망칠 수도 있었을 것이다. 조앤은 자신의 감정을 조절하기 위해서 내가 제안했던 항목들을 적용한 것이다(즉, 균형감을 유지했고, 자신이 다른 이들의 세계에서 중심이 아니라는 것, 그리고 개인적인 감정 때문이 아니라는 것을 스스로 깨닫게 된 것이다). 그리고 '당신의 행동이 자신에게 도움이 되는지 확인하라'를 적용하여 자신의 행동을 조절할 수 있었다. 그 결과, 그녀는 자신의 상황을 최선으로 만들기로 마음을 먹고 함께 앉아 있던 사람들과 즐거운 시간을 가지려고 노력했다.

9) 인생에서 성취한 모든 일을 스스로 상기해 보라

우리가 상처를 입거나 불안을 느낄 때, 자신감을 잃기 쉽다. 잠시 동안 우리가 성공했던 경험들(실패 대신)을 검토해 본다면, 기분은 더 빨리 더 많이 좋아질 것이다.

10) 당신이 좋아하고 집중할 수 있는 일을 하라

기분이 나빠지면 무엇을 하든 그 기분이 영원히 우리 곁에 머물 것처럼 느껴지지만, 그것은 정말 사실이 아니다. 우리가 좋아하는 어떤 것에 완전히 몰입하는 순간, 기분은 변한다. 이것은 우는 아기를 달래기 위해 새 장난감에 관심을 돌리는 원리와 동일하다.

어느 날 마음이 차분해지면, 기분을 전환하기 위해 할 수 있는 일들을 생각하면서 잠시 시간을 보내도록 해보라. 음악을 듣거나, 자연 속에서 산책을 하거나, 따뜻한 목욕을 하면서 긴장을 풀거나, 어떤 형태의 신체 운동을 하거나, 서랍 정리를 하는 것과 같은 생산적인 활동이 도움이 된다는 걸 많은 이가 알고 있다. 도움이 필요할 때 스스로를 도울 수 있도록 마음에 드는 정서적인 활동 목록을 만들어 보라. 미리 준비하는 것이 중요하다. 아무 준비 없이 지내다가 기분 나쁠 일이 생기면, 너무 비관적이 되어서 자신이 좋아하는 어떤 것도 기억조차 하지 못할 수도 있다.

11) 자신의 취약점을 건드릴 수 있고 불안을 느끼게 할 수 있는 상황이 어떤 것인지 파악하라

여러분이 특히 정서적으로 취약하거나 유난히 불안하다고 느낄 때는 이런 상황들을 피하도록 하라. 예를 들어, 당신이 취약한 상태라면, 상사에게 월급을 올려 달라고 하거나, 전남편 부부가 참석하는 파티에 가는 것은 최선의 선택이 아닐 것이다. 만약 여러분이 취약한 상태에서 무언가를 해야 한다면, 미리 준비하여 자신의 경계를 풀지 않도록 주의하라. 일이 생기기 전에 이 제안 목록들을 검토하고 자신의 자존감과 안전감을 확보하고 높이기 위해 자신이 할 수 있는 모든 것을 하라.

제**4**부

분열성 성격 적응

제**14**장

분열성 성격 적응 내담자의 꿈과 접촉에 대한 두려움

신비주의자들은 우리가 붙잡을 수 없는, 욕구라는 붉은 장미를 영원히 쫓으며 살고 있다고 한다. 욕구는 우리의 방향을 설정해 주는 장치로, 순간순간 우리가 향할 길, 즉 이쪽을 향할 것인지 저쪽을 향할 것인지를 선택하게 한다. 우리가 의자에 좀 더 편안히 앉기 위해 몸을 움직이거나, 결혼을 하기로 마음을 정하거나 우리의 모든 충동, 모든 움직임은 욕구라는 장미를 붙잡기 위한 시도이다.

게슈탈트 치료에서도 욕구와 관련하여, 조금 덜 시적이기는 하지만, 유사한 방식으로 동일한 이야기를 한다. 우리는 그걸 간단하게 접촉/물러남 주기(contact/ withdrawal cycle)라고 부른다. 이론가들은 이것을 다양한 방법으로 설명하지만, 본질은 다음과 같다. 우리의 신경계는 한계가 있고 우리의 감각은 유한하다. 우리는 사실상 무한한 데이터 홍수 가운데 빠져 살고 있으며, 그로 인해 거의 무제한으로 가능한 선택과 행동을 할 수 있다. 우리는 이 데이터 홍수에서 어떻게 항해해 갈 것인가? 무엇에 초점을 맞춰야 할까? 그렇게 많은 가능성이 손짓을 할 때 어떻게 길을 선택할 것인가?

우리가 가야 할 방향을, 쾌락과 고통 그리고 전경에 떠오르는 필요와 욕구가 결정하도록 우리는 그렇게 만들어졌다. 우리 내부와 외부 세계의 무수한 데이터들로부터 어떤 것은 우리의 전경이 되고, 그것은 우리의 관심을 사로잡는다. 그것은 어디서나 볼 수 있는 바나나처럼 따분한 것일 수도 있고, 새 연인처럼 흥분되는 것일 수도 있다. 만약 우리가 그럴 능력이 있다면, 자동적으로 관심의 대상을 향해 움직이게 된다. 일이 잘 풀리면, 우리는 접촉하게 되고 만족하게 된다. 만족은 포만감으로 이어지고, 결국은 물러남으로 이어지는데, 아마도 행복한 잠깐의 성취를 경험하게 될 것이다. 그런 후에는 접촉/물러남 주기가 완결된다(Perls, Hefferline, & Goodman, 1951/1994, pp. 182-183; Polster & Polster, 1973, p. 176). 실제 생활에서는 많은 주기가 동시에 진행된다. 어떤 주기는 완결되고, 어떤 주기는 결코 완결되지 못한다. 명확한 이해를 위해 접촉/물러남 주기 전체를 단순화해 보면, 다음과 같을 것이다.

알아차림 → 욕구 → 행동 → 접촉 → 만족 → 물러남

그러나 우리가 가장 원하는 것을 두려워하게 된다면 무슨 일이 생기겠는가? 주저하게 되고, 또 다른 질문들이 떠오르면서 완결 주기가 방해받게 될 것이다.

앞에서 말한 것들은 물론 우리 모두에게도 해당된다. 하지만 분열성 내담자들 가운데 어떤 이에게는 다른 사람과의 친밀한 접촉을 완결하는 일이 평생에 걸친 과제와도 같다. 그들은 장미를 원하지만 가시를 두려워한다. 어린 시절의 경험으로 인해 이들은 다른 사람과의 친밀한 접촉이 근본적으로 안전하지 않다는 내적인 깊은 확신을 갖게 되었다. 이들에게 접촉은 자율성을 상실하는 것, 심지어는 자신의 존재 상실을 의미한다. 다른 사람은 언제든지 자신을 침범하고 지배하고 자신을 무단으로 도용하고, 신뢰할 수 없는 사람들로 여겨진다.

우리가 분열성 성격 적응 패턴을, 자주 충족되지 못하고 좌절되는 욕구(즉, 타인과 안전하게 서로 사랑하고 친밀한 관계를 맺고 싶은 욕구) 가운데 하나로 본다면, 접촉/물러남 주기는 우리에게 이 이슈를 좀 다른 방식으로 이야기할 수 있는 언어를 제공해 주게 될 것이다.

1. 꿈과 접촉에 대한 욕구

일단 욕구가 충족되어 해결되면, 새로운 욕구가 그 자리를 차지하고, 접촉/물러남 주기는 반복적으로 일어난다. 그러나 좌절된 욕구는 영원할 수 있다. 그것은 우리가 채워 주기를 기다리며 숨어 있다. 이처럼 좌절된 접촉을 향한 갈망은 자주 내담자의 꿈을 통해 나타난다. 다음은 분열성 내담자가 치료 회기에 내놓은 꿈들이다. 이 특별한 꿈들을 여기에 소개하는 이유는 분열성 내담자가 다른 사람과 관계를 맺으려고 할 때 경험하게 되는 어려움을 선명하게 보여 주기 때문이다.

1) 접촉을 시도했는데 실패하는 꿈들

꿈속에서 내담자는 여전히 다른 사람과 접촉할 수 있다는 희망을 가지고 있다. 그러나 이들의 접촉에 대한 두려움은 꿈속에서 상징적인 형태로 나타나며, 접촉에 대한 욕구는 좌절된다. 접촉/물러남 주기로 보면 다음과 같다.

알아차림 → 욕구 → 행동 → 부분적인 접촉과 좌절

(1) 부분적으로 접촉한 꿈

내담자 제프는 다음과 같은 꿈을 보고했는데, 그것은 나와 접촉을 시도하다가 실패하는 꿈이었다. 치료에서 나와 접촉할 수 있는 길을 찾으려는 것이 얼마나 어려운지를 이 꿈이 보여 주고 있다면서 다음과 같이 말했다.

> **나는 내려오는 엘리베이터 안에 있어요. 난 선생님이 계신 층으로 가려고 하는데, 그 층에 도착하기 2피트 전에 엘리베이터가 멈춰 버려요. 엘리베이터 문은 모두 열려 있지만, 난 선생님을 무릎 아래로만 볼 수 있어요. 난 좌절감을 느껴요. 난 나갈 수가 없고, 선생님은 들어올 수가 없어요.**

내가 자세히 설명해 달라고 했을 때, 자신이 '내려오는' 엘리베이터에 있다는 것이 중요하다고 했다. 최근에 그가 좋아하는 사람과 접촉하려고 할 때 일어나는 일이 한 가지 있는데 자신이 좀 미친 것 같고 의기양양해지는 것을 알게 되었다고 했다. 기분은 좋지만 그렇게 감정적으로 '고조'되는 것은 다른 사람과의 거리를 멀게 하여 접촉을 더 어렵게 만든다고 했다. 다른 사람과 만나려면 자신이 '내려와야' 한다고. 그는 이어 오직 '무릎 아래로만' 나를 볼 수 있다는 것이 답답하지만, 그래서 또 안전하다고 했다. 나의 모든 것과 연결되기를 원했지만, 그것이 위험하게 느껴진 것이다. 그래서 꿈속에서 나를 부분적으로만 만나는 것을 허락한 것이다. 꿈속에서는 나의 팔이 보이지 않아서 내가 그에게 손을 내밀거나 붙잡을 수 없었고, 내 얼굴이 보이지 않았기 때문에 내가 그를 볼 수 없도록, 그리고 그가 듣기 싫어 했을 말을 내가 하는 것으로부터 자신을 보호하고 있었다. 상징적으로 그는 더 많은 접촉을 갈망하면서도, 안전하게 내 다리만 보았고 그것으로 만족했던 것이다.

제프는 나와 연결되지 못하는 것을 내 탓이라고 비난한다고 했다. 일부러 나를 숨기거나 자기가 다가가려고 하면 철회하는 것으로 생각했다고 말이다. 그렇지 않았지만, 내가 자신과 연결되는 것을 피하고 싶어 한다고 생각한 것이다. 이제는 자신이 나와(또는 그 누구와도) 진정한 관계를 맺는 것에 관해 매우 양가적이라는 것을 알아차리게 되었다. 하지만 회기 중에서는 가끔씩 멀어지는 사람이 여전히 나인 것처럼 느끼고 있었다.

(2) 꿈 접촉의 위험성

제프는 또한 다음과 같은 꿈을 들려주었는데, 다른 사람들과 연결되고자 할 때 얼마나 위험하게 느끼는지를 강력하게 드러내 주는 꿈이었다.

> 나는 조지 워싱턴 다리를 건너려고 하고 있어요. 그 다리는 매우 위험해요. 다리를 가로질러 감전될 수 있는 전깃줄이 흩어져 있어 내가 실수로 만지기라도 하면 죽을 수도 있기 때문이에요. 나는 위험하다는 것을 알기 때문에 다리를 계속해서 건너가는 것이 매우 두려웠죠. 다리를 다 건너기 전에 잠에서 깼어요.

그는 이것을 다음과 같이 해석해 주었다.

그 조지 워싱턴 다리는 선생님과 나와의 접촉을 말하죠. 나는 선생님과 안전하게 접촉할 수 있는 방법을 찾으려고 하고 있어요. 감전될 수 있는 전깃줄은 선생님과 접촉되면 내가 얼마나 충격을 받고 취약해지는지를 알려 주죠. 접촉은 매우 위험하게 느껴져요. 만약 누군가가 강한 충격을 받는다면, 그것 때문에 죽을 수도 있어요. 이 꿈의 모든 것은 내가 얼마나 조심스럽게 선생님과 접촉해야 하는지를 알려주고 있죠.

2) 압도되거나 망가진 자신에 대한 꿈

이 꿈들은 다른 사람과 접촉하려는 시도조차도 견딜 수 없는 스트레스로, 내담자의 부서져 버리거나 깨어지기 쉬운 감정에 초점을 맞춘 것들이다. 접촉/물러남 주기의 관점에서 보면 다음과 같다.

알아차림 → 욕구 → 자기 파괴의 잠재적 공포

· 압도당하는 꿈

내담자 리사는 다른 사람과 함께 있어야 할 때 자주 압도당하는 느낌이라고 했다. 그녀의 꿈은 다음과 같다.

나는 광대한 바다 한가운데 있는 작은 섬에 있어요. 나 혼자뿐이에요. 바다를 보니 날씨가 나쁜데, 파도가 나를 향해 급속도로 달려오고 있어요. 나는 몹시 두려워요. 마천루 같은 거대한 파도가 섬 전체를 덮치려고 하고 있어요. 그것이 섬을 치게 되면 난 죽을 거예요. 그것이 나를 덮치려는 순간 나는 잠에서 깨요.

이 꿈 작업을 우리는 함께했다.

리사: 나는 바다 한가운데에 홀로 있는 작은 섬이에요. 그 거대한 파도는 내가 느끼고 있는 감정이 분명해요. 그 파도에 압도당할 수 있다는 이 두려움은 내가 파티에서 사람들과 함께 있어야 할 때의 기분과 아주 많이 닮았어요. (리사는 말을 멈췄고, 나는 잠깐 기다렸다.)

> EG: 파도에 관해 내가 질문을 해도 될까요? (나는 그녀가 '압도감'을 덜 느끼도록
> 그녀의 허락을 구한 것이다.)
>
> 리사: 네.
>
> EG: 당신은 자신의 감정을 마치 자신 밖에 있는 어떤 것으로, 자신을 향해 달려
> 오고 있는 파도로, 즉 자기 안에서부터 나오는 것이 아닌 것처럼 여기는
> 군요. 그게 당신에게는 어떤 의미일까요?
>
> 리사: 난 항상 몹시 무기력하고 압도당한다고 느껴요. 감정은 마치 나에게 일어
> 나는 어떤 사건처럼 느껴지죠. 나는 그것들을 통제할 수 없다고 느껴요.
> 그것들은 나에게 덤벼드는 것이지, 나에게서 나오는 게 아닌 거예요.

리사는 이어지는 치료 회기에서 이 꿈을 자주 언급했다. '파도와 작은 섬'은 우리
가 함께, 그녀의 접촉에 대한 두려움을 다루기 위해 사용할 수 있는 상징이 되었다.
그녀의 꿈이 상징하는 것을 사용하는 것이 우리가 참을 만한 접촉의 한 형태가 되었
고, 그것은 우리 사이의 간격을 안전하게 메꿀 수 있는 첫 방법이 되었다. 다음은 리
사의 관찰이다.

> 나는 내가 그렇게 강한 성격은 아니라고 생각해요. 매우 가냘프고 대단치 않은 존재로 느
> 껴요. 다른 사람들은 나에게는 매우 단단해 보여요. 나와 같은 종류의 문제를 갖고 있는 것
> 같지 않아요. 나는 매우 외롭고 남들과 다르다고 느껴요. 나는 이것이 정신 나간 소리이고
> 그럴 수 없다는 것도 알지만, 내가 만약 계속해서 사람들과 접촉을 시도하고 성공하게 된다
> 면, 내가 그들에게 너무 압도된 나머지 (그 작은 섬이 파도에 압도당했던 것처럼) 내가 느끼
> 고 있는 이 아주 작은 나의 존재감까지도 전멸되어 버릴까 봐 두려워요.

• 부서지거나 부분적으로 완성된 집에 대한 꿈

내가 만난 분열성 내담자들 가운데 몇 사람은 다음과 비슷한 꿈을 꾸었다고 보고
했다.

> 나는 어떤 집에 있어요. 어머니 집인지 내 집인지는 잘 모르겠어요. 지붕은 부분만 완성
> 된 채 전체가 비바람에 노출되어 있어요. 이것이 위험한 상황이라는 것을 나는 알고 있어요.

나는 바닥 수리 작업을 하고 있어요. 집 수리가 끝나기 전에 폭풍이 몰아칠까 봐 걱정이에요. 어머니가 나타나서 내 옆에서 일하기 시작해요. 엄마가 바닥에 구멍을 파는 것 같아요. 왜 구멍을 파는지, 그게 어떤 도움이 될지 나는 모르겠어요. 엄마는 내가 여기 있다는 것조차 눈치 채지 못하는 것 같아요.

이와 같은 꿈의 다른 버전들을 여러 번 들어 왔기 때문에, 내 내담자들이 제공해 주던 그 꿈들의 공통적인 의미를 설명해 보기로 하겠다. 여기서 집은 내담자의 자기감(sense of self)을 상징하는 것이다. 안전한 안식처가 되기보다는 비바람에 노출되어 있는 집이다. 내담자들은 이것이 세상에서 안전감을 느끼는 데 필요한 보호장치가 없다는 것을 의미한다고 했다. 이 모든 것이 만성화된 위기감을 느끼도록 만든다. 이 꿈을 꾼 내담자가 어머니의 집인지 자기 집인지 확신이 서지 않는다는 것은 내담자의 내면이 어머니로부터 확실하게 분화가 이루어지지 못했다는 것을 말한다.

이들에게 '바닥을 수리한다'는 것은 은유로 치료를 통해 내담자가 자기감 형성을 위한 안전한 기반을 구축하고 싶어 한다는 의미다. 위험하고 도움도 되지 않는 어머니의 등장은 내담자가 어린 시절, 그리고 어떤 경우에는 현재도, 자신이 어머니와의 관계를 어떻게 인식했는지에 대한 내면화된 표상을 나타낸다. 어머니는 자기감의 기초인 자기 정체성을 공격하고 있다. 어머니가 내담자를 알아차리지 못했다는 것은 자신이 진짜 누구인지에 관해 어머니가 아무런 관심이 없다는 자기의 믿음을 반영한다. 어머니의 행동은 이런 내담자에게 또는 이들의 필요에 맞춰져 있지 않다.

(1) 어머니의 무관심

수많은 분열성 내담자가 자기 어머니의 무관심에 관한 구체적인 사례들을 나에게 말해 주었는데, 이들의 말대로 어머니가 자신이 무얼 원하는지 정말 알지 못하고 관심도 없었다는 것을 다음과 같이 상징적으로 완벽하게 보여 주고 있었다.

배리는 어머니가 자기에게 스웨터를 떠 주는 것을 좋아했는데, 어머니는 자기가 한 수고에 많은 칭찬을 기대했지만, 스웨터는 언제나 너무 작아서 입을 수가 없었다고 했다. 배리의 키는 약 188cm이고 몸무게는 약 90kg이다. 그는 적어도 엑스라지 사이즈를 입는다. 어머니가 그에게 짜주던 스웨터는 약 167cm와 63kg 정도에게 맞을 사이즈였다. 배리가 엄마에게 스웨터의 몸통은 너무 조이고 소매는 적어도 7cm 나 짧다고 아무리 말해도, 엄마의 모든 스웨터 사이즈는 똑같이 나온다. 그는 어머니에게 자신의 치수를 재 달라고 부탁하는 것을 포기하고, 스웨터를 그저 쓸모없는 선물로 받아들이게 되었다. 배리는 또한 어머니가 자신을 실제 모습 그대로 볼 수 있도록 돕는 일도 포기해 버렸다.

올가의 어머니는 매년 그녀의 생일 케이크를 사 주고, 생일 축하를 위해 이모들과 삼촌들을 집으로 초대했다. 어머니는 해마다 그녀에게 어떤 케이크를 좋아하는지 묻고, 올가는 바닐라 버터에 라즈베리 잼이 겹겹이 발린 케이크를 가장 좋아한다고 했다. 그런데 어머니는 매년 자신이 가장 좋아하는 디저트인 초콜릿 무스 케이크를 사다 주었다. 배리의 스웨터처럼, 올가가 매년 잘못된 케이크를 받은 것은 어린 시절에 관해 그녀가 원망하는 모든 것을 상징적으로 보여 준 것이다.

(2) 치료자와 내담자 사이를 연결해 줄 언어 개발하기

리사 꿈속의 상징이었던 '위대한 파도와 작은 섬'에서 그랬던 것처럼, 만약 내가 조심스럽게 접근한다면, 가끔 이런 실망스러운 일들을 통해 우리가 함께 치료 과정에서 활용할 수 있는 개인적이고 상징적인 언어들을 개발할 수 있다고 생각한다. 이것은 그 자체로 연결의 한 형태이며, 나는 내담자가 사용했던 은유를 사용하고, 내은유를 내담자에게 강요하는 것이 아니기 때문에, 이 방법은 자주 효과가 있다. 하지만 만약 여러분이 이런 방법을 시도해 보고자 한다면, 자신의 생각을 강요하지 않도록 조심해야 할 것이다.

분열성 내담자들 가운데 어떤 이들은 자신의 모든 것을 다른 사람이 도용할 것이라는 두려움을 갖고 있다. 내담자가 한 말을 사용함으로써, 치료자는 부지불식간에 내담자의 이 '도용 불안에 대한 알람'을 해체시킬 수 있다. 치료의 다른 모든 과정과 마찬가지로, 이 단계에서는 당신의 내담자가 실제로 어떤 사람인지, 내담자와 작업동맹을 얼마나 잘 형성했는지, 그리고 그 실행과정에서 약간의 예술적인 기술도 필요하다. 예를 들면, 한번은 올가가 하고 있는 말과 완전히 빗나간 말을 내가 한 적이 있었는데, 나는 그녀의 언어로 다음과 같이 말할 수 있었다. "나도 모르게 당신에게 '초콜릿'을 주었군요. 당신이 원한 것은 '바닐라'였는데 말이죠." 이런 식으로 올가가 했던 말을 내가 사용하는 것에 그녀가 화를 내지 않아 나는 안심했고, 그녀는 웃으면서 "분명히 초콜릿이죠!"라고 했다.

3) 완전한 고립, 그리고 의미 있는 접촉의 가능성을 완전히 상실한 꿈에 관하여

나는 이런 꿈들에 관해 많이 들어왔으며 그 꿈들은 모두 무서울 만큼 유사했다. 꿈속의 주인공은 우주복을 입고 우주선 밖에 있다. 그는 호흡할 수 있는 기다랗고 신축성 있는 튜브로 우주선과 연결되어 우주선 표면을 돌아다니며 필요한 수리를 하고 있었다. 어쩌다 손에 잡고 있던 것을 그가 놓쳤지만, 튜브와는 여전히 연결되어 있었다. 만약 그 튜브가 떨어져 나가 버린다면, 그는 끝이 없는 우주로 떠내려가게 될 것이다. 예를 들면, 존은 그것을 다음과 같이 말했다.

> 어젯밤에 우주선을 수리하는 악몽을 꿨어요. 나는 우주복을 차려 입고 승강구를 나갔죠. 한동안은 모든 것이 잘되어 갔어요. 그러더니 뭔가 잘못되었죠. 나는 우주선에서 분리되어 버렸고, 우주를 떠다니게 되었죠. 내가 완전히 떠내려가지 않을 수 있었던 것은 나와 우주선을 연결하고 있던 산소 튜브뿐이었어요. 만약 그것이 끊어지게 되면 나는 끝장이었죠. 우주선에서 떨어져 우주 밖으로 나가면 다시는 돌아올 수 없어요. 나는 어디가 어딘지 알 수도 없고 방향도 잡을 수 없겠죠. 아무도 나를 도와줄 수 없을 거구요. 나에게 무슨 일이 일어났는지조차 아무도 모르겠지요. 결국 산소가 다 떨어지면 나는 혼자 죽게 되겠지요.

우리가 그 꿈에 관해 나눌 때, '분리(detached)'라는 단어가 존에게 의미 있는 것이 분명했다. 자신이 '분리'되는 이야기를, 일반적으로 자신이 느끼는 분리감, 즉 자신이 다른 사람으로부터 그리고 자신의 감정으로부터 분리되는 것과 연결지었다. 우주복을 입고 있다는 것이 바로 분리되는 또 다른 방법이었다. 그 우주복 안에 있는 자신의 모습을 상상하면서, 그 두꺼운 껍질로 인해 자기 외부의 어떤 것도 느끼지 못하고 자기 몸의 어떤 부분도 직접 만질 수 없다고 했다. 우주선으로부터 떨어져 깊은 우주로 표류하게 되는 것이 궁극적인 분리였다. 그것은 죽는 고통밖에 아무것도 느낄 수 없다는 것을 말한다. 자신이 혼자 밖에서 외롭게 죽게 될 때, 겁에 질려 비명을 지르겠지만, 자기 말을 들을 수 있는 사람이 아무도 없을 것이라는 상상을 했다. 이것은 최악의 날에 느끼던 기분과 유사하다고 했다. 즉, 자신이 분리되고 소외된 채, 자기 말을 들어주거나 관심을 가져 줄 사람이 아무도 없는 상태로 서서히 죽어가는 그런 기분과 비슷하다고 했다.

　나는 수많은 버전의 이런 꿈이 분열성 내담자의 하위 집단에서 나타나는 독특한 현상이라고 믿게 되었다. 이들은 자신이 선택하는 관계를 다소 극단적으로 보는 경향이 있다. 즉, 자신을 지배하고 학대하거나 관심 없는 사람에게 매달리거나 또는 분리되는 위험을 감수하며 다른 사람으로부터 자신을 철저하게 고립시킨 채 홀로 죽게 되거나.

4) 하늘을 나는 꿈으로 접촉 불안 다루기

　우주선, 제플린 비행선, 비행기는 이런 꿈들에 자주 등장하는 것들로 꿈을 꾸는 사람이 원치 않는 접촉으로부터 자신을 보호하는 '보호막'의 기능을 한다. 이 모든 것이 비행하는 기계라는 사실은, 이들이 매일 경험하는 일상적인 문제들을 다룰 필요가 없으면 좋겠다는 욕망을 상징적으로 말해 주고 있는 것으로 볼 수 있다. 이런 내담자는 말 그대로 일상적인 문제들을 해결하려고 하는 것이 아니라 '초월'해 버리려고 하는 것이다. 실생활에서 이들의 이런 경향성은, 대부분의 일상적인 관심으로부터 자주 물러나, 대신 환상 속으로 빠지는 식의 적응을 하는 것으로 이해할 수 있다. 즉, 자신에게 일어나는 모든 일을 통제할 수 있는 환상을 통해 만족을 얻기 위해 자신의 감정을 투자하는 방식으로 적응을 하는 것이다.

　이것은 앞에서 보았던 꿈속의 내담자와 대조가 되는데, 앞에서 언급했던 꿈에서 내담자는 자신의 삶을 좀 더 나은 기반 위에 세우려고(바닥을 수선하는) 열심히 노력했고 또 자신의 손상된 자기감(비바람에 노출된 집)을 수리하려고 했었다.

　　• 우주선 꿈
　이 꿈은 놀랄 만큼 흔한 것 같다. 두 명의 다른 내담자가 비슷한 버전의 꿈을 보고했고, 다른 치료자들도 유사한 꿈 보고를 접한 적이 있다고 했다. 필의 버전은 다음과 같았다.

나는 우주를 날아다니는 우주선의 조종실 안에 있어요. 나는 우주선 가장 앞쪽에 앉아 있어서 큰 창문을 통해 밖을 볼 수 있고, 내 앞에는 조종 장치가 있죠. 나는 매우 편안함을 느끼죠. 왜냐하면 우주선에는 나 혼자뿐이고, 내가 모든 것을 완전히 통제하고 있기 때문이에요. 내 우주선에는 많은 방이 있는데, 모두 잠겨 있어요. 그 문을 열 수 있는 유일한 열쇠는 내가 가지고 있어요. 나 말고는 아무도 그 방을 들어갈 수 없어요. 내 우주선 바로 뒤에 있는 방을 제외하고 모든 방이 비어 있어요. 그 방에는 돌아가신 어머니가 관 속에 안치되어 계세요. 꿈속에서, 이런 상황의 그 어떤 것도 나에게 이상하거나 놀랍지 않아요. 나는 이런 방식을 좋아해요.

필이 회기에서 이 꿈을 다룰 때, 하루 중 자신이 통제감을 느낄 때는 오직 퇴근 후 집에 와서 아파트 문을 잠그고 아무도 들어오지 못하게 할 때라고 했다. 꿈속의 우주선은 모든 사람과 안전한 거리를 두고 싶은 자신의 소망을 나타낸다고 했다. 그것은 그의 꿈의 집이었다. 즉, 모든 사람이 들어오지 못하게 방문을 잠근 채, 마치 우주선이 자신의 개인 레저용 차량인 것처럼 우주를 여행할 수 있는 꿈의 집이었다. 이 생각이 자신을 외롭게 만드는 것이 아니라 안전감을 준다고 했다. 자신이 마음만 먹으면 쉽게 다른 우주선을 피할 수 있고, 우주선 안에 있는 자기에게는 아무도 가까이 올 수 없다. 그것이 그가 꿈꾸는 이상적인 상황이었다.

또 어떤 면에서, 우주선은 자기 마음처럼 느껴졌다. 필은 자신의 생각과 삶을 구획화하는 데 매우 능숙하다고 했다. 자신과 다른 사람들 사이에 장벽을 둘 수 있을 때 가장 안전하다고 느꼈다. 자신의 생각을 다른 사람들이 알게 되는 것을 좋아하지 않았다. 만약 알게 되면, 자신이 원하는 것보다 더 많은 힘을 그들이 갖게 될 것이고, 아는 것을 이용해 자신을 통제하려 할지도 모른다고 믿었다. 필에게는 가끔 만나는 소수의 친구들이 있었다. 그는 체스를 좋아했고 가끔 술 한잔하러 술집에 가는 것을 좋아했지만, 친구들을 서로 소개한 적은 없었다. 만약 친구들이 서로 만나지 못한다면, 절대로 자신을 집단 공격할 수 없을 거라고 했다.

그가 우주선 뒤쪽 잠겨 있는 방에 죽은 어머니의 관을 둔 것은 아마도 죽은 지 수년이 지났음에도 여전히 자신이 어머니와 연결되어 있다는 것을 상징하는 것일 거라고 덧붙여 말했다. 어머니는 자신의 마음속 어딘가에 존재하지만, 자신이 원하지 않는다면 그녀를 상대할 필요가 없고, 어머니는 자기에게 손을 내밀 힘도 없다. 그

는 언젠가 치료 과정을 통해 어머니 이슈를 다루고 싶을 수도 있겠지만, 아직은 아니라고 했다.

• 비행기 꿈

분열성 성격 적응에 관한 연구를 하기 훨씬 전에, 나는 전용기를 타고 날아다니는 꿈을 자주 꾸는 몇 명의 남성 내담자들을 알고 있었다. 이 내담자들 중 누구도 실제로 비행기를 소유하고 있는 사람은 없었다. 내가 이들을 더 잘 알게 되면서, 이들의 꿈이 실제로 비행기에 관한 것이 아니라, 일반적으로 자신의 삶에 접근하는 방식과 다른 사람과 관계 맺는 방식과 관련이 있다는 것을 알게 되었다. 이들은 자신의 사생활을 즐기고, 자신이 통제할 수 있는 삶을 좋아하며, 다른 사람과의 친밀한 관계를 불편해한다. 다른 사람과 완전히 격리하지는 않지만, 대개는 가까운 친구가 거의 없고, 부부관계나 사회적 관계에서도 정서적 관여를 거의 하지 않는다. 사람들이 이들을 너무 자세히 알려고 하거나 친밀한 관계를 맺으려고 하지 않는다면, 이들은 '정상적'으로 살 수 있는 것처럼 보였다.

분열성 현상을 연구하면서, 나는 이런 내담자들이 분열성 적응을 한 것으로 보았고, 이런 비행기 꿈들은 일종의 분열성적 타협을 보여 주는 것으로 이해했다(Klein, 1995, pp. 88-90). 이들은 안전하고 때로는 행복하기까지 한 방법을 찾아냈지만, 다른 사람과의 친밀감을 포기하는 대가를 지불해야 했다. 다른 사람과 있을 때 결코 자신이 완전히 살아있으며 자발적이라고 느끼지 못한다. 풍성한 만족을 주는 환상적인 삶에 에너지를 쏟으면서, 다른 사람 앞에서는 그저 관계 맺는 시늉만 할 뿐이다. 이들의 접촉 상태를 다음과 같이 표현할 수 있다.

알아차림 → 접촉에 대한 욕구 → 환상적 만족/감소된 '실제' 접촉/
그리고 일상에서의 둔감 또는 지루함

토마스의 '비행기 꿈'은 내가 들어 왔던 꿈의 전형이며, 그 의미는 투명할 만큼 명백해 보였다.

나는 내 작은 비행기를 타고 날아다니고 있어요. 여기에는 나와 함께 하는 사람이 아무도

없어요. 하늘은 푸르고 하얀 뭉게구름들이 떠 있어요. 난 여기 혼자 있는 것이 즐거워요. 내 근처에 다른 비행기들이 있지만, 위험할 만큼 가깝지는 않아요.

결혼하여 두 자녀를 둔 42세의 은행가 토마스는 자신의 삶이 왠지 모르게 만족스럽지 않아 치료를 받겠다고 했다. 그는 뭔가 잘못되었다는 것을 알고 있었지만, 그것이 무엇인지는 확실히 알지 못했다. 그는 부모가 자신에게 기대하는 모든 것을 했다. 존경받을 만한 직업을 가졌고, 결혼하고, 컨트리클럽 회원이 되었고, 자녀도 낳았다. '반듯한' 학교에 다녔고, 좋은 대학을 졸업했다. 직장 일에 관해 물었더니, 아내나 부모의 기대에 미치지 못했다고 했다. 가족을 부양할 만큼 일을 잘했지만, 직장에서 크게 성공한 적은 없었다. 그는 다소 냉정하게 말했다. 자신이 성공하지 못한 것은 자기가 하는 일에 결코 흥미를 느껴 본 적이 없고, 특별히 일을 잘하지도 못했기 때문일 것이라고 했다. 왜 그런 직업을 선택한 것인지 탐색했을 때, 타인의 기대에 따라 사는 것이 보통은 좀 더 쉽다는 것을 알게 되었고, 부모는 그가 은행원이 될 것을 기대했다고 했다. 게다가 그는 갈등을 싫어했고, 또한 어떤 종류의 일이 자신을 더 행복하게 해 줄지 알 수도 없었다고 했다.

토마스는 그의 결혼생활도 비슷하게 모호하고 무심한 말투로 얘기했다. 그의 아내는 그와 같이 상류층 배경을 가진 '착한' 여자였다. 그녀 역시 모든 '올바른' 일을 했지만, 토마스는 아내와 강한 유대감을 느껴 본 적이 없었다. 이들은 옳은 일인 것 같아서 결혼했고, 다른 친구들도 모두 결혼을 하고 있었다. 거의 싸우지 않았지만, 싸우게 되는 경우는, 그가 직장생활을 성공적으로 하지 못해, 두 사람이 컨트리클럽 여가생활을 유지할 만한 자금이 없어 쪼들리는 상황에서 클럽 회비 인상이 예상될 때였다. 그는 자녀들이 어렸을 때 아이들과 더 즐겁게 보냈다. 이제는 아이들이 다 성장해 그의 말대로 '진짜 성인'이 되었기 때문에, 자녀들 삶의 주변에만 머물려고 했다. 또다시 여전히 타인이 자신에게 기대하는 일을 하고 있었다. 그는 아이들의 학교 연극과 축구 경기를 보러 갔고, 여름 방학에 가족을 케이프 코드로 데려갔다. 그는 자신의 삶을 안전하지만 지루하게 느꼈다. 내가 토마스에게 생기 넘치고 열렬하게 살아 본 경험이 있느냐고 물었을 때, 어린 소년 시절 여름 캠프와 학교에서 스포츠를 할 때 그렇게 느껴 본 적이 있다고 했다. 그는 늘 운동을 좋아했고, 지금도 테니스를 칠 때 가장 살아있다고 느낀다고 했다.

토마스는 치료 과정에서 마스터슨(1985)이 말하는 '방어적인 거짓 자아'라는 허울을 가진 내담자 부류에 속하는 것 같았다. 이런 거짓된 자아는 어린 시절 실제 자신의 모습을 표현할 때마다 반복적으로 무시나 조롱을 당했던 유아가 처했던 상황에 대한 창의적인 적응이라고 할 수 있다. 그 결과, 이 아이들은 자신의 실제 감정을 무시하고, 가족이란 드라마에서 부모가 기대하는 역할을 하는 법을 배우게 된 것이다. 조만간, 이 '거짓 자기'는 자연스럽게 여겨지고, 다른 사람과 관계 맺는 습관적인 방식이 되어 갔던 것이다.

이들은 치료 동기가 충분하기 때문에 치료를 시작하게 되면 치료 작업의 상당 부분이 자신의 실제 생각, 감정, 욕구들을 식별하고 동일시하도록 돕는 것이 될 것이다(masterson, 1985). 만약 치료가 잘 진행된다면, 다른 사람과의 관계에서 좀 더 안전감을 느끼게 될 것이고, 더 진정성 있고, 자발적이고, 정서적으로도 자신을 덜 제한하는 새로운 관계 방식을 탐색하기 시작할 것이다(Klein, 1995, pp. 104-106).

치료 과정에서 나는 이런 특별한 내담자와 접촉하기가 어렵다고 생각하는 편이다. 이들의 진짜 자기는 자신으로부터 너무나 감춰져 있기 때문이다. 이들은 자주 열정이 없고, 적당하고, 따분해 보인다. 내가 이들에게 자신의 삶에 관해 말해 달라고 하면, 막연하게 일반적인 얘기를 한다. 특별히 잘못된 것은 없지만, 모든 것이 약간 기죽어 있고 지루하게 느껴진다. 이들은 자신의 문제에 감정적 관여를 하지 않고 단조롭게 말하는 경향이 있다. 모든 생동감은 환상적인 삶을 향해 있다. 만약 내가 인내심이 있고 믿을 만하다는 생각이 들면 이들은 자기 내면의 풍요로움을 내가 잠간 엿볼 수 있게 해 줄 것이다.

2. 결론

내담자의 꿈 작업을 좋아하는 이유 중 하나는, 내담자가 치료 작업을 할 만큼 준비가 충분한지를 꿈이 알려 주기 때문이다. 즉, 좀 더 만족스럽고 진정성 있는 치료 관계를 형성하여 분열성적 적응에서 변화를 경험할 만한 준비가 되어 있는지를 알려 주는 지표가 되기 때문이다. 여기서의 목표는 일반적으로 내담자가 완전히 철회하거나 또는 완전히 굴복하는 양극적인 패턴 이외의 가능성들을 허용하는 보다 미묘한 적응을 할 수 있도록 하는 것이다. 이런 내담자들은 세 집단으로 나뉜다고 볼 수 있는데, 각각의 지표가 되는 꿈들이 이런 내담자들의 타협과 도전의 본질을 드러내 준다.

1) 집단 1: 접촉이 좌절되거나 위험한 접촉에 대한 꿈들

직관적으로는 모순되어 보일 수 있지만, 가장 불안하고 좌절스럽고 악몽 같은 꿈을 보고하는 내담자가 종종 가장 치료가 쉬운 이들이다. 이들의 문제는 바로 표면에 드러나 있고, 자신이 원하는 것을 얻기 위해 적극적으로 투쟁하는 중에 있다. 이들은 아직 배우자를 찾고, 친구를 사귀고, 또는 언젠가 안전감을 느끼고, 이해받고 수용받기를 포기하지 않은 이들이다. 수년에 걸친 힘들고 고통스러운 치료 작업이 필요할지도 모르지만, 이들은 실제로 치료가 제공해 줄 수 있는 것, 즉 현실성 있는 대인관계와 다른 사람과의 진정한 연결감을 얻기 위해 치료받기를 원한다.

2) 집단 2: 환상이라는 타협으로 욕구를 충족시켜 주는 꿈들

이들은 방들이 많은 우주선을 타고 우주로 항해하는 꿈을 꾸거나, 자신의 작은 비행기를 타고 행복하게 날아다니는 꿈을 꾸는 이들이다. 자신의 정서적 자양분인 일상의 삶은 돌보지 않은 채 에너지를 내면으로 향해 환상으로 타협한다. 완전한 고립을 피하기 위해 보통 타인과 매일 충분한 일상적인 접촉을 갖는다. 그러나 진정성 있는 관계를 포기했기 때문에 치료는 더 오래 걸리고 더 어려울 것이다. 이들은 주변 사람과 다소 편안한 거리를 유지한 채 안전하고 통제가 가능하고 접촉을 할 수 있는 환상속의 삶에 정착한 사람들이다. 주위에 온통 붉게 피어나는 장미를 더 이상 보지 못하는, 조화에 만족하는 삶에 정착한 이들이다.

3) 집단 3: 깊은 우주에서 혼자 죽어 가며 떠내려가는 악몽들

이 내담자들은 완전한 고립과 굴복이라는 양극 사이에서 견딜 만한 타협점을 찾지 못한 사람들이다. 보통 모든 관계가 본질적으로 안전하지 못하고 완전히 자기 혼자 있는 것이 낫다는 결론을 내린 후 점차 다른 사람과 단절한 사람이다. 자신이 이제 너무 멀리 갔다는 것을 알게 되었다. 안전하다고 느끼는 대신, 점점 더 고립되어 가는 것에 심각한 실존적 공포를 느낀다. 우주 밖에서 혼자 죽어 가며 떠내려가는 꿈에 나타나는 것이 바로 이 공포다.

이들은 최후의 수단으로 치료를 받으러 온다. 보통 다른 사람과 관계 맺는 방식에 큰 변화를 바라는 마음도 없다. 몇 번 치료받고 치료를 그만두는 경우가 많다. 또 다른 내담자는 자신의 기본적인 접촉 욕구를 충족시키기에 충분할 정도만 치료자와 관계를 형성할 수 있다. 우울증을 피하기 위해 이 관계를 이용하는 것일 뿐, 치료실 밖에서 만나는 사람을 대하는 자신의 방식을 바꾸려는 노력은 하지 않는다. 손상이 많이 된 일부 내담자에게는 이것이 현재로서 가능한 최고의 치료 결과이다. 비용을 감당할 수 있는 한 계속해서 치료를 받을 것이다. 회기와 회기 사이에 다음 회기를 고대하면서 치료자에 대한 환상을 품을 수도 있다.

때때로 예상 밖으로 더 행복한 결과도 있다. 치료에 참여시키려는 나의 대부분의 시도에 저항했다는 점에서 앞의 집단과 비슷해 보이는 내담자를 치료한 적이 있었다. 이들은 자신의 삶을 불평하면서도, 그런 삶을 초래한 자신의 역할을 탐색하려고 하지 않았다. 현재의 상황을 실제로 좀 더 호전시키는 일에는 관심이 없어 보였다. 대신에 이들은 오랫동안 침묵하곤 했고, "아마도요" 또는 "모르겠어요."와 같은 모호한 대답으로 질문을 피했다. 이들과의 회기에서 나는 자주 좌절하거나 지루함을 느꼈다. 치료적으로 의미 있는 일이 실제로 진행되고 있는 건지 의아해졌다. 나는 내게 묻고는 했다. 다른 치료자에게 의뢰해야 할까? 내가 이들의 돈을 거짓으로 앗아 가는 것은 아닐까? 그러나 이 내담자들은 나의 다른 제안에 저항하는 것과 같은 방식으로 다른 치료자에게 의뢰하거나 치료를 종결하려는 시도에도 저항했다. 이들이 치료를 끝내기 전에 내가 그만둘 준비가 되어 있었다. 그런데 놀랍게도, 몇 사람이 의미 있는 치료 작업을 하기 시작했다. 그것은 마치 어떤 사람이 오랜 잠에서 서서히 깨어나는 것을 보는 것과 같았다. 치료 과정에서 갈수록 자신을 더 많이 보여주기 시작했고 회기 밖에서는 새로운 취미 생활과 새로운 관계의 가능성을 탐색하기 시작했다. 접촉에 대한 두려움과는 어떤 평화를 이루게 되었고 다시 한번 기꺼이 '욕구라는 붉은 장미'를 향해 손을 뻗는 위험을 이들이 감수하게 되었다.

제**5**부

용어 정리

제15장

그린버그의 심리학 용어집

이 장에 수록된 용어들은 성격 적응에 관한 정신분석 관련 책들을 읽고 이해하는 과정에서 수집된 것들이다. 내가 성격 적응에 관해 알고 싶었던 이유는 내담자들 가운데 행동을 예측하기 어렵고 불안해하는 이들을 이해하고 싶었기 때문이었다. 비록 많은 내담자가 나의 게슈탈트 치료 방식으로 도움을 잘 받고 있었지만, 때로는 엄청난 실패를 경험하기도 했다. 이런 내담자들은 문제를 직접적으로 드러내는 이들이다. 나에게 욕을 하면서 내 치료실을 박차고 나가 버리는 경우도 있었다. 그래서 나는 이런 내담자들 마음속에서 도대체 무슨 일이 일어나고 있는 것인지 몹시 알고 싶었고, 또 뭘 어떻게 다르게 치료해야 하는지도 알고 싶었다.

당시 나의 수퍼바이저였던 엘리자베스 민츠(Elizabeth Mintz)는 정신분석 쪽을 공부해 보는 게 어떻겠냐고 안내해 주었고 성격장애와 자아 심리학(ego psychology) 관련 책들을 읽어 보라고 권했다. 그 후로 나는 대상관계 이론 세계를 알게 되었다. 그러나 대학원을 마치던 1970년대에 게슈탈트 치료자로 수련받고 있던 나는 프로이트 이후 달라진 후기 정신분석의 적잖은 변화들을 이해할 준비가 전혀 되어 있지 않았다. 얼마 가지 않아 나는 애매모호하고 또 뭔지 모르게 위협적이기까지 한 대상관계 전문 용어들 속에 빠져 허우적거리고 있는 자신을 발견하게 되었다. 즉,

'자기애성 성격장애의 공격적 융합의 부분-전체(the aggressive fused part-unit of the narcissistic personality disorder, James Masterson)'라든지, '분리 개별화 과정의 하위 단계인 재접근 위기(the rapprochement subphase of separation and individuation, Margaret Mahler)' '자아를 위한 퇴행(regression in the service of the ego, Ernst Kris)' 등. 이론가들마다 자신만의 용어들을 만들어 사용하고 있어 나는 덫에 걸린 것 같았다. 용어들을 이해하기 위해서는 각 이론가들의 책들을 읽어야 하는데, 용어와 관련된 실제적인 지식이 없이는 그 책들을 이해할 수가 없었다. 더구나 그 당시엔 이 용어들에 대한 정의와 구체적인 설명이 포함된 도움이 될 만한 정신분석 용어 사전 같은 것도 없었다.

이 새로운 언어들을 끈기 있게 배우고 익혀 결국 익숙해졌지만, 그 과정을 거치면서 불안했고, '과연 이렇게 힘들 필요가 있을까?' 하는 생각을 하게 되었다. 이런 경험을 통해 내가 앞으로 성격 적응에 관한 책을 쓰게 된다면, 독자들이 이런 용어들을 최대한 쉽고 확실하게 이해할 수 있도록 돕겠다고 마음먹었다. 일상적인 언어로 개념들을 풀어 내고, 가급적 불필요한 전문 용어는 피하고, 가능한 한 실제 사례들을 통해 설명하려고 했다. 그래서 여기에 수록된 용어들을 수집하기 시작했고, 결국 이 용어집을 만들게 되었다. 독자들이 이 책을 읽으면서 접하게 될 낯선 용어들을 쉽게 찾아보고 이해할 수 있는 좋은 방법이라고 생각했기 때문이다.

이 용어집은 완성된 것이라고 할 수 없고, 지속적으로 수정해 가게 될 것이다. 완전하지도 않을 뿐 아니라 포괄적이라고 할 수도 없다. 이 용어집을 사용하는 독자들이 기억해야 할 점은 내가 이해한 대로 용어를 정리했다는 것이다. 논문을 쓰거나 워크숍을 진행할 때 내가 사용했던 의미를 그대로 여기에 실었고, 그런 과정에서 독자들로부터 이해하기 어렵다는 피드백을 받는 대로 보충하고 수정했다.

다른 이론가들은 여기에 수록된 용어들을 자신의 지식이나 지향하는 바나 의도에 따라 다소 다르게 정의할 수 있을 것이다. 나는 용어들을 최대한 단순하게 정의하려고 했기 때문에, 이 장에 정리한 용어들의 복잡한 실체를 그대로 반영하지 못하는 경우도 있다. 예를 들면, '접촉 경계(contact boundary)' '대인관계 게슈탈트(the interpersonal gestalt)' '자기애적 우울증(narcissistic depression)' 등과 같은 개념들을 제대로 이해하기 위해서는 다양한 관점에서 쓰인 많은 책이 필요할 것이다. 이 용어집에 대한 나의 목적은 지극히 평범하다. 이 책에서 내가 사용하고 있는 용어의 의미를 독자들이 이해할 수 있도록 돕고 싶었던 것뿐이다. 그래서 이 용어집을 '그린 버그 심리학 용어집'이라고 한 것이다. 즉, 좀 더 일반적으로 사용할 수 있는 의미의 용어집은 아니라는 것이다.

• **감정의 상실(loss of affect)**: 감정 상실은 방어인데, 자신의 정서를 느끼지 못하고, 자동적으로 감정을 차단해 버리는 것이다. 혼자 있거나 다른 사람과 함께 있을 때 일어날 수 있다. 이런 일이 일어나고 있는 동안 다른 사람에게는 그 사람이 관계를 맺고 있는 것처럼 보일 수 있지만, 그것은 단지 숨기고 있는 사회적 가면일 뿐이다. 이런 방어는 특히 분열성 성격 적응 내담자에게서 흔히 볼 수 있다.

• **거울 반응(mirroring)**: 특정 상황에 놓인 사람이 말하고 느끼는 것을 공감적 언어로 표현하고 반영해 주려는 치료적 기법이다. (예: "어버이날에 딸로부터 카드를 받지 못했다니 정말 마음 아팠을 것 같아요.")

• **거울 전이(Mirroring Transference)**: 내담자가 치료자에게 자신을 과시하면 치료자가 자신에게 무비판적으로 찬사를 보내는 청중이 되어 줄 것을 기대한다. 내담자는 융합상태에 있는 것이다. 하인즈 코헛은 자기애적인 전이들을 거울(mirroring)전이, 이상화(idealizing) 전이, 그리고 쌍둥이(twinship) 전이라는 세 가지 형태로 설명했다.

• **거짓 자기(false self)**: 거짓 자기란 본래 타고 태어난 모습대로 자연스러운 자기가 아니라, 환경에 적응하는 과정에서 인위적으로 만들어진 자기로 현재는 자신의 진짜 자기로 잘못 인식된 자기를 말한다. 이 거짓 자기는 판타지와 타인(특히 초기 양육자)으로부터 입력된 것들을 기반으로 생겨난 것으로, 불쾌한 감정으로부터 자신을 방어하고 다른 사람을 기쁘게 하기 위해 만들어진 것이다. 그러나 이것이 자기 본연의 깊이 있는 실제 모습이 아니기 때문에 외부의 영향에 취약하고 혼란을 쉽게 경험하게 된다.

• **건강한 자기애성(healthy narcissism)**: 건강한 자기애성은 우리가 가진 실제 재능과 성취에 대한 현실적인 감각에 바탕을 두고 있다. 그것은 우리 자신이 실제로 어

떤 사람인지 알고 좋아하며, 또 자신에게 무슨 일이 일어나고 있는지에 대한 관심을 가질 수 있는 능력을 포함한다. 이것은 심지어 다른 사람이 우리의 필요를 충족시켜 주지 못할 때에도 그들에게 관심을 기울일 수 있는 능력과도 연결되어 있다. 왜냐하면 현실적이고 건강한 자기애성(방어적 자기애성과 달리)은 사소한 경시나 다른 사람들의 의견에 비교적 영향을 받지 않기 때문이다.

• **과도기적 대상**(transitional object): 치료자처럼 특정인의 존재를 대신할 수 있는 위로를 주는 대상을 말한다.

• **내향성**(introversion): 일반적인 분열성적 방어로서 내담자가 자신의 욕구 충족을 위해 자기 내면으로 향하여 스스로를 돌보는 것이다. (칼 융은 '내향성/외향성'이라는 용어를 소개하여 일관성 있는 성격 특성에 대해 말하고 있다. 하지만 이 책에서 말하는 방식과는 다르다.)

• **대상 표상**(object representation): 가장 단순한 형태로, 우리 내면의 정신세계 안에 있는 다른 사람에 대한 내적인 생각을 말한다.

• **대상 항상성**(object constancy): ① 어떤 사람 때문에 화가 나거나 실망하거나 상처 또는 좌절감을 느낄 때에도 그 사람과 긍정적인 정서적 유대감을 유지할 수 있는 능력, ② 현재 물리적으로 함께하지 못하는 사람과 정서적으로 연결되어 있다고 느낄 수 있고, 또한 그들의 모습을 기억하여 떠올릴 수 있는 능력이다.

• **대인관계 게슈탈트**(Interpersonal Gestalt: IG): 대인관계 게슈탈트는 필자가 소개한 개념으로, 어떤 순간에 우리가 어떤 식으로 대인관계 장을 구성하는지에 관한 것이다. 즉, 수많은 대인관계에서 어떤 것이 우리의 전경이 되고, 또는 배경이 되는지에 관한 것이다. 다른 사람과의 관계에서 어떤 역할을 하고 싶은지, 어떻게 보이고 싶고 어떤 대우를 받고 싶은지, 어떤 감정을 느끼기를 기대하는지, 또 은밀하게 상대방으로부터 간절히 바라거나 두려워하는 것들을 포함한다.

대인관계 게슈탈트는 다른 게슈탈트 형성과정과 동일한 규칙을 따른다. 우리의 관심, 필요, 기대, 생리학, 문화, 역사, 기질 등은 환경의 자극들 가운데 무엇이 전경이 되는지에 영향을 미친다. 대인관계 게슈탈트라는 전경-배경 형성을 통해 접촉 경계에서 매 순간 이루어지는 과정에 대한 것이다. 그것은 주의(attention), 해석(interpretation), 정서적 반응(emotional reaction), 행동(action) 등 네 가지 기본 요소로 구성되어 있다.

-주의: 사용 가능한 모든 대인관계 데이터에서 어떤 것에 관심을 기울이기로 선택했는가

-해석: 생각하는 것이 대인관계로 이어짐

-감정: 대인관계 상황을 해석하고 그것에 반응하는 감정적인 방식

-행동: 앞에서 설명한 내용(주의, 해석, 감정으로 이어지는)에 근거하여 상대방과의 상호작용을 어떻게 할 것인지 선택하는 방식

• 대인관계 게슈탈트의 유연성(flexibility of an interpersonal Gestalt): 나는 여기서 '유연성'이라는 용어를 사용했는데, 이는 대인관계에서 정형화되지 않은 새로운 방식으로 반응할 수 있는 능력을 일컫는 말로, '역할 따라 살며(role enactment)' 안주하여 사는 방식의 반대 개념이다. 이 유연성을 공식화해 본다면 다음과 같을 것이다.

최대한 사용할 수 있는 대인관계 데이터의 양의 정도+순간순간 경험하는 대인관계 사건에 최대한으로 반응할 수 있는 잠재력의 정도=유연성의 정도.

• 대인관계 상황(Interpersonal Situation: IS): '대인관계 상황'은 관계하는 사람들 간에 매순간마다 전개되는 상호작용이다.

• 대인관계 장(interpersonal field): 대인관계 장은 내담자와 내담자가 현재 순간에 또는 기억 속에서 관계 맺고 있는 타자를 가리키는 말이다. 심리치료에서 대인관계 장은 치료자와 내담자 두 사람 모두의 생각과 감정 그리고 행동을 포함한다.

• 동해 복수(Talionic Revenge 눈에는 눈, 이에는 이 복수법): 내담자가 자신이 증오하는 부모에게 복수하는 방법으로 자신의 성공을 스스로 방해하며 자신을 해치는 방식을 일컫는 심리적 방어다. 게슈탈트 치료 용어로 말하자면, 내담자의 분노가

반전되어, 자신에게 가하는 모든 상처는 자신이 증오하는 부모에게 상징적으로 상처를 주는 것이다. '탈리오닉'이라는 단어는 라틴어로 일반적으로 렉스 탈리온(Lex Talionis)이라고 불리는 성경의 구약법에서 유래되었는데, 이 법칙은 한 사람이 다른 사람에게 할 수 있는 복수를 '눈에는 눈, 이에는 이'로 제한한다.

• 물러남(또는 철회, withdrawness): 내담자가 여전히 다른 사람과 교류할 수 있음에도 불구하고 외부 세계로부터 감정적으로 멀어지는 상황을 말한다.

• 반전(retroflection): 이 방어는 다른 사람이나 외부 상황에 대한 반응의 억압으로 그 과정에서 동원된 에너지가 다시 자기로 향하는 것을 말한다. 예를 들면, 누군가를 때리는 대신에 근육을 긴장시키게 된다. 또는 자신의 분노를 외부를 향해 다른 사람에게 표출하는 대신 자기 스스로를 해칠 수 있다. 한편, 반전은 좀 더 긍정적인 형태를 취할 수 있는데, 예를 들면 다른 사람이 우리에게 해 주기를 바라는 것을 우리 자신 스스로에게 해 주는 것, 또는 다른 사람이 우리에게 해 주기를 바라는 것을 우리가 다른 사람에게 해 주는 것과 같은 것이다.

• 방어적 자기애성(defensive narcissism): 내담자가 스스로 만들어 낸 자신을 대단한 존재로 보는 비현실적인 환상을 말한다. 이런 내담자는 자신을 완벽하고 특별하고 전지전능하다고 여기면서, 동시에 다른 사람도 자신을 그렇게 볼 거라고 생각한다. 방어적 자기애성은 자신을 믿지 못하는 자기 의심(self-doubt)을 방어하기 위해 생겨난 것이다. 타인에 대한 이들의 공감능력이나 다른 사람들을 돌봐 줄 수 있는 능력은 자신의 필요를 직접적으로 채워 주는 경우가 아니라면 보통은 매우 제한적이다.

• 부분-대상 관계(part-object relations): 좋고 나쁜 부분이 타인이나 자신에게 동시에 존재한다고 볼 수 없는 것을 말한다. 즉, 좋아하고 싫어하는 부분 모두가 한 사람 안에 동시에 공존한다고 볼 수 없다는 것이다. 자기나 타인에 대한 통합적이면서도 좀 미묘하게 서로 다른 견해를 형성할 능력이 거의 또는 전혀 없기 때문에, '파편화(분리)'라는 방어를 사용하여 서로 모순되는 정보들을 두 정신 영역으로 분리해서 가지고 있게 된다. 자신이나 타인에 대해 모두 좋거나 모두 나쁘다고 생각하는 이런

비현실적이고 모순된 관점은, 순식간에 번갈아 가며 나타날 수 있는데, 대인관계에서 어떤 일이 일어나고 있는가에 따라 그리고 부분−대상관계 패턴, 즉 파편화 방어를 하는 사람이 상황을 어떻게 인식하는가에 따라서 한순간에 변할 수 있다.

• 스플래시(splash): 필자가 이 책에서 소개한 개념으로, 내담자가 다른 사람을 자신의 문제에 부적절하게 개입시키지 않고 살아갈 수 있는 정도를 설명한 것이다.

　높은 스플래시(high splash): 이들은 자신이 겪고 있는 문제들을 주변의 모든 사람이 알고 있을 뿐만 아니라 자신의 문제와 관련이 없는 이웃이나 낯선 사람과 경찰까지 자신의 문제에 끌어들이게 된다.

　중간 스플래시(moderate splash): 이들에게 일어나고 있는 문제를 친구, 동료, 친척들이 알고 있으며, 친구나 동료들이 도움을 주고자 하는 것보다 더 많은 도움을 요구할 수 있다.

　낮은 스플래시(low splash): 이들은 적절하게 자기 지지를 할 수 있는 방법들을 사용하면서 자신을 부정하지 않고 자신의 감정을 스스로 수용한다. 그리고 자신의 상황에 대한 구체적인 내용을 친한 친구들이나 치료자에게만 나눈다.

• 신경증(neurosis): 심리적 또는 정서적인 어려움을 경험은 하고 있으나 그런 어려움들이 상대적으로 억제되어(예: 공포증) 전체 성격 구조에는 영향을 미치지 않는 상태이다. 현실 검증력은 대부분 손상이 없다. 대상관계이론의 관점에서 보면, 신경증 환자는 '전체 대상관계(whole-object relations)'와 '대상 항상성(object constancy)'을 성취한 것으로 본다.

• 실험(experiments): 이 게슈탈트 치료 용어는 치료 과정에서 새롭게 등장하는 데이터를 기반으로 치료자가 즉흥적으로 개입하는 것을 말한다. 내담자는 치료자로부터 자신의 어떤 행동이나, 말, 생각을 실험적으로 해 보라는 요청을 받는다. 그리고 그런 실험들이 자기 알아차림이나 정서 상태에 어떤 영향을 미치는지 보게 된다.

• 쌍둥이 전이(twinship transference): 하인츠 코헛이 설명한 세 가지 일반적인 자기애적인 전이 가운데 하나다(이 용어집 이상화전이 참고). '쌍둥이 전이'에서는 내담

자는 자신과 자신의 치료자 두 사람 모두가 서로의 우월성을 확인해 줄 특별한 사람이라고 생각한다.

• 역전이(countertransference): 치료자가 느끼는 내담자에 대한 반응이다. 대체로 다음과 같은 두 가지 현상으로 나타난다. ① 치료 과정에서 치료자라면 흔히 경험할 수 있는 어떤 특정 내담자에 대한 반응, ② 치료자 특유의 무의식적인 반응으로 치료자의 과거에 뿌리를 두고 있는 어떤 것들이 내담자에게 투사되는 과정으로, 치료자가 자신의 그런 반응을 알아차리지 못하고 있는 경우를 말한다. 이 후자의 역전이를 치료자가 이해하고 인식하고 있지 못한다면 치료 과정에 방해가 될 것이다.

• 오이디푸스 콤플렉스(Oedipus complex): 지그문트 프로이트가 '남근기 심리 성적 발달 단계'(3~5세)에서 발생하는 주요 주제를 설명하기 위해 만든 용어이다. 이 단계에서, 프로이트는 어린 소년이 아버지와 경쟁심을 느끼고 어머니를 혼자 독차지하기 위해 아버지를 없애고 싶어 한다고 믿었다. 아이가 이 경쟁 관계에서 자신이 이길 수 없다는 것을 받아들이고 아버지와의 경쟁을 계속하는 대신 그와 동일시하고, 아버지처럼 되고 싶다는 것을 받아들이면서 이슈가 해결된다고 생각했다. 소녀는 아버지의 사랑과 관심을 얻기 위해 어머니와 경쟁하는 이와 비슷한 단계를 겪는 것으로 여겼는데, 이것을 '엘렉트라 컴플렉스(Electra complex)'라고 했다.

• 유기 우울증(abandonment depression): 마스터슨이 사용한 이 용어는 경계선 내담자가 행동화(acting out)하는 대신 자기 스스로를 활성화(self-activate)하려고 할 때 표면화되는 압도적으로 불쾌한 감정을 가리키는 말이다. 이러한 감정에는 자살할 것 같은 우울감, 분노, 깊은 상처, 공황, 공허감, 무력감, 무망감 등이 포함될 수 있다.

• 융합(confluence): 게슈탈트 접촉경계 장애 용어로, 내담자가 다른 사람도 자기와 똑같이 생각하고 느끼고 믿을 것이라고 가정하는 것이 특징이다. 이런 방어 현상이 생기는 이유는 실제로는 서로가 다르다는 것을 알게 될 때 경험할 수 있는 불안감을 해소하기 위한 것이다. 자신과 타인 사이의 경계가 흐려진 것으로 생각할 수 있다.

• 이상화 전이(idealizing transference): '이상화 전이'에서 내담자는 치료자를 우러러보며, 이상화하여 완벽하고 흠이 없는 존재로 여겨 치료자에게 인정받고 싶어 한다. 코헛(Heinz Kohut)은 세 가지의 기본적인 자기애적인 전이를 다음과 같이 구별하여 설명했는데, 거울 전이, 이상화 전이, 쌍둥이 전이가 그것이다.

• 이인증/비현실감(depersonalization/derealization): 자기 자신이나 자신의 행동으로부터 해리된 상태로, 다른 다양한 형태로 나타나기도 한다. 이런 내담자들은 자신이 마치 영화 속 인물인 것처럼, 자기 '외부'에서 자신을 관찰하고 있는 것처럼 느낀다. 또는 자신의 생각이나 감정이 자신의 것이 아닌 것처럼 느껴지는 '비현실적인' 감각을 끈질기게 경험할 수도 있다.

• 자기 대상과의 융합(self-object merger): 자기애적 적응을 한 내담자가 타인이나 어떤 사물(역자 주: 예를 들면, 명품백, 자동차 등)을 이용해 자신의 자존심을 유지하고 자신을 위로하기 위해 정신 내적으로 그리고 무의식적으로 자신과 타인 또는 사물과 융합하는 경향을 말한다.

• 자기 장애 3제(disorders-of-the-self triad): 경계선, 자기애성, 분열성 성격 적응 내담자의 치료 과정에서 발생하는 치료적 진전과 퇴행의 반복적 패턴을 가리키는 말이다. 이 패턴을 찾아내고 명칭을 붙인 것은 마스터슨인데, 그는 이 패턴의 세 부분을 다음과 같이 간결하게 기술하고 있다. 자기-활성화(self-activation)는 유기 우울증(abandonment depression)으로 이어지고, 이는 방어로 이어진다(유기 우울증 참고).

• 자기 표상(self-representation): 가장 단순한 형태로, 이것은 자기에 대한 내적 '그림'이다. 만일 어떤 사람이 전체 대상관계(whole object relations)를 형성하지 못한다면, 이것은 적어도 완전히 좋은(all-good)것과 완전히 나쁜(all-bad)것, 두 개의 서로 다른 부분-자기 표상(part-self representations)으로 분리될 것이다. 더구나 우리가 다른 사람과 상호작용해 가며 살다 보면, 우리 자신의 서로 다른 부분들이 전경으로 떠오르게 된다. 많은 경우 자기 표상은 상황 속에서 형성되는 것이라고 할 수 있다.

• **자기 활성화(self-activation)**: 자신의 진정한 필요와 욕구를 파악하고 그에 따라 행동할 수 있는 능력이며, 그것들을 성취할 때까지 내적인 동기를 유지를 할 만큼 자신을 충분히 지지할 수 있는 능력을 말한다.

• **자기 활성화 3제(self-activation triad)**: 제임스 마스터슨에 의해 확인되고 이름이 붙여진 것으로서 세 부분으로 이루어진 패턴이다. 경계선, 자기애성, 분열성 적응을 하는 내담자가 전형적으로 심리치료에 반응하는 방식으로, 마스터슨은 다음과 같이 설명한다. 자기 활성화(self-activation)는 유기 우울증(abandonment depression)을 초래하고, 그것은 방어로 이어진다. 마스터슨은 이것을 다음과 같이 설명한다. 내담자가 치료적 진전을 보이기 시작하면서 자신의 진정한 필요와 욕구를 확인하고 그에 따라 행동하게 되면서 이들의 오래되고 극단적으로 불쾌한 감정들이 표면화되기 시작한다. 그는 이런 감정을 간단하게 '유기 우울증'이라고 한다. 내담자가 스스로를 지지할 수 있는 현재의 내적 수준을 넘어서는 지지가 필요한 상황에 처하면, 이들은 이런 감정을 다루기 위해 자신의 오래된 파괴적인 행동 방식(즉, 행동화)으로 되돌아가게 된다. 이때 내담자는 자신의 감정과 인식을 방어하려고 하는데, 이런 상황에서 치료자의 과제는 내담자의 방어를 차단하여 이 과정에서 나타나는 내담자의 이슈와 감정들을 다시 탐색하기 시작하는 것이다.

• **자기애적 상처(narcissistic injury)**: 자존감을 손상시키는 어떤 것을 의미한다.

• **자기애적 우울증(narcissistic depression)**: 다음과 같이 두 가지 핵심적인 면에서 대부분의 다른 우울증과 다르다. ① 보통 우울증은 슬픔이나 애도가 주 증상으로 나타나는 반면, 자기애적 우울증은 자신에 대한 수치심을 느끼는 것이 특징이다. ② 자기애적 우울증은 외부의 비판이나 칭찬에 대한 반응에 따라 급하게 시작되고 사라진다.

• **자기애적 취약성에 대한 거울 반응 해석(mirroring interpretation of narcissistic vulnerability)**: 마스터슨이 개발한 3단계 치료 개입으로, 자기애성 내담자가 자신의 파괴적인 행동화(actiong-out)를 인내할 수 있도록 돕는다.

치료자는 다음과 같이, 내담자가 어떻게 느끼는지 이해하는 '공감적인' 말로 시작한다. "상사가 회의에서 당신의 말을 무시했을 때 많이 힘들었겠군요."

그런 다음 그 사건이 내담자의 자존심에 미치는 '영향'에 대해 진술한다. "아마도 그 상사가 당신이 존중받지 못하고 있는 것처럼 느끼게 했을 것 같군요."

이어서 자기애적 모욕에 대한 반응으로 내담자가 '방어적으로 행동화'를 한 것이라고 다음과 같이 해석해 준다. "당신은 이 상황을 해결할 수 있는 유일한 방법이 회의에 참석한 모든 이 앞에서 상사에 관한 말을 해 버리는 것이라고 생각한 것이 틀림없어 보입니다."

• 자기애적으로 '나쁜' 대인관계 게슈탈트(Narcissistic 'Bad' Interpersonal Gestalt: The Bad IG): 대인관계 장을 조직하는 이 방식은 자기애성 내담자가 무의식적으로 자신의 결함과 결핍 그리고 가치 없고 수치스러운 면들만을 전경으로 떠올려 대인관계 장을 조직하는 방식을 말한다. 이들은 자신에 대한 이런 관점을 다른 사람에게 투사하고는 무의식적으로 상대방이 자기를 가치 없는 존재로 보고 경멸할 것이며, 가혹하게 공격하고 평가절하할 것이라고 믿는다. 대인관계 장을 이런 식으로 인식하는 방식이 우세하게 되면, 스스로를 증오하고 경멸하게 된다. 좋은 자질이 없다고 느끼면서 자신의 과거 성공 기억들을 완전히 상실해 버린 것처럼 보인다. 이러한 상태가 되면, 자기-혐오 우울증에 빠지게 되어 실패했던 경험들만 반복적으로 기억하면서 미래에 대한 어떤 긍정적인 것도 생각할 수 없게 된다. 이들의 감정 상태는 깊은 수치감, 절망감, 무력감, 공황, 분노, 우울감이 특징이다.

• 자기애적으로 '좋은' 대인관계 게슈탈트(Narcissistic 'Good' Interpersonal Gestalt: The Good IG): 자기애성 내담자가 자신을 '좋게' 느끼게 하는 대인관계 장을 인식하는 방식에 관한 것이다. 이런 내담자들은 무의식적으로 자신을 완벽하고, 특별하고, 독특하고, 성공적이며, 특별한 대접을 받을 자격이 있고, 존경받고, 숭배를 받을 만한 존재로 경험하게 하는 구체적인 사항들에만 초점을 두는 방식으로 대인관계 장을 인식한다. 이런 과대한 자기상에 맞지 않는 것은 무엇이든지 보이지 않는 배경의 일부가 되어 버린다. 이런 상태에서, 내담자는 무의식적으로 자기가 자기를 보듯 타인들도 그렇게 볼 것이라고 여기며, 타인을 자기에게 감탄하며 오로지 자신에게만 집중

하는 청중이라고 여긴다. 자기와 다른 사람이 마술처럼 융합되어 자신을 향해 찬사를 보내는 선(good)한 일이 일어나면, 모든 것이 완벽하다는 느낌을 갖는다. 아마도 이것은 마치 어린아이가, 부모가 자신을 향해 감탄하면서 넋을 잃은 듯한 황홀한 시선을 보낼 때 경험할 수 있는 느낌과 비슷한 것일 것이다.

• **자아 기능**(ego functions): '자아 기능'은 우리의 심리 정서적 능력의 집합체로 이를 통해 우리는 환경의 요구에 적응하며 살아갈 수 있고 또한 통합적이고 일관성 있는 자신감도 발달시켜 갈 수 있다.

• **자아 동조적**(ego syntonic): 자신의 특정한 사고방식이나 행동방식이 자신과 불가분의 일부라고 믿는 것을 말한다. 그것을 정상이라고 느낀다. '자아 이질적'과 반대되는 개념이다.

• **자아 이질적**(ego-alien): 어떤 것이 '자아 이질적'이라고 느껴질 때, 그것을 자아의 일부로 받아들이지 않는다.

• **재구조화**(reframing): 위대한 최면치료자인 밀턴 에릭슨(1901∼1980)이 개발한 치료 기법으로, 신경언어 프로그래밍(NLP) 이론가들에 의해 더욱 정교하게 다듬어졌다. 재구조화는 사건이 일어난 맥락에 따라 사건의 의미는 다르다고 말한다. 즉, 맥락을 바꾸면 의미를 바꿀 수 있다는 것이다.

• **전경-배경 형성**(figure/ground formation): 게슈탈트 치료는 기본적으로 우리의 감각이나 뇌가 우리가 처리할 수 있는 것보다 더 많은 정보에 끊임없이 둘러쌓여 있다고 생각한다. 그 결과, 무의식적으로 (때로는 의식적으로) 현재의 필요와 관심사와 관련된 데이터에만 주의를 기울이거나, 아직도 우리를 괴롭히는 과거의 충족되지 못한 욕구나 트라우마와 관련된 데이터에만 관심을 기울이게 된다. 관련된 데이터로부터 어떤 전경을 형성하게 되고, 나머지는 보이지 않는 배경의 일부로 물러나게 된다. 이런 과정은 계속되는 과정이다. 장(field)을 구성하는 한 가지 방식이 또 다른 장을 구성하는 방식으로 흘러가며, 끊임없이 변하는 우리의 필요와 관심에 따라 전

경으로 떠올랐다가 또 의식에서 사라지는 일이 반복된다. 이런 과정은 상당히 자동적인 과정이지만, 의식적으로 어떤 것을 전경으로 선택할 수도 있다. 전경-배경의 형성과정은 지속적으로 이루어지는 불가피한 과정이다. 우리가 방해할 수도 있고 영향을 줄 수도 있지만 막을 수는 없다.

• 전이(transference): 내담자가 자신의 과거 경험들과 연관된 감정들을 치료자에게 투사하고 치료자를 향해 그런 감정들을 느끼게 된다. 하지만 그 감정들이 현재 상황에 적절하지 않을 때 이들은 스스로 자각할 수 있는 능력을 가지고 있다.

• 전이 치료(transference cure): 치료를 시작한 후에 내담자가 좋아졌다고 느끼는 상황으로, 치료자의 관심과 주의와 지지를 통해 자신의 방어를 잠정적으로 지지받아 기능 수준이 높아지는 상황을 말한다. '전이 치료'가 위험한 것은 내담자나 경험이 없는 치료자가 이것을 내담자가 자기 지지를 할 수 있는 내적인 변화로 오해할 수 있기 때문이다. 그 결과, 내담자가 치료를 조기 종결할 수 있다. 이런 상황에서 내담자가 치료를 떠나게 되면, 조만간 이전의 기능 수준으로 다시 퇴행하게 될 것이다.

• 전이 행동화(transference acting-out): 마스터슨은 전이와 전이 행동화 간의 차이점을 다음과 같이 설명한다. 그는 성격 장애를 가진 내담자들이 자신의 전이를 성찰 없이 '재연(enact)'한다고 믿었고, 그래서 '전이 행동화'라고 했다. 마스터슨은, 보통 이 내담자들은 자신이 치료자에게 투사한 것이나 자기가 투사한 감정이 이상하다는 것을 알아차리지 못한다고 생각했다. 자신이 치료자에게 투사한 것이 뭔가 이상하다고 자각할 수 있는 이들, 즉 마스터슨이 '신경증적'이라고 불렀던 내담자와는 달리, 성격 적응의 내담자는 자신이 치료자를 향해 가진 생각들이 상황에 맞지 않고 부적절하다는 인식을 하지 못할 것이다. 치료자가 이들의 투사와 행동들에 주의를 기울이도록 해 주고 그것을 부드럽게 탐색하도록 해 줄 때(즉, 전경이 되도록 해 줄 때)에야 비로소 자신이 왜곡한 현실을 알아차리게 된다.

• 전체 대상관계(whole object relations): 전체 대상관계란 타인과 자신에게 좋은 자질과 나쁜 자질 그리고 좋아하고 싫어하는 자질이 동시에 있다는 것으로 볼 수 있는

능력을 말한다. 이것은 우리로 하여금 우리와 다른 사람의 성격의 다양한 측면을 상대적으로 안정되고 응집력 있는 전체로 통합할 수 있도록 해 준다.

• 접촉 경계(contact boundary): ① 접촉이 일어날 수 있는 두 사람 사이의 경계, ② 우리 자신의 내적인 경계로 나의 어떤 측면과 그리고 내 경험과 접촉하는 것을 말한다. 예를 들면, 내가 어떤 사람과 앉아서 대화를 하는 경우, 그때의 접촉 경계는 내 말이 끝난 후에 상대방이 말을 시작하는 지점이 될 것이다. 반면, 발이 아픈 것을 갑자기 알아차릴 때와 같이 내 자신과 다양한 형태의 접촉을 경험하는 것도 가능하다. 이런 경우 접촉 경계는 내가 발이 아프다는 것을 알아차리는 나의 부분과 내 발 사이가 경계의 지점이 될 것이다.

• 접촉/물러남 주기(contact/withdrawal cycle): 살아가는 과정에서 우리의 관심과 욕구가 파도가 밀려오고 나가듯 그런 사이클을 반복해서 경험한다는 것이다. ① 우리의 욕구나 관심이 모호한 배경으로부터 전경으로 떠오르게 되고, ② 전경이 된 욕구와 관심이 충족되거나, 사라지거나, 또는 우리의 관심을 끄는 또 다른 욕구가 올라올 때까지, 이런 욕구와 관심에 우리는 사로잡히게 된다. ③ 이런 욕구가 마침내 충족되거나 사라졌을 때 그것들은 자연스럽게 보이지 않는 배경으로 물러나게 되고, 결국 또 다른 필요나 관심이 떠오르고 새로운 사이클이 시작된다는 것이다.

• 직면(confrontation): 마스터슨의 용어로 치료의 고급 기술 중의 하나다. 치료자가 내담자에게 지시하지 않고, 경계선 내담자가 자신의 파괴적인 행동화를 스스로 알아차리도록 돕는 방법이다. 직면을 성공적으로 하기 위해서는 차분하고 배려 깊게 그리고 중립적인 자세로 해야 한다. 치료자가 화나 있거나 비판하는 것처럼 보인다면, 오히려 역효과가 날 수 있다. 직면은 내담자로 하여금 자신의 현실과 대면하도록 하는 것이지 치료자와의 대립이 아니다. 내담자가 자신과 싸우는 것보다 치료자와 싸우는 것을 실제로 훨씬 편하게 느낄 것이다. 그렇게 되면 갈등을 느낄 필요도 없고, 자신의 생각과 행동에 내재된 모순을 다룰 필요도 없기 때문이다.

• **참 자기 또는 진짜 자기**(real self): 유기체의 자기감으로 이것은 그 사람의 참된 내적 감정, 선호하는 것과 자극에 대한 반응, 그리고 능력을 토대로 이뤄진다. 참 자기는 자기표현이 허락되는 환경과 유기체 간의 반복적인 접촉을 통해 생겨난다. 자신만의 독특한 점은 무엇이고 또 다른 사람들과 같은 점과 다른 점은 무엇인지에 대한 감각이다. 현실에 바탕을 두고 있기 때문에 새로운 경험에 반응하여 진화하지만, 비교적 탄력적이고 안정적이다.

• **치료 동맹**(therapeutic alliance): 내담자가 자신의 문제에서 진전을 이룰 수 있도록 내담자와 치료자가 함께 진정한 협력적 작업 관계를 만들어 가는 과정을 말한다. 이것은 내담자가 파편화나 다른 방어들로 인해 치료자를 비현실적으로 완전히 좋다고 보는 것이 아니다. 내담자의 치료적 진전을 위해 내담자의 가장 건강한 부분을 치료자가 맞추며 조율해 가는 경험을 내담자가 실제적으로 하게 됨으로써 이루어지는 관계이다. 현실에 바탕을 두고 있기 때문에, 일단 형성되면 비교적 안정적이다.

• **치료에 대한 부정적 반응**(negative therapeutic reaction): 내담자가 호전되지 않고, 주관적 삶의 질이 떨어지고, 증상이 증가하는 등의 치료에 대한 부정적 반응이 나타날 때, 치료자가 자신을 이해 못한다고 느끼며 상처받고 실망하고, 치료자에게 분노를 느낀다.

• **퇴행**(regression): 초기 발달 단계로 회귀하는 방어적 후퇴를 말한다. 보통 이런 현상은 사람들이 성숙하게 대처할 방법이 없다는 불안감을 직면하게 되었을 때 발생한다. 퇴행은 내·외적 압력에 대한 반응일 수 있다. 예를 들면, 분열성 내담자의 경우, 상대방의 전체와 통전적인 관계를 맺기보다는 신체 부분들과 관계를 맺는 것과 같은, 원시적인 형태의 관계를 지향하는 내적 퇴행을 보일 수 있다. 또한 자궁을 향한 내적 퇴행도 있을 수 있는데, 이것은 전적으로 안전하게 밀폐된 장소로 철회하는 판타지가 특징이다.

• **파편화**(또는 분열, splitting): 심리적 방어기제로 자신이나 다른 사람에 대한 서로 다른 관점들을 각각 분리해서 가지고 있는 것을 말한다. 서로 다른 모순 자체를 알

아차리지 못하는 것이다. 서로 다른 관점이 번갈아 가며 나타날 수도 있고, 어느 날은 자기 자신이나 다른 사람을 완전히 좋은(all-good) 사람으로, 또는 그다음 날은 완전히 나쁜(all-bad) 사람으로 경험할 수도 있다. 또는 완전히 좋은 부분을 한 사람에게, 그리고 완전히 나쁜 부분을 다른 사람에게 부여할 수도 있다. [예: "내 어머니는 성자(all-good)였고, 아버지는 괴물(all-bad)이었다."]

–**방어적 파편화**(defensive splitting): 정의상 모든 파편화는 방어적이다. 그러나 다음과 같은 두 가지 경우에서 발생하는 분열을 구분하기 위해 이 개념을 사용하면 유익하다. 즉, 전체–대상관계를 달성하지 못해서 발생하는 분열(발달상으로 갇힌 상태)과 전체–대상관계를 성취한 사람에게 무의식적으로 일어나는 분열을 구분하는데 이 개념이 도움이 된다. 전체 대상관계를 성취한 후자의 경우엔, 자신이 상대방에게 경험한 좋은 감정을 지속적으로 유지하기 위해 무의식적으로 상대의 좋은 면, 좋아할 만한 면만 봄으로써 분열적 방어가 일어난다. 이 경우, 만약 그 사람이 상대방을 더 정확하게 보게 되어 그 사람을 향한 나쁜 감정이 좋은 감정을 압도하게 된다면, 그 관계에서 느끼던 위로와 지지는 사라지게 될 것이다.

• **평가절하 전이**(devaluing transference): '평가절하 전이' 상태에서 내담자는 자기 내면의 공격적인 부분에 의해 평가절하된 자신의 내적인 부분을 치료자에게 투사하여 치료자를 ① 적대적이고 비판적인 공격자로 보거나, ② 가치 없고 모자라는 존재로 본다.

• **한마음**(one-mindedness): 자기애성 내담자가 상대의 생각이 자신과 같을 것이라고 여기는 것을 말한다. 게슈탈트 치료의 '융합'과 비슷한 용어이다.

• **행동화**(acting-out): 가장 일반적인 의미에서, '행동화'는 '느끼는 것(felling)'을 피하기 위해 '행동하는 것(doing)'을 말한다. 자신의 감정이나 행동을 느끼고 성찰하는 대신, 행동화하는 내담자는 흔히 과식이나 술, 마약, 쇼핑, 성적 일탈 등에 몰입함으로써 고통스러운 감정에서 벗어나기 위해 행동화를 하는 것이다. 치료 과정에서 내담자는 자신의 이슈와 관련된 작업을 피하거나 자신의 감정과 행동을 탐색하는 것

을 회피하는 식으로 행동화할 수 있다. 회기 중에 나타나는 일반적인 행동화로는 치료 시간에 늦거나, 약속 시간을 '잊어버리거나' 관련 없는 이야기를 장황하게 늘어놓거나, 화제를 자주 바꾸거나, 자기 성찰을 거부하거나, 무기력한 것처럼 보이는 것 또는 단순히 치료자가 무슨 말을 하든지 무시하는 것 등이 있다. 내담자는 또한 다음과 같이 긍정적으로 보이는 행동화를 할 수도 있다. 치료자의 모든 말에 동의하거나 (스스로 반추하지 않고) 치료자를 기쁘게 할 것이라고 생각되는 행동과 생각들만 나누는 것이다.

• 현실 검증력(reality testing): 자신과 타인 그리고 자신이 처한 현재 상황을 비교적 정확하게 볼 수 있는 능력을 말한다.

미주

1. 이 장의 다른 버전은, "*Studies in Gestalt Therapy, 8*(1999), 52-64."에 발표되었다. 이 논문의 수정판을 출판할 수 있도록 허락해 준 편집자에게 감사의 마음을 전한다.

2. 미카엘 브레넌-코타요(Michael Brennen-Cotayo)가 이 안내서의 초기 버전을 읽은 후 도움이 될 만한 제안을 해 준 것에 대해 감사를 표한다.

3. 경계선 내담자를 이해하기 위한 기억법 'MISERY'는 내가 쓴 'Healing the Borderline. *The Gestalt Journal, 7*(2), 1989b, 1211-1255."에 처음 수록되었다.

4. 내가 분열성 성격 적응 내담자를 위한 치료에 대해 알고 있는 대부분의 내용은 마스터슨 연구소에서 랄프 클라인(Ralph Klein)과 함께한 연구에 발표된 것이다(Klein, 1995 참조).

5. 이 장의 초기 버전은 학회 10주년 회의 "*The Gestalt Journal* on the 'Theory and Practice of Gestalt Therapy', Montreal, 11 June 1988."에서 발표되었다. 또 다른 버전은, "Healing the Borderline. *The Gestalt Journal, 7*, 2(1989), 11-55."에 게재되었다. 이 논문의 수정판을 출판할 수 있도록 허락해 준 편집자에게 감사의 마음을 전한다.

6. 이 장의 다른 버전은 "Goals and the Borderline Client: A Gestalt Therapy Approach. *Gestalt Review, 19*, 2(2015), 133-143."에 발표되었다. 이 논문의 수정판을 출판할 수

있도록 허락해 준 편집자에게 감사의 마음을 전한다.

7. 이 방법은 내담자가 제안한 행동이 장기적으로는 파괴적인 결과를 초래할 수 있다는 것을 인식하게 하는 것으로서, 치료자는 내담자에게 무엇을 해야 하는지에 대한 의견을 제시하지 않고, 내담자는 자신의 목표가 결국 파괴적인 결과에 도달한다는 것을 알아차리게 하는 것이다. 이 방법은 마스터슨(1976, 1981)의 '직면' 개념에 기반을 두고 있으며, 마스터슨은 경계선 내담자에게 이를 적극적으로 활용하였다. 이 개념은 게슈탈트 치료의 두 의자 작업과 유사하다. 이 작업은 내담자가 자각한 두 부분을 서로 상반된 곳에 위치하도록 하는 것이다.

8. 물론 모든 경계선 적응 내담자가 목표지향적인 개입에 대해 긍정적인 반응을 보이는 것은 아니다. 일부 내담자는 이와 같이 협력적인 접근에 저항하고 작업할 준비가 되어 있지 않기도 하다. 치료하는 방법에 관한 세부 사항은 다음 저술을 위해 남겨 두려고 한다. 이 자료에서 접근법과 관련된 기본 지침을 설명하기 위한 임상 사례들을 신중하게 선택하였다. 좀 더 명확성을 더하기 위해 실제 대화나 개입한 내용은 간결하게 표현하였다.

9. 이 장의 다른 버전은 학회 11주년 회의, "*The Gestalt Journal* on the 'Theory and Practice of Gestalt Therapy', Chicago, 6 May 1989."에서 발표되었다.

10. 경계선 내담자에 대한 보다 깊이 있는 내용을 알기 위해서는 마스터슨(Masterson, 1976, 1983) 및 아들러(Adler, 1985)의 저널을 먼저 보는 것이 좋을 것이다.

11. '그린버그의 심리학 용어집'(15장)에서 '파편화'를 참고하라.

12. 투사를 활용한 개입 방법은 오그던(Ogden, 1982)과 마스터슨(Masterson, 1983)의 저널을 참고하라.

13. 이 장의 또 다른 버전은 1991년 5월 11일 호프스트라 대학교에서 열린 제14차 롱 아일랜드 게슈탈트센터 연차회의에서 발표된 '특집: 자기애적 장애의 진단과 치료

(Special: The Diagnosis and Treatment of Narcissistic Disorders)'와 1992년 4월 *The Gestalt Journal*의 제14차 연차회의에 실려 있다.

14. 이 장은 자기애성 내담자라는 주제에 대해 완벽히 다루고자 한 것은 아니며, 또한 이 내용은 나의 독창적인 이론도 아니다. 하인즈 코헛과 자기애에 대한 새로운 접근법을 시도한 자기심리학자들의 이론들, 특히 마스터슨 연구소의 제임스 F. 마스터슨(Jame F. Masterson)과 랄프 클라인(Ralph Klein)에 의해 발전된 이론들과 임상 기술들로부터 도움을 많이 받았다. 제롬 골드(Jerome Gold), 로빈 맥나마라(Robin McNamara), 페리 클레프너(Perry Klepner), 말라 실버만(Marla Silverman)을 포함한 많은 친구와 동료들이 끈기 있게 나의 의견을 듣고 도움이 되는 의견과 제안을 해 주었다.

15. 이 장의 다른 버전은 'Undoing the Shame Spiral: Working with Narcissistic Client Trapped in a Self-Hating Depression' *The British Gestalt Journal, 19, 2* (2010), 46-51; in D. Bloom & P. Brownell (Eds.), *Continuity and Change: Gestalt Therapy Now*. Cambridge, UK: Cambridge Scholars Publishing (2011), pp. 185-196; in D. Bloom & B. O'Neill (Eds.), *The New York Institute for Gestalt Therapy Anthology of Published Writings since 2000*. Queensland, Australia: Ravenwood Press (2014), 275-286."이다. 이 논문의 수정 및 수정판을 출판할 수 있도록 허락해 준 각 편집자에게 감사한다.

16. 이 장에서 사용된 자기애성 내담자는 대인관계 장에서 개인의 자존감을 높이는지 또는 깎아 내리는지와 관련된 단서들을 접촉 경계 과정에서 반복적으로 형성하는 내담자들을 말한다(2장 '사랑, 찬사, 안전'). 참고

17. 이 장의 다른 버전은 원래 'When Insight Hurts: Gestalt Therapy and the Narcissistically Vulnerable Client. *The British Gestalt Journal, 5*, 2(1996), 113-120."에 게재되었다.

18. 이 장의 다른 버전은 "Shit, Shame and narcissism. the Masterson Institute Newsletter 7, 2(June 1993)."에 게재되었다. 편집자가 이 논문의 수정판을 출판할 수 있도록 허

락해 준 것에 감사한다.

19. 이 장의 다른 버전은 1997년 5월 캘리포니아 골든 도어 스파 리조트에서 제공된 자료, "Self-Care for the Sensitive: How to Understand and Care for the Narcissistically Vulnerable Part of Yourself"이다. 내용은 자기애적 취약성과 자기 지지라는 주제로 비교적 위협적이지 않은 방식으로 참석자들에게 제공해 주기 위한 것이었다.

참고문헌

Adler, G. (1985). *Borderline psychopathology and its treatment*. New York: Jason Aronson.

Abraham, K. (1953). *Contributions to the theory of the anal character*. In Selected papers of Karl Abraham, D. Bryan & A. Strachey. Trans, pp. 370-392). New York: Basic Books. (Original work published 1921)

Bandler, R., & Grinder, J. (1982). *Reframing: Neurolinguistic programming and the transformation of meaning*. Moab, Utah: Real People Press.

Basch, M. (1980). *Doing psychotherapy*. New York: Basic Books.

Blanck, G., & Blanck, R. (1974). *Ego psychology*. New York: Columbia University Press.

Blanck, G ., & Blanck, R. (1979). *Ego psychology II*. New York: Columbia University Press.

Bauer, G. *Wit and wisdom in dynamic psychotherapy*. Northvale, NJ: Jason Aronson.

Bloch, D. (1978). *So the witch won't eat me: Fantasy and the child's fear of infanticide*. Boston: Houghton Mifflin.

Chess, S., & Thomas A. (1984). *Origins and Evolution of Behavior Disorders*. New York: Brunner Mazel.

Cooley, C. H. (1902). *Human nature and the social order*. New York: Scribner, p. 184.

Dorpat, T. (1990). In Wit and wisdom in dynamic psychotherapy (Ed.), G. Bauer (p. 86). Northdale, NJ: Jason Aronson.

Epstein, L. (1990). In Wit and wisdom in dynamic psychotherapy (Ed.), G. Bauer (p. 81). Northdale, NJ: Jason Aronson.

Erdman, J. (with Kearney, L.) (1998). *Whiskey's children*. New York: Kensington Press.

Freud, S. (1908). Character and anal eroticism. *The standard edition of the complete psychological works of Sigmund Freud, 9*, 169-175.

Giovacchini, P. (1989). *Countertransference triumphs and catastrophes.* New York: Jason Aronson.

Greenberg, E. (1988, February). *Countertransference and the borderline client.* Paper presented at Gestalt Associates for Psychotherapy. New York, February 1988.

Greenberg, E. (1989a, 6 May). Countertransference and the borderline client: Untangling the web. *Paper presented at the Gestalt Journal's Eleventh Anniversary Conference on the Theory and Practice of Gestalt Therapy*, Chicago, 6 May 1989.

Greenberg, E. (1989b). Healing the borderline, *The Gestalt Journal, 12*(2), 11-55.

Greenberg, E. (1992, 4 April). Special: The diagnosis and treatment of narcissistic disorders. Paper presented at 14th Annual Conference on the Theory and Practice of Gestalt Therapy, *The Gestalt Journal*, Boston.

Greenberg, E. (1993, June). Shit, shame, and narcissism. *Society of the Masterson Institute Newsletter, 4*(2).

Greenberg, E. (1996). When insight hurts: Gestalt therapy and the narcissistically vulnerable client. *The British Gestalt Journal, 5*(2), 113-120.

Greenberg, E. (1998). Diagnosis: Map or Territory. Unpublished paper.

Greenberg, E. (1999). Love, admiration or safety: A system of Gestalt diagnosis of borderline, narcissistic, and schizoid adaptations that focuses on what is figure for the client. *Studies in Gestalt Therapy, 8*, 52-64.

Greenberg, E. (2010). Undoing the Shame Spiral: Working with a Narcissistic Client Trapped in a Self-Hating Depression in The *British Gestalt Journal, 19*(2), 46-51, Rpted in D. Bloom & P. Brownell (Eds.), *Continuity and Change: Gestalt Therapy Now* ,Cambridge, UK: Cambridge Scholars Publishing (2011), pp. 185-196; and in D. Bloom & B. O'Neill (Eds.) The New York Institute for Gestalt Therapy Anthology of Published Writings since 2000, Queensland, Australia: Ravenwood Press (2014). 275-286.

Greenberg, E. (2015). Goals and the Borderline Client: A Gestalt Therapy Approach. *Gestalt Review, 19*(2), 133-143.

Greenberg, J. R., & Mitchell, S. A. (1983). *Object relations in psychoanalytic theory.* Cambridge: Harvard University Press.

Hamilton, N. G.(1988). *Self and others: Object relations theory in practice.* New York:

Jason Aronson.

Kernberg, O. (1976). *Object relations: Theory and clinical psychoanalysis.* New York: Jason Aronson.

Kernberg, O. (1984). *Severe personality disorders.* New Haven: Yale University Press.

Klein, R. (1995). The self in exile: A developmental, self and Object Relations approach to the schizoid disorder of the self. In J. F. Masterson & R. Klein (Eds.), *Disorders of the self: New therapeutic horizons—The Masterson approach* (Chapters 1-7, pp. 3-142). New York: Bruner/Mazel.

Kohut, H. (1971). *The analysis of self: A systematic approach to the psychoanalytic treatment of Narcissistic personality disorder.* New York: International Universities Press.

Kohut, H. (1977). *The restoration of the self.* New York: International Universities Press.

Lear, M. W. (1988 15 May). Designs in nature. *The New York Times Magazine,* pp. 53-54.

Lewin, K. (1935). *A dynamic theory of personality: Selected papers.* New York: McGraw-Hill.

Mahler, M. S., Pine, F., & Bergman, A. (1975). *The psychological birth of the human infant.* New York: Basic Books.

Masterson, J. F. (1976). *Psychotherapy of the borderline adult: A developmental approach.* New York: Bruner/Mazel.

Masterson, J. F. (1981). *The narcissistic and borderline disorders: An integrated developmental approach.* New York: Bruner/Mazel.

Masterson, J. F. (1983). *Countertransference and psychotherapeutic technique.* New York: Bruner/Mazel.

Masterson, J. F. (1993). *The emerging self.* New York: Bruner/Mazer.

Masterson, J. & Klein, R. (Eds.) (1989). *Psychotherapy of the disorders of the self: The Masterson approach.* New York: Bruner/Mazel.

Ogden, T. (1982). *Projective identification and psychotherapeutic technique.* New York: Jason Aronson.

Perls, F. S. (1969). *Gestalt therapy verbatim.* Lafayette, CA: Real People Press.

Perls, F. S. (1976). *The Gestalt approach and eye witness to therapy.* New York: Bantam Books.

Perls, F. S., Hefferline, R. F., & Goodman, P. (1994). *Gestalt therapy: Excitement and growth in the human personality.* Highland, NY: The Gestalt Journal Press. (Original work published 1951)

Philippson, P. A. (2001). *Self in relation.* Highland, NY: Gestalt Journal Press.

Philippson, P. A. (2009). *The emergent self.* London: Karnac Books.

Polster, E., & Polster, M. (1973). *Gestalt therapy integrated: Contours of theory and practice.* New York: Brunner/Mazel.

Proust, Marcel (1993). In Great Jewish Quotes, ed. Noah benShea. New York: Ballantine Books.

Reik, T. (1990). In Bauer, G. P. (Ed.). *Wit and wisdom in dynamic psychotherapy.* New York: Jason Aronson.

Sarnoff, D. (1987). *Never be nervous again.* New York: Crown.

Simkin, J. S. (1990). *Gestalt therapy mini-lectures.* Highland, NY: The Gestalt Journal Press.

Stern, D. N. (1985). *The interpersonal world of the infant.* New York: Basic Books.

Stolorow, R., & Atwood, G. E. (1979). *Faces in a cloud: Subjectivity in personality theory.* New York: Jason Aronson.

Stolorow, R., & Lachman, F. M. (1983). *Psychoanalysis of developmental arrests: Theory and treatment.* New York: International Universities Press.

Thich Nhat Hannh (1994). In D. Schiller (Ed.). *The little Zen companion.* New York: Workman Publishing.

Yontef, G. M. (1988). Assimilating diagnostic and psychoanalytic perspectives into Gestalt therapy. *Gestalt Journal, 11*(1), 5-32.

Yontef, G. M. (1993). *Awareness, dialogue and process: Essays on Gestalt therapy.* Highland, NY: The Gestalt Journal Press.

찾아보기

저자 소개

Elinor Greenberg, Ph.D.는 심리학자이자 세계적으로 유명한 게슈탈트 치료 트레이너로서, 특히 경계선, 자기애성과 분열성 성격 적응의 진단과 치료 전문 수련가로 널리 알려져 있다. 또한 이 책에 수록된 바 있는 「경계선 치료」「통찰이 상처가 될 때」「수치심의 소용돌이로부터의 회복」「목표와 경계선 내담자」등과 같은 논문의 저자이기도 하다.

그녀는 뉴욕 게슈탈트 심리치료 연구소(New York Institue for Gestalt Therapy)의 부회장, 게슈탈트 심리치료와 수련 센터(Gestalt Center for Psychotherapy and Training)의 겸임교수 그리고 『게슈탈트 리뷰(Gestalt Review)』학회지의 부편집장으로 활동한 바 있다. 이와 같은 광범위한 게슈탈트 전문가로서의 경력 외에도, 그린버그 박사는 인격 장애의 이론과 치료에 대한 정신분석의 대상관계 접근법으로 학생들을 가르치고 감독했던 대학원 훈련 기관인 마스터슨 연구소(The Masterson Institute)의 졸업생이자 전직 교수이다. 그린버그 박사는 또한 인증된 에릭소니안 최면 치료사이며 미국 국가 등록부에 인증된 집단 심리치료사이다.

역자 소개

윤인(Inn Youn)
미국 University of Missouri-Colimbia Ph.D.(교육 및 상담심리학)
한국 게슈탈트 상담심리학회 1급 전문가
전 한동대학교 교수
현 한국상담심리학회 수련감독
　　한국상담학회 수련감독
　　한국기독교상담심리학회 감독회원
　　한국게슈탈트 상담심리학회 산하 'The Hill Gestalt 심리치료 수련기관' 소장

〈공역서〉
전인적 돌봄을 위한 게슈탈트 심리치료: 기초이론과 실제(학지사, 2014), 아이들에게게로 열
　　린 창: 아동 및 청소년을 위한 게슈탈트 예술치료(학지사, 2006), 게슈탈트 목회상담(시
　　그마프레스, 2006)

류경숙(Kyungsook Ryu)
연세대학교 상담코칭학 박사(Ph.D.)
현 연세대학교 연합신학대학원 강사
　　강남GEM아동가족상담센터 소장
　　한국기독교상담심리학회 감독회원

〈공저 · 역서〉
분석심리학과 표현예술치료(공저, 학지사, 2019), 상담 수퍼비전(공역, 학지사, 2013)

원용희(Yonghee Won)
명지대학교 아동학 박사(Ph.D.)
현 명지대학교 미래교육원 강사
　　나무심리발달센터부소장
　　명지지역사회아동문화연구소 책임연구원
〈공저서〉
마인드커넥트 비대면 놀이치료(학지사, 2022)

대인관계 게슈탈트 사례와 심리치료
-경계선, 자기애성 그리고 분열성 성격 적응 중심으로-

Borderline, Narcissistic, and Schizoid Adaptations
-The Pursuit of Love, Admiration, and Safety-

2023년 8월 25일 1판 1쇄 인쇄
2023년 8월 30일 1판 1쇄 발행

지은이 • Elinor Greenberg
옮긴이 • 윤인 · 류경숙 · 원용회
펴낸이 • 김진환
펴낸곳 • ㈜**학지사**

04031 서울특별시 마포구 양화로 15길 20 마인드월드빌딩
대표전화 • 02-330-5114   팩스 • 02-324-2345
등록번호 • 제313-2006-000265호

홈페이지 • http://www.hakjisa.co.kr
인스타그램 • https://www.instagram.com/hakjisabook

ISBN 978-89-997-2953-9 93180

정가 24,000원

출판미디어기업 **학지사**

간호보건의학출판 **학지사메디컬** www.hakjisamd.co.kr
심리검사연구소 **인싸이트** www.inpsyt.co.kr
학술논문서비스 **뉴논문** www.newnonmun.com
교육연수원 **카운피아** www.counpia.com